U0512341

上海对外经贸大学中东欧研究中心"085工程"科研项目
"中东欧国家养老保险制度改革研究"成果

中东欧研究系列

中东欧国家养老保险制度改革的回顾与展望

张水辉 著

上海人民出版社 格致出版社

前　言

对人类的社会变迁来说，100 年的时间并不算长。但在 20 世纪的 100 年间，世界上大多数国家及地区都经历了翻天覆地的变化。[①]19 世纪后期到一战前夕，随着奥斯曼帝国和奥匈帝国的衰败，塞尔维亚、黑山、保加利亚、罗马尼亚、阿尔巴尼亚等国家纷纷获得独立。一战后，中东欧地区中北部的波兰、捷克斯洛伐克、匈牙利和波罗的海三国也宣布独立。二战后，在原苏联的影响下，中东欧地区各国纷纷选择了人民民主制度，进入了社会主义时期。

1989 年剧变以来，中东欧国家又整齐划一地进入了痛苦的转轨期，只不过有的国家转轨较为顺利，有的国家转轨更为艰难。在转轨期内，中东欧国家都先后选择了"向西看"，即通过改革政治制度、经济体制以及社会政策来加入欧盟并重新回到欧洲。截止到 2015 年 7 月 1 日，中东欧国家中已经有 11 国成功加入欧盟，剩余的 5 个国家以及科索沃地区也正在积极申请入盟。在全面转轨以及入盟的过程中，养老保险制度因其涉及政治、经济、文化以及社会传统的复杂性和关系每个国民切身利益的普遍性，成为中东欧各国转轨改革的重要内容或首要选择。在世界银行、国际货币基金组织、国际劳工组织以及欧盟的影响、介入乃至指导下，在各国国内社会各界的不满、关注和推动下，在人口危机、经济停滞以及社会动荡的压力和挑战下，中东欧国家纷纷对自身的养老保险制度进行了参数改革、结构性改革等多轮改革。

由于各国国情不同，中东欧国家养老保险制度改革的方案设计、进程及成效不一。尽管各国养老保险制度改革情况各异，笔者认为，中东欧国家在转轨 20 多年来大致掀起了三次养老保险制度改革浪潮，即 20 世纪 90 年代中期以前的参数改革、

---

① "中东欧"或"东欧"的概念比较繁杂，涉及地理、文化、经济和政治等多个维度。本书的中东欧地区包括阿尔巴尼亚、爱沙尼亚、保加利亚、波黑、波兰、黑山、捷克、克罗地亚、拉脱维亚、立陶宛、罗马尼亚、马其顿、塞尔维亚、斯洛伐克、斯洛文尼亚和匈牙利 16 个国家，以及地位悬而未决的科索沃地区。

世纪之交的结构性改革和 2008 年经济危机之后的新参数改革。在三次改革浪潮后,截止到 2014 年,共有 12 个国家建立了世界银行推荐的三支柱养老保险模式,但其中捷克、斯洛伐克、斯洛文尼亚、立陶宛和匈牙利的第二支柱却是半强制性或半自愿性的私有养老保险计划。而经济社会发展水平相对落后的阿尔巴尼亚、波黑、黑山和塞尔维亚至今仍未建立三支柱养老保险模式。最近两年,绝大多数中东欧国家在养老保险制度改革方面似乎颇为低调或持观望态度。但在人口老龄化程度加剧、经济发展前景不乐观等诸多问题的严峻挑战下,各国养老保险制度的财务稳定性、可持续性以及养老保险待遇的充足性等核心问题一直没有得到有效解决或缓解。

转轨以来,中东欧国家的各项改革一直受到国内学者的高度关注。20 世纪 90 年代期间,关于中东欧国家转轨的研究主要集中在政治经济领域,直接研究其社会保障制度尤其是养老保险制度改革的成果并不多见。21 世纪以来,一些学者开始涉及中东欧养老保险制度改革研究,但往往以简要介绍为主,并且所涉及的国家主要是波兰、匈牙利和捷克等地区大国,对于其他国家尤其是东南欧国家的相关研究比较滞后。这在一定程度上造成了对整个中东欧国家养老保险制度转轨的总体认识和整体评价还存在一定空白或偏差。对中东欧国家养老保险制度转轨进行国别比较研究,有利于进一步加强对中东欧各国养老保险改革、对转轨社会以及对新欧洲的全面认识;有利于深刻认识养老保险制度改革与整体社会转轨相互之间的关系,并通过借鉴、吸取中东欧国家养老保险(社会保障制度)转轨的经验教训来推进我国的养老保险制度。这也是笔者力图达到的心愿和目标,更是研究中东欧国家养老保险制度的理论与现实意义之所在。

本书共分为 17 章,其中第 1 章为绪论,在简要介绍中东欧国家的过去与现在的基础上,集中概述了中东欧国家养老保险制度的改革历程、现状、面临的挑战,并对其后期改革进行了粗浅展望;余下的 16 章以各国国名的汉语拼音为序,在简要介绍中东欧 16 国(包括科索沃地区)养老保险制度由来的基础上,逐一分析了转轨后各国养老保险制度改革的进程、改革后的现状及面临的挑战,并对各国下一步的养老保险制度改革提出一些粗略设想。希望此书的出版,能在一定程度上促进国内社会各界对中东欧国家养老保险制度改革的了解与认识。由于能力有限且资料不足,本书难免存在一些遗漏、偏颇或错误之处,在此敬请读者谅解和指正。

目　录

绪论

1989 年剧变以来,随着民主德国"加入"联邦德国、波罗的海三国宣布独立、捷克斯洛伐克一分为二、前南斯拉夫一分为六,传统意义上的东欧已经由原来的 8 个社会主义国家变成现在所称的中东欧 16 个国家。

剧变以来,中东欧国家积极推进政治、经济及社会的全面转轨并取得重大进展。作为重要的政治大选议题和经济社会政策,养老保险制度改革更是成为各国转轨改革的热点和焦点。在世界银行、欧盟等国际组织的支持和影响下,绝大多数中东欧国家在养老保险制度改革方面已经取得明显突破。

0.1 中东欧国家概况

中东欧国家属于地缘政治概念,主要指"冷战"时期的东欧国家和从原苏联分离出来的波罗的海三国。当前,中东欧地区包括阿尔巴尼亚、爱沙尼亚、保加利亚、波黑、波兰、黑山、捷克、克罗地亚、拉脱维亚、立陶宛、罗马尼亚、马其顿、塞尔维亚、斯洛伐克、斯洛文尼亚和匈牙利 16 个国家,另外还有地位悬而未决的科索沃地区。①

中东欧地区地处欧亚大陆之间的过渡地带,自古为民族交锋、宗教混杂和兵

---

① 科索沃问题比较复杂,目前我国尚未承认科索沃的独立。有关科索沃问题的相关情况请参见本书第 13 章。

家必争之地。早在古希腊时代，就先后有伊利里亚人、希腊人、凯尔特人以及当地部落存在。此后，罗马人、日耳曼人又先后在此长期定居。罗马帝国陨落后，马扎尔人、契亚人、斯拉夫人以及匈奴人等部族又交错盘踞于此。随着外族入侵，中东欧地区的民族成分以及宗教信仰日益错综复杂，其间既出现民族、文化融合，又产生各种民族、宗教及文化冲突。到近代以前，整个中东欧地区大致可以分为三大块。其中东南欧，即巴尔干半岛地区先后臣服于罗马帝国、拜占庭帝国、奥斯曼帝国和奥匈帝国；中部（即波兰、匈牙利、捷克和斯洛伐克）则出现大小林立的诸多公国，可谓"一盘散沙"；北部地区（波罗的海沿岸）则处于瑞典及日耳曼人的控制之下。

近代以来，在宗教信仰方面，中东欧地区出现天主教、东正教和伊斯兰文明三分天下的局面。在政治军事上，中东欧地区成为奥斯曼帝国、俄罗斯帝国、普鲁士和奥匈帝国四大力量的"逐鹿"之地。一战后，中东欧地区中北部的波兰、捷克斯洛伐克、匈牙利和波罗的海三国宣布独立。1929年，塞尔维亚、克罗地亚、斯洛文尼亚、黑山、波黑等组成了南斯拉夫。从一战到二战期间，中东欧国家政体各异，同时存在法西斯专制、资产阶级共和国、封建王国、军事独裁等各种政治制度。

二战后，原苏联在中东欧地区牵头成立了华约组织以对抗西方。在原苏联模式主导下，中东欧地区都进入了社会主义时期。在1989年以前，中东欧国家也曾纷纷探讨改革，但在原苏联的干扰以及自身因素影响下，这些改革都被迫中止。其间，南斯拉夫、罗马尼亚和阿尔巴尼亚都与苏联出现一定程度的对立或分道扬镳。

1989—1992年期间，东欧发生从"和平革命"到流血冲突的各种剧变。剧变后，中东欧国家先后启动了政治、经济和社会的全面转轨。转轨的中东欧国家都坚持"向西看"，纷纷寻求加入欧盟和北约。其中波罗的海三国、波兰、捷克、斯洛伐克、匈牙利、斯洛文尼亚、罗马尼亚、保加利亚和克罗地亚等国已经成功加入欧盟，成为所谓的"新欧洲"国家，而塞尔维亚、黑山、马其顿、波黑和阿尔巴尼亚等国家也正处于积极入盟的过程之中。不管入盟与否，受地缘影响，这些国家还将继续处于欧盟、美国和俄罗斯三方大国角力的阴影之下。前南斯拉夫地区的内战、科索沃问题以及新近爆发的乌克兰危机，都有力地证明了这一点。从目前的走向来看，中东欧国家整体融入欧盟的趋势不可逆转。

按照历史传统与现实情况，中东欧国家大致可分为中欧国家、东南欧国家和波罗的海国家。中东欧16个国家异质性很强，各个国家的国体面积、人口规模、宗教信仰、文化传统、经济发展程度存在很大差异。从已经入盟的 11 国面积和人口看,除了波兰可以称得上大国以及罗马尼亚可以算作中等国家以外,其他国家均为欧盟的小国。另外,根据按购买力标准计算的人均 GDP 看,入盟的中东欧国家人均水准均未超过欧盟的平均水准,不少国家甚至明显落后于欧盟的平均水平。至于没有入盟的国家,平均水平就相差更远。具体情况参见表 0.1。

表 0.1　中东欧国家的面积、人口和人均 GDP

面积(千平方公里)		人口/占欧盟总人口的百分比(%)		根据购买力标准的人均GDP(美元)/意大利=102	
黑　山	13.8	黑　山	620 029	阿尔巴尼亚	4 110/
斯洛文尼亚	20.1	爱沙尼亚	1 324 814/0.26	波　黑	4 806/
马其顿	25.7	拉脱维亚	2 023 825/0.39	马其顿	5 219/
阿尔巴尼亚	28.7	斯洛文尼亚	2 058 821/0.40	黑　山	6 881
爱沙尼亚	43.4	马其顿	2 060 000	保加利亚	/47
斯洛伐克	49.0	立陶宛	2 971 905/0.58	塞尔维亚	8 130/
波　黑	51.1	阿尔巴尼亚	3 630 000	罗马尼亚	/48
克罗地亚	56.5	克罗地亚	4 262 140/0.84	拉脱维亚	/60
拉脱维亚	62.3	波　黑	4 713 414	克罗地亚	/61
立陶宛	62.7	斯洛伐克	5 410 836/1.06	波　兰	23 275/65
捷　克	77.3	保加利亚	7 284 552/1.43	匈牙利	/67
塞尔维亚	88.4	匈牙利	9 908 798/1.95	立陶宛	/68
匈牙利	93.0	捷　克	10 516 125/2.07	爱沙尼亚	/69
保加利亚	111.0	塞尔维亚	10 650 000	斯洛伐克	/75
罗马尼亚	230.0	罗马尼亚	20 020 074/3.94	捷　克	/81
波　兰	304.5	波　兰	38 533 299/7.59	斯洛文尼亚	/84
欧盟总面积	4 271.6	欧盟总人口	507 069 424/100		

　　注:(1)此表没有计算未入盟的中东欧各国人口占欧盟总人口的百分比,其中黑山人口为 2011 年数据;(2)表中未入盟中东欧 5 国的人均 GDP 均非根据购买力标准计算,故没有将这些国家的数据与意大利进行对比,其中波黑人均 GDP 为 2011 年数据,马其顿、塞尔维亚和罗马尼亚的人均 GDP 为 2013 年数据;(3)表中的保加利亚、罗马尼亚、拉脱维亚、克罗地亚、匈牙利、立陶宛、爱沙尼亚、斯洛伐克、捷克以及斯洛文尼亚等国都缺乏根据购买力标准的人均 GDP 数据;(4)表中其他数据均为 2014 年数据。

　　资料来源:转引自高歌:《中东欧国家在欧盟中的地位和作为》,《俄罗斯东欧中亚研究》2014 年第 3 期。

0.2　中东欧国家转轨后的养老保险制度改革回顾

　　1989 年以前,中东欧国家都处于社会主义时期,其养老保险制度都实行了原苏联模式,即现收现付的国家(公共)养老保险。在这一模式下,国家将在职雇员及雇主的缴费收入用于支付当前已经退休人员的养老金,而在职雇员自身的养老保险缴费与收益之间基本没有直接关联;如果养老保险制度出现赤字,则由政府财政或国家预算予以兜底;养老保险制度实行高度集中管理;养老保险金的门槛条件相对较低,其中男性的退休年龄一般不高于 60 岁且参保期限不超过 25 年,女性一般在 50—55 岁之间且参保期限不超过 20 年。20 世纪 80 年代以后,中东欧各国的国家养老保险制度在不同程度上都陷入了危机,难以为继。

　　1990 年以后,中东欧各国先后启动了政治、经济、社会的全面转轨和养老保险制度改革。从立陶宛、匈牙利等少数国家的情况来看,这一时期的改革基本属于对原有国家养老保险制度的修修补补。到 20 世纪 90 年代中期以前,绝大部分中东欧国家的养老保险制度仍然是单一的公共养老保险计划,其主要特征有:坚持代际团结的现收现付原则,提供水平较低且接近统一利率的养老保险金;养老金实际价值出现持续下降,养老金领取者的贫困风险加大;强调养老保险的再分配功能,削减或控制最高养老金与最低养老金之间的待遇差距;整体缴费率相对偏高,但养老金领取门槛条件较为宽松,视同缴费期限的规定较为宽泛;由于失业率上升,为了缓解社会压力,大多数中东欧国家都默认或允许临近退休人员选择提前申领养老金来渡过难关,这就导致提前退休现象盛行,并明显恶化了养老保险制度抚养比(养老金的领取人口/养老金的缴费人口);特殊群体(如国家工作人员、军警人员、国家安全人员、议会工作人员以及矿工)往往可以享受特惠养老金,农民、自雇者以及手工业者等群体参加统一养老保险制度的比例相对较低且养老金待遇也明显不足;受非正式经济部门扩大以及整体经济下降的影响,养老保险制度大多出现财政危机;国家预算和社会保险预算没有完全剥离,国家在养老保险方面的财政负担日益加大,有的国家还出现养老金支付困难或严重拖延等问题。

与老欧洲国家(2004 年以前的欧盟 15 国)相比,中东欧国家同样面临人口老龄化的巨大压力。不少中东欧国家的人口老龄化程度、速度还强于老欧洲国家,可谓"未富先老"。此外,大部分中东欧国家(尤其是经历战争的国家)的残疾养老金领取门槛条件过低、审核不严,进一步加大了养老保险制度的支付压力。为了缓解养老保险制度的财务危机,中东欧国家纷纷采取了调整养老保险制度缴费率、养老金收益计算公式以及提高管理效率等举措。然而,在人口老龄化加剧、缴费人口增长缓慢甚至出现下降以及领取人口刚性增长的情况下,中东欧各国的养老保险制度的财务稳定性、可持续性以及养老金待遇的充足性还是面临着日益严峻的挑战。

在这一背景下,中东欧国家都在基于俾斯麦模式的基础上对自身的养老保险制度进行了多次改革。受世界银行等国际组织的影响,大多数中东欧国家都建立了世界银行推荐的三支柱养老保险模式。其中,第一支柱为现收现付的国家养老保险计划;第二支柱为强制性的私有养老保险计划,个别国家的第二支柱为自愿性或半强制性;第三支柱为自愿的私有养老保险计划,个别国家的第三支柱偶尔带有一定的半强制性。与此同时,在欧盟的影响下,不少中东欧国家尤其是已经入盟的国家还纷纷推出了国家救助计划——无需缴费为前提的国民养老金,即所谓的零支柱或第四支柱。总体看,转轨后的中东欧国家养老保险制度改革大致可以分为以下三个阶段。

0.2.1　公共养老保险计划的参数改革浪潮(从 20 世纪 90 年代初到世纪之交)[①]

从 20 世纪 90 年代初到世纪之交,大多数中东欧国家(不含塞尔维亚和黑山)都启动了养老保险制度改革。这一时期的改革主要是对公共养老保险计划的参数改革。其中,立陶宛、匈牙利和波兰等国走在改革的最前沿。在这一时期,启动改革的国家都纷纷调整了第一支柱养老保险计划的缴费率、覆盖面、领取的门槛

[①]　由于中东欧国家养老保险制度进程不一,故很难给出极其精准的分界时间。笔者只能根据多数国家情况,进行大致的区分。

条件、养老金的计算公式以及指数化调整原则,以缓解公共养老保险制度的财务危机,减轻政府的财政转移支付压力并确保养老金的实际待遇。

受人口老龄化趋势加重以及整体经济滑坡的综合影响,大多数国家养老保险制度的参数改革并没有取得预期效果。

0.2.2　养老保险制度的结构性改革浪潮(从世纪之交到 2008 年经济危机前)

从世纪之交到 2008 年经济危机爆发以前,在世界银行、欧盟等国际组织的影响下,大多数中东欧国家(阿尔巴尼亚、波黑、黑山和捷克①除外)都启动了养老保险制度的结构性改革,即建立三支柱养老保险模式。在这一时期,匈牙利(1998 年),波兰(1999 年)、拉脱维亚、保加利亚、克罗地亚和爱沙尼亚(2002年)、马其顿(2003 年)、立陶宛和斯洛伐克(2004 年)以及罗马尼亚(2007 年)都效仿智利模式建立了强制性的私有养老保险基金,即所谓的第二支柱养老保险计划。不过,斯洛文尼亚(2000 年)的第二支柱养老保险计划却是半自愿性的,这在中东欧地区较为罕见。引入第二支柱养老保险计划后,上述这些国家都在不同程度上削减了第一支柱养老保险计划的规模,并大多为国民建立了个人储蓄账户。

在引入第二支柱的同时,中东欧各国还纷纷对第一支柱进行了新一轮的参数改革,主要措施包括调整养老金计算公式、延长养老金的最低缴费期限、推迟养老金的领取年龄、调整养老金的指数化原则、扩大覆盖面等。其中,拉脱维亚和波兰推出了名义缴费确定型账户,得到了国际社会的高度关注。

这次改革最主要的收获有两点:一是建立了三支柱养老保险模式,二是扩大了养老保险制度整体覆盖面。但三支柱养老保险模式的建立也带来了新的问题,其中最为突出的就是第二支柱和第三支柱养老保险基金的投资收益回报问题。从实际情况来看,绝大多数的中东欧国家都没有很好地解决这一问题。经济危机之后,这一问题还愈演愈烈。

---

① 阿尔巴尼亚、波黑和黑山至今仍未引入第二支柱,捷克则是在 2008 年经济危机发生以后才引入第二支柱。

0.2.3　经济危机以后的多元化新参数改革浪潮(2009—2013 年期间)①

2008—2009 年的经济危机席卷全球,中东欧地区也未能幸免。在经济危机的影响下,中东欧各国国民经济出现明显衰退,失业率大幅提高,养老保险制度出现新的供款危机,养老金的实际待遇也有一定程度的下降。与此同时,各国政府财政压力明显上升,养老保险开支占 GDP 的比例不断攀升,政府财政赤字占 GDP 的比重也超过了欧盟的警戒线。为此,不少国家还被迫向世界银行、国际货币基金寻求苛刻的援助以渡过危机。

具体而言,在经济危机中,第一支柱养老保险由于实行的是现收现付原则,其受损一般;第二支柱养老保险因实行全积累制而受损严重,其养老保险基金投资回报基本全为负数,并且养老保险基金的净资产都出现下降,导致各国政府、专家以及国民对第二支柱大失所望;第三支柱的表现也不容乐观。略微值得安慰的是,由于投资限制严格,中东欧国家的养老保险基金主要投资于政府债券,所以在这次危机中受到的冲击反而小于发达国家。另外值得庆幸的就是,因第二支柱引入时间较晚,大多数中东欧国家的第二支柱养老保险计划还没有进入支付期。

2009 年以后,中东欧国家逐渐走出经济危机,养老保险基金的投资情况略有好转,但还是逊于经济危机前的投资表现,也低于各国国民的心理预期。在这一情况下,中东欧国家就不得不启动新一轮的养老保险制度改革。与前两次改革不同,各国的这一轮改革措施存在不小差异,大致可以分为三类。

第一类是比较"另类"的改革:包括:(1)捷克的"结构性"改革。2013 年,捷克决定引入第二支柱并实行完全积累的个人账户制。与其他国家不同的是,参保者可自愿加入,但加入后则不可退出。(2)匈牙利、斯洛伐克对第二支柱进行的"国有化"改革。改革规定,第二支柱的参保人可以自主决定是继续留在第二支柱还

---

① 在这一轮改革中,捷克和匈牙利是个例外。经济危机后,捷克开始引入第二支柱,匈牙利则对第二支柱进行所谓的国有化。从这个角度看,捷克和匈牙利其实是对养老保险制度进行了结构性改革。具体情况请参阅相关章节。

是离开第二支柱。改革后,匈牙利绝大多数参保人都选择退出第二支柱。在某种程度上,匈牙利已经恢复到两支柱养老保险模式(第一支柱加第三支柱),其中,第三支柱发展较为缓慢。斯洛伐克的情况略有不同,虽然第二支柱的覆盖面明显下降,但基本还是维持了三支柱养老保险模式。

第二类是常见的参数改革。(1)收紧养老保险制度的门槛条件。预计到2030—2040年期间,大多数中东欧国家都将提高国民的退休年龄,其中克罗地亚、匈牙利和波黑的男女性退休年龄将提至65岁,保加利亚和罗马尼亚等将提高到63岁,波兰、黑山和捷克更是将延至67岁。与此同时,这些国家或多或少也延长了最低缴费期限并限制提前退休。(2)调整养老保险制度尤其是第二支柱养老保险计划的缴费率。其中,罗马尼亚、塞尔维亚分别将缴费率提高了3.8个百分点和2个百分点,保加利亚的养老保险制度总缴费率先降后升,波兰、拉脱维亚则对第二支柱养老保险缴费率进行先降后升,阿尔巴尼亚、马其顿却降低了养老保险制度的总缴费率。(3)调整养老保险金的指数化原则。其中,罗马尼亚将养老金指数原则修改为按照物价增长情况的100%和净工资增长的50%进行综合调整,匈牙利将养老金的变动与GDP的增长情况挂钩,捷克按照物价增长情况的100%和实际工资增长的1/3对养老金进行综合调整,斯洛伐克根据养老保险制度抚养比(养老金领取人口/养老金缴费人口)和物价指数化(最低生活保障物品的综合物价指数)的变动情况进行综合调整,爱沙尼亚按照50%消费者价格指数和50%的养老保险税缴费增长对养老金待遇进行调整,黑山将以前的瑞士指数化原则(消费者指数和工资指数各占50%)调整为消费者指数占75%和工资指数占25%,马其顿在每年的1月和7月根据生活成本指数(占50%)和平均净工资指数(占50%)对养老金进行两次综合调整,波黑两个政治实体都将养老金的支出与养老基金的收入、政府预算转移支付能力挂钩,塞尔维亚在每年4月和10月根据前6个月的消费者物价指数的变动情况进行两次指数化调整,克罗地亚从以前在职职工工资增长情况和物价指数增长情况各占50%调整为在职职工工资增长情况占70%和物价指数增长情况占30%,保加利亚冻结了养老金的指数化调整,立陶宛采取临时分类削减养老金待遇以加强财政稳定性,波兰则采取了一次性调整养老金待遇的做法。(4)修正养老保险金的计算公式。其中,保加利亚、捷克、斯洛伐克、罗马尼亚、波黑、立陶宛以及马其顿等国调整了养老金的计算公式以提高养老金的待遇或削减养老保险制度的开支。(5)削减或取消特殊群体的特惠养老金。罗马尼亚、克罗地亚、斯洛伐克和保加利亚等国大力削减或逐步降低特殊群体的特惠养老金待遇,这在一定程度上促进了养老保险制度的公平性并降低了政府的财政压力。

第三类是斯洛文尼亚"夭折"的参数改革。斯洛文尼亚具有社会对话的长期传统。在这一次养老保险制度的改革中,政府与工会之间存在较大分歧。在与工会达成一致之前,斯洛文尼亚政府贸然宣布启动养老保险制度改革并将改革方案提交国会批准。最终结果却是工会组织了社会抗议并发起了全民公决,这次养老保险制度改革也因被确认为违宪而宣告失败。

总体看,中东欧国家在经济危机之后的养老保险制度改革还是大致属于参数性改革。值得注意的是,受经济危机影响,匈牙利、斯洛伐克、波兰、立陶宛、拉脱维亚和保加利亚等国都削减了第二支柱养老保险制度的规模,并进一步提升了公共养老保险制度的份额与作用。为此,世界银行、欧盟等国际组织都表示了关注并提出了告诫甚至警示。笔者认为,对国内金融市场不完善、管理体制相对滞后的中东欧国家而言,经济危机的到来的确放大了私有积累养老保险计划的风险,而第二支柱养老保险计划的积累与投资表现又令人大失所望。在这一背景下,诸多中东欧国家削减第二支柱的做法也在情理之中。

0.3　中东欧国家养老保险制度面临的挑战及下一步改革的整体展望

剧变20多年,在世界银行和欧盟等国际组织的建议和影响下,大多数中东欧国家都已经建立了多支柱养老保险模式,其具体情况参见表0.2。

表0.2　中东欧国家多支柱养老保险模式的改革情况①

国　名	改革启动时间	第一支柱	第二支柱	第三支柱	零支柱
阿尔巴尼亚	1993年5月	现收现付的待遇确定型,目前缴费率为21.6%	无	2009年实际启动,自愿性	收入支持,最低收入保障
爱沙尼亚	1993年	现收现付的待遇确定型,目前缴费率为20%或16%(不含第二支柱)	2002年引入,强制性,目前缴费率为6%	1998年,自愿性	无
保加利亚	1995年11月	现收现付的待遇确定型,目前缴费率为17.8%	2002年引入,强制性,目前缴费率为5%	1994年,自愿性	社会养老金,最低收入保障
波黑	1998年	现收现付的待遇确定型,目前缴费率为24%	无	无	最低收入保障
波兰	1991年	现收现付的缴费确定型,名义账户制,目前缴费率为19.52%	1999年引入,强制性,目前缴费率为3.1%	1999年,自愿性	无
黑山	2004年	现收现付,积分制,目前缴费率为20.5%	尚未正式启动	2006年,自愿性	社会养老金,最低收入保障
捷克	1994年	现收现付的待遇确定型,目前缴费率为28%	2013年引入,自愿性,目前缴费率为5%	1994年,自愿性	无
克罗地亚	1998年1月	现收现付的待遇确定型,目前缴费率为5%	2002年引入,强制性,缴费率为7%	2002年,自愿性	最低收入保障
拉脱维亚	1991年	现收现付的缴费确定型,实行名义账户制,目前缴费率为12%	2002年引入,强制性,目前缴费率为6%	1997年,自愿性	无

---

① 此表以各国国名的汉语拼音排序,同时也与本书的各国章节排序对应起来。

续表

国　名	改革启动时间	第一支柱	第二支柱	第三支柱	零支柱
立陶宛	1990 年2 月	现收现付的待遇确定型,目前缴费率为 26.3%	2004 年引入,半强制性①,目前缴费率为 2%	2004 年实际启动,自愿性	1995 年,社会救助养老金
罗马尼亚	2001 年1 月	现收现付的待遇确定型,目前缴费率为 31.3%	2007 年引入,强制性,目前缴费率为 5.5%	2007 年,自愿性	最低收入保障
马其顿	1994 年	现收现付的待遇确定型,目前缴费率为 10% 左右	2006 年引入,强制性,目前缴费率为 7.5%	2009 年,自愿性	最低收入保障
塞维尔亚	2003 年	现收现付,积分制,目前缴费率为 24%	无	2005 年,自愿性	最低收入保障
科索沃地区	2002 年1 月	普惠制,无需缴费	2002 年引入,强制性,目前缴费率为 10%	2002 年,自愿性	最低收入保障
斯洛伐克	1993 年	现收现付的待遇确定型,目前缴费率为 18% 或 12%(不含第二支柱)	2004 年引入,半强制性②,目前缴费率为 6%	1997 年,自愿性	无
斯洛文尼亚	1992 年	现收现付的待遇确定型,目前缴费率为 24% 左右(含第二支柱)	1999 年引入,半强制性,目前缴费率约为 6%左右③	2000 年,自愿性	国家养老金
匈牙利	1991 年	现收现付的待遇确定型,目前缴费率为 18.5%	1998 年引入,自愿性④,目前缴费率为 8%	1993 年,自愿性	老年补助

---

① 根据规定,匈牙利国民可以自主选择是否参加第二支柱,但决定参加后就不再允许退出。
② 根据规定,斯洛伐克居民可以自主决定是否加入第二支柱,但决定加入后就不再允许退出。
③ 斯洛文尼亚的第二支柱为半强制性,即部分人员(依据工会与雇主的集体协议)必须强制性加入,部分人员(如自雇者、非正式就业者等)可以自主决定是否加入。根据规定,斯洛文尼亚第二支柱不实行单独缴费,雇员可以把第一支柱的部分缴费(不超过总缴费额度的 24%)转移到第二支柱。
④ 2010 年以后,匈牙利对第二支柱进行了国有化改革,允许参保人自己决定是继续留在还是退出第二支柱。

0.3.1　中东欧国家养老保险制度面临的挑战

根据入盟情况,中东欧国家大致可以分为两类:一类是已经加入欧盟的 11 国,另一类是正在申请加入欧盟的 5 国(即塞尔维亚、马其顿、波黑、黑山和阿尔巴尼亚)。虽然各国经济社会发展程度不一,政治、文化传统各异,这些国家养老保险制度面临的挑战却大同小异。

最突出的挑战首先就是人口结构危机。一是总人口出现下降。除阿尔巴尼亚以外,其他的中东欧国家都已经出现总人口下降趋势,有的国家人口下降的趋势还十分明显。总人口下降,意味着养老保险制度的缴费人口将持续下降,这将影响到养老保险制度的缴费收入。并且长期看,阿尔巴尼亚的总人口也将出现下降。二是人口老龄化程度加深。目前,所有的中东欧国家都已经进入人口老龄化阶段,其中不少国家已经逼近深度老龄化。人口老龄化意味着养老保险制度的抚养人口不断攀升,这将影响到养老保险制度的财政支出。

其次是经济发展前景不容乐观,非正式经济比重过大。经济危机后,绝大多数中东欧国家的国民经济复苏乏力,发展前景也不乐观,而国民失业率则维持在高位,非正式经济的比重也居高不下。非正式经济比重增加,意味着非正式就业人口增多,而非正式就业人口往往选择逃避缴费或从低申报缴费。加上失业率走高以及养老保险征缴管理落后,中东欧国家养老保险制度的缴费收入受到严重影响,制度本身的财政平衡难以实现。这就需要更多的国家财政预算进行转移支付,从而加大了政府的财政负担。

再次,是养老保险基金的投资收益令人失望。经济危机之前,大多数中东欧国家养老保险基金投资收益还大多维持在正数。经济危机后,绝大多数中东欧国家的养老保险基金的投资回报率则降为负数,并且至今仍无明显好转。养老保险基金的投资受挫,就影响各国国民对养老保险制度尤其是对私有养老保险计划的信心和缴费积极性。于是,不少中东欧国家的参保人选择拒绝或者逃避第二支柱缴费甚至退出第二支柱。至于第三支柱,在不少国家已经成为摆设。

最后,养老保险待遇的充足性一直没有得到解决。自转轨后,绝大多数中东欧国家的养老保险替代率就一直处于下降趋势。尽管采取了不少措施,但受通货膨胀影响,大多数中东欧国家的养老保险待遇还是不足或难以保证养老金领取者的实际生活所需。除少数几个国家以外,大部分中东欧国家的老年贫困风险居高不下。

此外,养老保险待遇的身份公平性、性别差异、缴费与收益之间的关联度等老问题也不容忽视。

0.3.2　关于中东欧国家养老保险制度下一步改革的整体设想

由于各国的实际情况区别较大,这就导致很难甚至几乎没有可能找到放之各国皆准的解决方案。考虑到各国养老保险制度面临挑战比较相似,笔者认为还是可以提出一些具有一定共性的改革设想。

(1) 继续扩大养老保险制度覆盖面,坚持三(多)支柱养老保险模式。

经济危机后,中东欧国家养老保险制度在覆盖面方面还是存在明显差异,有的国家已经基本实现全覆盖,有的国家覆盖率只勉强超过 50%。为此,不少中东欧国家尤其是经济社会发展水平相对滞后且尚未入盟的国家必然要采取措施,继续扩大整个养老保险制度的覆盖面以达到欧盟标准。至于已经入盟的国家,也要继续夯实养老保险制度的覆盖面,以切实保障国民的养老权利和权益。

经济危机后,不少国家削减了第二支柱,个别国家如匈牙利甚至"取消"了第二支柱。但长期看,多支柱养老保险模式仍是中东欧国家的首要选择。欧盟已经对匈牙利和斯洛伐克的做法进行了严厉警告,世界银行等组织也提出了告诫,希望匈牙利、斯洛伐克等国能尽快恢复三支柱养老保险模式。欧盟还希望中东欧国家尤其是已经入盟的国家在促进经济社会发展的同时,尽快推出所谓的零支柱养老金(即国家救助计划或无需缴费的国民养老金)。欧盟的相关意见对于尚未入盟的国家而言,也具有较强的指导意义。预计在欧盟和世界银行等组织的压力和影响下,中东欧国家还是会恢复、推进和坚持三(多)支柱养老保险模式。

(2) 继续深化第一支柱的参数改革,增强公共养老保险制度的财政平衡。

经济危机发生以来,中东欧国家都或多或少、或急或缓地对第一支柱进行了相关参数改革,并取得一些效果,但收效并不明显。为了应对人口老龄化对养老保险制度带来的挑战,中东欧国家应会加大对第一支柱养老保险计划参数改革的力度并加快相关改革的进度,主要措施有:尽快提高退休年龄,延长最低缴费期限,加大提前退休养老金待遇的削减力度,严格限制甚至取消提前退休,继续削减甚至取消特殊群体的养老金待遇,适时调整养老保险制度的缴费率,增加雇员自身的缴费责任,根据物价、工资以及国家财政能力综合调整养老金指数化原则,加强养老保险制度的征缴与管理,提升养老保险制度的公平性和透明度等等。

(3) 积极提振经济和国民就业率,增强对非正式经济部门的监管。

养老保险制度的缴费基础就是就业。中东欧国家应会采取措施积极提振经济并切实提高国民的就业率,以增加养老保险制度的缴费人口和缴费收入。此外,还大有可能实行一些激励政策来鼓励老年人继续就业并推迟领取养老金,这既有利于减轻养老保险制度的开支压力,又有利于老年人通过增加收入来提高自身的生活水平,从而降低老年人贫困率。

转轨以来,绝大多数中东欧国家都出现非正式经济相对活跃且所占比重较大的现象。非正式经济活跃虽然有利于吸纳就业,却增加了养老保险制度的征管难度。很多非正式经济部门的就业人员往往选择逃避缴费或者从低缴费,这就严重影响了养老保险制度的缴费收入。为此,中东欧国家应会增强养老保险制度的征管能力,加强稽核工作。

(4) 提高养老保险基金的投资回报率,提升国民对养老保险制度的信心。

在继续完善第一支柱养老保险计划的同时,中东欧国家还是会继续大力发展第二支柱和第三支柱。其中的关键问题就是采取措施完善国内金融市场、放宽养老保险基金的投资限制以提高养老保险基金的投资回报,从而提升国民对多支柱养老保险制度的信心。

同时,各国政府应该会调整对第二支柱和第三支柱养老保险的相关税收优惠政策,加大税收优惠力度,以鼓励国民积极参加私有养老保险计划,从而增加自身的养老保险收入来源。

此外,中东欧国家还将会采取得力措施继续增强自身的公共治理能力、养老保险制度改革方案的科学性和可预测性以及与社会利益方(主要是工会、雇主组织、行业协会等)的协调沟通,以确保养老保险制度的良性运转和下一步改革的顺利进行。

第 1 章

阿尔巴尼亚养老保险制度改革的回顾与展望

1989 年剧变以来,阿尔巴尼亚进入了转轨期并对其养老保险制度进行了多次改革。与其他中东欧国家区别很大,发展相对滞后的阿尔巴尼亚在养老保险制度改革方面自成一家。目前,阿尔巴尼亚初步建立了颇具特色的双支柱养老保险模式,即只有第一支柱和第三支柱养老保险。这在中东欧国家当中并不多见,只有塞尔维亚和黑山还推行了类似的双支柱模式。

1.1 阿尔巴尼亚国家概况

阿尔巴尼亚地处欧洲东南部,雄踞巴尔干半岛西陲,因国旗上绘有一只黑色双头雄鹰而被誉为"山鹰之国"。阿尔巴尼亚北与塞尔维亚、黑山接壤,东北与马其顿交界,东南与希腊为邻,西与意大利隔海相望,国土面积为 28 748 平方公里。

阿尔巴尼亚仍为欧洲最不发达的国家之一,全国约有近一半的人口从事农业生产。2011 年 7 月,全国总人口约为 299.47 万人,其中 65 岁以上老年人占比为 10.5%,平均预期寿命为 77.41 岁,已经迈入老龄化国家。2014 年,估计人口约为 363 万人,人均 GDP 约为 4 110 美元。

1.2　阿尔巴尼亚养老金制度的改革发展历程回顾

1.2.1　1993 年以前的养老保险制度情况①

1. 前社会主义时期（1923—1947 年）

阿尔巴尼亚的养老金制度最早可以追溯到 1923 年。当年，阿尔巴尼亚针对军队和警察人员制定了养老金等相关法规。1927 年，又颁布了公务员的养老保险法。1934 年，实施了包括军队、警察和公务员在内的统一养老保险法案。

1947 年，阿尔巴尼亚又出台了第一部专门的养老金法案，法案规定养老金的领取年龄设为男 60 岁，女 55 岁。

2. 社会主义时期（1948—1989 年）

1948 年以后，阿尔巴尼亚进入了社会主义时期。1958 年，在借鉴原苏联模式的基础上，通过了新的通用养老金法案。1966 年，针对国家部门的雇员制定了包括养老保险在内的专门社会保障法规。1972 年，又针对农业合作社的雇员出台了专门法规，规定这些雇员的退休年龄比其他部门的人员要高 5 岁。

在社会主义时期内，阿尔巴尼亚建立了全民就业、全民参保、全民享受的国家养老保险制度。由于整体人口结构年轻，老年人比例较低，加之就业率高，阿尔巴尼亚现收现付的养老保险制度一直运行平稳。即使在经济波动剧烈的 20 世纪 80 年代，养老保险制度仍没有受到严重冲击。1989 年，阿尔巴尼亚的养老保险制度抚养比（养老金领取人口/养老金缴费人口）仅为 0.27，即每 100 个雇员供养 27 个退休人员，整体制度的运行指标处于相对有利形势。

3. 过渡初期（1990—1992 年）

1990 年，阿尔巴尼亚开始进行全面改革，力图尽快实现经济转轨，但困难重

① 关于阿尔巴尼亚养老保险改革始于哪一年，一直存在两种看法：一种认为始于 1990 年，因为该年阿尔巴尼亚国民经济开始向市场经济转轨；另一种认为始于 1993 年，新的养老金制度开始实施。笔者认为，阿尔巴尼亚转轨期的养老保险制度改革还是应以 1993 年实行新的社会保险法案为起点。

重,经济出现持续负增长,市场缺乏商品,基本食品供应都成问题。与此同时,通货膨胀加剧,失业率不断上升,人均收入持续下降。1991 年 GDP 比 1990 年下降27%。1992 年,货币急剧贬值,通货膨胀率达到 237%,养老保险制度开始受到冲击,养老金的实际价值急剧下降。1992 年,农业合作社宣布解体,造成养老保险制度的农村缴费人口剧减。为了应对转轨引起的社会动荡,1992 年阿尔巴尼亚政府设立了社会事务机构,隶属于财政部。

　　1993 年改革以前的养老保险制度主要特征有:一是国家保障制度。养老保险制度完全是强制性的和国有的,实行全民就业、全民保障,主要目的是再分配。二是现收现付原则,无任何积累。三是双轨制。养老保险制度包括两个并行的子制度,即针对国家部门(包括政府机关、军队、警察等)的雇员和针对农村合作社成员分别实行不同的养老保险计划,前者的待遇明显高于后者。四是过于慷慨。养老金待遇取决于工作年限和在职时的工资收入,养老金只和工资增长挂钩,养老金替代率高达 70%—80%,有时还出现退休者生活标准明显高于在职人口现象。五是退休年龄偏低,男性低于 60 岁,女性低于 55 岁,很多行业如矿工还可以享受特权并提前退休,但养老金待遇不减。

1.2.2　转轨以来的养老保险制度改革(1993—2009 年)

1. 完善立法框架的起始改革(1993—1996 年)

(1) 改革的背景及目标。

1991—1994 年,由于经济崩溃,大量国有企业停产和农业合作社解体,全国的失业率大幅增加,养老金缴费人口明显减少。1994 年的缴费人口仅相当于 1990 年的 1/3,农村的社会保险缴费人口仅为 1990 年的 7.6%。面对失业率下降、工联主义压力以及工会压力造成的异常紧张的社会形势,阿尔巴尼亚政府被迫仓促出台过于超前的养老金计划,允许提前退休以腾出工作岗位来降低失业率。结果是失业率没有降低,反而大量中年人(比如年仅 45 岁的教师)提前退休并加入领取养老金行列。缴费人口剧减和领取人口剧增,这对养老保险制度带来巨大冲击,导致养老保险制度抚养比加速恶化,从 1990 年的 45(领取者):100(缴费者)恶化到 1994 年的 104:100。同时,养老金替代率和老年人生活水平也迅速下降。

在这一背景下,国内社会各界都提出要对养老保险制度进行改革以切实提高该制度的财务稳定性并保证养老金的实际价值,要通过调整社会保障制度以适应经济发展形势并为实现社会保障权利提供必要的资金。

(2)改革的内容及举措。

1993年,阿尔巴尼亚正式启动养老保险制度改革。5月11日,当局通过了《阿尔巴尼亚共和国社会保险法》以取代旧的养老金法案。该法案明确指出,根据国内法律和国际公约规定,要保证国民的社会经济权益并将法案的实施情况报告国际公约组织,即国际劳工组织以及世界银行、欧盟等国际组织。法案提出,养老金计划由独立的公共机构管理,实行俾斯麦模式,根据市场需求,实行缴费、收益与工资相关联,同时兼有再分配性质。就本质来看,新的养老保险计划更接近于一种社会援助计划,仍然实行现收现付原则,通过向在职人员收取缴费,来支付已经退休一代的养老金,属于强制性的待遇确定型养老金计划。

1993年法案还规定,养老金缴费率为总薪酬的31.7%,由雇主和雇员共同缴费;最高养老金额度为固定养老金的2倍或者为本人在最后10年工作期限内连续3年平均收入的75%,取这二者之间的数额更低者。1993年,只有35.3万人向养老保险制度缴费,城市地区平均月养老金数额为1 740列克,农村地区的平均月养老金数额仅为538列克。①

为进一步完善新养老金计划,增强其可行性和可接受性,当局还对养老保险制度进行了一些参数改革,主要措施有:修改农村养老金计划、提高退休年龄、扩大最高工资与最低工资差距、减少养老金缴费数额、将1993年前和1993年后的养老金计划并轨。同时,还通过了有关就业和家庭福利的相关法案。

1994年,通过了关于社会保障号码的法案,并决定逐步实施。该法案还规定,已经移往国外的阿尔巴尼亚人也可以自愿参加国内的养老保险制度。②同年,政府第一次允许用财政预算来填补养老保险制度赤字,当年预算支持金额达到3.68亿列克。是年,农村地区养老金替代率约为60.2%。

---

① 阿尔巴尼亚在1979年以后没有公布汇率,所以难以判断其国民养老金的具体价值,不过1975年的官方汇率为1美元等于3.3列克。2000年以后,官方汇率为1美元等于130多列克。
② 移民是阿尔巴尼亚人口变动的主要因素,移民主要移往希腊和意大利。由于移民数量很大(1990年以后,外移人口数量约占总人口的1/4,且大部分为年轻人),尽管阿尔巴尼亚人口自然增长率为正数,但整体人口还是出现了负增长。

1995 年,通过了新的养老金修正案。根据修正案的规定,矿工只要工作满 21.5 年,就可以提前退休,但其养老金仅为计算基数的 60%。当年 6 月,政府出台法律允许设立第三支柱私有养老基金,并决定成立私有补充养老保险的督查机构。第三支柱的设立主要是为参保人提供比强制性计划更高的养老金。根据法律规定,第三支柱的养老保险基金积累和养老金免予征税。

1996 年,针对高级公务员和军队人员制定了特殊的养老金计划。5 月,颁布了关于社会保障号码的实施条例。由于条件受限,该条例于 1998 年年初才得以实行。1996 年,养老金缴费率降到 30%,其中 20% 由雇主缴费,10% 由雇员缴费,当年大约有 34.3 万养老金领取者。

（3）改革的结果。

这次改革最大的成果,就是完善了有关养老保险制度的立法框架并加强了对养老保险制度的监管。此外,这次改革第一次提出养老保险制度应该包括两个支柱:强制性的社会保险(第一支柱)和自愿的、私营的社会保险(第三支柱)。但由于阿尔巴尼亚国内金融市场不完善,其第三支柱养老保险长期处于胚胎期,一直延至 2006 年才付诸实施。

2. 减少城乡差异的公平改革(1998—2001 年)

（1）改革的背景及目标。

转轨后第一次改革以来,阿尔巴尼亚养老保险制度的城乡差异一直没有得到缩减,城乡居民之间的养老金待遇区别明显,农村地区参保人的月平均养老金待遇不足,仅为城市地区参保人的 1/3。这引起了普通大众的强烈不满。为了减少养老保险制度的城乡差异,阿尔巴尼亚政府决定启动养老保险制度的新一轮改革。

（2）改革的内容及举措。

1998 年是值得特别一提的一年。是年,阿尔巴尼亚第一次设立了遗属年金。根据规定,如果当事人的生活来源依赖参保人,当参保人死亡后,该当事人就可以领取遗属年金,前提条件是参保人在其死亡的前一年之前一直在向强制性养老保险计划进行缴费;第一次设立了职业病养老金;第一次要求所有有关养老金的操作都需要提供参保人本人的社会保障号码。此外,政府针对第三支柱出台了修正案。受 1997 年投资阴影影响,第三支柱养老保险计划仍是纸上谈兵。

这次改革最主要的措施是针对农村地区启动了新的一轮养老金改革。1993年法案实施以来,阿尔巴尼亚城乡养老保险出现双轨制,城乡居民在养老金缴费与收益上都存在明显差异。1993—1997年期间,当局将农村就业人口分为两类:平原(低地)从业者和山区(高地)从业者。每年政府为农村地区的自雇者确定统一缴费额度,山区从业者的缴费额度则更低一些。至于农村缴费与城市最低缴费数额的差异部分,则由政府财政负担。

为缩小城乡养老金差异,阿尔巴尼亚政府大力鼓励农村自雇者积极参保。改革前,在农业合作社工作的农村就业人员尽管已经入保,其领取的养老金数额还不到城市养老金的1/5。这一次改革决定为农村就业人员设立新的养老金计算公式。改革后,农村就业人员的养老金包括两部分:一是农村基础养老金;二是额外增加的养老金,即每缴费1年,则增加相当于城市最低工资1%的养老金数额。预计到2012年,城乡养老金将达到同一标准。

(3) 改革的结果。

总体看,这次改革的效果不尽如人意。一是城乡参保人员的养老金待遇区别越来越大。2000年,城市地区月平均养老金数额为5 124列克,农村地区仅为1 132列克。二是政府财政压力加大。2000年,政府预算用于养老保险制度的转移支付额度达到46.53亿列克。三是养老金缴费人数继续下降,养老保险制度抚养比恶化。受1997年的投资事件和农业私有化的综合影响,1999年的养老金缴费人数比1989年下降了60%,就业人口与退休人口比例达到1∶1。三是参保人的缴费压力加大。2001年,养老金缴费率提升到占总收入的31.5%,雇主和雇员的压力都明显增加,新一轮改革的呼声越来越大。

3. 成效有限的参数改革(2002—2007年)

(1) 改革的背景及目标。

1993年改革以来,阿尔巴尼亚养老保险制度面临的问题愈演愈烈。一是赤字继续加大,2001年已经占到GDP的1%且还有继续加大的趋势。二是养老保险制度的管理水平与欧盟国家还存在不小差距。三是2001年养老金缴费率提升到占总收入的31.5%,雇主和雇员的缴费压力都明显增加。四是庞大的非正式就业、灰色经济和高失业率导致养老保险制度缴费人口不断下降。2002年,缴费人口从2001年的50.3万人下降到47.4万人。

稍显欣慰的是,一直到 2001 年,阿尔巴尼亚的人口老龄化指标并不显著,19 岁以下人口占比约为 29%(Lukic, T. et al., 2012:6—23),且人口自然增长率仍为正数。这在普遍老龄化的欧洲极为罕见。不过,其人口净迁出数高于人口自然增长数。根据联合国的统计资料,在 1990—2000 年期间,阿尔巴尼亚每 1 000 人中迁出21.8 人;不过在 2001—2010 年期间,每 1 000 人只迁出 5.6 人,外迁人口出现明显下降趋势。受此影响,从 1991 年到 21 世纪初,阿尔巴尼亚人口出现负增长趋势。

这次改革的目标主要是为了削减养老保险赤字,扩大养老保险制度覆盖面,并增加养老保险制度的供款收入。

(2) 改革的内容及举措。

在与世界银行和国际货币基金组织进行协商后,阿尔巴尼亚于 2002 年通过法律,正式启动改革。这一次参数改革极为重要,主要做法有:

一是逐渐提高退休年龄并限制提前退休。2002 年,退休年龄是男 60 岁,女55 岁,以后每年提高 6 个月。预计到 2012 年,男性提高到 65 岁,女性提高到 60岁。在提高退休年龄的同时,允许参保人提前领取部分养老金,但禁止提前 3 年以上退休。提前 3 年以内退休的,每提前 1 年,养老金待遇减少 0.6%。由于国内阻力较大,2005 年养老保险制度的最低参保期限从 20 年降低到 15 年。

二是严格规定养老金领取者家属的限制条件,以减少领取的家属人数,从而削减养老金开支。

三是调整养老保险制度的缴费率。其中,城市地区的养老保险缴费率减少4%,降至占总薪酬的 29.9%。同时,将最高缴费工资基数从最低工资的 3 倍扩大到 5 倍。2002 年以后,渐进提高了农村就业人员的缴费率。2005 年底,社会保险缴费率为 38.5%,其中养老保险缴费率已经降为 29.9%,但还明显高于经合组织国家的平均缴费率,仅次于意大利和葡萄牙。2003 年,阿尔巴尼亚大约有 85.2 万人参保并缴费,同时有 58.5 万养老金领取者。鉴于养老保险制度缴费率过高,不利于就业市场的正规化,根据世界银行建议,阿尔巴尼亚在 2006 年决定将养老金缴费率下调 6 个百分点,于是在职员工的养老金缴费率就降至 23.9%。

四是加强养老保险制度的管理。2002 年,阿尔巴尼亚决定将城市就业人员的养老保险缴费管理事务转移给税务部门,但农村人员缴费管理还是由社会保险机构继续负责等。2004 年,通过法案,决定部长理事会负责监管私有补充养老保险督查机构。2005 年,又成立了金融管理局,负责监管私有补充养老保险实施及其运营商。是年 11 月,阿尔巴尼亚批准了国际劳工组织的 102 号公约,并决定从 2006 年 1 月开始采取国际社会保障标准。2006 年 1 月,第一家附属私有养老金计划的发行机构开始运作。同年,政府成立财政监督机构,开始接管养老金市场的监管工作。但到年底,阿尔巴尼亚又禁止农业领域的自雇者参保第三支柱养老金计划。

五是在 2006 年对养老金待遇实行一次性上涨,其中农村地区上涨 20%,城市地区上涨 5%。是年,阿尔巴尼亚国民的平均养老金数额为 11 134 列克。(Areti Stringa, Raimonda Duko, Kiti Stringa, 2011:105)

六是为了减少预算赤字,政府在 2007 年决定减少预算供养部门的就业人数。受此影响,养老保险制度的缴费人数又开始下降。

(3) 改革的结果。

总体看,这次参数改革比较完整地保留了养老保险制度的整体架构。从相关数据来看,这次改革取得了一定成效。缴费率的降低以及最高缴费工资基数的扩大,吸引了更多人参与缴费或提高本人的缴费数额。尤其是在农村地区,农民每月自我缴费额增长了 2.4 倍。改革前的 2001 年,平原地区农民缴费额为每月 135 列克,山区农民缴费额为每月 81 列克;2002 年,已分别上涨到 324 列克和 195 列克,这对于改善养老保险制度的财政状况有积极影响。

这次改革也削弱了缴费与收益之间的关联度,并影响了养老保险制度的财务稳定性和养老金的充足性。一是大规模的失业率和非正式就业影响了劳动力市场和缴费收入,相对慷慨的农村养老金也导致养老保险制度赤字继续攀升。截止到 2008 年,阿尔巴尼亚共有 53.4 万人领取养老金,养老保险支出为 616 亿列克,约合 64.8 亿美金,占整个社会保险支出的 97.6%,占整个社会保障支出的 71%,占 GDP 的 5.37%(Edlira Luci, Dorina Kripa, 2010)。二是养老保险待遇的城乡差别依旧明显。2007 年,城市地区养老金的替代率为 48.5%,月平均养老金为 84 美元;农村地区的养老金替代率仅为 26.7%,月平均养老金为 30 美元(Ilia Telo, 2005)。三是养老保险制度覆盖率低。2005—2006 年间,养老保险的缴费人数增长了 15.28%,但之前的 2004—2005 年间,缴费人数却下降了 11.95%,这只能看作补偿性增长(Edlira Luci, Dorina Kripa, 2010)。与此同时,大量老年人尤其是自雇者和农村地区的老年人被排除在养老金制度以外。四是 2008 年的养老金实际价值比 1990 年低了 18％。五是虽然这次改革也关注了发展中的私有保险制度，但没有出台实质性的相关举措。

4. 应对经济危机的权宜改革(2009 年)

(1) 改革的背景及目标。

2008 年席卷全球的金融危机给阿尔巴尼亚的养老保险制度带来了巨大影响，其中养老金的缴费率和收益率更是核心话题。根据劳动部统计机构的数据，2009 年城市私有部门就业人员约为 24.7 万人，但社会保险机构数据显示仅为 15.9 万人，这意味着只有 64.3％的私有部门就业人员被纳入社会保险制度。同年，尽管私有部门占 GDP 比重约为 75％，但私有部门的养老保险缴费额居然低于公有部门(Areti Stringa, Raimonda Duka, 2011:103)。正如欧盟委员会指出的，尽管取得一些进展，但阿尔巴尼亚的失业率仍维持在高位且缺少劳动力市场数据。2009 年，登记失业率为 12.7％，但用于社会保护的预算仍增至 GDP 的 7.7％(Areti Stringa, Raimonda Duka, 2011:104)，阿尔巴尼亚还需要采取措施来增强社会保护政策的可持续性。2009 年，退休金在城市地区已经高于 1.4 万列克，在农村地区高于 7 500 列克。此外，在实际工资水平和申报工资水平之间还存在差异。雇主和雇员往往达成"协议"，只申报最低收入。据估计，大约有 30％的正式就业雇员没有向养老保险制度进行缴费，而那些即使缴费的雇员也只按照最低工资水准缴费。这对养老保险制度的收入有直接影响。

与此同时，阿尔巴尼亚总人口却出现下降趋势。根据人口普查数据，1990 年总人口为 328.56 万人，2009 年总人口仅为 319.44 万人。为了扩大养老保险制度的覆盖面，削减城乡养老保险待遇差距，促进养老保险制度的财政平衡性和养老保险待遇的充足性以应对经济危机，阿尔巴尼亚决定启动养老保险制度的新一轮改革。

(2) 改革的内容及举措。

这次改革的主要做法有：

一是降低缴费率。将养老保险的缴费率进一步调低至总薪酬的 21.6％[1]，这

---

[1]　1993 年为 31.7％，2002 年为 29.9％，2006 年为 23.9％。

在转轨的中东欧国家当中处于中间水平。

二是调整替代率。调整后,新领取者的养老金初始替代率为计缴总工资基数的38%。此外,每工作1年则替代率上浮1个百分点。如果参保人工作年限和缴费期限同时满35年,其养老金替代率最高可以达到计缴总工资的73%。表面上看,这已经高于国际劳工组织设立的缴费满30年、替代率达40%的规定。需要指出的是,由于平均工资与最低生活保障区别很小,养老金的实际价值并不高。

三是促进缴费公平。继续提高农村地区的养老金缴费标准,力争实现城乡养老金缴费标准趋于一致。

四是推动第三支柱养老保险计划发展。阿尔巴尼亚通过了有关第三支柱养老保险基金的新法规,并将这一层次的养老金运作和监管原则与国际组织及经合组织的标准对应起来。到2009年年底,有3家私有养老保险运营机构,共计有4 429名投保人,积累金额为0.73亿列克(Areti Stringa, Raimonda Duka, Kiti Stringa, 2011:99)。虽然名义上增长比较快,但绝对数值还是微不足道。在新规则下,2010年11月11日,新的基金开始注册。

(3)改革的结果。

这次改革效果并不明显,相对比较突出的一点就是缩小了城乡养老保险待遇差距。改革后,农村月平均养老金数额相当于城市月平均养老金的70%,但农村就业人员的缴费额不到城市就业人员的1/5。

改革遗留的问题却不少:一是养老保险制度的财政状况没有明显好转。虽然政府调低了养老金缴费率,但这并没有带来缴费人数的增长,2009年的缴费人数甚至比2008年还略有下降。此外,很多人并不愿意全额申报工资,往往选择降低缴费基数或者减少缴费年限。因此,养老金缴费率下降加剧了养老保险制度的供款危机。2012年,养老保险制度赤字约占GDP的0.8%,养老保险制度抚养比(缴费人口/领取人数)为1.2:1。二是政府的财政压力居高不下。根据规定,农村就业者只需支付最低缴费,其缴费差额部分仍由政府负担。2009年,政府每月用于支付平原就业者的人均养老保险缴费数额为1 200列克(略少于10欧元),每月用于支付山区就业者的人均养老保险缴费数额则为780列克。2012年,政府用于社会保险方面的开支占到GDP的6.1%。在这当中,有87.3%用于养老保险开支。三是养老金数额仍较低,养老金替代率有下降趋势,养老保险缺乏激励因素。根据规定,最高养老金仅为最低养老金的 2 倍,而最高工资却是最低工资的 5 倍。此外,农村就业人员的缴费与收益关联度极低。四是养老缴费率还相对过高,养老保险制度的覆盖面则相对过低。改革后,养老保险制度缴费率虽有所降低,但绝对值并不低。这在一定程度上推高了企业的就业成本,不利于就业市场的正式化,也不利于扩大养老金覆盖面。据估计,大约有 40% 多的老年人没有参加养老保险制度。五是城乡养老金差距明显的老问题没有得到根本解决。2010 年城市养老金替代率为 37.6%,农村养老金替代率为 12.0%。

1.3　阿尔巴尼亚养老保险的现状及面临的挑战

1.3.1　阿尔巴尼亚养老保险制度的现状

目前,阿尔巴尼亚的养老保险制度主要包括两个部分:强制性的公共养老计划,即第一支柱;自愿性的私有养老计划,包括私有补充养老保险,类似于国际上通行的第三支柱,但缺少世界银行推行的第二支柱,即强制性的养老保险基金支柱。政府官员和军队人员有特殊的养老金法规,矿工、飞行员和海员也有单行规定。达到养老金领取年龄但没有资格领取养老金的人群,可以享受由国家预算拨付的社会补助津贴。

1. 强制性的公共养老计划

强制性的公共养老计划的相关规定如下:

指导原则:以现收现付制度为指导,建立在代际团结基础上。

管理机构:仍由社会保障机构管理,所有赤字由中央预算予以补偿。

覆盖面:覆盖所有的城乡在职者和自雇者,但住在阿尔巴尼亚境外的阿尔巴尼亚族人不得享受养老金,这一规定已经引起很多问题。

缴费情况:以在职雇员为例,养老金缴费率为总薪酬的 21.6%,其中 12.8% 由雇主负担,剩余的 8.8% 由雇员自身负担。[1]农业领域的自雇者如果符合社会救助

---

[1]　2012 年 1 月,1 欧元等于 137.98 列克。

条件,就免予缴纳养老保险费用。其他农业领域就职者,需要缴纳当前基数 1/4 的数额(Jarosław Poteraj, 2012)。

养老金领取条件:养老金领取年龄为男性 65 岁,女性 60 岁,且至少缴费满 35 年。针对重体力劳动者,允许推迟到 2023 年实行这一标准。有 6 个孩子的母亲可以在 50 岁退休,但必须缴费满 30 年且最小的孩子已经满 8 岁。超过退休年龄但缴费年限在 15—35 年的人员,可以享受相应缩减的差额养老金。

退休规定:允许提前退休,但男性必须满 62 岁,女性必须满 57 岁,且至少缴费 35 年。可以推迟退休,但考虑到高失业率的具体国情,退休后就不允许继续就业。

养老金计算公式:$P = Bp + 1\% \times N \times Wc$,其中 P 是养老金总数,N 是缴费年限,Wc 是最后工作 10 年期间的平均薪酬,Bp 是基础养老金,用于提供最低生活保障,由部长理事会确定标准。从这一公式可以看出,基础养老金福利(Bp)被计算为一个固定值,相当于最低生活保障,2010 年以后,这个固定值在城市地区相当于 10 286 列克,在农村地区相当于 6 344 列克,可变的数量取决于退休前的收入情况。后者(1%,N,Wc)为关联部分养老金,作为每个养老基金缴费年度的 1% 被计算在内,基数是养老金领取者以前收入的平均值。

养老金待遇:最高养老金数额相当于基本养老金的 2 倍或者是领取者最后 10 年工作期间内任一连续 3 年平均工资的 75%,两者取其低。2010 年以后,这个基本养老金数额在城市地区为每月 20 552 列克,在农村地区为每月 8 416 列克。从规定来看,高收入人群的养老金替代率大约在 30%—35% 左右(Jarosław Poteraj, 2012)。关联部分养老金取决于工作年限。2008 年,最低养老金数额为 8 650 列克,2010 年为 16 820 列克。提前退休人员的养老金待遇则相应缩水,每提前 1 个月,养老金损失 0.6%;相反,每推迟退休 1 个月,养老金则增加 0.34%,但最终的养老金不得超过本人最后 10 年工作期限内任一连续 3 年平均工资的 80%。

养老金调节指数:根据每年指定消费品的价格指数对养老金待遇进行调整。

养老金待遇的性别情况:女性就业时间短,失业率高,且从事家务劳动和农业劳动比例高,导致其平均工资低且缴费期限短,一般而言,女性养老金明显低于男性,往往低 20% 左右。但考虑到女性退休年龄早 5 年,且退休后剩余寿命更长,总体上看,女性享受的养老金收益并不低于男性,甚至可能更高。

2. 自愿的私有补充养老保险计划

第三支柱于 1993 年提出,由于各种原因推迟到 2006 年才正式启动。第三支柱养老保险至今发展仍极为缓慢,对国民养老金待遇的影响微乎其微。

第三支柱养老保险的相关规定如下:

指导原则:自愿参加,缴费确定型,通过基金积累及其投资收益来提供补充养老金。

管理机构:由相对独立的监管机构管理。

覆盖面:覆盖所有被雇人员和自雇人员,但农业领域的自雇人员除外。

缴费情况:自愿缴费,不设基数。截止到 2012 年 1 月,阿尔巴尼亚有 3 家补充养老保险运营机构,其中 1 家还处于改造过程中。第三支柱的养老金缴费平均额度为 80 019 列克,平均账户余额为 22 420 列克(Jarosław Poteraj, 2012)。

养老金领取条件:可以提前或者延后领取,没有奖惩措施。

养老金计算公式:完全根据个人账户余额及投资收益计发。

养老金调节指数:无。

投资方面:由于阿尔巴尼亚金融市场不完善,第三支柱养老保险基金主要投资于阿尔巴尼亚银行的国债,投资收益不高。

1.3.2　阿尔巴尼亚养老保险制度面临的挑战

1. 人口老龄化趋势难以避免

根据 2011 年人口普查数据,阿尔巴尼亚 65 岁以上人口占比为 11% 左右,出生率为 0.34%;死亡率为 0.2%;总和生育率为 1.69,平均预期寿命为 76.8 岁,仍属于比较年轻的国家,平均年龄为 35.3 岁(Aida Guxho, Areti Stringa, 2013),但人口老龄化现象已经呈现且有加快趋势。这将给养老保险制度带来新的冲击。

2. 养老金的替代率不高,养老保险制度的覆盖率低

阿尔巴尼亚第一支柱养老金的替代率达到 38%—42%,似乎不低,但由于没有第二支柱且第三支柱无足轻重,整体养老金替代率并不高。此外,仅有 50% 多的工作人口加入了养老保险制度(G.Bajrami, 2014:452),制度的覆盖率还急需提高。

3. 养老金的实际价值很低

在阿尔巴尼亚,只有9%的养老金领取者的养老金水平勉强超过最低生活标准。虽然养老金调整指数与通货膨胀指数挂钩,但实际平均养老金数额还是低于平均生活标准。这个问题是双重结构性问题:一是农业部门吸纳了58%—65%的就业人员,但产值仅占全国 GDP 的20%。这就意味着农民收入偏低,且缴费意愿不足,农业从业人员缴费仅占社会保险机构收入的4.5%。二是养老保险制度名义上有两个支柱养老金,但第三支柱的养老金几乎可以忽略不计,而第一支柱养老金的实际水平又相对有限。

4. 养老金待遇的不公平问题

这方面最为突出的问题是针对农村人口的缴费政策过于优惠。根据规定,农村人口被假定为固定缴费,缴费额根据最低城市工资收入计算。至于根据最低城市工资缴费数与固定缴费数之间的差额,则由农村雇员自己负担。按此测算,农村居民只需缴纳其收入 1/5 的费用(缴费额一般仅为城市雇员的 1/3),但其平均养老金数额却达到了城镇平均养老金的70%。尽管针对农村的养老金待遇更多体现了社会保护(考虑到他们的实际收入及缴费额度很低),如何既消除城乡差别又不制造新的不公平·还是个重大课题。其次,部门之间的养老保险待遇也不公平。阿尔巴尼亚私有部门吸纳了81%的劳动人口,但其工资收入总额仅占所有劳动人口工资收入总额的25%;公有部门仅吸纳了19%的劳动人口,但其收入总额占所有劳动人口收入总额的比例却高达75%。这就意味着公有部门的养老保险缴费待遇将明显高于私有部门。再次是养老金待遇的性别差异。相比男性而言,由于就业时间短、失业率高、从事家务劳动和农业劳动比例高,女性的平均工资往往更低且缴费期限更短。这就造成女性的平均养老金待遇明显低于男性,一般低20%左右。加之退休后剩余寿命更长,老年女性的贫困问题不容忽视。

另外,由于养老保险制度改革缺乏连续性,还导致出现缴费数额相同但养老金数量区别很大的现象,其主要原因是不同时期养老金的指数化原则并不一致。

5. 制度设计不合理,养老金缴费与收益关联度不够,缺乏激励因素

在 1990—2002 年的转轨困难期,为了降低领取最低养老金人群的贫困率,政府决定最低养老金优先增长。此后,政府一直采取不同指数来提高最低养老金。2010 年,最高养老金仅为最低养老金的 1.27 倍(Areti Stringa, Raimonda Duka,

Kiti Stringa，2011：104），这就直接影响了高收入人群的缴费积极性。此外，虽然名义上城乡养老金替代率都上升了，但实际上城市养老金替代率在下降，农村养老金替代率在上升。其原因就在于采用了不同的计算公式，计算城市养老金替代率时，采取的是平均缴费基数工资；计算农村养老金替代率时，采取的是最低缴费基数工资。城市缴费基数明显高于农村，加上城市缴费率也高于农村缴费率，这就出现农村替代率上升而城市替代率下降的现象。

还需要注意的是，理论上城市居民退休后的养老金可以达到社会平均缴费工资的 73％，但现实情况并非如此。2009 年，城市平均养老金仅相当于平均缴费工资的 43.6％。而最低（基础）养老金却相当于这个平均缴费工资的 38.8％（G.Bajrami，2014：452），两者之间的区别并不大。

对最高养老金的限制、优先提高最低养老金以抵御通货膨胀以及平均养老金与最低养老金差异甚小等规定，都忽视了养老金缴费与收益的联系，导致很多人不愿意如实缴费，情愿按照最低工资水平来申报缴费或者逃避缴费以享受最低养老金。因为达到最高收入时，缴费额度为最低收入者的 5 倍，而最高养老金数额仅为最低养老金的 2 倍。不少人甚至干脆不缴费，不加入养老保险制度。

最后，缴费期限系数也值得商榷。这个系数对那些收入很高，但缴费未满 35 年的人而言非常重要。如果本人按照最高缴费数额缴费满 25 年后，其缴费数额比按照最低数额缴费满 35 年的人还要多。对于这些人而言，提前退休不会带来任何负面影响，但对于缴费超过 35 年人来说，就没有其他额外好处，这就导致人们不愿意延长缴费期或尽可能缩短缴费期限。

6. 相关配套制度不到位，养老保险制度改革阻力重重

由于相关配套制度不到位，致使养老保险制度改革阻力重重：

一是就业制度不健全，规模庞大的地下就业、非正式就业以及高失业率，影响了养老保险制度的供款，增加了制度的开支。二是金融制度不完善，养老保险基金投资受限，收益有限。第三支柱也发展缓慢，拉低了整个养老保险制度的回报，进而影响人们对养老保险制度的信心及参保入保的积极性，甚至造成退保现象。三是税务制度不配套，针对养老保险制度缴费、养老保险基金投资及收益等方面的税收优惠政策力度不够，缺乏制度激励。

此外，由于各种原因，第三支柱养老保险计划在整个养老金制度中仍无足轻重。在此,就不再赘述。

1.4　关于阿尔巴尼亚养老保险制度下一步改革的设想

阿尔巴尼亚国内关于养老保险制度改革的争议一直没有停息。就当前的形势来看,阿尔巴尼亚国内学者和政界人士对下一步改革的思路与方案仍莫衷一是。笔者认为,大致可以从近期和远期两个角度或阶段来分析或推测。

1.4.1　阿尔巴尼亚养老保险制度改革的近期举措

1. 继续完善现收现付的第一支柱养老保险计划

考虑到现收现付的第一支柱养老保险制度历史悠久、社会认可程度高,在相当长的时期内还将占据主导地位的具体国情,阿尔巴尼亚政府应会继续完善这一层次。

(1) 改革方案将选择激励型,减少制度的再分配特性。

阿尔巴尼亚国内大部分学者都认为,应该在测试和精算的基础上拿出可行的公共养老计划改革方案。目前,主要方案有两个:第一选择属于激励型方案,在坚持代际团结的基础上,重新建立现收现付计划的缴费模式,强化养老金收益与养老金缴费之间的关联度,减少该制度的再分配特性。同时,为降低老龄人口的贫困率,也实行以再分配为主要目的的非缴费基础养老金和社会援助计划以补充现收现付制度。第二选择是再分配型方案,辅之以强制性的第二支柱。在坚持现收现付的基础上,强化制度的再分配功能,将降低贫困率作为唯一目标,取消缴费。考虑到自身经济社会发展情况,阿尔巴尼亚在近期内应该会选择激励型方案。

(2) 优化缴费模式,强化养老金收益与缴费的关联度,促进制度公平。

一是修正养老金计算公式。阿尔巴尼亚国内已经提出每月的 $P = 1.3\%$,即每年的养老保险金数额乘以估算基数的1.3%,而不是之前的1%。同时,相应降低那些领取最低工资雇员的养老金替代率,并将其最低月养老金数额设定为85

欧元。二是修改养老金数额的上限。允许最高养老金等于最低养老金的 3—5 倍（当前为 2 倍），以提升高收入人群的缴费积极性和其养老金的替代率。这有可能会恶化养老金制度的财政结算平衡，需要根据精算结果来确定。三是 3—5 年内将农村人口的养老金缴费率从目前占城市居民缴费数额的 1/3 提升到 1/2，同时削减农业人口及海员、矿工、飞行员等特殊人员的优惠待遇。四是在满足最低缴费期限的基础上，采取相应的奖惩措施以激励延长缴费期限，减少缩短缴费期限。

（3）提高养老金替代率、养老金实际水平和覆盖面。

考虑到近期难以引入第二支柱养老保险计划，且已存的第三支柱养老保险计划作用难以明显提升，阿尔巴尼亚政府很有可能会调整养老金的调节指数，将其与物价指数（或通货膨胀指数）和工资指数结合起来。这样就可以在提高替代率的同时，切实提高养老金实际水平，以降低参保老年人的贫困率。此外，阿尔巴尼亚会采取有力措施来提高第一支柱养老保险计划的覆盖面，要求就业人员尤其是农村就业人员、非正式工作人员必须加入第一支柱，否则就实行相应的惩罚措施。已经加入保险计划并缴费的人员，则加大税收减免力度或给予其他补助。

（4）逐步将现收现付计划切换为个人账户计划，为第二支柱养老保险计划引入奠定基础。

目前，阿尔巴尼亚第一支柱养老保险计划实行现收现付原则，缴费额都拿来支付已经退休人员的养老金。但可以考虑为第一支柱参保人员建立私人账户，实行"空账"运行，即这里的账户余额其实是今后养老金的预期收益。虽然第一支柱的个人账户在当前不具有实际意义，但可以与今后第二支柱养老保险计划的个人账户对接。这既可以激励更多人参与缴费，也可以培养其积累意识，为今后第二支柱强制性的私有积累型养老保险计划的建立和实行奠定基础，减少阻力。

（5）实行参数改革，增强制度的可持续性。

阿尔巴尼亚还大有可能对第一支柱继续进行参数改革。比如分阶段逐年推迟退休年龄，用 3—5 年或者更长时间将男性退休年龄推迟到 67 岁，女性则相应推迟到 63 或者 65 岁，或者伺机统一男女退休年龄；弹性退休，如果累计缴费满37.5 年后，可以选择在 62—65 岁之间退休；鼓励推迟退休，如果达到领取退休金年龄后还在继续工作，就可以享受额外奖金或红利等；如果参保人达到 65 岁且缴费达到 45 年，可以领取其本人职业生涯平均工资 80%（或以上）的养老金，不受

75%或者平均养老金 2 倍数额的法律限制等等。

2. 逐步调整相关配套制度,适时推进自愿积累的第三支柱养老保险计划

（1）完善金融市场、税收制度及就业制度。

阿尔巴尼亚应该会允许私有养老保险计划基金按比例投资经合组织国家和欧盟成员国的相关国家国债、银行股票、证券等,待积累一定投资经验和国民风险意识与抗风险能力提高后,再投资股票。同时,通过税收优惠政策引导雇主和在职员工积极投保第三支柱养老保险计划。此外,还要通过促进就业尤其是正式就业来增加投保人口数量、提升就业人员工资水平,以增强其缴费能力和缴费意愿。

（2）实行参数改革,增强第三支柱养老保险计划的可持续性。

阿尔巴尼亚国内已经在呼吁,要将第三支柱的缴费交由雇员自己决定,或由雇主在雇员的账户中代缴;私有养老金计划的投保年龄可以达到 55 岁甚至更高,其积累额可以继承;第三支柱养老保险待遇上不封顶等。

1.4.2　阿尔巴尼亚养老保险制度改革的长期趋势

从 1993 年以来的改革进程来看,阿尔巴尼亚养老保险制度改革一直缺乏顶层设计,也缺乏一个支持、拥护改革的政治、经济、社会大环境。笔者认为,阿尔巴尼亚养老保险制度改革的长期趋势应会从以下两个方面进行重点和综合突破。

1. 顶层设计——积极推行三支柱养老保险模式并统一养老保险制度

阿尔巴尼亚正在努力成为欧元区和欧盟的成员国,这是该国难得取得一致的共识。从长远看,随着经济社会日益稳定,阿尔巴尼亚迟早将加入欧元区和欧盟,其社会经济政策当然也包括养老保险制度,必然要受到欧盟以及世界银行等国际组织的影响。因此,世界银行提出的三支柱（或者多支柱）养老保险模式,就大有可能成为其养老保险制度改革的发展方向。

阿尔巴尼亚已经有第一支柱和第三支柱,但第二支柱一直缺位。根据已经实行养老保险制度改革的其他国家经验来看,如果成功引入第二支柱,就为调整第一支柱提供了空间。第一种方案是增强第一支柱的再分配功能,废除现收现付,不再缴费。这种情况下,第一支柱完全由国家预算转移支付,成了普惠制的国民养老金或基础养老金,但养老金待遇或者替代率将继续下降,可以低于或者最高等同于最低生活保障。第二种方案则是降低缴费率和缴费数额，实行部分缴费和部分由国家预算转移支付，但第一支柱的个人账户将进行"空账运行"。至于采取哪种方案为宜，关键取决于今后的经济情况、人口结构和社会认知水平。如果经济发展顺利、人口结构有利，则可以采取第一种方案；如果人口结构有利，但经济发展一般，则可以采取第二种方案。如果人口结构不利、经济发展不顺，还可以维持当前的现收现付制度，通过税收和国家预算来进行转移支付，主要覆盖当前已经在领取养老金的人群。此外，阿尔巴尼亚大有可能会大力推进自愿性的第三支柱养老金，鼓励具有条件的在职员工和单位积极投保第三支柱。

在推行三支柱养老保险模式的同时，阿尔巴尼亚应会统一养老保险制度。目前，阿尔巴尼亚养老保险制度主要有两块：一是在职职工养老保险计划，包括第一支柱和第三支柱；二是针对公务员、军队人员有特殊的养老保险制度。其中，在职职工养老保险计划又有三类：一是普通在职员工，二是农业领域或者农村地区的在职员工，三是矿工、飞行员、海员等特殊行业员工，后两者的养老保险待遇明显高于普通在职员工。统一养老保险制度既可以促进社会平等，减少社会摩擦，增强社会稳定，还可以简化制度管理，削减管理成本，更有利于养老保险制度的稳定性、可持续性和可接受性。

2. 配套改革——营造有利于养老保险制度改革的大环境

在改革养老保险制度本身的同时，阿尔巴尼亚还需要积极营造有利于改革的大环境。首先应建立一个管理、规制能力很强的政府机构并营造有序、透明、稳定的政治格局。任何改革，从最初的提议到方案的酝酿与起草，再到决策与实施，都全程受到各个政党、议会、政府机构及选民的影响。从各国尤其是转轨国家养老保险制度的改革进程及经验教训来看，强有力的政府和稳定透明的政治环境都是不可或缺的。在这方面，阿尔巴尼亚还有很长的路要走。其次，是出台更多税收支持政策。比如为了鼓励职业年金计划发展，雇主向强制性计划缴费总额的一定比例应该享受相应的税收优惠；免征退休人员的储蓄税或减征其个人所得税等。再次，是采取措施以减缓人口老龄化趋势，缓解养老保险制度的社会压力。最后，还要积极唤起民众对于寿险市场和私有保险计划的认知，增强养老保险制度改革社会认可度。

值得指出的是，阿尔巴尼亚有强大的家庭养老传统。这可以作为养老保险制度的有力补充,在推动经济社会发展的同时,切不可丢弃或放弃这一传统优势。

1.5　结语

阿尔巴尼亚养老保险制度始建于两次世界大战期间,二战后又推行了苏联模式。1993 年实行市场经济改革后,养老保险制度经过了多次改革,但收效并不明显。与大多数中东欧转轨国家不同,阿尔巴尼亚至今仍未建立三(多)支柱养老金模式。

阿尔巴尼亚养老保险制度存在的主要问题是:人口结构的优势没有得到体现,养老保险制度抚养比居高不下,制度财政平衡的稳定性和可持续性受到严峻挑战。改革面临的选择,则是立即建立基金积累的强制性支柱还是先改革当前的非基金制支柱再建立基金积累的强制性支柱。笔者预测,阿尔巴尼亚应会在短期内先改革当前的非基金制支柱,等到时机成熟后再建立完全积累的强制性支柱。不管决策如何,阿尔巴尼亚都应建立强有力的中央政府,并确保养老保险制度改革得到社会各界的广泛认同。与周边其他国家相比,阿尔巴尼亚养老保险制度的后续改革进程将更为任重道远。

第 2 章

爱沙尼亚养老保险制度改革的回顾与展望①

作为原苏联加盟共和国之一的爱沙尼亚,其私有化经济转轨之路在中东欧国家当中走得更为彻底。有意思的是,虽然其养老保险制度改革与波兰、匈牙利等国一起走在中东欧国家前列,但其养老保险制度的私有化程度却是最低的,至今还是第一支柱养老金(包括国家养老金和老年养老金)占据了绝对主导地位。不管私有化程度如何,不可否认的是,爱沙尼亚养老保险制度改革在波罗的海三国(还有拉脱维亚和立陶宛)以至整个中东欧国家当中都是比较成功的。2008年经济危机以来,由于严重的人口老龄化、老年人口贫困以及收入不公平等问题,其养老保险制度还需继续进行改革。

2.1　爱沙尼亚国家概况

爱沙尼亚地处东北欧,西临波罗的海,北边与芬兰隔海相望,东接俄罗斯,南靠拉脱维亚,国土面积约 4.5 万平方公里,总人口为 131.2 万人。

转轨以后,由于国民经济发展迅猛,社会稳定,爱沙尼亚很快就进入高收入国

---

① 根据欧盟标准,爱沙尼亚、拉脱维亚和立陶宛属于北欧国家,斯洛文尼亚属于南欧国家。但我国一直将这四个国家也列入中东欧地区,因此本书将分四章分别介绍这四个国家的养老保险制度改革情况。

家行列,并被称为"波罗的海之虎"。2004 年,爱沙尼亚加入了欧盟和北大西洋公约组织。2007 年,加入申根公约。2011 年,加入了欧元区。2013 年,该国 GDP 总量为 244.83 亿美元,人均 GDP 为 18 307 美元。

2.2　爱沙尼亚养老保险制度改革的发展历程回顾

2.2.1　1991 年以前的养老保险制度(1919—1990 年)

1. 前社会主义时期的养老保险情况(1919—1940 年)

爱沙尼亚最早的社会保障计划可以回溯到 1919 年。20 世纪 20 年代,爱沙尼亚开始发展其养老保险制度,最初只覆盖中央和地方政府雇员、教师、国有企业职工、在役军人、残疾军人以及阵亡军人家属等,包括老年养老金、残疾养老金和遗属养老金。其中,老年养老金的领取资格条件是男女必须年满 60 岁,且工作满 25 年。养老保险基金收入主要来自国家预算(约占 3/4),其次是雇员和雇主的缴费(约占 1/4)。此外,爱沙尼亚政府还需要为居住在其境内但可以享受沙俄帝国养老金权利的老年人提供养老金(Kalev Katus, Allan Puur, Asta Poldma, 2015)。20 年代后,爱沙尼亚养老金制度发展较快,参保人数迅速增长,但 90% 左右的养老金领取者为男性,其中大部分领取的是老年养老金,领取残疾养老金和遗属养老金的人数则逐渐缩减。1936 年,爱沙尼亚通过了新的养老金法案以应对社会经济发展所需。1939 年,老年养老金和残疾养老金已经覆盖到所有雇员达到 6 人以上的私有企业的全部产业工人。根据法律规定,大中型企业的雇主必须向年满 65 岁且难以经济自立的雇员按月提供养老津贴。

总体看,在 1919—1940 年期间,爱沙尼亚养老保险制度实行的是俾斯麦模式,但养老保险覆盖面很低,农民以及女性被基本排除在社会保险制度之外。

2. 社会主义时期的养老保险情况(1941—1990 年)

二战后,爱沙尼亚被并入原苏联,不再承认旧制度下的养老金权益,俾斯麦模式的养老保险制度也随之宣告终结。养老保险制度的中断,导致养老保险受益人数和养老金数额急剧下降,养老金水平甚至低于最低生活保障线。

从 1940—1991 年期间,爱沙尼亚一直实行苏联模式的社会政策与社会保障制度。1956 年,原苏联实施了新的养老金法案,对原先的养老保险制度进行了修改,提高了养老保险待遇标准,改善了老年人的经济状况。但新的养老金制度既没有覆盖所有居民,也没有统一养老金待遇标准(Porket, John, 1979:22—23)。新法案规定,在职人员必须满一定工作年限才可以领取养老金。如果要领取全额养老金,男/女性必须分别满 60/55 岁,且工作满 25 年,但农民及其家属被排除在制度之外。由于养老金领取资格条件较为严格,符合条件的养老金领取者人数并不多。一些被认为是非生产性或者反革命性质行业的就业人员,由于无法提供就业记录,也就自然被排除在制度之外。60 年代初,在达到退休年龄的人口当中,只有 1/3 的人员可以享受养老金待遇。1965 年,国家养老保险制度开始覆盖集体农民,其中男性农民退休年龄为 65 岁,女性农民为 60 岁。70 年代以后,农民养老保险和居民养老保险制度开始并轨,养老金成为老年人最为重要的经济来源和生活基础。

80 年代,由于不符合领取资格的"老人"人口减少和符合领取资格的"新人"人口增加,爱沙尼亚(与原苏联其他加盟共和国一样)建立了广覆盖的普遍养老金制度(Puur, Allan, 2000)。除了广覆盖以外,爱沙尼亚这一时期的养老保险制度还十分强调再分配功能。养老金待遇设计的宗旨是减少高收入与低收入群体之间的差距、消除贫困和提供最低保护,而不是注重养老金的替代率和激励性问题。由于养老保险缴费与收益之间关联度较低,老年人养老金待遇的区别并不是很大,当然在现实中还是存在明显差距。

纵观整个 80 年代,相比其他中东欧国家而言,爱沙尼亚的老年人收入和在职人员收入之间的差距更大。这主要是由于中央计划经济引起的,因为原苏联的中央计划经济假定通货膨胀率为零并冻结养老金待遇的指数化调节。这就造成退休越早,养老金待遇越低。于是在退休之前的最后几年内,在职员工就未雨绸缪,纷纷寻找兼职工作或者跳槽到待遇更好的单位。在这种情况下,其养老金替代率往往可以提高 10 个百分点(Põldma, Asta, 2000)。养老金缺乏指数化调节,还引起老年人的实际退休年龄往往高于法定退休年龄。在七八十年代,与发达的市场经济国家相比,越来越多的爱沙尼亚老年人都被迫选择推迟退休。在转轨前夕,男性平均退休年龄已经达到 66.2 岁,女性则为 62.1 岁,分别比法定退休年龄推迟了 7 岁和 11 岁(Katus, Kalev, et al., 2003)。爱沙尼亚政府也很支持老年人推迟退休,以弥补其国内就业市场的劳动力缺口。于是推迟退休的年轻老年人(60—70 岁)就既可以享受养老金,又可以获得劳动报酬,其生活水准也相对比较高。由于人口结构老龄化不明显、高就业率(大多数人在国有企业工作)以及很多老人推迟退休,爱沙尼亚的养老保险制度运行还算比较平稳。

80 年代末,原苏联出现严重的经济社会危机,爱沙尼亚养老保险制度也受到波及。名义上,养老金待遇在上涨,但因通货膨胀加剧,养老金的实际价值却在缩水。为此,原苏联中央政府决定改革社会保障制度。1989 年,原苏联通过了新的养老金法,但于事无补。经济的崩溃导致养老金替代率跌至 16%,且还有继续恶化趋势。在 1989—1992 年期间,由于通货膨胀率飞涨,很多人尤其是老年人的储蓄都化为乌有,老年人的失业率居高不下,很多老年人陷入贫困。

总体看,这一时期爱沙尼亚养老保险制度采取了国家保险模式,主要特点有:全面强制就业,强调养老保险的再分配功能;国家供款为主,实行全覆盖;退休年龄较低,养老金缴费与收益之间的关联度低;养老金替代率相对较高和养老金实际价值较低等。此外,还存在特权和优惠阶层,比如官员、矿工、教师、警察可以提前退休且待遇不受任何影响。

3. 独立前夕的养老保险制度改革(1990—1991 年)

1990 年,爱沙尼亚养老保险制度与原苏联养老保险制度实行"分灶吃饭"。由于经济形势恶化,养老保险制度供款困难,当局没有改变养老保险制度的主要原则和规定,只是实行了一些新措施,譬如当年 7 月取消了共产党员的官员养老金,10 月提高了最低养老金待遇。1990 年年底,为提高养老金的实际水平,爱沙尼亚通过了社会保障税法案。根据规定,从 1991 年 1 月开始,雇主必须按照其雇员工资总额的 20% 向国家养老保险制度纳税。同时,将养老保险支出与其他国家预算支出予以分列,进行单独核算以改进养老金福利水平。

1991 年 4 月,爱沙尼亚通过了新养老金法案,主要规定包括两方面:一是以法律形式规定爱沙尼亚养老金制度与原苏联的养老金制度进行脱钩,同时将工人与农民的养老保险制度进行合并以提高养老金的覆盖面。当局甚至还宣称,新的养老金法案应该与原苏联的相关法律完全、彻底地划清界限。二是设定了新的养老金计发公式,即养老金＝统一的基础养老金部分＋与收入相关的补充养老金部分。从这一公式来看,养老金的数额取决于最低工资和本人退休前的收入情况。其中基础养老金部分设定为社会最低工资的 60％,补充养老金部分为本人申领养老金或者退休前 15 年中连续收入最高的 5 年内平均收入的 40％。同时,提高养老金替代率以提升养老金的实际水平。爱沙尼亚规定,最低养老金替代率为最低工资的 85％。如果参保人没有资格领取老年养老金,还可以申领社会养老金(其数额为最低工资的 70％),但领取时间比正常领取老年养老金的年龄还要推迟5 年。

　　总体来看,新法案规定的养老金制度采取了以缴费为基础的待遇确定型模式。由于经济形势恶劣,养老保险缴费及待遇难以保证。加之通货膨胀严重,养老金调整工作量太大(主要是因为计算机不够普及,主要依靠手工调整和计算),新法案仅实施数月就夭折了。数月后,一些政治人物还提议等爱沙尼亚发行本国货币以后,再在提供统一津贴的基础上推行这一新法案,最终还是回天乏力。

　　1991 年 7 月宣布独立后,爱沙尼亚国内国有企业大量破产,失业率飙升,养老保险缴费人口大幅减少。加之人口老龄化加快,养老制度危机重重。为此,当局决定加大养老保险制度的改革力度。由于在历史、文化上深受北欧国家尤其是芬兰的影响,以及迫切想加入欧盟,爱沙尼亚养老保险制度改革比立陶宛和拉脱维亚走得更快、更远。

2.2.2　独立以来的养老保险制度改革(1992—2002 年)

　　爱沙尼亚独立后的养老保险制度改革进程大致可以分为两个阶段:一是1992—1997 年,在与苏联养老保险制度脱钩后,通过立法对原有养老保险制度进行参数改革,严格控制养老保险制度的开支以实现收支平衡。二是 1998—2002年,对养老保险制度进行全面的结构性改革以建立三支柱养老保险模式。

　　1. 针对现收现付制度的参数改革(1992—1997 年)

　　(1)改革背景及目标。

　　1991 年独立后,爱沙尼亚的养老保险制度面临经济紧缩、失业率飙升、人口负增长(主要由生育率下降,青少年、儿童死亡率较高和大量年轻移民引起)、人口老龄化引起养老金领取人口增多以及劳动人口削减引起缴费人口减少等多重挑战。对于一个小国家而言,人口的负增长以及人口老龄化的影响不可小觑。

对大多数中东欧国家而言,在转轨的最初期,各国政府的首要关注点并不是养老保险制度或者社会福利制度改革,而是政局稳定和经济回温。只有等到政治经济形势趋稳后,养老保险制度改革才被提上议事日程。爱沙尼亚也是如此,在1992年的大选中,养老保险制度仍未引起足够关注。

1992年2月,深陷经济危机的爱沙尼亚叫停了原有的养老金法案,决定暂时以统一的国家生活津贴来替代养老金,养老金的水平则取决于最低工资。统一的国家生活津贴更有利于管理部门进行管理和计算。为了应对高通货膨胀率,爱沙尼亚在1年内先后5次调整了最低工资和养老金待遇,但养老金的实际价值和替代率还是继续走低。因此,统一利率的养老金实际上意味着养老保险收益的实质性缩减,养老保险制度改革势在必行。

这一次改革的目标很简单,就是缓解养老保险制度的财政危机并确保养老金的实际价值。

(2)改革的内容及举措。

第一阶段的改革主要是对针对强制性、国家管理的现收现付养老保险制度的参数改革,具体包括削减现收现付制度规模、提高退休年龄、减少额外福利、加强缴费与收益之间的关联度等相关措施。

养老保险立法方面:受原苏联影响,独立初期,爱沙尼亚养老保险制度仍实行传统的现收现付、待遇确定型模式。1993年,在保守派政府的推动下,议会通过了国家生活津贴法案,开始对现收现付的养老金制度进行微调,转变以前的社会—政治分配原则,强调养老金待遇与工作期限之间的关联度。

养老金的相关资格条件:一是退休年龄。改革前,男性退休年龄为60岁,女性为55岁,其中,矿工、警察和教师等特殊行业可以提前退休。考虑到人口老龄化趋势,1993年的新法案规定采取每年提高6个月的方法渐进提高退休年龄。到2003年,男/女性退休年龄分别达到65/60岁。1996年,爱沙尼亚又调整了渐进提高退休年龄的规定,决定每年提高4个月。根据新规定,最迟至2007年,男/女性退休年龄将分别达到65/60岁。到1997年第一阶段改革将近结束时,爱沙尼亚男/女性退休年龄已经分别提高到62/57岁。二是养老金的领取年龄。在提交新养老金法案草案时,政府最初建议是将男女性领取养老金年龄统一为 65 岁。在议会审议后,男/女性的养老金领取年龄分别为 65/60 岁。三是领取养老金的最低缴费期限。男/女性的最低缴费期限分别从以前的 25/20 年统一规定为 15 年。改革还明确所有的爱沙尼亚公民,不管其职业生涯如何,只要达到官方退休年龄,就可以领取基本养老金,其数额低于全额养老金。

缴费率及缴费责任:社会保险税为工资总额的 33%,其中 13 个百分点用于医疗保险,剩下的 20 个百分点用于养老保险。1993—1999 年,养老保险的缴费率一直为工资总额的 20%。缴费责任完全由雇主承担,雇员不缴费。

国民养老金:爱沙尼亚将已经存在的社会养老金(类似于零支柱)改名为国民养老金并列入第一支柱,其待遇标准为最低工资的 85%,领取年龄为男性满 65 岁,女性满 60 岁或者男女性都比正常的老年养老金领取年龄高出 5 岁。到 2003 年,国民养老金和老年养老金的领取年龄将趋于一致。国民养老金实行统一利率,在每个财政年度内,由议会确定其利率,且实际价值不能低于前一年度。但在 1996—2000 年期间,国民养老金数额就一直没有变化。

再就业老年人的养老金:爱沙尼亚规定,只有当再就业老年人的收入低于最低工资时,才可以领取全额养老金,否则其领取的养老金数额就要相应缩减。1996 年 9 月以后,这一限制被取消了。如果领取养老金的老年人继续工作,其养老金待遇不受任何影响。

养老金待遇的计算方法:根据规定,养老金待遇包括两部分:统一基数部分和与缴费期限挂钩的部分。养老金数额与最低工资相关联,但随个体工作期限的长短而有所不同。统一基数部分为最低工资的 85%,如果工作期限超过 40 年,每超出 1 年,就增发 1% 的最低工资。如果工作期限只有 15 年,则统一基数部分待遇减半。简单而言,就是工作期限越长,待遇越高。这次改革没有设定最高养老金。残疾养老金按统一费率发放,如果残疾程度不一,具体待遇也有所区别。

养老金待遇与替代率:1994 年 7 月,爱沙尼亚将养老金与最低工资脱钩,允许养老金自行浮动。1995 年,受益于大选,爱沙尼亚养老金待遇先后提升了 2 次。此后,由于经济发展较好和通货膨胀率较低,养老金的实际价值一直没有缩水,老年养老金的替代率也从改革前的 40% 略微增长到 90 年底中期的 45%。1997 年,老年养老金数额为 4 920 克鲁恩(1 美元相当于 13.70 克鲁恩)。

养老金的指数化：关于养老金的指数化问题，这一时期的改革没有明确规定。从具体实践来看，主要是采取两种方法来调整养老金：一是增加统一基数部分数额；二是提高工作年限的计算系数。这两种方法都需要议会采取临时修正案的形式来修改养老金计算公式。1993—1999年，养老金计算公式被修改了10次。至于老年养老金的具体构成，政府更关注与工作期限相关联的部分。因此，1996年后，基本部分数额维持不变，主要是提高工作年限的计算系数。于是，养老金的第二部分的重要性就越来越大。假定参保人工作年限为40年，其养老金构成中的第一部分比重从1993年的71％下降到1999年的28％。这就意味着工作时间越长，养老金待遇越高。同时，在计发与工作年限相关的养老金部分待遇时，取消累进计算规则。到1999年，每年的工作年值就完全一样。

养老保险的管理体制：1993年开始，国家养老保险制度由国家社会事务部下设的国家社会保险委员会（National Social Insurance Board）进行管理。该部没有设置专门的社会保障事务管理机构，社会保险委员会的职责较为庞杂。各地区的区域养老金机构负责养老保险费用的征缴。2000年，社会事务部才正式成立了社会保障部门。

（3）改革的结果。

总体来看，这次改革的结果及特点有：一是主要是围绕第一支柱的参数改革，没有涉及第二和第三支柱。改革的主要措施，还是严格领取养老金的资格条件、减少额外福利等。虽然也尝试加大缴费与收益之间的关联度，但措施力度不大，并且统一基数部分占据绝对优势地位。虽然名义上提出要建立缴费确定型的养老保险制度，但实际上，现收现付的待遇确定型养老保险模式并没有得到真正改变。虽然如此，改革还是取得了一定成效。1994—1997年期间，爱沙尼亚老年养老金的领取人数在下降，残疾养老金的领取人数在上升，总体上养老金的领取人数还是略有下调。虽然同期养老保险制度的抚养比（领取人口/缴费人口）还是一直在增长（Lauri Leppik，Andres Vork，2006：40），但除1996年受大选因素影响外，爱沙尼亚的养老保险制度不仅没有出现财政困难，反而还有结余。这在中东欧国家也是比较少见的。

二是养老保险改革缺乏有力的政治共识与支持。在这一时期，爱沙尼亚国内各政治党派及团体一直没有很重视养老保险制度改革，历届政府的主要关注点还是市场经济改革。在 1992—1994 年期间，联合执政的社会民主派成功推行了一些有关强制性养老金的参数改革措施。由于财政政策掌控在右派政党手里，这些改革措施没有得到足够的财政支持，效果大打折扣。

三是世界银行的影响大于欧盟。为了获得国际贷款来提振国内经济，爱沙尼亚政府一直寻求世界银行援助。世界银行贷款没有直接与养老保险制度改革挂钩，但将养老保险制度的财政运行情况作为审核条件之一。因此，爱沙尼亚养老保险制度改革必然受到世界银行的影响，很多改革措施都是在世界银行的建议下再予以实施的。欧盟最初在东扩问题上有所犹豫，对于转轨的中东欧国家没有给予足够的关注和指引。到 90 年代末，在决定东扩后，欧盟才明确提出社会政策、社会福利制度也是入盟的必备条件。于是爱沙尼亚等中东欧国家就开始按照欧盟标准改革自身的社会政策、福利制度和养老保险制度，不过这已经是后话。

总体来看，爱沙尼亚这次养老保险制度改革指导思想更多体现了自由主义模式而不是社会民主模式。另外，1993 年国家生活津贴法案规定的养老金计算公式，也往往被人们看作是经济困境下的权宜之计。长远来看，政府还是想建立与收入关联的养老金模式。由于执政党更迭频繁，加之对养老保险制度改革缺乏总体设计，1993 年的相关规定还是运行达 7 年之久，其对第一支柱的影响也一直持续到第二阶段改革。

2. 建立三支柱养老保险模式的结构性改革（1998—2002 年）

（1）改革的背景及目标。

如前文所述，由于经济改革和政治独立成为独立初期的首要任务，爱沙尼亚养老保险制度的第一阶段改革力度有限且缺乏总体框架和顶层设计。爱沙尼亚很多政党还"天真"地认为，只要经济发展好了，养老保险问题就自然迎刃而解。现实并非如此。90 年代中期以来，爱沙尼亚经济发展尚可，但还是存在很多问题。首先，失业率尤其是老年人和青年人的失业率居高不下，1999 年和 2000 年，爱沙尼亚的失业率高达 11.3％和 12.8％。其次，人口老龄化带来了巨大压力。退休人口占总人口的比重已经达到 16％，并且还将继续加重。2000 年，65 岁以上人口占总人口比重为 15.1％。三是养老保险支出总体水平很低，但占社会保障的相对比例很高。与欧盟国家相比，爱沙尼亚养老保险支出一直处于最低水平之列，老年人的贫困率也相应地高于欧盟平均水平。

在这一阶段改革的酝酿期中,欧盟的影响至关重要。决定东扩后,欧盟明确提出了入盟标准,涵盖政治、经济、社会等多个领域。在申请加入的过程中,爱沙尼亚发现自身的养老保险制度乃至整个社会福利制度与欧盟的价值观念、制度模式以及待遇标准等方面还存在明显差距。为了顺利加入欧盟,爱沙尼亚各政党派别、政治团体达成共识,决定严格按照欧盟标准,采取措施调整社会政策和社会保障制度。此外,世界银行、国际货币基金组织、国际劳工协会和经合组织等国际组织也扮演了重要的角色。

在国内外综合因素的推动下,爱沙尼亚决定于1998年启动第二阶段的养老保险制度改革,并成立了社会保障改革委员会。该委员会由5名成员组成,其中2人来自世界银行,1人来自欧盟。该委员会提出,改革的总目标是建立三支柱养老保险模式,增强个人缴费责任,切实提高养老金待遇水平,保证养老保险制度供款的稳定性和可持续性。其中,第一支柱改革的具体目标是加强缴费与收益之间的关联度以激励参保人缴费;严格养老金领取的资格条件,确保养老金替代率不下滑;加强财政透明度,将国民养老金和其他优惠待遇的支出转由国家预算列支;按照欧盟共同体的标准,促进养老金待遇的性别平衡等。第二支柱的改革目标是增强个人缴费责任,实现缴费与收益直接挂钩,防止养老金总替代率和退休后生活水准下降。第三支柱的改革目标是通过税收等优惠政策,激励雇主和雇员积极投保,通过第三支柱收入来提高参保人尤其是高收入的参保人的养老保险待遇。

(2)改革的内容及举措。

这次改革最重要的做法,就是在世界银行和欧盟的推动下,通过建立三支柱养老保险模式来增强个人缴费与个人收益之间的关联度,以应对人口老龄化带来的挑战。改革大致可以分为三个阶段:一是1998年引入了第三支柱;二是1999—2000年对第一支柱进行改革;三是2002年引入了第二支柱。具体改革的内容及举措包括以下三个方面。

① 养老保险的立法。

1998年4月,爱沙尼亚议会通过了新的社会保障税法案,揭开了这次改革的序幕。同年,议会又通过了公共养老保险法案和养老保险基金法案。这3个法案对建立新的养老保险制度起了至关重要的作用。这3个法案明确规定,私有部门也是老年社会保障的缴费主体。在法案的推动下,1998年,爱沙尼亚建立了私有养老保险基金。2000 年 4 月,为规范第一支柱立法,议会通过了国家养老保险法案以取代以前的国家津贴法案。2001 年 10 月,爱沙尼亚出台了新养老保险基金法案,规制了强制性和自愿性的养老保险基金。2001 年 12 月,又修改了国家养老保险法案,明确了第一支柱养老金的组成与计算方式。2002 年,根据改革的实施情况,议会通过了国家养老保险法案的修正案。

②第一支柱的参数改革。

养老保险制度的管理:根据规定,第一支柱养老保险计划由社会事务部和国家社会保险委员会管理。税务机构负责有关社会保险的缴费以及其他相关税收征缴,国家社会保险委员会还成立了国家养老保险登记中心,负责第一支柱养老保险的缴费记录、待遇记入和待遇调整等日常事务。1999 年以后,雇主必须逐月向税务机构提供雇员的社会保障税的缴费情况,然后税务机构再将雇主提供的信息转给社会保障机构。

养老金的运行原则:实行现收现付,通过在职雇员和自雇者缴费来支付当前已经退休人员的养老金。

养老金的种类及覆盖对象:第一支柱包括两类养老金,一是与就业相关的老年、工伤残疾和遗属养老金,覆盖全体雇员和自雇者,以缴费为前提;二是国民养老金,覆盖所有国民和居民,无需缴费。根据规定,参保人年满 63 岁且在申请养老金之前已经在爱沙尼亚居住满 5 年以上,如果不符合领取任何其他养老金的法定条件,就可以领取国民养老金。国民养老金待遇由国家养老保险法案规定,指数化原则等同于老年养老金。2003 年,国民养老金数额约为 60 欧元/月。

养老金的缴费:缴费率仍维持在个人月收入的 20%,2011 年,最低月收入为278 欧元,平均月收入为 857 欧元(Priit Kruus et al.,2013:7)。如果缴费人已经参加了第二支柱,第一支柱的缴费率卜降为 16%,剩余的 4%则进入第二支柱。爱沙尼亚第一支柱缴费责任全部由雇主负担,从 1999 年 1 月开始,自雇者必须缴费。军队服役人员、连续失业时间在 3 年以下的登记失业人员、照顾孩子者、照顾残疾儿童或残疾成年人者、不参加工作的外交人员家属以及因曾经参加清理切尔诺贝利核灾难而不就业的人员等,则由国家财政拨款予以缴费。不过政府缴费数额很低,只按最低工资的 50%作为缴费基数。1999 年,每月最低工资为 1 400 克鲁恩。

养老金的组成:在收益确定原则之外,还采取了名义缴费确定原则。第一支柱的老年养老金具体包括三个部分:基本数额、与工作期限相关的数额以及与缴费相关的数额。其中,第一部分为"基本数额",其实就是国民养老金,所有退休人员都可以享受,具体数额由法律规定,每年进行指数化调整,2003 年大致数额为37 欧元。第二部分为"与工作期限相关的数额",由 1999 年以前的累计工作期限年数乘以每一工作年度的具体年值。工作期限包括参保人在职缴纳社会保障税,加入艺术家协会或者行业协会的时间,服兵役以及接受高等教育的时间。工作期限内的年值由国家养老保险法案规定并进行指数化调整。2003 年,每年的年值为2 欧元;第三部分为"与缴费相关的数额",取决于向第一支柱的缴费情况。1999 年以后,第三部分数额的计算公式为参保人的缴费年度系数总和乘以每年的年值。年度系数指的是,特定年度内,参保人的养老保险缴税数额除以全体缴费者平均养老保险缴税的比值。如果参保人按照社会平均工资缴纳养老保险税收,则其年度因素为 1.0。第二部分和第三部分的待遇为养老金的主体部分,1999 年大约为 577.33 克鲁恩。

养老金计算公式为:$P = B + S \times V + \sum I \times V$。这里的 P 是养老金总额,B 指的是基本数额(第一部分),S 指的是 1999 年以前的累计工作期限年数,$\sum I$ 指的是参保人的缴费年度系数总和(其中 I 是年度系数),V 是每年资格年度的现金价值。根据这一公式,参保人在 1999 年以前工作期限越长,1999 年以后缴费数额越高,其养老金待遇就越高。爱沙尼亚没有设定最高养老金数额。如果是 1999年以前退休的人员,其养老金就只有第一部分和第二部分。如果 1999 年以后参加工作的人,其养老金就只有第一部分和第三部分。因此,只有 1999 年以前参加工作且在 1999 年以后退休的人员,才能完全对应这个养老金计算公式。

法定退休年龄:这次改革规定女性法定退休年龄为 58 岁,男性为 60 岁。

养老金领取年龄:1994 年,爱沙尼亚开始推迟养老金领取年龄。1998 年,规定男女性养老金领取年龄统一为 63 岁,其中男性已于 2010 年达到标准,女性预计要到 2016 年才能达标。

养老金的待遇:符合领取条件(缴费满 15 年且达到法定领取年龄)的参保人,

其最低老年养老金数额不得低于国家养老金。残疾养老金被工伤养老金所取代，根据规定，只有年龄在 16 岁到领取养老金年龄之间的因工致残人员，才可以领取工伤养老金。遗属养老金的领取者也受到严格的年龄限制。另外还设有待遇相对优厚的特殊人员养老金，主要覆盖艰苦行业的工人（可以提前退休 5—10 年且养老金待遇不受影响）、照顾残疾孩子的父母、养育 3 个以上孩子的父母以及其他一些需要提前退休的行业人员，如飞行员、海员、矿工、艺术家等，但特殊养老金的领取条件越来越严格且优厚待遇逐渐被削减。

2001 年开始，如果提前退休，养老金待遇则相应缩减，每提前 1 个月，养老金待遇削减 0.4%，但最多允许提前 3 年退休；推迟退休则相应提高，每推迟 1 个月退休，养老金待遇提高 0.9%，推迟时间上不封顶。从实际情况看，由于继续工作也可以领取养老金，爱沙尼亚老年人往往选择推迟退休或者推迟领取养老金。2008 年，平均退休年龄为 62.1 岁，高于领取养老金的平均年龄。2009 年，爱沙尼亚国内 55—64 岁人口的就业率高达 60.4%，而同期欧盟国家的平均水平仅为 46%（Mikk Medijainen，2011:108）。受经济危机影响，2009—2010 年期间，提前退休人员数量有所增长。2010 年，最低退休年龄为男性 60 岁，女性 58 岁。如果选择在最低退休年龄退休，参保人的养老金待遇将比正常退休的养老金待遇减少14.4%。

养老金指数化：根据世界银行专家组的意见，第一支柱养老金按照消费者价格指数增长情况（占 50%）和养老保险税缴费增长情况（占 50%）进行综合指数化调整。2002 年，第一支柱养老金大约增长了 8.4%。

养老金资格条件：工作年限必须满 15 年（可以包括 1999 年以前和 2000 年以后的工作期限），但 2000 年以后的工作期限只计算收入达到最低月工资 12 倍以上的年度。

养老金替代率：总体来看，养老金替代率不算高，一般为平均总工资的 30%—40%。考虑到货币购买力，养老金的实际价值并不是很低。

税收优惠政策：2002 年以前，国家养老金免于纳税。2002 年以后，养老金收入开始纳税，但爱沙尼亚又推出了额度更高且免于纳税的国家津贴。

③ 第二支柱的建立与设计。

建立背景及时间：1999 年，爱沙尼亚成立工作组，研究引入第二支柱事宜。在学习借鉴智利、波兰、匈牙利和拉脱维亚等国家的经验后,当局于 2001 年出台了相关法案。由于养老保险管理公司和养老保险基金的注册需要一定时间,到 2002 年 7 月才正式建立了第二支柱。

养老保险的管理:第二支柱养老保险由私有部门进行日常管理,国家相关机构进行监管。养老保险缴费由税务机构负责征缴和转移支付,并转入参保人在爱沙尼亚中央证券托管中心开设的银行账户。同一雇主下的不同雇员,由于年龄不一,其缴费责任各异。雇员的相关缴费信息由雇主负责提供,税务机构和社会保障机构会定期对其进行核实。

养老保险的运行原则:强制参加,全额积累制,缴费确定型。

养老金的种类:只提供老年养老金,不提供残疾养老金和遗属养老金。

养老保险的覆盖对象:1983 年 1 月 1 日及以后出生的人员,必须加入第二支柱。1983 年 1 月 1 日以前出生的人员可以自愿选择加入,但一旦选择加入后就不能退出,必须一直缴费至退休为止。2010 年 10 月以后,不再允许自愿选择加入第二支柱。根据规定,不管参加第二支柱与否,都不影响参保人从第一支柱领取的养老金待遇。2002—2003 年,大约有 61% 的雇员参加了第二支柱。

养老保险的缴费:为鼓励国民积极参保,爱沙尼亚规定每个参保人的缴费率为本人工资总额的 2%(由雇员自身负担),另外 4% 则由政府为其缴费(由社会保障税的收入予以转移支付)。具体操作流程为,参保人向税务机构缴纳 2% 的社会保障税,税务机构将这 2% 和转移支付的 4% 一起计入参保人在爱沙尼亚社会保障中央登记中心开设的个人银行账户。2009—2010 年期间,受经济危机影响,第二支柱缴费被冻结了。2011 年,缴费率逐渐恢复到 3%。2012 年,缴费率再次回到经济危机以前的 6%。

养老金的待遇与支付:第二支柱养老金的待遇取决于累积缴费额度和基金的投资回报情况。养老金的发放一般依据合同采取年金形式。第二支柱设有最低年金和最高年金,如果每月的年金数额超过国家养老金的 3 倍,就超出的年金数额部分,参保人可以选择从基金公司那里获得定期付款;如果强制养老保险基金总缴费额度低于国家养老金数额的 2 倍或者第二支柱年金数额低于第一支柱最低养老金数额的 1/4,参保人可以选择一次性提取所有积累额。

养老金的资格条件:一是基金投保人必须连续向基金缴费满 5 年以上;二是

基金投保人已经达到国家养老保险规定的法定退休年龄；三是投保人已经在领取第一支柱养老金。

养老保险基金的管理：针对第二支柱养老保险基金的管理、运营与投资，爱沙尼亚出台了养老基金法案和投资基金法案。参加第二支柱的人员可以自由选择或更换基金。为了降低管理和交易成本，中央证券登记中心对基金支出和相关数据库进行集中管理，并对有关基金的申请、选择、更换、缴费、基金购入以及养老金待遇的支付等事项进行跟踪管理。金融监督管理局依法负责全面监管养老保险公司的运营与投资活动。

养老保险基金的运营：为控制风险，法律规定，由同一集团法人发行的股票价值，不能超过强制性养老基金资产市场价值的5％。另外，养老基金存放在单个信用机构或者属于同一集团的多个信用机构的资产总额，也不能超过其资产市场价值的5％。如果基金管理公司违反上述规定，相关的违规合同并非完全失效，基金管理公司必须全额负责这些违规合同带来的一切损失。根据2002年通过的保障基金法案，各养老保险基金管理公司必须集体筹资成立养老金保障部门基金。当因违规操作出现损失且基金管理公司没有能力赔偿或者逾期仍未赔偿投保人的损失时，该保障部门基金将负责赔付。参保人损失在10 000欧元以下的，可以获得全额赔偿；损失超过10 000欧元的部分，最多只能获得90％的赔偿。但对于基金的正常投资损失，爱沙尼亚国家和政府将不提供任何保证。养老保险基金的管理费用为1.6％，略偏高。

养老保险基金的投资：根据投资基金法案，养老保险基金可以投资于公司的股票、债券（包括可转换债务）、金融衍生品、银行存款和房地产。其中，养老保险基金投资股票的资产不能超过基金自身市场价值的50％；投资银行存款的资产不能超过基金总资产的35％；投资金融衍生品只能用于对冲外汇风险；投资不动产的资产不能超过基金总资产的10％，投资货币市场证券的资产不能超过基金总资产的35％。由于深受自由市场主义影响，爱沙尼亚政府对养老保险基金的最低投资回报率以及国内国外投资比例分割等问题不做任何要求。从实际运作情况看，根据投资策略的不同，爱沙尼亚养老保险基金主要有三种：一是低风险基金，主要投资于固定利率的债券、银行存款和货币市场工具等；二是中等风险基金，投资于股票的资产约占基金总资产的25％；三是高风险基金，投资于股票的资产可占基金总资产的 50%。养老保险基金法案明确要求,每家基金管理公司必须设立至少1 只低风险基金。此外,基金管理公司还可以为第二支柱的养老金设立其他基金,但这些基金的投资策略与低风险基金必须有本质的区别。

④ 第三支柱的引入。

建立背景与时间:1998 年,爱沙尼亚通过养老保险基金法案,决定设立第三支柱,同时允许私营养老保险基金运作。第三支柱养老保险基金的管理与运作,大致等同于第二支柱,在此不再赘述。

养老保险的运行原则:自愿参加、全额积累制。

养老金的种类:与第二支柱一样,第三支柱只提供老年养老金,以帮助在职员工更好地维持其退休后生活水准。

养老保险的覆盖对象:第三支柱面向所有在职人员,参保人可选择两种方式加入第三支柱:一是选择获得政府许可的私有养老保险公司提供的养老保险基金,二是选择由私人资产管理公司管理的养老保险基金。

养老金的待遇与支付:第三支柱养老金待遇有两种,即待遇确定型和缴费确定型,参保人可以自主选择。

养老金的资格条件:养老金的领取资格条件取决于投保人与基金公司之间的合同规定,如果要享受税收减免政策,则最低领取年龄不能低于 55 岁,这比第一和第二支柱至少提前了 8 年。

税收减免政策:为鼓励国民积极参加第三支柱,爱沙尼亚规定,第三支柱的缴费额可以享受免税待遇,但缴费额最高不得超过总工资的 15%。第三支柱领取的养老金,如果是一次性领取,只需缴纳 15% 的个人所得税(一般情况下个人所得税为 26%);如果是在达到退休年龄后一次性领取,则个人所得税税率为 10%;如果是年金方式或定期领取,则享受免税待遇。

(3) 改革的结果。

此次改革最大的亮点,就是 2002 年引入第二支柱的时机很好。此时,1999 年金融危机已经过去,爱沙尼亚国内经济复苏很快,加之入盟谈判进展顺利,第二支柱的改革在国内取得高度共识,这都为改革的顺利进行奠定了坚实基础。不过,这次改革也留下了一些隐患,主要包括以下五个方面。

一是虽然养老保险税款与政府财政预算严格分开,但政府的财政压力仍然不小。一方面,从改革的措施来看,爱沙尼亚明确规定社会保障(含养老保险)税专款专用,与国家预算严格分开;另一方面,爱沙尼亚政府对养老保险制度的供款压力还是不小。首先是比较慷慨的国民养老金,完全来自国家财政预算;其次是为了激励雇员加入第二支柱,政府为每个雇员配套缴纳 4 个百分点,而雇员自身只需缴纳 2 个百分点;再次是政府还要为诸多特殊人员,如军队服役人员、抚养 3 岁以下儿童的人员、抚养 3 个以上孩子的人员、因工致残人员以及不参加工作的外交人员家属等进行缴费。

二是第二支柱引入最晚,第一支柱功能过于强大,第三支柱发展缓慢。在建立三支柱养老保险模式的过程中,第三支柱的引入早于第二支柱。因此,在1998—2002 年间,就出现第一支柱和第三支柱并存但第二支柱缺位的现象。同时,在三个支柱中,第一支柱的功能过于强大,承担了老年养老保险的绝大部分责任。第二支柱和第三支柱,尤其是第三支柱,发展较为缓慢。尽管提供了相关的税收优惠等激励措施,到 2011 年,参加第三支柱的雇员人数还是不到雇员总人数的 10%。

三是国家和雇主缴费责任过大,雇员缴费责任过小,工会和非政府组织的角色边缘化。这次改革的宗旨之一,就是增强雇员个人的自我养老保险意识,提高其自身的缴费责任。从改革的结果来看,与欧盟其他国家相比,爱沙尼亚雇员缴费责任还是很小,国家、雇主的缴费责任则明显过大,这严重影响了企业的竞争力和活力。另外,在爱沙尼亚养老保险制度的改革与运转中,非政府组织和工会的角色一直被边缘化。与其他中东欧国家(尤其是波兰、斯洛文尼亚等)相比,爱沙尼亚工会影响力甚微,只有 12% 的在职者加入了工会。

四是改革相对过于谨慎,改革方案过于复杂。与中东欧其他国家相比,爱沙尼亚在引入第二支柱时比较谨慎,在整个养老保险制度改革方案设计上花费的时间很长。值得一提的是,在建立第二支柱时,爱沙尼亚是中东欧国家中唯一实行提高总缴费利率的国家。为此,雇主和政府(尤其是地方政府)需要承担较大的供款压力。

由于过于谨慎,这次改革的具体方案相对比较复杂,一般社会公众难以理解,这也是造成第二支柱和第三支柱投保率过低的主要原因之一。其中,第一支柱的计算公式较为繁琐,连专业人士都一时半会也难以解释清楚,业外人士则是一头雾水。第二支柱似乎简单一点,但基金的投资风险、投资回报等专业问题,让很多人士望而生畏。此外,第一支柱和第二支柱之间的缴费率互动问题,以及相关的税收减免等问题,都比较复杂,在一定程度上影响参保人加入第二支柱的积极性。第三支柱看起来最简单,但也存在基金投资方面的专业问题,比如第三支柱基金与第二支柱基金在投资方面的异同等,都需要参保人具有一定的专业知识准备。

五是养老保险基金投资市场自由化程度高,但风险更大。受经济自由主义思潮影响,爱沙尼亚养老保险基金投资自由化程度更高,政府对养老保险基金投资的绝对回报率或相对回报率不做任何硬性要求,投资风险完全由参保人自己承担。而广大参保人由于缺乏相关的金融投资知识,往往在选择基金类型时因不够理性而出现过于保守或过于激进的现象。

另外,第二支柱养老保险基金的投资回报情况也远逊于预期,尤其是在金融危机时,养老保险基金资产损失惨重,老年人的养老保险收益也受损匪浅。幸运的是,由于改革启动时间不长,已参加第二支柱且达到退休年龄的参保人还为数不多。

总体上看,爱沙尼亚这次改革还是比较成功的。通过改革,爱沙尼亚初步建立了三支柱养老保险模式,其中第二支柱的进展更是超过预期。至于此次改革存在的一些瑕疵,则为下一步的改革埋下了伏笔。

2.3 爱沙尼亚养老保险制度的现状及面临的挑战

2.3.1 养老保险制度的现状

爱沙尼亚养老保险制度实行的是世界银行推荐的三支柱养老保险模式,从各支柱的设计理念来看,可谓是公平主义、自由主义和社团主义模式的混合体。其中,第一支柱的国民养老金属于公平主义模式,只要具备国民资格就可以享受,且待遇均等;老年养老金则属于社团主义模式,必须满足缴费条件才可以享受,待遇与收入或缴费相关;第二和第三支柱养老金则属于自由主义模式,风险收益完全市场化,完全由参保人自行承担。根据相关法案规定,爱沙尼亚的养老保险制度总体上由社会事务部管理,具体事务则由该部下设的社会保险委员会负责。养老保险缴费由税务机构负责。在现行的三支柱养老保险模式中,第一支柱占据主导地位,第二支柱发展尚可,但第三支柱发展缓慢。

1. 第一支柱

第一支柱养老金属于现收现付的待遇确定型,由国家预算予以兜底。日常管理归属于国家社会保障机构,相关政策由劳工与社会政策部负责制定和实施,缴费由税务机构负责。

第一支柱缴费率分为两档:如果只参加第一支柱,则为本人总工资的 20%;如果同时参加第一支柱和第二支柱,则为本人总工资的 16%。缴费全部由雇主负担,雇员不用向第一支柱缴费。

第一支柱养老金有两类:一是国民养老金,只要具备国民资格条件且达到养老金领取年龄就可以享受;二是老年养老金,覆盖全体就业者,只有缴费满 15 年且达到养老金领取年龄,才可以享受。第一支柱的养老金收入免于缴税。

目前的退休年龄为男性 63 岁,女性 61 岁,预计到 2016 年女性退休年龄将提高到 63 岁。养老金领取年龄等同于退休年龄。

2. 第二支柱

第二支柱养老金属于强制参加、完全积累的缴费确定型,1983 年以后出生的在职者必须加入,1983 年以前出生的人员自主选择,但一旦选择加入就不能退出。第二支柱缴费率为 6%,其中 2 个百分点由雇员自己负担,另外 4 个百分点由国家财政负担。

爱沙尼亚现有 6 家私有养老保险基金管理公司,其中最有影响力的是来自芬兰等北欧国家的银行,占据了 60%—70% 的市场份额。这 6 家管理公司提供大约 23 个养老保险基金投资计划,这些计划根据投资策略不同可以分为四大类:保守型计划(不投资股票)、平衡型计划(投资股票的比例很小)、进取型计划(投资股票的比例适中)、激进型计划(以投资股票为主)。2010 年以后,激进型计划有所增加,保守型计划相对缩减。

第二支柱养老金待遇取决于缴费总额以及养老保险基金的投资收益,但不享受税收优惠政策。主要领取方式为年金,超出法律规定的部分可以一次性领取。如果参保人积累额度超过国民养老金的50倍,则必须按照保险合同的规定来领取;如果积累额度介于国民养老金的10—50倍之间,则可以直接从基金公司领取,而不用采取保险合同的形式。如果采取年金方式领取且每月领取额度小于国民养老金数额的1/4,参保人就可以领取相当于1/4国民养老金的数额,其中的差额部分由国家财政负担。如果总积累额低于国民养老金数额的10倍,参保人就可以一次性领取所有积累额度。

参保人在符合领取第二支柱养老金的资格条件前死亡,其第二支柱积累额度可以被继承。继承方式有两种:一是转移到继承人在第二支柱的养老金账户;二是继承人可以选择领取现金,但必须缴纳个人所得税。如果参保人选择按照保险合同以年金方式领取,剩余的年金则不可继承。当然,参保人还可以选择共同保险合同或者附有保证期限的保险合同。在这种情况下,剩余年金则可以继承。

3. 第三支柱

第三支柱属于自愿参加、完全积累的缴费确定型,最低领取年龄为55岁。为激励参保人参加第三支柱,第三支柱养老金的缴费和收益可以享受一定的税收优惠政策。

目前,第三支柱养老金由7家机构运营,共计有13个不同的养老基金计划。

2.3.2 养老保险制度面临的挑战

1. 人口老龄化问题

2010年,爱沙尼亚65岁以上人口占总人口的比重已经达到17%,男性预期寿命为70.62岁,女性为80.52岁(Priit Kruus et al.,2013:9),均比以前有明显增加。人口老龄化趋势的加重,意味着养老金领取人口不断增加,而同期的劳动年龄人口相对萎缩,这一增一减就进一步恶化了养老保险制度抚养比,给养老保险制度供款的充足性和稳定性带来了更大的挑战。

2. 政府、雇主和雇员之间的缴费责任分摊问题

在爱沙尼亚养老保险制度供款模式中,雇主压力过大,占到了所有供款责任的80%左右。政府也扮演了至关重要的角色,虽然名义上供款比例不是很高,只有 4%,由于还要为特殊行业人员缴费、提供国民养老金以及其他老年福利等,政府的财政压力很大。而雇员的缴费比例明显偏低,只有 2%。有意思的是,一方面政府供款压力越来越大,养老保险制度造成的财政赤字也在继续增加;但另一方面,与欧盟国家相比,爱沙尼亚政府在养老保险的投入方面却属于最低水平的国家行列。之所以出现这种看似矛盾的现象,根本原因就是雇员的缴费责任太低。雇员责任过低,就意味着雇主缴费责任过大。为缓解雇主压力,只有在降低养老保险总缴费率的同时,增加政府的缴费。因此,就出现政府对养老保险制度缴费比例已经不小,但在养老保险制度上的总体投入过低的怪现象。

欧盟已经敦促爱沙尼亚政府加大对养老保险以至整个社会保障领域的投入,但关于政府在养老保险制度中的角色是继续增强还是弱化的提议,在爱沙尼亚国内引起了诸多争议。

3. 老年人的贫富分化问题

由于实行优胜劣汰、完全自由市场主义的经济政策,2001 年以后,爱沙尼亚国内的贫富差距日益明显,其中老年人的贫富分化问题更是日益严重。虽然文化、价值上深受北欧国家尤其是芬兰的影响,但因急于想与苏联模式划清界限和迫切加入欧盟,爱沙尼亚在养老保险制度模式上毅然摒弃了北欧的福利国家模式,而是选择了自由主义、社团主义和普惠主义相结合的混合模式,其中,自由主义和社团主义占据了主导地位。受此影响,老年人的养老金待遇存在明显差距且政府也没有给予足够重视。

4. 养老保险制度的激励性问题

爱沙尼亚前两次养老保险制度改革都试图增强缴费与收益之间的关联度,以提升养老保险制度的激励性。从实际运作情况来看,养老保险制度的激励性还是不足。在三个支柱当中,尽管采取了一些税收优惠措施,第三支柱的发展还是较为缓慢;第二支柱虽然激励性似乎很强,但由于缴费比例过低且主要是政府缴费(总共缴费率仅为 6%,其中 4 个百分点由政府负担),并没有发挥应有的激励作用;只有第一支柱的老年养老金略微加强了缴费与收益的关联度,但因雇员自身不用缴费,反而对雇主起了负激励作用。

此外,如何厘清以及更好发挥工会、非政府组织以及家庭在养老保险中的作用,还值得爱沙尼亚政府和社会各界继续深思和努力。

2.4 关于爱沙尼亚养老保险制度下一步改革的设想

2008 年经济危机以后,爱沙尼亚当局对下一步的养老保险改革还没有出台具体方案,也没有将其提上议事日程。随着养老保险制度面临的问题越来越严重,新一轮改革在所难免。笔者认为,爱沙尼亚当局可能采取的新改革措施主要包括以下五个方面。

一是削减老年人的贫富差距,提高对贫困老年人口的援助,以保证老年人的基本生活所需。

加入欧盟以后,欧盟的社会政策理念进一步渗透到爱沙尼亚,并对其养老保险制度的制定与实施起了重要的影响作用。爱沙尼亚政府已经认识到老年人的贫富差距问题,在国民养老金的设置等方面做了新的规定。下一步的措施应是在设立最高养老金限额同时,提高最低养老金的数额,从而将两者之间的差距控制在一个合理区间。当然,也要考虑养老保险制度设计的激励性,不能因追求削减贫富差距而削弱养老保险的收益与缴费之间应有的关联度,否则就得不偿失。另外,对于老年贫困人口,政府应会考虑提高国民养老金待遇,给予更多的福利救助,并鼓励社区、非政府组织、教会和家庭提供更多援助和支持。

二是实施鼓励生育的家庭政策,应对人口老龄化危机。

爱沙尼亚很有可能通过更积极的社会福利政策尤其是家庭政策的安排,比如提高产假待遇、儿童福利、抚养照料儿童的相关人员的福利等,来鼓励生育以缓解社会老年抚养比。同时,积极发挥家庭对老年人的精神支持和物质支持,提高家庭在养老保险制度中的责任和作用

三是重新调整各方缴费责任,增强养老保险的供款稳定性。

爱沙尼亚下一步可能采取以下两方面的措施:一是逐渐提高雇员的缴费比例,相应缩减雇主和政府的缴费比例。根据欧盟大多数国家的缴费率分割情况来看,一般雇员缴费率与雇主缴费率的比例在 1∶1 到 1∶3 之间,而爱沙尼亚这一比例为 1∶8 到 1∶10 之间。假定缴费率不变,雇员缴费率可以从当前的 2% 提高

到 5％—10％之间,雇主可以从当前的 20％或 16％下降 15％—10％之间,政府缴费从当前的 4％下降到 1％—2％,以后可逐步取消政府缴费,并将这一部分支出用于贫困老年人的生活救助方面。考虑到社会阻力,这一措施需要更长的时间来逐步推行,可以从 2017 年以后(女性退休年龄将在 2016 年提高到 63 岁)渐进提高雇员缴费比例。二是提高养老保险制度总缴费率。与欧盟其他国家相比,爱沙尼亚的总缴费率还是处于较低水平,仍有一定提升空间。如果提升总缴费率,雇主和政府的缴费率可以保持不变或略微下调,而雇员的缴费率则可采取渐进的方式大幅提高。

四是重新调整三个支柱之间的比重,增强养老保险制度的激励性。

在爱沙尼亚现行的三支柱养老保险模式中,第一支柱独大,缴费率为 16％或 20％,第二支柱比例明显偏低,缴费率只有 6％,第三支柱影响甚微。在下一步的改革中,可以考虑渐进提高第二支柱的相对或者绝对比例。如果总缴费率不变,可以将第一支柱的部分缴费转移到第二支柱;如果总缴费率提高,则主要提高第二支柱缴费率。同时,应切实推进第三支柱的覆盖面。当前影响第三支柱缴费的因素主要有投资回报风险不确定、参保人缺乏相应的金融投资意识和知识等。为此,可以针对有条件的企业,加强金融投资知识和技能培训,同时政府可以考虑明确最低投资回报率,以吸引更多参保人尤其是雇员来主动缴费。

五是提高退休年龄和养老金领取年龄。

根据现行规定,到 2016 年,爱沙尼亚男女退休年龄和养老金的领取年龄都将统一为 63 岁。与欧盟国家相比,这些年龄规定还是相对较低。老欧盟成员国家,如德国、英国等国,都已经推迟到 67 岁以上,新的欧盟成员国,如部分中东欧国家,也推迟到 65 岁左右。并且很多欧盟国家在退休年龄和养老金领取年龄上的规定并不一致,一般都是养老金领取年龄略高于退休年龄。因此,爱沙尼亚已经提出,到 2026 年将男女养老金领取年龄统一推迟到 65 岁,但没有提及退休年龄。考虑到今后的人口变动趋势,可以将退休年龄同步推迟,或者将养老金领取年龄设定为比退休年龄再晚 2—3 年,但允许提前支取和鼓励延迟领取。提前支取,则养老金待遇削减幅度可以加大一点,从目前每个月 0.4％提高到 0.5％—0.6％;延迟领取,则养老金待遇相应增加,增加幅度可以维持不变(当前每月为 0.9％)或略微缩减至 0.5％—0.6％。

至于改革劳动力制度、税收制度、金融投资制度等相关配套制度,在这里就不再一一赘述。

2.5　结语

由于与原苏联的关系及情感错综复杂,爱沙尼亚在独立后就坚持向"西"(欧盟与美国)看。因此,它在转轨道路选择上与原苏联模式决裂得最为彻底,在自由市场主义的道路上也走得最远。在这一背景下,爱沙尼亚养老保险制度的两次改革都深受世界银行、国家货币基金组织、国际劳工协会以及欧盟的重要影响。转轨初期的养老保险制度改革以对第一支柱进行参数改革和将养老保险制度进行分账运行为主,主要是为了缓解制度面临的供款问题。1998—2002 年的第二次改革则主要是为了与欧盟接轨,并成功建立了三支柱养老保险模式。

相对中东欧其他国家而言,受益于经济基础较好、独立后国内各项经济社会指标发展不错以及本身的改革方案设计较为合理,爱沙尼亚养老保险制度改革还是比较成功的,较好地体现了社团主义、自由主义和普惠主义的相互混合。入盟后,爱沙尼亚经济发展更快,整个养老保险制度运行平稳,即使在 2008—2009 年全球金融危机期间,也没有出现严重的问题。这也是爱沙尼亚养老保险制度只进行了两次主要改革的重要原因。

不过爱沙尼亚养老保险制度也存在养老金替代率相对过低(大约为 40%),老年人贫富差距乃至贫困等问题,并同样面临人口老龄化带来的新挑战。为此,如何改进和完善现行的养老保险制度,在爱沙尼亚国内也引起了诸多关注和争议。

第 3 章

保加利亚养老保险制度改革的回顾与展望

转轨以来,保加利亚对其养老保险制度进行了数次改革。在调整既有的现收现付制度以外,保加利亚还引进了强制性养老保险基金,并设立了自愿性的私有养老金计划。与其他中东欧国家相比,保加利亚人口老龄化程度和总人口减少趋势更为明显,养老保险制度的供款稳定性与养老金的待遇充足性也面临更为严峻的挑战。

3.1 保加利亚国家概况

保加利亚位于欧洲巴尔干半岛东南部,北靠罗马尼亚,西邻塞尔维亚、马其顿,南接希腊、土耳其,东临黑海,面积约为 11.1 万平方公里。1990 年,保加利亚开始实行多党制和市场经济,改国名为保加利亚共和国。转轨初期,保加利亚经济受到巨大冲击,国民生活水平急剧下降。1994 年,经济开始恢复,但不久又陷入1996—1997 年的经济危机。1998 年以后,经济再次复苏。2004 年 3 月,正式加入北约。2007 年,成功加入欧盟。

保加利亚长期面临严重的人口危机。1989 年剧变以前,其人口已经开始出现下降。根据 2011 年人口普查,该国人口约为 736.46 万人。与 2001 年的人口普查数据相比,总人口减少了约 56.43 万人,年均负增长率为 0.7%。其中 2/3 的人口减少是由人口自然增长率为负数(即死亡人口超过出生人口)引起的;其余 1/3 由移民引起,据估计,大约有 17.52 万人移往其他国家。2013 年,该国总人口为 724.57 万人,GDP 总量为 530.45 亿美元,人均 GDP 为 7 321 美元,在欧洲地区仍处于最不发达的国家行列。同年,国民平均预期寿命约为 73.0 岁,低于欧盟 73.5 岁的平均水平。

3.2　保加利亚养老保险制度改革的发展历程回顾

3.2.1　1995 年以前的养老保险制度(1886—1994 年)

1. 前社会主义时期的养老保险情况(1886—1947 年)

保加利亚的养老保险制度最早可以追溯到 19 世纪 80 年代。1886 年,保加利亚第三王国针对伤残军人制订了该国第一个养老保险法律。1887—1901 年,又先后针对教师、牧师、公务员、权力机构雇员、军事人员及军官等设立了养老基金。1915 年,出台了雇员养老金法案。1924 年,保加利亚出台了社会保险法,成为巴尔干半岛地区第一个建立综合社会保险制度的国家。该法覆盖全体就业者,涉及工伤、职业病、疾病、生育、残疾、老年及死亡等所有类型的社会保险。1941 年,保加利亚国家议会通过了公共社会保险局法案,规定公共社会保险局为独立的、自治的政府实体,依法设立总部和地区分支机构,由来自国家机构、雇主和雇员的代表一起实行联合管理。公共社会保险局下设经理董事会、保险董事会、综合董事会和董事长。社会保险的开支实行三方负责制度,由雇主、雇员和国家按同等比例进行缴费,社会保险待遇与工资相关联。到 1945 年以前,立法机构还针对商人、手工艺人、农民、自由职业者以及政府官员分别设立了各自不同的行业养老保险基金。

这一时期,保加利亚养老保险制度采取的是俾斯麦模式。二战后,这一模式被中断了,取而代之的是国家社会保障制度,即苏联模式。

2. 社会主义时期的养老保险情况（1948—1989 年）

1946 年,保加利亚进入了社会主义时期,社会保险制度开始出现集中化和单位化趋势。1948 年,保加利亚出台了公共保险法案,规定保险待遇取决于本人的工作年限,而不再取决于其在参保期限内的缴费情况。在这一法律规定下,国有企业和机构开始直接向工人和雇员支付相关保险待遇。在国家社会保障机构的指导下,所有的独立保险基金都被统一起来。1951 年,保加利亚又制订了劳动法,将社会保障预算列入国家预算,即由国家对社会保障制度进行兜底,负责弥补养老保险制度的赤字。根据该法案,工人和雇员的社会保险职责被上移到工会的中央理事会,该理事会在涉及工人及其社会保险的事宜上有权代表全体工人。1958 年,保加利亚推出了养老金法案。通过上述立法,社会（养老）保险制度实现了高度的集中化。

1984 年,根据部长理事会条例,劳动与社会事务委员会设立了社会保障总部,由该委员会的副职兼任总部最高领导。作为一个政府公共机构和法律实体,社会保障总部全权负责社会保险和养老金事宜。财政部下设的地区养老保险局和保加利亚行业工会地区理事会下设的国家公共保险部门成为各地区社会保障的联合总部。至此,各个地区社会保障机构的职能都正式运作起来。

1948—1989 年,保加利亚实行了苏联模式的国家社会保障制度,其主要特征有:(1)养老保险制度高中集中化和单位化;(2)现收现付原则,将在职人员缴费收入直接用于支付正在领取养老金人员的养老费用;(3)过于慷慨且缺乏激励性,主要体现在养老金待遇只取决于参保人的工作年限,而与本人的缴费数额无关,许多行业还可以提前退休且养老金待遇不减;(4)退休年龄偏低且提前退休现象盛行。根据规定,男性满 60 岁且工作满 25 年,女性满 55 岁且工作满 20 年,就可以领取全额养老金。特殊行业,如矿工、军队和警察等可以依法提前退休。据估计,大约有 17% 的雇员享有提前退休的权利。由于经济发展较为稳定,加上由国家预算进行兜底,保加利亚的养老保险制度运行相对平稳。

3. 转轨初期的养老保险情况（1990—1994 年）

1989 年以后,保加利亚开始实行转轨。此后数年期间,国民经济一直陷入困境。随着失业率上升,政府允许重组企业的职工提前 3 年退休。这一应急政策导致每年额外多出 10 万退休人员,养老保险制度开始出现财政困难。虽然 1993 年废除了这一规定,但后患难除。在失业率继续上升的同时,人口指标也开始恶化①,人口总量继续减少,人口老龄化趋势加重。在这一背景下,养老保险制度抚养比(养老保险缴费者/养老金领取者)不断恶化,从 1990 年的 1.8:1 下降到 2000 年的 1.2:1。

1994 年,保加利亚出台法规,设立了该国第一个自愿的私有养老保险基金。根据规定,银行、工会和保险公司联合成立了一批公共企业来运营新的私有养老保险基金。由于缺乏经验,保加利亚的私有养老保险基金主要是借鉴国际经验进行运作。与同时期的匈牙利、捷克一样,保加利亚私有养老保险基金发展甚为缓慢,但这一时期的运作经验为后期养老保险改革的策略、目标的确定以及相关立法奠定了基础。

转轨初期的经济困境以及人口结构的恶化给现收现付的养老保险制度带来了巨大挑战,造成养老保险制度入不敷出,难以为继。一方面,资金来源难以保障。根据规定,企业应按照其在职职工工资总额的 35% 向政府缴纳社会保障金。由于生产下降,企业财务普遍困难甚至出现倒闭,这就造成企业拖欠社会保障缴费的数额越积越多。截止到 1995 年底,企业已累计拖欠 100 多亿列弗。另一方面,为缓解因国内严重失业问题而造成的社会压力,保加利亚一度提倡和鼓励提前退休。这一措施致使提前退休人数大量增加,养老保障支出急剧增长。1995 年社会保障制度赤字占到了 GDP 的 10%,养老金也难以维持其实际购买力。转轨初期面临的各种不利变化,迫使保加利亚政府采取一系列措施来改革社会保险(养老保险)制度,以应对短期和长期的经济、社会乃至政治发展困境。

3.2.2 转轨以来的养老保险制度改革(1995—2012 年)

1. 修修补补的权宜改革(1995—1996 年)

(1)改革的背景及目标。

这次改革的主要背景,就是随着保加利亚实行全面转轨,经济陷入困境,失业

---

① 根据保加利亚国家统计局数据,总和生育率从 1990 年的 1.8 下降到 2000 年的 1.27。此外,大量处于劳动年龄阶段和生育年龄阶段的外出移民进一步恶化了人口结构,2001 年人口比 1992 年减少 51.4 万人,其中外出移民为 18 万人。

率增加,造成养老保险制度的缴费人数减少;加之人口结构恶化,养老保险制度抚养比不断上升。这就导致原有养老保险制度的财务稳定性受到极大挑战,正常的供款及支付都难以保障。

至于此次改革目标,保加利亚政府并没有明确提出具体的设想。从改革的相关做法来看,主要还是为了扩大养老保险制度的覆盖面以及提高养老金待遇的充足性。

(2)改革的内容及举措。

1995年,保加利亚对养老保险制度进行了转轨期以来的第一次改革。11月,通过了社会保障基金会法案,这是社会保障制度改革通过的第一个法律文件。该法按规定,由国家预算一次性拨款6 000万列弗给社会保障基金会;社会保障基金会实行独立核算,自行管理和积累资金,以实现保值和增值;基金会的收入不纳税,退休人员的养老金由该基金会支付;在基金管理方面,决定设立全国社会保障协会来取代以前的社会保障总部。

1996年3月1日,又通过了退休法修改条例,修正了30年前制订的退休法案。具体修改措施有:一是放宽退休年龄条件。1996年年底前,男女职工的退休年龄仍按旧规定执行,即男/女性退休年龄分别60/55岁。从1997年1月1日起,男性职工满25年工龄、女性职工满20年工龄则可退休,不再受实际年龄影响,但教师和军人例外。男教师年满57岁,女教师年满52岁就可退休,男/女性军人满20年军龄均可退休。

二是调整退休金并鼓励延迟退休。退休法修改条例规定,养老金数额为1997年1月1日之前3年内连续最高3个月平均工资的55%。已满退休年龄仍继续工作者,每多工作1年,养老金增加2%。如果本人为教师,每多工作1年,养老金则增加3%。

三是设立教师退休基金。从1996年10月1日起,教师必须每月向教师退休基金会缴纳其月工资的3%。从1997年1月1日起,男/女教师分别年满60/55岁后,在从社会保障基金会领取养老金的同时,还可从教师退休基金中领取额外养老金。

四是明确伤残养老金待遇。根据伤残程度,伤残者的养老金分为三等:一等伤残者领取100%的全额退休金,二等伤残者领取约73%的全额退休金,三等伤残者领取约 45％的全额退休金。

五是调整养老金调节指数化规则。新法案规定,每年 7 月 1 日,按年平均通货膨胀率与年平均工资增长率之间的差比系数对养老金进行一次调整。1996 年,保加利亚还将从事艰苦工作退休人员的养老金待遇一次性增加了 10％。

(3) 改革的结果。

总体而言,这一次改革涉及面很窄,措施力度也不大,没有给养老金待遇带来实质增长。受严重的通货膨胀影响,1996 年的平均养老金仅为 1990 年的 34.8％,大多数人的养老金低于平均工资水平,50％以上的退休人员生活较为贫困。1992—1997 年,退休人员的养老金待遇持续下降,从每月 100 列弗跌至每月 40 列弗,替代率也下降了近 10 个百分点,1997 年更是跌至 27％。

1997 年,由于经济不景气,保加利亚的通货膨胀率超过 100％,失业率更是达到了转轨以来的最高点。这导致养老金实际价值进一步缩水,现收现付的养老保险制度难以运转。为了维系养老保险以及其他社会保障制度,保加利亚政府决定加大征税力度,实行高工资税。①1998 年,养老保险缴费率高达 39％,其中 37％由雇主从工资总额支付,剩余的 2％由雇员个人支付。其中,在第一门类和第二门类就业(即艰苦或危险行业)人员的缴费率更是分别高达 52％和 47％。过高的缴费率造成大量的逃避缴费现象,尤其是难以监管且监管成本过高的小型私有企业更是普遍逃避缴费或就低进行缴费。此外,许多大型国有企业因预算约束弱化而造成的拖欠缴费现象也日益严重。这就导致养老保险制度的开支逐年大于缴费收入,从而给社会保障制度带来了巨额债务。

1998 年以后,形势略有好转。是年,养老金替代率已经超过 1992 年的标准,养老金开支占 GDP 的比重从上年的 9％以上降到 8.2％,但养老金领取者的贫困率竟然高达 54％。

2. 大刀阔斧的结构性改革(1999—2003 年)

(1) 改革的背景及目标。

由于缺乏远见和系统性考量,保加利亚第一次养老保险制度改革的措施多为小修小补之策或权宜之计,并没有对制度进行框架式改革。随着自由化、私有化

---

① 在整个 20 世纪 90 年代,保加利亚政府数次上调了养老保险缴费率。

进程的铺开,非正式经济比重上升,不同社会群体之间收入差距拉大,养老保险制度的覆盖面反而缩小,养老金领取人口的贫困现象日益严重。为解决老年人贫困、养老保险缴费率过高以及养老保险制度供款稳定性不够等问题,保加利亚政府根据世界银行的建议,决定启动养老保险制度的第二次改革以建立三支柱的养老保险模式。

这次改革的主要目的,就是通过提升养老金的保障水平来提高养老金领取者的生活标准并增强养老保险的社会公平性;完成单支柱养老金向多支柱养老金的转轨,促进养老保险制度中期和长期的财务稳定性;将国家公共保险预算与国家预算剥离,成立基于社会风险基础上的专门基金,并建立国家保险的三方管理制度等。

(2)改革的内容及举措。

一是立法方面。1999 年,保加利亚国会通过了自愿的补充养老保险法案,为第三支柱——自愿的补充养老保险基金的运作奠定了法律基础。2000 年,国会又通过了强制性社会保障法案,为第二支柱——强制性的补充养老保险基金的引入提供了法律保障。这两部法律的相继出台,揭开了第二次养老保险制度改革的序幕。

二是建立三支柱养老保险模式。在新的强制性社会保险法案和自愿的补充养老保险法案的相继出台后,根据世界银行建议,保加利亚开始对原有的养老保险制度进行结构性改革。

第一支柱为强制性的国家养老保险计划,仍然按照现收现付原则运作,但对其进行了大幅度的参数改革。主要做法有:

实行新的养老金计算公式和指数化调节原则。根据新的计算公式,养老金收益不再以 2000 年以前最高 3 年的收入情况为计算基数,而是与养老保险缴费额度、在职期限、整个工作生涯收入等直接相关,这就明显增强了养老金收益与缴费之间的关联度。同时,扩大养老保险的计缴基数(既包括就业收入也包括来自各种民事合同取得的收入),这有利于提高养老保险的缴费收入。此外,养老金采取物价加工资的混合指数法进行指数化调整。

设定养老金收入上下限,限制提前退休,推迟退休年龄。2000 年,保加利亚明确规定了养老保险的最高收入、最低收入限额,出台了就业合同的登记规定,并严格限制提前退休。是年,根据工种的重新分类,属于可以提前退休的第一门类和第二门类的就业人员数量从 70 万人剧减到 15—16 万人。(Ivan Neykov, Petko Salchev, 2012:4)新立法还规定,从 2001 年开始,退休年龄每年推迟 6 个月,直到男/女性达到 63/60 岁为止;提前退休人员除非达到普通退休年龄,否则其领取的职业年金数额将相应缩减。

降低缴费率,逐渐增加雇员自身缴费责任。在这次改革中,养老保险缴费率从 1999 年的 39%下降到 2000 年的 35.7%, 2001 年则进一步降为 32.7%。2003 年,保加利亚进一步规定,1960 年 1 月 1 日以前出生的人员,如果在第一门类就业,则养老保险缴费率为 29%,如果在第二门类就业,缴费率为 32%;1959 年 12 月 31 日以后出生的人员,则缴费率统一为 30%。改革还规定,每年根据国家预算转移支付情况,将公共社会保障基金与强制性的补充养老基金区分开来,然后再确定缴费基数及雇主和雇员的各自分担比例。雇主和雇员的分担比例,从 2001—2010 年的 80:20 逐步调整到 2009 年的 50:50,趋势是逐渐减少雇主缴费,相应增加雇员自身缴费责任。这有利于减少雇主压低工资或瞒报、少报工资的现象。

调整养老金缴费基数:雇员的社会保障缴费基数为本人的月总工资,但不得低于国家规定的最低收入,也不得高于国家规定的最高收入。最低收入和最高收入每年由公共社会保障预算法案根据经济形势、职业情况和职业类型进行综合确定。2002 年,保加利亚月平均工资为 280 列弗,最大缴费基数为平均工资的350%。2003 年,自雇者的最低月收入为 200 列弗,有其他职业的农民最低月收入为 100 列弗,没有其他职业的农民为 50 列弗;雇员的最高月收入为 1 000 列弗。同年,自雇者的最低缴费工资基数为 200 列弗,相当于平均工资的 73%;农民的最低缴费工资基数为 50—100 列弗,视其本人有无其他职业而定。缴费工作由社会保障机构执行。

第二支柱为强制性的私有补充养老保险。虽然立法于 2000 年,实际实施却在 2002 年。该支柱实行完全积累原则,主要包括两部分:一是普遍的养老基金,覆盖 1959 年 12 月 31 日以后出生的人员。2002 年,有 111.5 万人加入,覆盖率为48.4%;有 8 家养老保险基金公司,平均每家公司的参保人数超过 10 万人;缴费率为 2%,全部由雇主负担,计缴基数不得低于最低工资,不得高于最高工资。2007年以后,缴费率从 2%上升到 5%,其中雇主负责 3 个百分点,雇员负责 2 个百分点。二是行业年金。覆盖在第一门类和第二门类艰苦行业的就业人员（约 12 万人）。[①]如果在第一门类就业，缴费率为 12％，在第二门类就业，缴费率为 7％，缴费责任全部由雇主负担。

第三支柱为完全积累的自愿性补充养老保险，主要提供老年、残疾或死亡的养老保险补助，由参保人自愿决定是否参加，自主确定缴费比例或缴费金额。第三支柱最早出现于 1994 年，由于经济、政治、社会、历史传统等各种原因，发展极为缓慢，甚至名存实亡。这次改革通过了新的立法，加大了对第三支柱的运作支持。改革明确规定，对自愿参加第三支柱的雇主和雇员，国家实行税收减免政策。到 2000 年，共计有 40 万人加入了第三支柱，积累额约占 GDP 的 0.4％。为了加入欧盟，2006 年保加利亚将欧盟有关第三支柱的相关法令转化为国内立法并于2007 年予以实施。此后，第三支柱发展又迈入了一个新阶段。

三是加强养老保险制度及养老保险基金公司的监督管理。这次改革明确规定，养老保险金包括老年养老金、残疾养老金和遗属养老金，具体缴费支付工作由社会保障机构负责。此外，保加利亚还成立了国家保险监管局。2001 年 1 月 31日，共有 9 家养老保险基金公司获得营业资格。2003 年 3 月 1 日，保加利亚成立了金融监管委员会，以规范和监督有关养老基金公司运营金融部门。金融监管委员会下设投资监管、保险监管以及社会保险监管等分支机构。其中，投资监管部门主要负责四个领域：预备监管、检查和非现场监管、执法和市场滥用调查、监管政策及市场分析；保险监管部门主要负责三个领域：监管制度与消费者保护、检查与金融监管、监管政策与分析；社会保险监管部门主要负责两个领域：监管制度与风险评估、控制活动。金融监管委员会独立于行政机构，向议会负责并提交报告，成员由议会任命，每届任期为 6 年。2004 年，保加利亚为养老保险制度参保人建立了个人账户。2006 年开始，缴费由税务机关执行，社会保障部门只负责支出方面的管理。

四是强化养老保险基金的投资运营。保加利亚养老保险基金的投资原则主要是安全、高回报、流动性和多元化。2000 年，保加利亚规定，养老保险基金投资

---

① 根据保加利亚的规定，所有参保人的工种根据其工作性质、难易程度以及工作条件被分为三大门类：第一门类是工作最艰苦，条件最危险的工种，比如地下或水下作业者；第二门类是工作比较艰苦，条件相对恶劣的工种，比如钢铁或有色金属生产、水泥生产、化工以及运输等行业；第三门类是所有没有被包含在第一和第二门类的其他工种。

于政府债券的比例不得低于总投资的 50％,投资不动产的比例不得高于总投资的 5％,不得投资衍生性金融产品,境外投资不得超过 5％。①

在 2001—2007 年期间,由于经济发展较好且政局稳定,保加利亚养老保险基金的投资取向是高风险、高回报。2007 年,股票投资占总投资比例高达 32.6％。2008 年,受金融危机冲击,养老保险基金损失了 20％多的原有资产,基金投资开始规避高风险。2009 年下半年,国内市场开始复苏,第二支柱的投资市场出现新的变化,政府证券的投资比例降到 21.1％,股票投资回升到 22％,银行存款比例因受高利率的影响增长到 23.8％,债券投资的比例则维持不变。到 2009 年底,第二支柱的总资产达到 26 亿列弗,其中普遍养老基金资产为 22 亿列弗,行业养老基金资产为 4.53 亿列弗。

2008 年,保加利亚 48％以上的国民拥有了个人养老保险基金账户,补充养老保险基金由 10 家基金公司运营,其中每家公司管理 2 只强制性补充养老保险基金和 1 只自愿的养老保险基金。另外,在这 10 家公司中,还有 2 家公司还管理了自愿的行业年金计划。不过,养老保险基金投资市场集中化程度很高,到 2008 年 6 月,两家最大的基金公司拥有 70％以上的参保人,市场份额占有率超过 73％。

五是出台了养老保险的相关税收优惠政策。这次改革规定,雇主和雇员对养老保险进行缴费的部分不再征税,参保人从养老基金获得的养老金收入免于征税,但从第一支柱领取的养老金必须依法纳税。

(3) 改革的结果。

1999—2003 年的改革,可谓是大刀阔斧的结构性改革。相对于第一次改革,这次改革更为成功。在取得社会各界共识的基础上,保加利亚出台了系列法案,成功引进了三支柱养老保险模式,并在养老保险缴费率、退休年龄延长、艰苦行业就业人员提前退休、职业养老基金等具体议题上与工会和雇主组织达成一致。此外,还进一步细化了养老保险征缴、养老基金运营管理及投资等相关规定,从而基本建构了养老保险制度的整体框架,并且这一框架一直延续至今。

从改革的直接结果来看,第一支柱得到保留且功能没有受到任何不利影响,第二支柱进展顺利且覆盖面迅速扩大,第三支柱的运行也在一定程度上得到有力

---

① 为了加入欧盟,保加利亚放宽了对境外投资的比例限制。受益于此,养老保险基金的境外投资比例增长明显,从 2005 年 1.2％增长到 2007 年的 21.8,到 2009 年进一步提高到 34.4％。

推进。2000—2008 年,补充养老保险(第二支柱和第三支柱)一直处于稳定增长态势,养老保险基金会员人数持续增长,基金资产占 GDP 比重不断上升,基金投资回报也稳定增长。到 2008 年 6 月 30 日,养老保险基金净资产达到 12.22 亿列弗,这对保加利亚来说不是一个小数目。2009 年年底,养老保险制度的所有缴费人数约为 282.98 万人,包括 256.64 万雇员和 26.34 万自雇者(约含 5.07 万农民),养老保险制度覆盖率从 2002 年的 67.3% 提高到 76%(Kenichi Hirose, 2011:76)。

其次,改革提高了养老保险制度的透明度,扩大了计缴基数,降低缴费率,提高了退休年龄,严格了领取条件和退休规定,增强了养老金的公平性,在一定程度上提高了制度供款的短期稳定性。2002 年,保加利亚养老保险支出占 GDP 的比例为 9%,比 2000 年的 9.6% 略有下降。与欧盟其他国家相比,这一比例并不算高。改革后,养老保险缴费率逐渐下降。到 2007 年 10 月,第三门类就业者的强制性养老保险缴费率已经从 23% 下降到 22%。2010 年,保加利亚针对养老金领取资格实行积分原则,即退休年龄和缴费年限加起来必须超过一个指定的积分。比如,男性必须年满 63 岁,然后年龄加上缴费年限必须超过 100,这就意味着缴费必须满 37 年才可以领取全额养老金;女性则是年龄必须满 60 岁,年龄加上缴费年限必须超过 94,也就是说缴费必须满 34 年才可以领取全额养老金。同年,最大缴费收入基数为 2 000 列弗,自雇者的最低缴费收入基数也稳定增长到 420 列弗,强制性养老保险总缴费率则从上年的 18% 下降到 16%。

最后,养老金收益还有所增长。2007—2009 年期间,养老金在每年的 7 月 1 日按照所谓的瑞士规则(即 50% 采取消费者物价指数,50% 采取上一年计保收入增长情况)进行指数化调整。2007 年 7 月和 10 月,对养老金进行了两次指数化调整;年底,又一次性增发了 100 列弗养老金。2008 年 7 月,养老金指数化增长了10.35%,高于原先计划的 9.5%;10 月,对所有缴费养老金的平均计缴工资基数进行了重新计算,全体人员的平均养老金数额增长了 5.8%;年底,又一次性增发了150 列弗。2009 年 1 月,最低养老金增长了 10%;4 月,将养老金计算公式中的每年积累率从 1 提高到 1.1;7 月,所有的养老金又增长了 9%。不过,这些举措扩大了社会保障机构的财政赤字。

这次改革也存在不少欠缺之处:一是养老保险制度的供款稳定性问题一直没有得到很好的解决。受经济危机影响,保加利亚国内就业率下降,薪酬支付延迟或者不正规支付现象增长,养老保险制度的财务稳定性略有恶化。私有养老基金资产占 GDP 的比重开始下降,不过 2010 年又开始回升。2009 年,养老保险制度的缴费收入仅占社会保障收入的 49%,而社会保障支出的 85% 用于养老保险,这其中的差额则由其他来源(主要是政府预算)弥补。于是,政府扮演了"第三保险者"的身份。为了弥补养老金赤字,政府预算拨付额度占整个养老保险制度收入比例达到 12%,政府针对整个社会保障制度的转移支付额度占到 GDP 的 5.4%,这给国家带来沉重的财政负担,并受到欧盟的多次警告。此外,根据其他特殊法案规定,政府还应该为军队、警队、公务员以及地方治安官全额缴费养老保险费用。

二是养老金待遇充足性一直没有得到很好的解决。[1]2008 年,保加利亚总人口约为 760.66 万人,养老金领取人数为 130 万人,全国总人口贫困率为 14.4%,其中 64 岁以上老年人贫困率为 17.8%(Iskra Beleva, 2014:2),75 岁以上人口中的贫困比例更是高至 40% 以上(Kenichi Hirose, 2011:93)。2009 年年底,保加利亚整个养老保险支出已经占到 GDP 的 9.8%,达到了 2000 年以来的最高点,但仍有 100 万养老金领取者(约占所有养老金领取者的 47%)生活在贫困线下,每月收入低于 211 列弗。为了提高养老金实际水平,2009 年,国会决定设立"银发人口储备基金",以应对人口老龄化及公共养老基金的赤字增长。[2]

三是关于养老保险制度改革的普及宣传不够,导致私有养老保险支柱尤其是第三支柱发展仍较缓慢。根据保加利亚金融监管委员会的数据,2009 年 12 月、2010 年 12 月和 2011 年 12 月,自愿养老保险基金的参保人数分别为 59.83 万人、59.8 万人和 59.71 万人,呈现轻微下降趋势。同期,职业年金人数分别为 22.69 万人、23.43 万人和 23.81 万人,增长甚微。到 2011 年 9 月 30 日,第三支柱的四类养老保险基金(普遍养老基金、职业年金、自愿养老基金、基于职业计划的自愿养老基金)共有参保人 391.4 万人,所有基金的平均净资产为 43 亿列弗,折合 22 亿欧元。从 2009 年 12 月 30 日到 2011 年 12 月 30 日,第二和第三支柱养老保险全部

---

① 2002 年,保加利亚养老保险制度抚养比接近 1:1,养老保险缴费率超过 30%,养老金替代率约为 35%。最低养老金的替代率为 19%,需要缴费满 15 年。70 岁以上的老人,如果没有资格领取养老金,则可以依据家庭情况酌情享受国家提供的社会养老金,数额略低于最低生活保障。

② 到 2010 年 7 月,政府从统一预算中已经向该基金在国家银行的单独账户拨付了 16 亿列弗(约 8 亿欧元)。基金资产目前尚未使用,今后如何使用还有待法律解释。

基金占 GDP 的比重从 2.49％缓慢增长到 2.55％（Ivan Neykov, Petko Salchev, 2012:11）。

3. 阻力重重的参数改革（2011—2012 年）[1]

（1）改革的背景及目标。

2008 年经济危机以来,保加利亚养老保险制度供款的中长期稳定性引起了国民的广泛关注。考虑到在 2020 年以后人口老龄化将日益加剧以及养老保险制度的财务缺口将越来越大,从 2009 年秋天到 2010 年秋天,保加利亚国家三方合作委员会[2]就养老保险制度改革进行了广泛的讨论,其中争议最激烈的就是提前退休、全额养老金的投保期限以及不同行业就业人员的退休年龄增长等问题。最后,该委员会仅就缴费率增长 1.8 个百分点达成共识。不过,受益于这次持续讨论,政府改革养老保险的意愿得到了社会各界的支持。2010 年 11 月,在精算分析的基础上,政府与工会、雇主组织签署了相关协议,决定采取一系列措施,以提高养老保险制度的供款稳定性和养老金的实际待遇。在 2010—2011 年期间,当局冻结了养老金指数化调整,但一次性增加了最低养老金数额。

2011 年的相关数据很不乐观。是年,保加利亚总人口约为 736.46 万人,退休年龄以上（男 63 岁以上,女 60 岁以上）人口约为 174.77 万人,占总人口的比例为 23.7％（National Statistical Institute, 2011）, 65 岁以上人口占比从 2001 年的 16.8％提升到 18.5％;领取养老金人数为 219.96 万人,失业率高达 15％,养老保险制度抚养比为 79.5％;养老金的替代率约为 57.2％,养老保险开支为 70.92 亿列弗,约占 GDP 的 9.4％。[3]

此外,如何管理银发基金资源的话题也引起了大规模的公共讨论。2008 年,保加利亚成立"银发基金",以确保保加利亚有足够的资源来维持养老保险制度的可持续性。银发基金的现金来源主要来自国有财产的私有化、财政税收优惠以及相关预算年度预算结余的 25％。截止到 2011 年 12 月 31 日,银发基金的总积累

---

[1] 虽然保加利亚在 2010 年通过了养老保险改革行动计划,决定对原有的养老保险制度进行修正,但由于受到条件限制,改革的实施时间被推迟到 2011 年。

[2] 国家三方合作委员会（National Council for Tripartite Cooperation）成立于 1992 年,为有关社会保障的立法提议提供了一个公开论坛。该委员会由 14 个成员组成,分别代表政府、工会和雇主组织。

[3] 来自保加利亚国家社会保障局网站, http://www.nssi.bg/images/en/about/infomaterials/Bulgarian%20Social%20Security.pdf。

额约为 9 亿欧元(相当于 17.8 亿列弗),其中,当年的累计利息为 511 万欧元(约为1 000 万列弗)。根据法律规定,银发基金可以投资在七个领域。但成立 3 年来,基金只投资在 1 个领域(即保加利亚国家银行的存款),总投资额近 20 亿列弗,利息收入约为 4 300 万列弗,折合 2 200 万欧元。根据同期消费者指数测量,保加利亚年度通货膨胀率高于 28%,这就意味着银发基金实际上在贬值。除了投资问题外,银发基金究竟可以积累多少金额来弥补预期的养老保险制度赤字也受到高度关注。在这两个问题上,当局都缺乏科学分析和可行性计划。

2011 年,劳工和社会政策部组织专家对 21 世纪该国人口趋势进行了预测,并在此基础上修订了《2012—2030 国家人口发展战略》。这一战略对保加利亚养老保险制度的长期发展具有深远影响。根据这一长期预测,预计到 2030 年,该国人口老龄化趋势不可逆转,人口将继续减少,养老保险制度的前景越发不容乐观。这一预测为进一步改革养老保险制度提供了有力的舆论支持和技术支持。

这次改革的目标,还是聚焦于促进养老保险制度的财务稳定性、可持续性和提高养老保险待遇的充足性。

(2) 改革的内容及举措。

与以前两次改革一样,这次改革也从立法开始。2011 年,保加利亚通过社会保险法的修正案,针对养老保险乃至整个社会保险提出一系列短期和长期的举措。这次改革按时间可以分为两个阶段,即 2011 年改革和 2012 年改革。

2011 年改革的主要做法有:

一是推迟退休年龄。2011 年,保加利亚规定,从 2012 年开始逐渐提高男女性的退休年龄。具体措施为每年推迟 4 个月,直到男/女性的退休年龄分别达到 65/63 岁。

二是延长缴费期限。从 2012 年 1 月开始,将法定的养老保险缴费期限(男 37 年、女 34 年)每年延长 4 个月。预计到 2020 年,男性缴费期限将为 40 年,女性为37 年。

三是严格退休条件。改革前,最低工作期限满 15 年的人员可以在 65 岁退休;改革后,最低工作期限满 15 年的人员,必须推迟到 67 岁退休。收窄艰苦工作岗位人员的养老金领取标准,2012 年开始,第一门类就业人员的退休年龄每年增加 4 个月,预计到 2014 年男性为 53 岁和女性为 48 岁;第二门类就业人员的退休年龄也同比增长,预计到 2014 年男性为 58 岁和女性为 53 岁;将警察和军队人员领取养老金的最低服役年限从 25 年提高到 27 年。修正养老金领取权利法案,废除了以前将年龄与缴费年限进行综合计算且允许灵活退休的"积分制度"。

四是在欧盟的督促下,加强了国家预算的规划和管理能力。2007 年加入欧盟后,保加利亚政治、经济、社会的各项改革,都深受欧盟的相关政策影响。2011 年 7 月,保加利亚关于养老保险制度改革的措施受到了欧盟委员会的高度关注。欧盟委员会认为,保加利亚在国家预算资源支出方面的规划和管理能力不足,仅靠国库收入的转移支付来弥补养老保险制度的赤字,但对于如何缩减这一制度赤字却无良策。为此,保加利亚当局决定采取一系列措施,通过建立一个检测和会计系统来加强对预算开支的监管。欧盟委员会还指出,保加利亚的公共财政长期稳定性的风险并不小,此前的养老保险制度改革与预期寿命、健康照料、长期照料之间的关联不大,长期来看,这将影响养老保险制度中第一支柱养老保险的可持续性。欧盟委员会的警告引起了保加利亚的重视,加大了当局继续养老保险改革的决心。

2011 年年底,劳工与社会政策部制订了关于积极人口老龄化的国家行动方案并公布于众。在征求社会意见的基础上,劳工与社会政策部于 2012 年 2 月出版了修订后的行动方案。同时,劳工与社会政策部还成立了养老保险改革咨询委员会,以推进养老保险制度改革。2012 年改革的主要做法有:

一是修改养老金待遇及其支付条件。社会保障法规定,养老金待遇冻结一年,不再进行指数化调整;从当年 6 月 1 日开始,将最低养老金待遇提高 6%;将军队及警察人员的参保期限每年提高 4 个月,一直增至 28 年为止;在计算养老金待遇时,服役 3 年可折算为缴费 5 年;将教师的法定参保年限每年延长 4 个月,直到男性满 33 年、女性满 28 年为止。为确保雇员获得养老金收益,从 2013 年开始,雇主应为此进行担保缴费,担保缴费的缴费率为雇员工资总额的 0.1%。

二是改变就业合同终止方式。新的劳动法修正案改变了以往最受雇主和雇员欢迎的合同终止就业方式,决定将取得养老金权利作为退休条件,即允许雇主通过支付养老金来终止劳动合同,以鼓励雇员自愿推迟退休并激励老年人延长就业期限。劳动法修正案还规定,如果雇员在就业合同终止时就已经达到领取老年养老金的资格条件,雇主就必须支付雇员一定的补偿金,最高为 2 个月的总工资;如果雇员为同一雇主已经工作满 10 年,补偿金将达到 6 个月的总工资。即使终止合同由雇员提出,这一规定仍维持不变。

三是修正了养老金计算公式。改革后,养老金的待遇＝积累率×缴费年限×个人系数×退休前12月内的全国平均月计保收入。其中,年度积累率设定每年为1.2,如果推迟退休,推迟期间的年度积累率则为3;缴费年限,包括实际缴费年数以及视同缴费年数,后者由政府负责缴费;个人系数是个人平均计保收入与国家平均计保收入之间的比率。在计算时,个人平均计保收入取1997年以前任何15年期间收入最高的连续3年的平均收入值和1997年以后全部工作期限的平均收入值进行计算。1994年以后参加工作的人员,其个人平均计保收入的计算期限将逐渐延长到其整个职业生涯。退休前12月内的全国平均月计保收入,由国家社会保障机构根据每月基数进行计算并予以发布。

四是修改了领取退休养老金的相关规定。在2012—2014年的过渡期内,符合条件的养老金领取人可以选择从第一支柱领取提前退休年金,但必须将个人账户余额转移到公共养老保险制度;或者在法定退休年龄退休,一次性提取所有的积累余额。如果男/女性参保人已经在第一门类就业超过10年并且其年龄与参保年限(每工作3年则折算为5年)的总和达到100/94以上时,本人就可以选择在52/47岁退休;如果男/女性参保人已经在第二门类就业超过10年并且其年龄与参保年限(每工作4年则折算为5年)的总和达到100/94以上时,本人就可以选择在57/52岁退休。

(3)改革的结果。

由于受到来自各方的重重阻力,这次改革还有一些措施没有得到推行。比如,雇主组织认为,必须推行均等的养老金指数化方案,如果提高养老金标准,那么所有人的养老金应该按确定的百分比进行调整。如果提高最低养老金,那么其他养老金也应该按同等比例增长;政府提议,从2013年开始公务员需要缴纳其本人的养老保险费用,当然同时也要提高公务员的收入;工会代表提议,如果逃避缴费,则要进行惩罚,并且政府应该为提前退休者增加预算支持等。另外,统一男女退休年龄的提议也被推迟进行。

相关数据表明,2012年的养老保险制度数据比2011年已有略微好转。2012年,保加利亚养老保险制度开支为72.7亿列弗,约占GDP的8.9%。与改革前相比,占比稳中有降。同年,养老金领取人数219.52万人,比2011年减少了4 400

人;平均养老金约为 273.32 列弗,比 2011 年增长了 2.5%;养老金的净替代率为 56%,总替代率为 44%(Ivan Neykov, Petko Salchev, 2012:10)。因时间尚短且很 多措施还在逐渐实施当中,这次改革的效果究竟如何还有待观察。

3.3 保加利亚养老保险制度的现状及面临的挑战

3.3.1 养老保险制度的现状

经过多次改革,保加利亚初步建立了多支柱养老保险制度。养老保险制度覆 盖绝大多数就业人口,国家税务机构负责征缴包括强制性养老基金在内的所有社 会保障缴费,然后再将缴费转移给相应的养老基金。

1. 零支柱

国家养老保险金由国家预算负担,主要覆盖不够领取残疾养老金资格的残疾 人或残疾军人、无民事行为能力人和对国家有特殊贡献的人,享受者个人无需缴 费,也不用纳税。

2. 第一支柱

实行现收现付制度,国家预算予以兜底,由国家社会保障机构管理,相关政策 由劳工与社会政策部负责制订和实施。第一支柱的养老金收入免予缴税。

覆盖人群及缴费情况:收入主要来自雇员、雇主的缴费。1960 年 1 月 1 日以 前出生的人员,缴费率为 17.8%,1959 年 12 月 31 日以后出生的人员,缴费率为 12.8%。缴费的比例分配如下:雇员缴纳应缴部分的 44%,雇主缴纳应缴部分的 56%。国家缴费占第一支柱收入的 12%,国家还负担视同缴费期限(实际没有缴 费)的缴费并通过国家财政补贴来弥补第一支柱的财政赤字。

领取养老金的资格条件:2014 年男/女性退休年龄分别为 63 岁零 8 个月和 60 岁零 8 个月;缴费期限方面,男子必须满 37 年零 8 个月,女子必须满 34 年零 8 个 月。没有达到领取全额养老金资格条件的参保人,如果年满 65 岁(男女一样)且 缴费满 15 年,可以领取老年年金。因服役或照顾 2 岁以下孩子而暂时不能缴费的时间,视同为缴费期限,其缴费由国家预算转移支付,缴费额度按照最低工资作为缴费基数计算。

养老金计算公式为:养老金=积累率×缴费年限×个人系数×退休前12月内的全国平均月计保收入。

老年养老金待遇:最低养老金每年由公共社会保障预算法案确定,与其他年金一样进行指数调节。老年家庭成员如果收入低于最低保障工资,可以享受社会养老金。社会养老金结合家计调查发放(设定为贫困线的50%),由国家预算支付,具体数额由部长理事会确定。最高养老金设定为最高计保收入的35%。2014年1月后,取消最高养老金的限制(Kenichi Hirose,2011:81)。遗属年金按照已故被保人年金的一定比例发放。如果只有1个遗属,则按50%发放,2个遗属则按75%发放,3个及以上遗属则按100%发放。遗属年金由合法的受益人共享,最低遗属年金相当于最低养老金的75%。

特殊人员的养老金待遇:教师养老基金(设立于1997年)为公立和私立学校的教师提供提前退休养老金,基金由雇主缴费,额度为工资的4.3%。军警人员的养老金缴费由国家预算负担,他们只要参保期限满25年并且这25年有2/3以上的时间是在军队或警队服役,就可以领取养老金而不受年龄限制。特殊功勋养老金由部长理事会提议,颁给那些给国家做出了重大贡献的人员,数额等同于为最高养老金,目前大约是700列弗。

残疾养老金:主要覆盖失去50%劳动能力但已经至少缴费满5年的参保人。20岁以下的先天性盲人或者参加工作前就失明的人员,可以享受残疾养老金且不受参保期限限制;20—24岁的人员至少需要1年的参保期;25—29岁的人员至少需要3年的参保期。因工致残或者因职业危害致残且已经失去50%以上工作能力的人,可以享受残疾养老金,也不受参保期限限制。已经领取老年养老金的人员,不得享受与工作危害无关的残疾养老金。①

---

① 21世纪初,当该退休人员无法达到领取老年养老金条件时,残疾养老金就往往成为他们的替代选择。1999年,低于法定退休年龄的残疾养老金领取者人数大约为15万,2000年以后,这一数字增长很快,2006年增至27.4万人。2006年,国家社会保障机构对残疾养老金的申请和地区专家医疗委员会有关残疾的专家鉴定进行了深入调查和监管,与工作危害无关的残疾养老金领取人数开始缓慢下降,2008年比2007年减少0.3%。然而金融危机的发生,导致残疾养老金的领取人数在2010年重新增长。为此,2010年国际货币基金组织提议对由国家社会保障机构医疗委员会确定的残疾养老金领取者进行抽样,通过对他们实行重新医疗评估,以实现对残疾养老金更严格的监管。

养老金的指数化:根据平均计保收入的 50％和上一年度消费者指数的 50％进行综合调整。

3. 第二支柱

实行完全积累原则的强制性补充养老保险,为参保人建立个人储蓄账户,由符合资格基金公司进行运营。第二支柱养老保险金包括两类:一是普遍养老基金,缴费率为 5％;二是职业年金,缴费率为 12％和 7％(由雇主缴费),分别覆盖在第一门类和第二门类中艰苦行业的在职人员,职业年金覆盖人数约占总在职人员的 4％。

普遍养老基金:覆盖 1960 年以后出生的且已经加入公共养老保险的人群,参加人数约为 314.48 万人,预计在 2023 年开始提供老年终身年金,如果被保人死亡则采取其他方式支付。目前缴费率为 5％,其中 2.8％由雇主缴付,2.2％由雇员缴付。预计到 2017 年,缴费率将提高到 7％。

行业养老基金:在第一门类和第二门类就业的人员,不管年龄大小,在参加普遍养老基金的同时,还必须加入行业养老基金。第一门类缴费率固定为 12％,第二门类缴费率固定为 7％,全部由雇主缴费。根据法律规定,第一门类就业者可以比法定退休年龄提前 8 年退休,第二门类就业者可以比法定退休年龄提前 3 年退休。此外,在被保人死亡时,行业养老基金采取其他方式支付。预计从 2015 年开始提供有固定期限的提前退休养老金。

基金运营与投资:普遍养老基金和行业养老基金都属于独立的法律实体,由养老保险公司运营。养老保险公司必须获得金融监管委员会颁发的执照,并且达到最低注册资本规定的要求。养老基金可以投资的领域包括保加利亚、欧盟成员国以及欧洲经济区协议成员国政府发行或担保的证券、股票、银行存款、抵押债券、企业债券、债务证券以及物业投资等。

养老保险基金管理费用:养老基金收费最高不得超过缴费额的 5％,投资手续费用不得超过年度净资产的 1％。如果参保人自行更换养老基金保险公司,本人支付的额外手续收费不得超过 20 列弗。目前所有的养老保险公司都按照法律规定的上限进行收费。

养老金的支付:当参保人达到第一支柱养老金的领取年龄时,就可以领取普遍养老基金的收益。如果参保人个人账户积累额度不足以提供最低养老金,可以提前 5 年申领普遍养老基金收益。参保人如在第一门类就业且参保期限不少于 10 年,最多可以提前 8 年申领行业养老基金发放的提前退休养老金;参保人如在第二门类就业且参保不少于 15 年,最多可以提前 3 年申领。如果参保人死亡,第二支柱养老金则采取其他方式支付。

4. 第三支柱

自愿的补充私有养老保险,包括自愿养老基金和职业养老基金。

自愿养老基金覆盖年满 16 岁以上的人员,由雇主或雇员自愿缴费。自愿养老基金的缴费可以享受一定额度的税收减免,其收益可以采取多种形式领取。

职业养老基金依据集体协商协议或集体劳动合同建立,缴费由雇主和雇员共同缴付,其中雇主每月为每个雇员进行缴费的额度不超过 60 列弗,雇员缴费额度不超过其应税收入的 10%。职业养老基金的缴费收入免于征税,基金收益以终身年金、固定期限年金或一次性支付等形式予以发放。

3.3.2 养老保险制度面临的挑战

保加利亚养老保险制度面临的主要挑战有:

一是养老保险制度的缴费收入占比走低,对国家预算的依赖性加强,参保人的缴费积极性不高。近些年来,保加利亚多次降低了第一支柱养老金的缴费率。这导致第一支柱缴费收入占开支的比例不断下降,从而增加了养老保险制度对预算的依赖性。2011 年,政府转移支付占到第一支柱支出的 54.2%(Ivan Neykov, Petko Salchev, 2012:7)。2012 年,第一支柱 55% 以上的开支都来自政府预算的转移支付,并且还有继续走高的趋势。随着转移支付的加大,养老金缴费与收益之间的关联度进一步走低。这就使得雇主和雇员的缴费积极性受到严重挫折,从而陷入"缴费占比越小—转移支付占比越大—缴费占比更小"的恶性循环。

二是人口老龄化加剧,老年抚养比进一步恶化。根据联合国的预测,到 2020 年,保加利亚 65 岁以上老年人占总人口比重将从 2000 年的 16.8% 提高到 23.3%;到 2050 年,养老金领取人数将达到 180 万人,比 2012 年增长数十万人。另据该国国家社会保障机构预测,预计到 2050 年,总人口减少为 525.5 万人,预期寿命为

78.7 岁，65 岁以上人口占总人口比重为 29.9％。随着劳动年龄人口继续缩减而老年人口不断增加，老年抚养比将从当前的 100 个劳动年龄人口负担 25 个老年人，恶化到 2050 年的 100 个劳动年龄人口负担 56 个老年人。这一增一减将对养老保险制度的财务平衡带来极大的负面影响。

三是全球经济危机削减了养老保险缴费人数和缴费基数，造成缴费收入减少和养老金实际价值减少。受影响最大的就是低收入群体，尤其是少数族群中的最低收入家庭。同期，老年养老金的实际价值下降了 15.5％。

四是养老保险基金投资收益不足，投资风险扩大。保加利亚证券交易所还没有完全私有化，金融市场不够发达，缺乏投资渠道，导致养老保险基金投资过于依赖于长期政府债券投资。2008 年以后，养老保险基金投资收益开始下降，市场风险却不断增大。养老基金能否提供足额的养老金，能否保证参保人的权益受到了严重质疑。

五是国民缺乏自我保险意识和金融意识。保加利亚老年人的养老金来源相对单一，主要依赖于第一支柱和第二支柱。同时，很多国民缺乏金融投资知识和技能，对于养老保险基金的运作及基金投资风险缺乏心理准备和风险承担能力。

3.4　关于保加利亚养老保险制度下一步改革的设想

目前，保加利亚国内还在就养老保险制度的下一步改革争论不休。在这一席卷全国的大争论中，养老保险制度改革咨询委员会和国家三方合作委员会的方案受到了更多的关注。

3.4.1　养老保险制度改革咨询委员会的建议

该委员会成立于 2012 年，由政府召集一小部分专家组成，主要目的是为了恢复国家养老保险基金的财务平衡。该委员会的主要建议有：

一是将增强第一支柱的供款稳定性作为经济、金融、就业以及收入改革领域的优先政策。为此,必须恢复养老保险缴费作为养老保险制度主要收入来源的作用和地位,原则上不再继续下调养老保险缴费率,而是根据社会保险原则和精算结果来确定缴费率。合理确定依法提前退休人群的缴费率,既要考虑其参保年限,也要考虑其领取养老金的期限。推行有利于缓解国家养老保险制度长期供款不足的创新举措,比如发行长期债券,开设针对性的税种等。通过调整普遍养老基金的缴费比例来继续推进补充养老保险。

二是提高养老保险制度的监管效率和养老保险缴费征缴效率。在国家社会保障机构、养老保险监管机构和雇主之间实现政策、文件及数据库共享,减少政策"空子"或执行中的"空白"。减少残疾鉴定方面的不规范行为,收窄领取残疾养老金的门槛。通过将税收减免比例从10%提高到15%,激励国民参加自愿的补充养老保险。

三是健全法规来应对老龄社会风险,梳理养老保险立法及其他立法,减少或废除给养老保险制度带来不利影响的法规或者相互矛盾的法规。

四是考虑到人口老龄化和人均预期寿命增长,进一步严格养老金领取资格及条件。逐步提高女性退休年龄,实现男女同龄退休,以削减在退休条款上的性别歧视。严格限制提前退休,将养老金领取资格的最低年限提高3年,即男/女性领取养老金的投保年限必须分别满40年/37年。

五是确保和提高养老退休金的充足性。在考虑通货膨胀、GDP动态发展、养老保险收入与支出以及预期寿命变化的基础上,推行养老金指数化调整的灵活机制。加强最低养老金与最低工资之间的关联,或将养老金与贫困线关联起来,以确保补充养老保险金的替代率保持在15—20%区间。

3.4.2 国家三方合作委员会的建议

保加利亚国家三方合作委员会也组织了相关讨论,并就2035年以前采取如下改革措施达成一致意见:

一是提高养老保险的缴费率,延长参保人的投保期限。建议适时提高养老金总缴费率,从当前的16%提高到17.8%,同时国家负担缴费的总额比例不变;对于不愿意改进缴费征缴工作的雇主和雇员,将处以高额罚金。养老金的投保期限将每年延长 4 个月,到 2020 年,男性的投保期限为 40 年,女性为 37 年。没有足够投保期限的人员,可以购买为期最多 5 年的投保期限。2017 年 1 月 1 日以后,第二支柱的普遍养老基金的缴费率将从当前的 5% 提高到 7%。

二是严格养老保险的支付与领取条件。2015 年以后,第一门类和第二门类就业人员的提前退休养老金,不再由国家养老基金支付而由行业基金直接支付。提高养老金领取年龄,建议每年提高 6 个月,一直到男性 65 岁、女性 63 岁为止。从 2017 年 1 月 1 日开始,养老金计算公式中的年度积累率将从当前的每年 1.1 提高到 1.2。国家养老金不再设定上限,养老金待遇根据计保工资的增长情况进行相应的指数化调节。将军警人员领取养老金必需的服役期限从 25 年提高到 27 年;提高延迟领取养老金的奖励幅度,达到退休年龄后,每推迟 1 年领取养老金,养老金数额增长 4%(之前为 3%)。

这些措施的实施,都是为了削减养老保险制度赤字,确保其中期的财务稳定性、提高养老金待遇的充足性以应对人口老龄化的挑战。国家社会保障机构预测,如果这些措施都被实施,预计到 2034 年国家养老基金财务平衡问题将得到改善。

3.4.3　其他方面的举措

上述两个组织的建议主要集中在养老保险制度本身,且多为参数改革,但养老保险制度改革牵扯面很广,还涉及劳动就业、税收、金融等诸多方面。笔者认为,保加利亚当局还有可能采取的措施主要有:

一是在养老保险制度自身方面,合理界定各个支柱的规模、作用和功能,避免第一支柱"独大"的现象;加强对养老基金投保者的金融知识教育,提升其投资意识、投资技能和风险意识;适时完善零支柱(不需要缴费的国民养老金),确保老年人的最低生活水平;坚持和发扬家庭养老的传统,发挥家庭在养老中的重要的补充作用,从物质和精神上为老年人提供更多帮助和支持;积极借鉴和吸取其他国家尤其是欧盟国家养老保险制度改革的成功经验和失败教训,按照欧盟的标准健全养老保险制度。

二是在就业政策方面,应促进中小企业和服务业发展,吸纳更多劳动力就业,切实提高就业率。就业是最好的保险,只有有了就业,才有可能对养老保险制度进行缴费,才能为自身的社会保障提供支持,并减轻国家财政负担。

三是在税收政策方面,应对养老保险缴费进行更多的税收减免,鼓励雇主和雇员进行缴费,切实减轻企业负担;对养老保险收入实行税收减免或优惠,切实保障养老保险金的充足性,提高老年人的实际生活水平;通过税制改革,促使企业吸收更多劳动力,尤其是老年劳动力,既增加养老保险制度缴费,又延迟养老保险制度的支付。

四是在金融制度方面,大力发展国内金融市场,为养老保险基金的投资提供更多的机会和渠道;转变投资管理规定,改变各个养老保险基金公司相似的投资政策与投资策略;放宽投资限制,减少投资政策和资产分配上的保守性和单一性;增强投资的多元化,增强投资市场的良性竞争,提高养老保险基金的投资收益。

3.5 结语

保加利亚养老保险制度起源较早。受德国影响,到二战以前,其养老保险制度采取了俾斯麦模式。二战后,则采取了苏联模式,实行国家社会保障制度,养老保险出现集中化、国家化和单位化等特点。1989 年转轨以来,养老保险制度受到很大冲击,难以为继。在欧盟、世界银行等组织的影响和推动下,保加利亚政府针对养老保险制度启动了数次改革,基本建立了三(多)支柱的养老保险模式。

目前,保加利亚养老保险制度面临失业率过高、缴费不足、支出增长太快、国家负担过重、养老金实际水平过低、老年人贫困率过高等诸多问题,养老保险制度财务的长期平衡以及稳定性和养老金待遇的充足性受到更为严峻的挑战。为解决这一核心问题,保加利亚政府和国内相关组织纷纷开出自己的短期和长期药方,但最新改革的效果以及今后改革的走向如何还有待继续观察。

第4章

波黑养老保险制度改革的回顾与展望

　　在中东欧地区,波黑的养老保险制度有三个独特性。一是与同地区的其他转轨国家相比,波黑的养老保险以至整个社会保障领域的改革是先于经济转轨进行的,这在中东欧转轨国家中是独一无二的。二是由于深受内战、政治格局、国家组成方式以及民族构成等诸方面的综合影响,波黑没有对养老保险制度进行制度层面或者深层次的结构改革,只是对从前南斯拉夫沿袭下来的现收现付养老保险制度进行了参数改革。这在中东欧地区也是"独树一帜"。三是在波黑养老保险制度的重建和改革进程中,国际社会和国际组织的介入程度是最深的,介入范围是最全面的,但结果与国际组织尤其是世界银行的建议还存在明显差别或差距。在2008年经济危机和人口老龄化加剧的背景下,波黑养老保险制度走到了继续进行参数改革或者制度结构改革的"十字路口"。

4.1　波黑国家概况

　　波黑全称为波斯尼亚和黑塞哥维那,位于欧洲东南部的巴尔干半岛腹地,处于克罗地亚和塞尔维亚中间,南临亚得里亚海,海岸线长约 25 公里,面积为 5.12万平方公里。

相比同地区其他国家,波黑的转轨明显滞后。据波黑央行数据,2011 年波黑 GDP 总额为 184.55 亿美元,同比增长 1.6％,人口 384.0 万[①],人均 GDP 为 4 806 美元。另据波黑联邦统计局的资料,自 1992 年独立以来,波黑人口自然增长率为负数,人口老龄化趋势在加剧。2013 年 5 月,经过讨论,欧盟议会认定波黑仍是一个经济落后、腐败横行、新闻不够自由、政治文化充斥着利用种族紧张关系来操作大众且处于分裂状态的国家,并且波黑没有采取足够的措施与腐败做斗争,也没有实施有效的宪法改革来保护国民的基本人权。[②]

4.2 波黑养老保险制度改革的发展历程回顾

4.2.1 1998 年以前的养老保险制度

1. 社会主义时期的养老保险制度(1948—1991 年)[③]

1948 年,前南斯拉夫与原苏联爆发不和,从此走上了与中东欧其他社会主义国家不同的发展道路。在这一背景下,前南斯拉夫的经济社会制度,当然也包括社会保障(养老保险)制度宣布不再实行所谓的“斯大林模式”。

20 世纪 50 年代以后,前南斯拉夫的政治经济社会制度出现去中心化现象,联邦政府的集中管理模式受到削弱,各个联邦成员国的权力进一步扩大。在世界银行和国际货币基金组织的协助下,前南斯拉夫在 20 世纪 60 年代到 70 年代末,对本国的社会保障(养老保险)制度进行了一系列去“集中化”的改革,建立了在当时中东欧地区较为发达的社会保障制度,这一制度即使与西欧发达国家相比也不逊色。1974 年通过的宪法赋予了各成员国更多的权力,允许各成员国根据自身实际

---

① 波黑国内的相关统计资料比较欠缺,很难获得可靠的统计数据。这里采用的波黑央行数据,转引自我国商务部网站,http://www.mofcom.gov.cn/aarticle/i/jyjl/m/201207/20120708216017.html。
② European Parliament resolution of 23 May 2013 on the 2012 Progress Report on Bosnia and Herzegovina[2012/2865 (RSP)].
③ 由于渠道有限,笔者没有找到波黑在前社会主义时期的养老保险或社会保障方面的相关资料,希望日后能弥补这一缺憾。

情况建设和完善包括工作福利、家庭照顾、职业社会保护、自愿慈善以及宗教慈善活动在内的社会福利制度。总体而言,受益于经济基础较好以及实行全民就业模式,在整个社会主义时期,即使在 80 年代的经济危机中,包括波黑在内的前南斯拉夫的养老保险制度还是在稳定运转。总体上,养老保险的制度抚养比还是比较乐观,养老保险制度的供款问题也没有受到很大挑战。

这一时期南斯拉夫模式的主要特点有:一是现收现付制度。养老保险基金的来源主要来自在职职工缴费。不管所在单位或者机构经济状况如何,在职员工都必须向养老基金缴费。自雇者如农民、艺术家则实行自愿缴费,小工厂业主、商贩、出租车司机等则实行强制缴费。养老保险制度的缴费用于支付已经退休人员的养老金,与缴费者自身的养老金待遇没有关联。养老金数额取决于养老基金的筹资与投资情况,养老基金主要投资于国有大型企业和其他可以盈利的行业。二是高替代率。这一时期(甚至一直延续到 1998 年)波黑养老金的替代率大约在85%—75%(南斯拉夫其他成员共和国也大都如此,过高的替代率给各成员国带了沉重的经济和财政压力)(Velizar Golubović,2008:445—67)。这个替代率在当时是非常高的,明显高于经合组织国家的替代率和欧盟的平均水平。三是较低的退休年龄。和经合组织国家相比,波黑的退休年龄明显较低。1998 年以前,波黑领取养老金的条件为年满 55 周岁或者已经工作了 30 年。此外,如果在一些特殊的领域工作,如政府管理单位、军队、警察等,条件可以放宽到工作满 20 年。高替代率以及相对较低的退休年龄等举措,主要是为社会转轨和经济更快发展腾出空间,但这一规定造成波黑很多人提前领取养老金。波黑养老保险制度的优厚条件,一直持续到 1998 年新的养老保险制度规定出台为止。另外,考虑到在职人员的数量以及养老保险基金的供款情况,波黑养老金的领取人数确实可观。

20 世纪 80 年代以后,前南斯拉夫地区出现了日益严重的政治经济危机。这导致波黑境内的贫困率急剧攀升,养老保险乃至整个社会保障制度受到了严峻挑战,社会工作在波黑这个相对保守的国家内更是成为一个保守的行业。此外,波黑社会保障制度中的"裙带主义"、熟人关系更是盛行一时。

2. 独立初期的养老保险制度(1992—1997 年)

1991 年,独立前夕的波黑进行了人口普查。根据这次普查,波黑全国有总人口 442.7 万人。1992 年,前南斯拉夫解体,波黑宣布独立,但旋即陷入了全面内战。持续三年的内战,导致整个国家陷入崩溃。内战带来的高失业率、经济大倒退、缴费人口减少、提前退休人员增加、过于慷慨的养老金待遇以及更多受伤老兵、退役军人、提前退休人员、战争遗属和难民等诸多棘手问题,给原有的社会保障制度尤其是养老保险制度带来了直接的挑战。

政治上,波黑大致由两个政治实体组成。①受此影响,波黑的养老保险制度及养老保险基金也分为两块,且各自为政,互不连通。其中,穆克联邦成立了2只养老保险基金,塞族共和国则设有1只养老保险基金。相比较而言,不管是穆克联邦还是塞族共和国的养老保险(或整个社会保障)制度,都还是基本维系了前南斯拉夫模式,两者之间的本质性区别并不大。只不过穆克联邦的养老保险制度更为去集中化,即由地方政府承担养老保险制度的主要责任;塞族共和国的养老保险制度则更为集中化,即由中央政府承担主要责任。需要强调的是,那些以前在其他成员共和国(比如克罗地亚、塞尔维亚等)工作后来选择在波黑退休养老的老年人,被排除在养老保险制度之外。

内战结束后,波黑两个政治实体的社会保障制度都受到了巨大创伤,各自的养老保险制度都面临严重的供款危机,出现了巨额赤字,原前南斯拉夫模式的养老保险制度都难以为继。一是养老保险筹资受到严重影响。内战后,由于缴费者基数大大缩减,养老基金碎片化、失业率持续走高、经济基础走弱以及地下灰色经济盛行,波黑养老保险制度的供款收入大幅削减。二是养老保险支出难以维系。提前退休——前南斯拉夫为了缓和社会经济危机而采用的权宜之计,在波黑内战后愈演愈烈。从解决老职工的后顾之忧到安置年轻的退伍军人,提前退休都成为当局的应急措施,这对已经入不敷出的养老金制度更是雪上加霜。为弥补养老基金赤字,波黑政府不得不从预算中提供补助。由于财务困难,预算补助难以保证。养老金支出只有靠加强对纳税人的强制性缴费来维持,但缴费情况又不尽如人意,因此养老基金赤字越来越大。三是养老保险改革举步不前。波黑缺乏有力的联邦政府,各个政治实体各行其是,养老保险改革难以推进。加之在转轨过程中,替代社会主义社会模式的是民族主义而不是社会转轨和民主主义,这导致波黑福利制度反而有所退化。波黑政府的首要任务则是维持政治稳定和民族和解,养老保险等社会政策自然就被放在次要地位或者被忽视。

---

① 在两个政治实体以外,波黑还有一个特区。不过这个特区相对比较小,并且该特区的养老保险制度基本参照塞族共和国,在此就不再单独论述。

这一时期波黑养老保险制度的主要特点有:一是以工资为导向的养老金指数化。波黑养老金的调整,100%依据平均工资的增长情况而变动,当然有时也受到当年政府财政收入状况的限制。二是相对慷慨的养老金条款以及数额庞大的残疾年金和遗属年金。波黑明文规定了最低法定年金、残疾人年金福利以及照顾残疾人的人员的福利援助,且条件相对优厚。值得关注的是,由于受到内战影响,波黑领取残疾年金人数接近于领取养老金人数,这在转轨国家中是比较罕见的。此外,波黑还有 1/3 以上的养老金领取者领取的是遗属养老金。三是受到国际社会的大力支持和深刻影响。波黑内战一结束,国际社会就纷纷在波黑境内设立了所谓"国际社区",采取各种措施来帮助波黑重建社会保障制度。这对波黑的"父爱主义"社会保障(包括养老保险)制度的改革起到了一定的推动作用。

总体而言,受内战、复杂政体设计以及不稳定局势的影响,波黑政治经济社会转轨进程明显滞后于周边其他国家。1998 年,在国内局势稍微稳定后,为了减少社会动荡并安抚国民,波黑当局提出要率先启动养老保险(社会保障)制度改革。2000 年以后,波黑才正式宣布实行经济转轨。因此,波黑的养老保险以至整个社会保障领域的改革是先于经济转轨进行的,这在中东欧转轨国家中是独此一家。

4.2.2　养老保险制度的参数改革(1998—2000 年)

1. 改革的背景及目标

内战结束的初期,波黑政府和社会各界的重心一直放在政局稳定和民族和解方面。1998 年以后,随着政局相对稳定,民族矛盾相对缓和,波黑的经济发展和社会政策改革成为首要问题,其中关系国民切身利益的养老金制度改革被率先提上议事日程。

随着人口持续老化以及失业率长期居高不下,波黑养老保险面临的压力日益增大。2000 年,波黑在职人员的养老保险缴费额度占到其收入的 25%,另外社会保障的其他项目的缴费额度还要占到个人净收入的 10.5%。这对国民经济发展以及在职人员来说,都是沉重的负担。

为了缓解养老保险制度的财务危机,波黑规定,在私有化和经济转轨的过程中,企业私有化收益的 20% 必须用于改善养老保险基金的财务状况。不过这只是权宜之计,并不能彻底解决养老保险基金的长期供款问题,也难以满足数量庞大的养老金领取者的养老需求。至于那些失去工作能力或者身患残疾的老年人,他们的生活处境就更为悲惨。唯一庆幸的是,波黑实行免费医疗保险,这对患病的老年人来说可谓是雪中送炭。

为了提高养老保险制度的财务稳定性和可持续性以及养老保险待遇的充足性,1998 年,在世界银行、国际货币基金组织和欧盟等国际组织的直接介入和推动下,波黑正式启动了养老保险制度改革。当时,在巴尔干地区尤其是独立后的前南斯拉夫各成员共和国,世界银行的主要提议是推行强制的积累支柱和个人储蓄模式,建立所谓的三支柱养老金制度。由于各国情况不一,这一提议并没有被该地区大多数国家所接受。与克罗地亚、斯洛文尼亚和马其顿等国不同,因国内阻力太大且社会各界难以达成共识,加之担心引入积累支柱会影响现收现付计划的缴费甚至导致国家预算崩盘,波黑最终还是没有推行三支柱养老保险模式,而是对原先的养老保险制度进行了所谓的参数改革,即大体保留了现收现付的养老金制度,而没有进行体制性的或深层次的结构性改革。

2. 改革的内容及举措

虽然政体较为复杂,但波黑两个政治实体的养老保险制度改革还是大同小异,只不过是一些具体做法或实施步骤不同步而已,两者之间并没有根本性的区别。加之相关资料有限,在此就不再对两个政治实体的改革内容进行详细分述。总体上看,波黑此次养老保险制度改革的主要做法包括以下五个方面。

(1) 严格领取养老金的资格条件。

在这次改革中,波黑先后两次提高了国民的退休年龄。第一次是在 1998 年,波黑当局出台了新的养老金和残疾保险法规,将男性退休年龄提高到 60 周岁,女性提高到 55 周岁。同时还规定,如果男性缴费期满 40 年,女性缴费期满 35 年,则可以提前领取全额退休金而不受年龄限制。不过与同期的经合组织国家标准相比,这一新的退休年龄还是偏低(Velizar Golubović,2008:445—67)。第二次是 2000 年,以法令形式将男女性的退休年龄统一提高到 65 周岁。另外,男女性提前领取养老金的最低年龄分别为 60 周岁和 55 周岁,这都较以前略有提高。

(2) 削减提前退休的养老金待遇。

这次改革规定,如果参保人选择提前退休,本人的养老金数额则相应缩减。具体规定为,每提前 1 年,男女性的养老金数额分别缩减 1% 或 0.5%。尽管出台了

上述限制规定,据波黑生活水平调查显示,还是有 36.4% 的男性退休人员和 57.6%
的女性退休人员在 65 岁以前领取了养老金。这就意味着只有 30% 的人是在满
65 岁以后才领取了养老金(Velizar Golubović,2008:445—67)。

(3) 调整老年养老金的待遇。

在老年养老金的待遇方面,一是降低养老金的替代率。这次改革将养老金替
代率从 85% 降低到 75%(实际替代率明显低于 75%),同时取消了对女性养老金
的额外优惠。2004 年以后,养老金的实际替代率已经降到占净收入的 48% 左右。
二是调整养老金指数化调节原则。为了压缩开支,波黑修改了养老金的调整模
式,终结了养老金与工资同步增长的做法,于是养老金的增长速度开始慢于收入
增长。同时,波黑两个政治实体都将养老金的支出与养老基金的收入、政府预算
转移支付能力挂钩,这在中东欧国家当中是比较突出的。根据规定,如果国家财
政收入能支付 15% 以上应付养老金的数额,所有养老金领取者的养老金数额则上
涨 15%。从实施情况看,由于国库收入与养老金总开支增长不同步,在大多数时
候,15% 的涨幅还是难以抵消通货膨胀的影响。仅在 2007 年,这一涨幅曾经高于
通货膨胀率和工资增长率(Caryn Bredenkamp, Michele Gragnolati and Vedad Raml-
jak, 2008:111)。三是调整养老金计发基础。改革后,波黑以参保人职业生涯期
当中最好的连续 21 年期间的平均工资作为养老金的计发基础。2015 年以后,波
黑又以参保人整个工作期间或者投保期间的平均工资作为计发基础(Velizar Gol-
ubović,2008:445—67),这进一步加强了养老保险缴费与收益之间的关联度,也
提高了养老金待遇计算方面的公平性。

(4) 调整养老保险的缴费。

在养老保险的缴费方面:一是调整了缴费基数。穆克联邦将参保人的总工资
作为缴费基数,塞族共和国以参保人的净工资作为养老基金缴费基数。二是将缴
费率设定为 24%,雇主和雇员同等缴费,各承担 50%。三是根据国库收入来确定
养老金的开支与缴费。改革前,波黑的养老金数额取决于退休当天的缴费年限和
计缴工资基数,养老保险制度的缴费与收益之间关联度很低。所有需要支付的养
老金数额的总和如果超过当年缴费总额,则按照一定系数削减需要支付的养老金
总和,以维持养老保险制度的收支平衡。如果养老保险的缴费收入高于预期或高
于同期的支出总和,则按缴费收入的增长比例提高总养老金的数额。

(5) 扩大养老保险制度的覆盖面。

为扩大养老保险制度的覆盖面,波黑采取的最主要措施就是降低退伍军人福利,将更多军人及其家属纳入国民养老保险制度。在波斯尼亚,最初的养老金领取人数比周边国家或地区低很多,其主要原因就是大量的老年人享受了待遇更为丰厚的退伍军人福利。随着改革深入,退伍军人福利逐渐降低,养老金逐渐成为老年人生活的唯一保障,于是养老保险制度的覆盖率就明显上升。

3. 改革的结果

虽然当局针对养老保险制度实行了很多参数改革措施,但受制于国内政体结构、人口结构以及经济社会发展落后的实际情况,波黑的养老保险制度改革成效并不明显。2006 年,波黑老龄化比例(65 岁以上人口/总人口)为 14.56%,失业率高达 31%,养老负担率(65 岁以上人口/15—64 岁人口)已经达到 21.80%,养老保险制度的财务问题没有得到明显缓解。截止到 2012 年,养老保险制度的覆盖率仅为 57.06%,明显低于周边其他国家及地区;养老金数额虽有明显增长,但实际水平很低,仅相当于平均工资的 42%,很多老年人包括养老金领取者仍处于贫困线以下。波黑总人口及领取养老金人数变动情况参见表 4.1。

表 4.1　波黑总人口及领取养老金人数变动情况(2006—2012 年)

年份	总人口 (千人)	65 岁以上人口 (千人)	65 岁以上人口占总人口比例(%)	领取养老金人数 (千人)	领取养老金人数占总人口比重(%)	养老金覆盖率(领取人数/65 岁以上人口数) (%)	月平均养老金数额(可兑换马克)
2006	3 372	491	14.56				586
2007	3 316	491	14.81				645
2008	3 211	556	17.32	230	7.16	41.37	752
2009	3 128	506	16.18	250	7.99	49.41	790
2010	3 129	494	15.79	270	8.63	54.66	798
2011	3 057	499	16.32	285	9.33	57.11	
2012	3 038	517	17.02	295	9.71	57.06	

注:数据主要来自波黑统计机构的劳动力情况调查,笔者略有调整。

4.3　波黑养老保险制度的现状与面临的挑战

2008 年经济危机席卷全球，给绝大多数中东欧国家的经济社会发展都带来严重的负面影响。在经济危机的影响下，大多数中东欧国家都对养老保险制度进行了新一轮调整，不少已经建立三支柱养老保险模式的国家纷纷将第二支柱养老金的数额转移到第一支柱或者直接削减第二支柱的缴费率，个别国家（如匈牙利）甚至对私有支柱进行大规模的国有化。由于国内经济较为封闭且金融市场极不发达，加之一直实行现收现付原则，波黑的养老保险制度反而受经济危机的影响不大。因此，波黑养老保险制度还是继续实行经济危机以前的相关规定。

4.3.1　波黑养老保险制度的现状

1. 现收现付原则

目前，波黑两个政治实体的养老保险制度还是坚持实行现收现付原则，通过在职人员、雇主和政府向养老保险制度进行的即时缴费来支付已经退休人员的养老金。这一原则继承了以前的社会养老金模式，体现了代际团结，并成功抵御了2008 年的经济危机。不过这一原则没有将个人的缴费与其本人的养老保险收益关联起来，这就降低了养老保险制度的激励性和在职人员的缴费积极性。考虑到波黑人口老龄化日益加剧的趋势，在职缴费人员数量将进一步减少而养老金领取人口将继续增加，现收现付原则的再分配属性及现行养老保险制度的可持续性将受到日益严重的挑战。

2. 缴费来源

原则上由雇员、雇主和政府共同负担养老金支出。养老保险的资金主要来自缴费收入，其中穆克联邦 100％来自缴费，塞族共和国 65％来自缴费，剩余的 35％则来自政府财政拨款的转移支付。在计算缴费基数时，以参保人整个职业生涯的平均收入作为参照。养老保险制度的缴费率为就业职工在职收入的 24％，另外参保人还要为社会保障制度缴纳 10.30％的个人所得税（Foco，Salih，2002：1—17）。这对于波黑经济和就业职工个人来说，都是不小的负担。

3. 领取条件

在养老金的领取资格上，波黑规定，年满 65 岁且工作满 20 年的人员可以享受养老金。如果工龄满 40 年，则不受本人实际年龄限制；年满 60 岁且工作满 35 年的男性和年满 55 岁且工作满 30 年的女性，可以提前领取退休养老金。在波黑境内，不同人员领取的养老金数额区别较大，最高养老金的数额可以达到最低养老金数额的 6—7 倍。由于各自规定以及经济发展水平不同，波黑境内的两个政治实体的养老金待遇水平并不相同。虽然两者之间的差距有所减少，穆克联邦的养老金水平还是明显高于塞族共和国。

此外，大部分农村人口、自雇者、私有企业员工、待岗的工人以及传统上就属于弱势群体的罗姆人（即到处流浪的吉普赛人或波西米亚人，各国叫法不一）等，都无法享受养老金。

4. 支出方式

波黑养老金体系为"老年、残疾和遗属"养老金，其中老年养老金的支出占 44％，残疾年金的支出占 21％，遗属年金的支出占 35％；养老保险基金的 94％用于支付养老金，3％用于日常管理，2％用于养老金领取者的医疗开支，1％用于其他开支。由于经济困难以及基金征缴能力不足，雇主常常拖欠雇员的养老金缴费。这就导致不少雇员即使达到退休年龄，也无法享受应有的养老金待遇。2005 年 4 月，波黑宪法法院裁定，如果雇主没有缴纳保险费用，雇员可以起诉雇主。此前，只有养老基金和残疾基金会才有资格起诉未缴费雇主（Reima Ana Maglajlić，Ešref Kenan Rašidagić，2011：23）。

2008—2012 年期间，波黑政府每年用于弥补养老保险制度赤字的财政转移支付数额占到 GDP 的 4％。在转移支付中，大约有一半的份额用于安置退伍军人，残疾人的福利和最低养老金的标准则相对较低。至于残疾人或者失去工作能力的人，他们的养老金问题更为棘手。内战前，波黑的经济支柱主要是工作条件恶劣的艰苦行业，这就导致波黑就业人口中工伤比例较高且提前退休人员较多。另外，战争中受伤的军人和贫民也占到了残疾人口的相当比例。据估计，工伤、受伤的军人和贫民以及失去双亲的人群和其他领取相关津贴的人群总数已经达到 30 万以上。

5. 管理制度

政治上,波黑由波黑联邦(即穆克联邦)、塞族共和国和布尔奇科特区三个政治实体(都得到邻近国家的强力支持)组成,经济社会政策权力主要归属于各个实体,联邦中央政府权力有限。虽然法律规定养老、医疗及其他的社会福利政策由联邦政府和各联邦成员政府共同负责,但复杂的国家体系和政治结构严重影响了养老制度乃至整个社会福利制度的发展。

前两个政治实体的养老基金在组织管理和法律管辖上几乎相同。养老基金缴费的征缴工作主要由各地方政府的税务部门执行,但这些税务部门缺乏强制执行能力,并且与社会保险经办机构之间缺乏有效协调和沟通。

波黑养老保险制度的现状见表 4.2。

表 4.2　波黑养老保险制度的现状

养老保险制度框架	现收现付原则,没有建立多支柱养老保险模式
养老金领取年龄	男女均为年满 65 岁且工作满 20 年; 工龄满 40 年,则不受本人实际年龄限制; 年满 60 岁且工作满 35 年的男性和年满 55 岁且工作满 30 年的女性,可以领取提前退休养老金
养老金种类	老年养老金、残疾养老金和遗属养老金
养老保险制度覆盖面	主要覆盖正式就业部门; 在 65 岁以上人口中,只有近一半的人能享受养老金
养老保险制度抚养比(养老金领取人数/养老金缴费人口)	养老保险制度抚养比为 77.7 : 100
缴费率	在职收入的 24%
养老金替代率	31.6%
养老金支出占 GDP 比重	7%

资料来源:ILO(2009)。

4.3.2　波黑养老保险制度面临的挑战

1. 人口结构及发展趋势很不乐观

2006 年以来,波黑死亡人数一直超过出生人数,人口自然增长率一直为负数。

同期,老龄人口比重在缓慢加深,劳动力人口的平均年龄在加大,失业率尤其是青年失业率居高不下(长期以来,波黑国民的失业率一直在40%左右的高位徘徊,2012年甚至高达60%)。老龄化加剧就意味着养老保险制度的缴费人口不断增长,人口负增长以及高失业率则意味着养老保险制度的缴费人口不增反减。受此影响,波黑的养老负担系数(领取养老金人口/养老保险缴费人口)很不乐观,大约为1∶1.29。并且长期看,人口老龄化趋势将继续加快,养老金支出的压力也逐年增大,养老基金面临的挑战可谓日益严峻。

2. 养老金替代率过低

由于国家经济困难以及财政转移能力有限,波黑养老保险制度的赤字加大,政府的养老负担日益加重。为削减养老保险制度赤字,波黑政府被迫削减国民的养老金待遇。2000年,波黑联邦平均养老金约为176可兑换马克(根据当时汇率,1可兑换马克约等于4.1元人民币),塞族共和国的平均养老金更是低至70多可兑换马克(Foco, Salih, 2002:1—17)。根据波黑部长理事会报告,2010年,波斯尼亚境内大约有58.76万名退休人员,同比增长3.9%。2010年平均月退休金为333马克(根据当年汇率,1马克等于0.511欧元),大约等同于波黑平均工资的42%。目前,波黑的国民养老金替代率仅为43%。如果按照国际劳工组织的标准进行计算,这一替代率甚至跌至31.6%(参见表4.2)。不过相比前南斯拉夫其他成员国以及周边地区,这一替代率还算是比较高的。因养老金数额较低,很多老年人尤其是失去家庭资助的老年人无法支付养老院费用,生活极其贫困。

3. 养老金覆盖面小

早在2000年,波黑境内就有280多万养老金领取者(Foco, Salih, 2002:1—17)。与现有工作人口数量相比,波黑的养老金领取人数就明显偏多。但如果从全国范围看,波黑整个养老保险制度支离破碎,很多人都没有被纳入社会保障系统。截止到2013年,波黑还有大量的农村人口、自雇者、失业人员以及罗姆人没有纳入养老保险制度的覆盖范围。

4. 养老保险基金透明度不高

毋庸讳言,波黑的养老金制度乃至整个社会福利制度的组织管理较为薄弱。在过去数年中,波黑在社会保障制度建设方面投入了大量资金,但收效甚微。波黑境内不少新闻媒体都纷纷披露,不少政府官员在社会保障制度的改革过程中趁机捞钱。这导致波黑政府的信誉不断降低,广大民众对养老保险基金缺乏信心并拒绝或逃避缴费。为此,欧盟已经多次警告波黑,波黑国内也出现多次大规模的示威游行和聚众抗议活动。

5. 养老保险基金的可持续性不强

波黑养老保险基金能否自我维持运转并发挥其应有的功能,一直受到国内外社会各界的关注和质疑。虽然国民经济长期不景气,波黑养老金的总支出金额还是在缓慢增长。养老金和残疾基金的财务难题,也一直是波黑私有化进程和经济转轨过程中面临的巨大挑战。在私有化进程和转轨过程中,企业私有化收入的20％被用于投资养老基金。但这只是权宜之计,长期看还是难以满足巨大的养老金支出需求。根据学者假设,如果波黑也像马其顿一样引入三支柱模式(养老金的 75％来自于现收现付的第一支柱,25％来自第二支柱的私有养老保险基金),其养老保险制度改革的第一年过渡成本大约是 9 300 万可兑换马克,而 30 年过渡期的总成本将高达 185 亿可兑换马克。显然,波黑政府难以承担这一高昂的过渡成本。

6. 养老保险改革缺乏顶层设计

波黑内战结束后,出于对国际和地区形势稳定的考虑,国际社会(北约及欧盟)没有重新划分波黑版图,而是根据"边界不可重新勘定"的原则,在波黑建立了一个新的国家体制(一个国家、两个实体的三个民族)。这原本是希望通过"分化权力"来达到"民主至上",以此制衡可能出现的任何"大塞尔维亚"或者"大克罗地亚"等民族主义倾向。但在实际政治运作的过程中,过于分化的政治体系,使得波黑缺乏权威有力的中央政府。这就导致没有国家层面上的统一机构来关注、设计和整体推进养老制度(社会保障制度)改革,并且不同政治实体的养老保险制度改革也不同步。

7. 养老保险改革"不接地气"

内战爆发后,波黑的社会保障制度发展深受国际援助影响,形成了所谓的"依赖文化",并且这一影响持续至今。内战结束后,世界银行、国际货币基金组织以及其他国际非政府组织和捐助机构,纷纷介入了波黑的社会保障制度改革。以养老保险制度改革为例,主要的改革策略及措施都是由波黑境外的专家学者设计或提议,波黑本土学者基本没有发声或"声音很小"。这就造成这些改革策略及措施在具体运作时容易出现"水土不服"现象,改革效果自然也难以保证。

4.4 关于波黑养老保险制度下一步改革的设想

虽然挺过了 2008 年的经济危机,但由于受到人口结构和经济形势的不利影响,波黑养老保险制度在筹资和支付方面还是面临更大的挑战。目前,波黑当局在养老保险制度改革方面似乎还没有下定决心,改革的思路也捉摸不定,似乎离世界银行力推的三支柱模式渐行渐远。根据相关资料,笔者推测,波黑当局在近期和长期可能采取的改革措施主要包括以下两个方面。

4.4.1 波黑养老保险制度改革的近期设想

1. 坚持现收现付制度,短期内个人的缴费与收益继续脱钩

2008 年危机爆发以来,为缓解养老保险制度的财政压力,波黑两个政治实体都依据缴费收入和政府收入来确定养老金的支出。养老金的具体数额将取决于退休年份养老基金总缴费情况以及当年的职工工资情况。对个人而言,养老金的缴费与收益之间的关联就越来越远。波黑还决定,如果今后某一年的养老金总支出超过当年的总缴费,那么这一年的养老金总支出将按一定系数进行削减以确保养老基金的收支平衡。如果某一年的养老保险缴费数额增加,则养老金支出总额也按相应比例上浮。考虑到人口将相比上一代缴得更多而领得更少,不管如何,笔者认为缴费与收益脱钩只是短期内的权宜之计。长远看,为了增加养老保险制度的缴费收入,加大缴费与收益之间的关联度是必然之举。

2. 增强养老保险制度的收入,削减养老保险制度的开支

要维持养老保险制度的正常运转,就必须做到开源节流。一方面,加强对灰色经济、非正规经济的管理和规制,扩大养老保险制度的缴费人数,同时提高缴费率,降低工资税,鼓励更多的参保人积极缴费,从而增加制度的缴费收入。另一方面,严格退休条件及领取养老金的资格条件,加大对残疾养老金、遗属养老金和退伍军人养老金的审核,逐步降低退伍军人等特殊群体的特殊待遇,尽量控制或削减养老保险制度的开支。在这两方面,波黑政府都大有可为。

3. 养老保险制度扩面难以为继,老年救助或援助将日益增加

随着人口进一步老龄化、非正式就业人口增加、养老基金缴费人口的缩减,波黑养老制度的覆盖面甚至可能出现继续下降。这将引发更多的社会危机和社会运动,同时对波黑政府也提出了更大的挑战。为此,波黑政府必须为日益增多的老年人尤其是老无所依的人群提供更多的援助和支持。

4. 积累制私有养老基金短期内难以出台,普惠制年金或将推行

如果要强制推行强制型的积累制私有养老保险基金,波黑政府就必须为高昂的改革成本埋单,并且还需要很强的市场能力尤其是金融市场治理能力,以确保今后的私有养老保险基金能在长期的市场运营过程中保值增值。这对金融市场不完善、政府治理能力不强的波黑来说,无疑是个巨大的挑战。因此短期看,积累制(多支柱)养老金模式难以建立和运行。考虑到目前的养老金难以保证老年人的生活所需,波黑政府可能会考虑实行普惠制年金。只要达到一定年龄(一般高于退休年龄),就可以无偿享受政府提供国民养老金(往往低于最低养老保险金)。有预测表明,波黑养老保险制度的缴费人口将维持在当前水平,如果今后平均养老金数额和缴费人口同步下降,养老保险制度覆盖的老年人数也将减少,因为现在的缴费人口就是将来的养老金领取人口。当平均养老金水平出现下降时,就可以考虑推出全民普惠养老金。目前,不少欧盟国家针对缴费人口与非缴费人口都提供了基本养老金,当然二者的待遇水平不一。这对于立志要加入欧盟的波黑应具有一定的借鉴意义,但要在短期内将不同缴费标准的养老金改造成为非缴费的国民养老金还是有相当难度的。

5. 波黑本国学者正在发出声音,养老保险改革将进一步本土化

在以往的养老保险制度改革进程中,一直是国际组织唱主角或者独台戏,波黑本国学者相对失语。西方专家和利益群体对波黑养老保险(社会保障)制度进行改革时,更多关注的是其自身利益或按照自我的价值标准而不是波黑人民的切身需求。可喜的是,越来越多的本土学者已经积极参与进来。他们提出在波黑的养老保险利制度改革中,应该增强国内力量的作用,加强政府与市民社会、草根组织之间的合作;政府在决策前应对养老保险基金的长期财务平衡问题及预期改革

的各种备选方案进行科学评估。

4.4.2 波黑养老保险制度改革的远期展望

1. 建立多支柱养老保险模式

早在 1994 年,世界银行提出了三支柱养老保险模式。与现收现付制度相比,三支柱模式对缴费人口和总人口增长的依赖程度更低,能更好地应对人口老龄化以及人口减少带来的挑战。同时,三支柱模式通过建立养老基金可以提高缴费与收益之间的关联度,激励在职人员进行缴费。此外,养老保险基金还可以促进市场投资,增加经济发展。

目前,大多数转轨的中东欧国家都采取了三支柱模式,当然也根据自身情况进行了一些修正。引入这一模式的最大问题就是转轨成本,尤其是第二支柱的成本问题。建立第二支柱,就意味着将现收现付养老金的资金部分转移到私有养老保险基金。要弥补这一转移数额,就必须提高缴费率,或者降低养老金数额,抑或通过其他方式向养老保险制度征集缴费。

2012 年,波黑当局在养老保险制度改革战略中曾经提议效仿马其顿,将养老保险制度缴费额的 75% 放入现收现付计划,25% 转入私有养老保险基金,但转轨成本还是居高不下。这一提议已经在波黑的学术界以及其他社会群体中引起诸多讨论。长远看,波黑还是很有可能选择多支柱养老保险模式,尤其是波黑还正处在积极申请加入欧盟的进程当中。为此,波黑的养老保险制度以至整个社会保障制度必然要更多地受到欧盟以及世界银行等国际组织的影响并与欧盟进一步接轨。

2. 完善养老保险基金的投资组合战略

受制于国内金融市场不发达,波黑的养老保险基金主要投资于银行存款、可担保票据和政府债券。相比之下,发达国家投资于股票的比例则要高得多。波黑国内的资本市场也不发达,市场流动性较差,今后养老保险基金投资的主要领域应该集中于境外金融渠道以及本地银行存款。如果成功建立多支柱养老保险模式,养老保险基金的建立与扩大将有利于波黑的经济发展。尽管在建立第二支柱和第三支柱的过程中,波黑需要付出巨大代价。

3. 明晰各级政府职责,加强顶层设计和政府治理

19 年前的代顿协议宣告波黑内战结束,但波黑整个国家的形势仍不乐观。尽管国际社会援助很大,波黑自身的政体发展、整个国家层面的治理框架还存在很多问题。这给本国的政治、经济和社会转轨带来很多掣肘,自然也影响了养老保险制度的改革与并轨。欧盟以往的政策更多关注政局稳定和政治民主化,对养老保险制度在内的社会领域关注较少。21 世纪以来,欧盟更多地关注了成员国以及入盟申请国的社会政策并在社会政策方面设置了入盟门槛。受此影响,2006 年以后,波黑提出了社会保障制度改革的目标,并且在法律上明确了联邦政府及各个实体的相关责任。但在具体实践过程中,这些法律的规定还不够细化,各个政治实体与联邦政府在社会保障制度、养老保险制度方面的各自权责还不够清晰。从其他转轨国家的经验来看,不管是坚持现收现付模式,继续进行参数性改革,还是在远期建立多支柱养老保险模式,进行制度性改革,波黑养老保险改革都必须由强有力的政府来主导和推进。

4. 实现养老保险制度并轨

养老保险制度改革的成功与否,还取决于波黑各个政治实体以及境内社会各界的赞同与支持。目前,波黑各个政治实体以及社会各界在这一方面还缺少公共对话平台,并且对养老保险制度改革的远景也没有清晰的战略。虽然名义上是一个整体国家,但两个主要政治实体在经济社会制度的设计与安排上还存在明显区别,养老保险制度也各行其是,互不对接。养老保险制度的分裂,导致制度本身的社会统筹能力降低和制度的覆盖面收窄,也不利于国民的跨地域就业、迁徙和养老,从而造成了一系列的社会问题。目前,波黑各个政治实体的养老保险制度并轨问题已经引起波黑社会各界的关注。这对于波黑公民权益保障的公平性、人员流动的便利性以至经济社会发展都具有重要意义。

4.5　结语

从波黑整体转轨的结果来看,政治转轨基本告一段落,国内局势基本稳定;经济转轨处于攻坚阶段,国民经济没有摆脱停滞状态,经济发展对国际援助的依赖过大,失业率极高;社会转轨,尤其是社会保障制度转轨还任重道远,许多人尤其是老年人的生活处于贫困线以下,养老保障、医疗保障、就业保障、残疾保障等都亟须重建和改革。

由于特殊的国体、政体以及受国内其他情况影响,波黑的养老保险制度改革没有引入多支柱养老保险模式,改革的进程和效果也明显滞后于其他转轨国家。目前,波黑养老保险制度的改革道路选择仍在"公"与"私"之间徘徊,仍处于现收现付与基金积累之间的激烈争议之中。考虑到入盟的现实要求以及波黑社会各界的实际诉求,如何结合本国实际情况,避免短视行为,进行长远规划,在社会融合、民族和解的基础上适时引入多支柱养老保险,以更好地应对人口进一步老龄化的挑战,将是波黑政府、专家学者面临的中长期社会课题。

第 5 章

波兰养老保险制度改革的回顾与展望

在中东欧国家当中,波兰最具影响力。剧变后,波兰是第一个实行"休克疗法",也是第一批对苏联模式养老保险制度进行结构性改革且取得成功的国家之一。从 1999 年建立多支柱养老保险制度以来,总体上看,波兰新养老保险制度比较符合自身国情,整个制度的运行状况较为平稳。随着人口老龄化趋势加剧以及国民经济发展前景难以乐观,波兰现行的养老保险制度正面临着新的挑战,需要进行新的改革。

5.1 波兰国家概况

波兰地处中欧东北部,北临波罗的海,东邻乌克兰和白俄罗斯,东北与俄罗斯和立陶宛接壤,西接德国,南邻捷克和斯洛伐克。国土面积为 31 万平方公里,总人口约为 3 870 万,是中东欧地区面积最广、人口最多、经济总量最大的国家。

1989 年 12 月,波兰改国名为波兰共和国并走上转轨之路。经过数年阵痛期,波兰成功实现政局稳定,国民经济回稳并持续增长。波兰的成功转轨受到了西方社会和欧盟的充分肯定,并被视为中东欧地区最成功的转轨国家之一。1999 年,波兰加入北约。2004 年,成功加入欧盟。2007 年,成为申根公约会员国。

2013 年,波兰人均 GDP 为 13 432 美元。在经济转轨取得成功的同时,波兰男女性国民的平均预期寿命分别从 20 世纪 90 年代初的 67.1 岁和 70.2 岁增至 70.5 和 78.9 岁,65 岁人口占总人口的比例从 1990 年的 10％上升 15％。另据欧盟统计,波兰人口老龄化的速度高居欧盟国家的榜首。

5.2 波兰养老保险制度改革的发展历程回顾

5.2.1 1991 以前的养老保险制度及改革(1918—1990 年)

1. 前社会主义时期的养老保险制度情况(1918—1945 年)

从 16 世纪后半期到 20 世纪初,波兰先后被奥地利和普鲁士等国家统治长达数百年,其中普鲁士的统治给波兰的社会保障制度带来了深刻影响。波兰早期的社会保险就采取了俾斯麦模式,最早的相关立法可回溯到 1918 年,不过当时的社会保险制度覆盖面极低,只覆盖了 7％左右的人口。

20 年代以后,波兰国内形势紧张,工人生活处境艰难,社会矛盾突出。为了缓和尖锐的社会矛盾,波兰在 1927 年和 1933 年先后针对受薪雇员和雇佣劳动者分别出台了单行的养老保险法案。1933 年以后,波兰养老保险制度覆盖面不断扩大。到二战爆发以前,养老保险制度已经基本覆盖了白领和蓝领工人。受益于较为有力的养老及其他职业保障,波兰国内社会形势相对平稳。

这一时期养老保险制度的主要特点有:一是以基于社会团结基础之上的社团主义为指导原则,主要目的是为了解决在职工人的后顾之忧。二是实行去中心化管理。中央政府并不侧重于对养老保险制度的日常监管,而是注重以相关立法来确保制度运行顺利,养老保险的责任则下放到地方社区或者工人协会。这些社区或者协会必须保障其成员的最低生活水平。一般情况下,国家不进行干预,只有在出现纠纷时才予以调解或处理。三是供款收入主要来自参保人的缴费,在养老保险待遇支付上注重养老金收益与职工在职收入之间的关联度。四是养老保险制度的覆盖率还是偏低,很多人口都被排除在制度之外。不过那些被排除在养老保险制度以外的贫困老年人在一定程度上可以享受由慈善机构或者政府提供的福利救济。

2. 社会主义时期的养老保险制度情况(1945—1990 年)

1945 年以后,波兰加入社会主义阵营,其政治、经济、社会结构都深受原苏联影响,养老保险制度也开始实行高度集权化的中央统一管理模式。1954 年,波兰废除了完全积累制养老保险制度,决定推行现收现付的待遇确定型模式(即苏联模式),并明确养老保险制度由社会保险服务局统一管理。在苏联模式下,养老保险收入主要来自在职员工的缴费。养老金替代率看上去很高,但由于没有实行指数化调节,养老金的实际价值还是一直在缩水。为此,很多已经达到领取养老金年龄的人员还是选择继续工作以维持生活水平。

20 世纪 50—70 年代,是欧洲福利制度建设的"黄金年代"。在西欧各国纷纷宣布建成福利国家的同时,波兰的社会福利制度建设也取得很大进展。20 世纪60 年代早期,波兰就对包括养老、医疗、疾病、生育以及就业在内的社会保障制度进行了探索性改革,并先后出台了数个法令和政府规定(Alfio Cerami,2006:18)。到1970 年,波兰的养老保险制度已经覆盖了 76.6% 的居民。1974 年,享受社会保障的居民达到 99.7%(宋斌文,2004:31)。由于国内农民势力强大,为了安抚广大农民,1978 年,波兰针对农民制定了单行的养老保险制度,并延续至今。

这一时期波兰养老保险制度的主要特点有:一是全民就业,全民参与。养老保险制度覆盖全体劳动者,通过实行全民就业来确保养老保险制度的稳定供款。二是实行现收现付原则,通过企业或雇主缴费来支付当前已经退休人员的养老金。波兰在社会主义时期长期实行工资均等化,国民养老金也按照统一利率发放,这就意味着养老金收益与缴费之间的关联度极低。三是雇主缴费负担过重,退休年龄偏低。根据规定,波兰养老保险制度的缴费率为职工工资的 24%,全部由雇主或企业负担,雇员个人不缴费。这就造成企业负担过重,而雇员的自我养老保险责任意识薄弱。至于退休条件方面,波兰的实际退休年龄为男 59 岁,女 55岁,并且还有若干提前退休的规定,提前退休现象较为普遍。四是国家统一管理,不设个人账户。根据规定,雇佣员工超过 20 人以上的雇主在雇员退休时,必须向社会保险服务局提供该雇员的个人信息,以便该局进行建档管理并计发该雇员的相关养老金待遇。这就造成大部分雇员的个人信息或资料都由雇主掌握,社会保险服务局反而拿不到第一手资料。五是养老金计发过于追求公平,养老金待遇比较慷慨。养老金计算公式为:养老金数额＝0.24×计费基础金额＋0.013×给付评估基数×缴费期限＋0.007×给付评估基数×非缴费工作年限。其中,计费基础金额是针对所有社会福利确定的一个全国性基数;给付评估基数＝(个人最高连续10年工作期间的年平均收入/同期的社会年平均薪酬)×计费基础金额,其中括号内的数值不能大于2.5;非缴费工作年限主要针对特定人群(即使其本人在该年限内没有缴费也视同缴费),最多不能超过缴费年限的1/3。波兰养老金的替代率长期高达70%—80%,远远高于经济水平更为发达的经合组织国家。

70年代末期,由于经济结构不合理,经济发展停滞等原因,波兰政府被迫采取发行国家债券或者向外举债等措施来维持养老保险制度。80年代以来,受国内外形势影响,波兰社会开始动荡。为了稳定局势,当局被迫采取提高养老保险(乃至整个社会保障)制度待遇来安抚人心。过于慷慨的养老保险待遇,进一步加大了养老保险制度的财务赤字。1987,波兰政府决定将社会保险基金从国家预算中剥离出来,进行单独核算,但积重难返。80年代末期,波兰政府通过举债来维持养老保险制度的做法也难以为继。

5.2.2 转轨以来的养老保险制度(1991—2012年)

1. 转轨初期的养老保险制度参数改革(1991—1997年)

(1)改革的背景及目标。

转轨前夕,波兰养老保险制度存在的主要问题有:一是法定退休年龄明显偏低,提前退休现象盛行。加之养老金替代率居高不下,养老保险基金支出压力很大。二是多头管理,效率低下。劳动与社会政策部、农业部和社会保险局等机构都能根据自身权限对相关养老保险制度进行管理。但各个部门利益不一,且资料、信息不共享,造成养老保险制度管理效率低下,有时还出现部门冲突,影响了制度的顺利运行。三是雇主负担过重,严重影响了企业竞争力。根据规定,波兰的养老保险制度全部由雇主缴费。1981年,雇主缴费率为25%,1987—1989年期间提高到38%,1990年进一步上升至45%,这在转轨国家中都处于最高水平之列。雇主缴费率越高,企业承担缴费负担就越重,这就不利于波兰企业提高市场竞争力。四是针对不同行业人员的养老保险制度各异,存在不少特权群体,影响了养老保险制度的公平性。波兰主要有三个养老保险制度[①],即雇员和自雇者的养老金制度、农民的养老金制度和武装部队(军警人员)的养老金制度,后两者在缴费与待遇上均享受特权。

1990 年后,波兰开始实行激进的经济转轨,养老保险制度改革也自然被提上议事日程。为了削减养老保险制度赤字和减轻政府的财政压力,波兰当局决定于1991 年启动养老保险制度改革。

(2)改革的内容及举措。

这一次改革主要是围绕原有养老保险制度进行的参数改革,主要做法有:

一是对现有的养老金进行价值重估,以确保养老金的实际价值。为了应对 80年末期以来的通货膨胀,波兰在 1991 年对所有国民的养老金进行了价值重估,以补偿由于高通货膨胀率给养老金带来的相关损失。重估后,平均养老金相当于平均工资的比例从 1990 年的 56.8% 提高到 1991 年的 65.3%(Agnieszka Chłoń-Domnczak,2004:157)。

二是继续放宽提前退休政策以应对社会危机。转轨以来,波兰境内的失业率高达两位数。为了缓解就业市场压力,波兰决定进一步放宽 80 年代末期制定的提前退休政策。

三是延长养老保险计发基数。在计算养老金待遇时,将计发基数由 1992 年规定的最后 1 年薪酬逐渐延长到最后 10 年的平均薪酬数额。

四是调整养老金指数化原则。1992—1995 年期间,养老金根据平均工资增长情况同比增长。1996—1998 年期间,养老金则根据消费者物价指数情况进行调整。

五是调整提前退休福利的支付规定。1997 年,波兰规定,提前退休福利由针对失业人员建立的劳工基金支付,而不再从社会保障缴费划拨。

(3)改革的结果。

总体上看,这次参数改革收效甚微,有些举措甚至适得其反。一是不但没有明显削减养老保险制度开支,反而导致开支明显加大,并最终引起缴费率不断提

---

① 除特别指出以外,本章提及的养老金制度,均指的是雇员和自雇者的养老金制度。

高。1987—1989 年期间,波兰养老保险制度的年均缴费率约为 35%。1990—
1998 年期间,这一缴费率反而提至 45%,雇主或企业不堪重负,严重影响经济
发展。

二是农民的养老保险问题没有得到解决。建于 1978 年的农民养老保险制度
一直是波兰养老保险制度管理和改革进程中的焦点问题。1991 年以后,农民养老
保险制度转由农民社会保险服务局(KRUS)单独管理,拥有 1 公顷以上土地且没
有加入其他养老保险制度的农民必须强制性加入,拥有 1 公顷以下土地的农民则
可以自愿加入。根据规定,加入的农民,不管本人收入、财富多少或者农场多大,
其养老金缴费统一为雇员缴费率的 1/4;其养老金待遇也不和本人收入挂钩,而
是取决于参保期限。从具体结果来看,波兰的农民养老金待遇比雇员更为优厚,
并且农民养老金待遇的个体差异也比其他人群更小,而农民养老保险制度的巨额
赤字则由国家预算予以弥补。90 年代,因通货膨胀率持续走高,国家预算补助金
额已经占到了农民养老保险制度收入的 90%以上。具有讽刺意义的是,受益于巨
额财政补助,农民养老保险制度账面上并不存在任何赤字。

三是随着人口老龄化的加剧,退休职工人数不断增长,养老保险基金收不抵
支现象日益严重。1998 年,退休者和残疾人的福利开支占 GDP 比重从 1994 年的
12.6%提高到 15.4%,而 1989 年的数据仅为 6.5%。在人均收入相当的国家中,
这一开支一般不超过 GDP 的 8%。就算在社会福利水平较高的欧盟各国,也仅为
GDP 的 11%(Stanislaw Gomlka, Marek Styczeń, 1999:6)。1995 年,波兰国家财
政预算对养老保险制度的总补贴占到了 GDP 的 44.5%,远高于其他中东欧国家。
为此,波兰政府不得不向世界银行贷款来支付其国民养老金。

2. 养老保险制度的结构性改革(1998—1999 年)

(1) 改革的背景及目标。

早在第一次参数改革实施过程中,波兰当局及社会各界就针对养老保险制度
是否要进行结构性改革议题进行了激烈争论。这一争论引起了世界银行、欧盟等
国际组织的高度关注。1994 年 6 月,在世界银行的影响下,波兰财政部提出"波兰
战略",建议引入强制性的第二支柱养老金。劳工与社会政策部则相对谨慎,建议
对第一支柱继续进行参数改革。团结工会对后者表示基本赞成,但社会大众并不
认可这一提议(Igor Guardiancich, 2004:49)。在争论中,波兰财政部和劳工与社

会事务部就加快启动新一轮养老保险制度改革的决定达成一致,但在改革思路及具体改革方案上却各执己见,相持不下。

1997年以后,财政部占据了上风。是年4月,波兰通过养老保险制度的多元化方案,决定建立多支柱养老保险模式,包括一个现收现付的名义缴费支柱、一个强制性的私有的积累制支柱和一个自愿性的私有的积累制支柱。同时,还决定将现收现付养老保险计划的部分缴费负担从雇主转移给雇员,以减轻雇主缴费负担和增强波兰企业的竞争力。9月,在国会批准这一方案后,波兰政府迅速开展了大规模的信息宣传普及活动,为养老保险制度改革寻求舆论支持。

在国会通过多元化方案以后,波兰国内又掀起了关于养老保险制度结构性改革的新争论。这一次争论的主要焦点问题有三:一是养老基金的保值增值问题。养老基金的建立与运行,需要一个相对成熟和开放的资本市场,为基金提供保值增值渠道,而当时的波兰尚不具备这一条件。二是建立基金制,如何解决转制中出现的巨额过渡成本。世界银行和波兰的专家都提出要通过加速私有化,发行养老债券和国有资产证券化来解决这一问题。前者将过渡成本转移给全体民众,后者容易造成国有资产流失,这两种做法面临的社会舆论压力和阻力都不小。三是国有企业职工的"历史欠债"问题。如果建立基金制,如何解决已经退休国有企业员工的积累额度。这既涉及代际公平,也关系整个社会稳定。针对这些焦点问题,波兰国会在1997年先后通过《使用私有化收入支持养老保险改革法》、《雇员养老保险法》和《养老基金法》,以法律的形式为养老保险制度改革扫除障碍。

到1998年底,一方面波兰国内养老保险制度的赤字继续扩大,负责全额缴费的雇主或企业怨声载道,拖欠缴费、故意降低缴费以及逃避缴费的现象盛行;另一方面,波兰准备启动入盟谈判,其中养老保险制度以至整个社会保障制度的改革与接轨是入盟门槛条件的重要组成部分。在此背景下,养老保险制度的结构性改革已是箭在弦上。

这次改革主要有五大目标:一是合理降低养老金的替代率以削减养老保险制度的整体开支;二是将养老保险基金与政府预算完全剥离以减少政府的财政转移支付;三是降低养老保险缴费率(同时减少雇主缴费,增加雇员缴费),加大养老保险缴费与收益之间的关联度,减少养老金制度中的不公平现象;四是建立个人账户和养老基金,通过资本运作,实行养老基金保值增值;五是引导和激励在职员工主动加入自愿养老保险计划,提升自我储蓄和自我保险意识,增强其抵御老年风险能力。

(2)改革的内容及举措。

为了推动改革顺利进行,1998 年,波兰先后出台了《公共养老金法》和《社会保险体系法》,以法律的形式明确了养老保险制度结构性改革的具体方案,并为新养老保险制度的建立做好了机构、组织和立法等方面的准备。新法案还明确了这次改革的主要原则:一是多元化,从单一支柱模式转为多支柱模式;二是激励性,减少养老保险制度的再分配功能,提高养老保险收益与缴费之间的关联度,增强制度的激励性;三是积累型,不管是强制的第二支柱还是自愿第三支柱,都强调资金积累;四是渐进式,根据具体情况,按照轻重缓急和难易程度,分步实施,适时推进。

1999 年 1 月 1 日,波兰启动养老保险制度改革并实行新的养老保险制度。这次改革的主要内容有:

第一,建立三支柱养老保险模式。其中,第一支柱为建立在现收现付原则上的强制性、名义账户制养老保险基金,通过在职雇员缴费收入来支付当前退休人员的养老金,主要功能是实现代际收入再分配。根据规定,第一支柱实行所谓的"名义缴费确定制"(NDC),为每个参保者建立了"个人名义账户",即虚拟账户。第一支柱的缴费率为在职雇员月收入的 12.22%,由雇主和雇员均摊缴费责任。名义账户中的名义资本与在职职工的工资总额增长率和通货膨胀率挂钩,以保证养老金的实际购买力。每年,根据所有账户余额来确定当年的养老保险给付额。第一支柱由社会保险服务局(简称 ZUS)统一征缴和管理。为了保证第一支柱资金运转顺利,波兰在 2002 年建立了人口储备基金。该储备基金的资金来源主要包括第一支柱的余额,私有化国有资产的收入和 2002—2008 年期间从养老保险总缴费额中提取的 1%。第二支柱实行强制性的"实账积累制"(FDC),是实账户,缴费率为在职雇员每月收入的 7.3%,也由雇主和雇员均摊缴费责任。第二支柱养老基金由养老基金监管局(简称 UNFE)专门管理,其投资渠道及投资组合方面都受到严格限制。第二支柱的个人账户基金,交由私有养老保险基金管理公司(简称 PTE)运作。参保人可自行选择基金公司,如果参保满 2 年以上,可自行更换基金公司。第三支柱为自愿的私有储蓄账户,由雇主自愿缴费,通过保险公司或投资基金公司发起的雇员养老计划(简称 PPE,始于 1999 年)或个人养老金账户(简称 IKE,始于 2004 年)进行管理和运作,以帮助雇员获得更高水平的养老金收入。

第二,提高新旧养老保险制度的覆盖面。为了减少阻力,这次改革针对不同年龄段的人员实施不同的规定。1948 年 12 月 31 日以前出生的"老人",不参加新制度,其缴费、退休、养老金计发与领取等仍按旧制度执行。等到这一批"老人"退休后,旧制度就自然终止;1949 年 1 月 1 日至 1968 年 12 月 31 日之间出生的"中人"必须加入新制度,但允许其在当年 12 月 31 日以前做出决定:是将缴费分别记入第一支柱和第二支柱的账户,还是只记入第一支柱账户。选择一旦做出,就不得更改。如果本人在 1999 年 1 月 1 日之前已经参加旧制度,则可将旧制度已经积累的养老金权益转化为新制度中第一支柱账户的初始资本。不管本人是选择同时参加两个支柱,还是只参加一个支柱,其初始资本价值维持不变;1969 年 1 月 1 日以后出生的"新人",强制加入新制度,且必须同时参加两个支柱。新就职者在从事第一份工作时就会收到社会保险服务局(ZUS)发送的年度报告。

第三,降低养老金缴费率,解决双重支付问题。为了获得世界银行的资助,波兰决定根据该行的建议,在降低总缴费率的同时,将第一支柱养老保险缴费负担部分转移给雇员。改革前,养老保险制度的缴费率为 24%,全部由雇主缴费。改革后,缴费率降为 19.52%,雇主和雇员各缴 50%,这大大降低了雇主或企业的缴费负担。由于改革后雇员缴费责任加大,为了确保雇员利益,波兰在 1999 年将职工总工资提升了 23%。根据法律规定,雇主必须每月向社会保险服务局申报每个雇员的个人信息及缴费情况。自雇者则自行全额缴费。棘手的是,雇员缴费带来了双重支付问题,即在职员工既要为本人的养老进行储蓄,又要负担已经退休人员的养老金,这就导致他们不愿意向第一支柱缴费。为了解决这一问题,波兰采取了两条措施: 是把发行国债、国有资产私有化以及养老保险支柱私营化的部分收入用于支付转制成本,从而将缴费率降至 19.52%,以减轻雇员缴费压力;①二是将第一支柱账户设为名义账户。通过权益记录,把参保者的缴费与今后的养老金收益关联起来,激励参保者主动缴费。此外,波兰还规定养老保险最高缴费基

---

① 波兰的养老保险制度缴费比例虽然很高,但它只统计了已经申报人数的缴费情况,而没有申报的人员的缴费情况则不得而知。

数为平均收入的 2.5 倍。

第四,调整养老金待遇计发规定。改革规定,养老金的计算基数为终身收入。参加新制度的退休人员每月领取的养老金数额＝个人账户积累额(指数化后)/本人退休时的预期剩余寿命(按月数计算)。具体计算公式为:$P = 24\% W \times I + (1.3\% T + 0.7\% \times N) \times B$。其中,$P$ 为 1999 年底应计月度养老金;T 为参保者供款年限;N 为视同供款年限(包括服役和生育等时期);B 为个人评估基数,约等于 1980 年之后连续 10 年通货膨胀指数化以后的个人平均工资额;W 为 1998 年度第 2 季度的月均工资收入额;I 为调整指数,主要根据截至 1998 年底本人的实际退休年龄与法定退休年龄、本人全部应计缴费年限与法定的所需年限等情况的比值确定。如果实际退休年龄大于法定退休年龄,应计缴费年限大于所需年限,则调整指数大于 1。2009 年,波兰在计算养老金收入时引入了基于性别的精算模型。此外,波兰所有参保者即使无法领取老年养老金,还可获得最低养老金。2007 年,最低养老金水平为最低工资的 30%。根据测算,到 2035 年,大约 17% 的退休者将由于条件限制而只能领取最低养老金,不过这一指标将会逐渐下降到 7%(Chlon-Dominczak, A., 1999:95—196)。

第五,限制提前退休,降低养老金替代率和调整养老金指数化原则。这次改革还有一条重要举措,就是调整退休年龄,取消提前退休政策。改革后,退休年龄一律为男 65 岁,女 60 岁。在这次改革中,波兰还大幅降低了养老金替代率。据经合组织国家测算,养老金替代率大约下降了 37%,改革后约为 50%,其中一半来自第一支柱账户,一半来自第二支柱账户。2007 年,养老金替代率大约为 56%。在养老金指数化方面,新制度将采取"物价＋工资"的综合指数法,其中,物价占 80%,工资占 20%。

第六,提升管理机构的征管能力,建立健全养老基金监管机构,完善信息管理系统。依照法案,波兰社会保险服务局能依法对欠费、避费、逃费的行为采取相应的强制措施,冻结违规企业的银行账户和宣布违规企业破产并变卖其资产来抵缴养老保险费用,还可以追究违规企业法人代表的法律责任并限制相关责任人出境。同时,波兰还成立了养老基金监管局,全职负责第二支柱养老基金的监管,包括对各家基金运营公司进行资格认定和颁发经营许可证,全程监督养老基金的投资交易活动、基金公司的广告宣传、信息披露和投资报告等。在中央政府支持下,波兰社会保险服务局、养老基金监管局、养老基金公司以及养老基金托管银行等部门都开发和应用了相关的信息管理系统以提升养老保险制度的管理效率。

（3）改革的结果。

波兰 1999 年的养老保险制度改革相对比较成功，这也引起了世界各国政府和学者的关注。大多数国家、组织和专家都认为，这次改革最突出的成效就是将以支定收的现收现付模式改为以收定支的三支柱养老保险模式。其次就是借鉴智利养老保险制度改革经验，将社会保障中的养老保险与非养老保险部分进行区分；取消社会统筹，将全部缴费记入个人账户，实行完全积累。再次是将单一雇主缴费改为雇主和雇员共担缴费，并把养老保险缴费分为两个账户，虚账和实账一起运转，既减少转制成本又维护了已经参保人员的既得权益，还加强了缴费与收益之间的关联度，调动了在职员工的缴费积极性。虚拟账户积累主要投资于财政债券，而不是金融市场，其投资收益可享受 25％的税收减让；实际账户积累主要投资于金融市场，投资收益暂时不享受税收优惠政策。两个账户同时实行年金化，在养老保险中扮演同样重要的角色。如果两个账户的养老金总和低于一定的标准，就采取最低年金形式予以补偿，相关支出由国家财政负担。截至 1999 年底，有 900 万人参与新制度，最低投资回报率为 14％，平均回报率为 19％（宋斌文，2004:33）。另外，改革还加强了养老保险制度的管理，提高了养老保险制度的运行效率。

至于改革成功的原因，笔者认为主要包括以下四个方面：一是大胆创新。通过建立两个账户，尤其是第一支柱名义账户的创新设计，从而顺利建立三支柱模式，是这次改革的最大亮点。二是思路清晰。波兰采取世界银行建议，将雇主单方缴费改为雇主和雇员共同承担，大大减轻了企业负担，增强企业的竞争力；将缴费与收益之间挂钩，提高了雇员的养老意识，减少了欠费、逃费和提前退休问题。三是精心准备。在改革前的 2—3 年内，波兰国内各界就改革的方案、思路和措施做了反复而深入的探讨和协商，并对取得的共识采取立法形式予以确认和推行。改革前夕和改革初期，又对各项改革措施及其后续影响与社会公众进行了充分的交流，减少了改革阻力。四是国际支持。作为面积最大、人口最多的转轨大国，波兰的养老保险制度改革受到了欧盟、经合组织国家和世界银行等国际组织的高度关注，从改革方案与思路、改革的技术手段到改革所需的资金问题都得到了国际社会的大力支持。到 1999 年底,波兰养老保险制度的隐形债务累计从原先相当于 GDP 的 462% 下降到相当于当年 GDP 的 150%,养老保险开支占 GDP 的比重也下降到 7.2%。

这次改革也存在一些不足:一是养老保险制度的赤字和政府财政补助问题。由于第一支柱的部分缴费转移到第二支柱,波兰政府需要通过财政补助来解决这一问题。2003 年,政府财政补助占到了社会保险服务局预算的 28%,其中 10 个百分点就是用于弥补第一支柱的缺口。此外,现收现付计划缴费数额的相对减少以及矿工等特殊群体的优惠待遇还增加了养老保险制度的赤字。二是公共养老保险制度的覆盖面和公平性问题。在波兰,矿工、农民、法官、检察官以及武装部队(如军队、警察、消防员等)都没有加入公共养老保险制度(即雇主和雇员的养老保险制度),并且他们的待遇还明显高于普通雇员。这既加大了政府的财政支出,又造成了社会不公平。此外,养老金待遇方面还存在明显的性别差异。与男性相比,女性就业时间相对较短,工资收入相对较低,失业风险更高,养老保险缴费水平相对更低,但其退休后剩余寿命更长。这就导致老年女性养老金收入往往很低,很多女性的老年生活难以保障。三是非正式经济部门拖欠缴费或逃避缴费现象屡见不鲜,严重影响了养老保险制度的财政稳定性。来自中央统计局的数据显示,2001 年,波兰非正式经济占 GDP 的比重为 14.3%,也有专家估算这一比例可能高达 27.4%(Agnieszka Chłoń-Dominczak,2004:186)。四是养老保险基金运营与投资率难以保证。2003 年,养老保险投资基金的名义收益率为 10.9%(Zukowski,M.,2005),似乎表现尚可。考虑到资本市场固有的周期波动性以及波兰资本市场的不健全,这一收益率水平难以维持。2008 年的经济危机就充分证明了这一点。五是养老基金运营管理费用相对过高。从 2004 年 1 月开始,波兰养老保险基金个人账户计划的先期费用占供款收入的 7.0%,管理费用占总资产的 0.54%,另外还有收益费用和佣金费用等(Anton Dobronogov,Mamta Murthi,2005:31—55),均明显高于欧盟国家的平均水平。

3. 养老保险制度的新一轮参数改革(2011—2012 年)

(1) 改革的背景及目标。

1999—2009 年,波兰的养老保险制度一直没有进行比较大的改革。之所以长达十年没有进行新的改革,笔者认为最主要原因就是这一时期波兰的整体经济发展很好,国民失业率一直维持在较低水平,从而掩盖了诸多问题。在这一大背景下,新建立的养老保险制度运行较为平稳。

2008 年以后,形势发生了巨大变化。全球金融危机重创了波兰金融市场,养老保险基金投资收益急剧下降,养老保险基金赤字开始放大。随着基金赤字越来越大,需要国家预算投入的补贴就越多,国家预算的赤字也就相应增大。金融危机还影响了波兰整体国民经济发展,越发吃紧的国家公共财政难以继续维持对养老保险制度的供款补助。根据财政部 2012 年 2 月的报告,2011 年底,波兰公共债务占 GDP 的比重为 56.6%,其中政府用于养老保险基金的公共债务占到 GDP 的 17.2%。波兰财政部还指出,1999—2011 年期间,养老保险基金制度每年给国家带来的额外公共债务占 GDP 的比重都超过了 17%(Leokadia Oręziak,2013:102—122)。

此次危机还引发波兰国民对新养老金制度的争议,不少人提议要缩减甚至取消积累支柱,甚至完全恢复现收现付制度。2010 年开始,有关养老保险制度尤其是基金的争辩席卷波兰,社会各界对当前的养老保险制度都抱有各种不满。其中最受指责的一点就是"财政怪圈",即养老保险基金主要用于投资政府债券,而政府又主要通过发行更多的债券来弥补自身的赤字,但政府赤字又有相当一部分来自对养老保险基金的财政补助。

这次改革的主要目标有三:一是削减养老保险制度的赤字,保证养老保险制度长期的财务稳定性;二是加强养老保险基金的代际再分配功能;三是确保在未来数十年内养老保险收益的充足性。

(2)改革的内容及举措。

这次改革最重要举措就是削减第二支柱规模,提高退休年龄。同时,在养老保险金的待遇支付、养老保险基金管理运营等方面也做了相关调整。具体内容主要包括以下四个方面。

一是削减第二支柱缴费率,增加第一支柱子账户(具体情况参见表 5.1)。从 1999 年改革以来,养老保险制度的总缴费率就一直没有变动,其中第一支柱缴费率为 12.22%,第二支柱缴费率为 7.3%,都由雇主和雇员均摊。由于公共预算有限以及养老保险基金投资境况不佳,2011 年,波兰政府决定调整第一支柱和第二支柱之间的缴费比例。从 2011 年 5 月起,第二支柱的缴费率从原先的 7.3% 下调到 2.3%,但 2013 年以后又略有上调。与此同时,第一支柱缴费额被分为两个账户,即 NDC1 和 NDC2。其中 NDC1 账户养老金指数化原则不变,还是继续与工资基金增长率持平;而新设立的 NDC2 账户(同样由社会保险服务局负责监管)则根据近 5 年 GDP 的平均名义增长率情况进行指数化调整。

表 5.1　第一支柱和第二支柱各养老保险账户缴费率的变动情况

年　份	第一支柱 NDC1 账户缴费率(%)	第一支柱 NDC2 账户缴费率(%)	第二支柱 FDC 缴费率(%)
1999 年至 2011 年 5 月	12.22	0.0	7.3
2011 年 5 月至 2012 年	12.22	5.0	2.3
2013 年	12.22	4.5	2.8
2014 年	12.22	4.2	3.1
2015 年	12.22	4.0	3.3
2017 年及以后	12.22	3.8	3.5

资料来源:Janusz Jabłonowski, Christoph Müller, 20B, "3 Sides of 1 Coin-Long-term Fiscal Stability, Adequacy and Intergenerational Redistribution of the Reformed Old-age Pension System in Poland", *SSRN Electronic Journal*, March.

二是提高法定退休年龄。2012 年 5 月,波兰国会通过法案,决定将男女法定退休年龄逐步统一提高到 67 岁。具体实施方案为:从 2013—2020 年,男性退休年龄从 65 岁提高到 67 岁;从 2013—2040 年,女性退休年龄从 60 岁提高到 67 岁。提高男女退休年龄,既可以增加养老保险制度的缴费收入,又可以减少养老金的领取人数,这将有利于波兰养老保险制度在今后 30 年内实现财务平衡。此外,提高退休年龄,虽然不能增强养老保险制度的代际再分配功能,但可以提高养老金的充足率。因为退休年龄提高,意味着缴费期限延长,领取时间缩短。

三是调整养老保险待遇支付。为了减少推迟退休年龄带来的社会阻力,波兰针对在法定退休年龄以前退休的人员推出了部分养老金。具体领取资格条件如下:女性年满 62 岁且工龄(参保期限)满 35 年,男性年满 65 岁且工龄(参保期限)满 40 年。确切地说,这里的参保期限包括缴费期和视同缴费期。视同缴费期,指的是失业或者产假期间。在此期间,即使参保人没有缴费,也看作缴费。视同缴费期的时限,最高不能超过整个就业期限的 1/4。如果参保人符合条件,就可以领取部分养老金,其数额相当于全额养老金的 50%。部分养老金数额根据自身或者其他社会福利措施的变动标准进行指数化调整,其支付不以是否正在工作为前提。这就意味着在实际中可能出现年满 62 岁的女性或者 65 岁的男性因为已经领取了部分养老金而减少其自身工作量的现象。波兰还规定,如果参保人达到了法定退休年龄并申请退休,部分养老金就自然转为全额养老金。在这种情况下,全额养老金的领取数额将减去已经支付的部分养老金数额,积累账户中的养老金数额也将相应缩减。为了减少改革阻力尤其是来自女性的抗议,波兰政府又推出了临时养老金。它主要针对当前年龄未满 65 岁且需要延长工作期限的女性。在 2014—2020 年的过渡期间,临时养老金的领取年龄将由 65 岁逐渐提高到 67 岁。当女性达到法定退休年龄时,临时养老金就自然转为终身年金。临时养老金属于过渡措施,当男女性退休年龄统一为 67 岁以后,它就自动终止。不过临时养老金并不能解决养老保险制度的现金流和代际再分配问题。波兰还调整了最低养老金并统一提高了所有养老金待遇。这次改革规定,2014—2021 年期间,女性如果要领取最低养老金,其所需的工作期限(投保期限)将从 20 年逐渐提高到 25 年。2012 年,波兰将所有养老金待遇统一提升了 20%。至于为什么增加 20%,当局没有给出合理解释。

四是加强养老保险基金的管理与投资。严格监管各基金公司,要求基金公司必须降低养老基金的运营成本,减少相关手续费;放宽养老基金的投资限制,允许其投资股票的比例可以明显超过投资在政府债券的比例。2012 年,养老保险基金投资在政府债券上的比例为 60%。

(3)改革的结果。

这次改革实施的时间很短,很多改革措施又是渐进性的,改革的效果在短期难以显现。从具体的改革措施来看,第一支柱的规模和地位得到明显提升,在整个养老保险制度中将扮演更为重要的角色,这也有利于平息社会各界对养老保险制度的非议。提高退休年龄,有利于增加养老保险制度的缴费收入和削减养老保险制度的开支,将有利于促进养老保险制度的财务稳定性。不过波兰人口老龄化趋势日益明显,养老保险制度财务稳定性面临的压力恐怕难以就此消除。至于养老保险金待遇支付方面的调整措施,都是权宜之计或短期内的过渡措施,具体效果如何也无关大局。

2013 年,波兰政府还提出了一些新的改革建议,比如继续降低第二支柱养老保险计划的缴费率等,但没有付诸实施。另外,这次改革仍然没有触及特权阶层的养老金特殊待遇,矿工、司法人员以及武装部队等还是没有被纳入公共养老保险制度。

5.3 波兰养老保险制度的现状及面临的挑战

5.3.1 养老保险制度的现状

1. 三支柱养老保险模式

(1) 第一支柱。

在 1999 年的改革中,波兰在第一支柱建立了现收现付的、强制性的名义缴费账户 NDC。2011 年的改革又扩大第一支柱规模以增强养老保险制度的再分配功能,将第一支柱账户分为两个子账户,即 NDC1 和 NDC2。2014 年,NDC1 的缴费率不变,仍为在职收入的 12.22%,NDC2 的缴费率为在职收入的 4.2%。这 4.2 个百分点是从第二支柱的缴费中转移过来的。

第一支柱实行现收现付原则,以收定支,将在职员工的缴费收入用于支付当前退休人员的养老金。名义账户每年按照浮动利率进行指数化调节,大致可以反映社会保险服务局监管的养老保险基金的增长情况。第一支柱支付的月养老金数额=第一支柱账户积累总额/领取人的预期剩余寿命(月数)。波兰采用了男女统一的预期寿命表,该表由国家统计局每年进行官方发布和更新。

(2) 第二支柱。

在 1999 年的改革中,波兰成功引入了强制性的完全积累账户。受到金融危机重创,第二支柱养老保险基金的市场投资表现很不理想。为此,波兰在 2011 的改革中削减了第二支柱的缴费规模,第二支柱的缴费率从占在职收入的 7.3% 下调到 2014 年的 3.1％。预计 2017 年以后,将逐步回升到 3.5％,但暂时还看不到恢复到以前比例的迹象。

（3）第三支柱。

第三支柱是自愿性的完全积累账户。根据规定,第三支柱养老保险由雇主负担缴费,但缴费数额和缴费比例没有限制。出于各种原因,波兰第三支柱养老保险发展较为缓慢。到 2013 年为止,第三支柱养老保险的覆盖人数还不到全部就业人口的 10％。

2. 养老保险的缴费

2015 年,养老保险的缴费率为个人收入的 19.52％,由雇主和雇员共同负担,各缴 50％。根据现行规定,雇员在缴纳养老保险时必须全额申报收入。法律还规定,基于最低收入基础上的最低缴费基数为平均月工资的 60％,最高缴费基数为平均月工资的 250％。如果缴费者的缴费总额达到了 30 年年平均工资的总额,其剩余收入将不再缴费。2012 年,最低缴费数额为 257 波兰兹罗提。最低月收入群体的缴费情况见表 5.2。

表 5.2　2003 年以来最低月收入群体的缴费情况变动

年　　份	2003	2004	2005	2006	2007	2008	2009	2010	2011	2012
最低月收入	800	824	849	899	936	1 126	1 276	1 317	1 386	1 500
最低缴费额	156	161	166	176	183	220	249	257	271	293

资料来源:同表 5.1,第 115 页。

波兰法律还规定,自雇者有权按照其申报的部分收入来缴纳养老保险费用。因此,自雇者可以选择申报全部收入或按照平均工资的 60％的作为缴费基数。据社会保险服务局的资料统计,大约有 75％的自雇者和 50％的雇员都选择按照最低缴费基数进行缴费。2012 年,最低缴费基数为 413 兹罗提(Janusz Jabłonowski, Christoph Müller,2013:37)。具体情况参见表 5.3。

3. 退休年龄及养老金给付

波兰所有职工的退休年龄为男 65 岁、女 60 岁。每月养老金给付＝第一和第二支柱(三个账户)的总积累资产/退休后平均余寿(月数)。

表 5.3　2000 年以来养老保险总缴费基数以及
自雇者每月最低缴费额的变动情况（单位：兹罗提）

年　份	30 年的总缴费基数 （30 平均年工资的总和）	平均年 工资	平均年工资 的 60%	自雇者每月 最低缴费额
2000	54 780	1 826	1 096	214
2002	64 620	2 154	1 292	252
2004	68 700	2 290	1 374	268
2006	73 560	2 452	1 471	287
2008	85 290	2 843	1 706	333
2010	94 380	3 146	1 888	368
2012	105 780	3 526	2 116	413

注:1 个波兰兹罗提约等于 2 元人民币。
资料来源:同表 5.1,第 116 页。

5.3.2　养老保险制度面临的挑战

1. 人口危机问题

据预测,预计到 2020 年,波兰人口将会缩减 100 万;2021—2030 年期间,人口将进一步减少 150 万,届时总人口将为 3 569.3 万;2030 年,波兰居民的平均年龄将从目前的 37 岁升至 45 岁(韩丽,2011:84)。另外,根据欧盟 2010 年预测,到 2060 年,波兰女性平均预期寿命将从 2010 年的 80.1 岁提高到 87.9 岁,男性从 2010 年的 71.7 岁提高到 82.4 岁。同期,老年人口抚养比(65 岁以上人口/15—64 岁人口)将从 2010 年的 20% 攀升到 2060 年的近 70%。这一增长速度极为惊人,在欧盟国家中仅次于斯洛伐克。

人口总量减少以及人口结构的迅速老化,意味着劳动人口减少和赡养人口增多,这将给波兰经济社会带来了沉重负担,养老保险制度尤其是现收现付的第一支柱将面临严峻的财务困难。这也是波兰 2011—2012 年改革的主要原因。

2. 矿工养老金问题

长期以来,波兰的矿工一直可以享受提前退休特权。2005 年,针对矿工的新规定又延续了这一传统。此外,在计算矿工养老金待遇时,往往给其设定一个很高的平均养老金计算基数,并且在计算工龄时又采取了多倍系数(每工作 1 年可以乘以 1.8,即看作 1.8 年)。2008 年,矿工的平均月收入约为 4 027 兹罗提,而其他人员的平均月收入仅为 2 128 兹罗提,两者之间差距悬殊。矿工的养老金待遇也明显高于其他人员的养老金。普通的退休雇员假定在 67 岁退休,其养老金替代率仅为 35%;矿工即使在 47 岁(平均退休年龄)退休,其养老金替代率也高达90%。尽管矿工工作条件恶劣,其如此丰厚的养老金待遇还是受到社会其他人员的诸多质疑。

预计到 2045 年,矿工总人数将从 17 万下降到 14 万左右。但 2045 年以后,矿工人数则变动不大。据管理机构资料显示,近年来,大约 60% 的矿工都是在工龄满 25 年就选择退休,退休年龄一般在 46—50 岁之间;35% 的矿工是在工龄满 35年才退休(退休时年龄为 50—55 岁),另外 5% 的矿工则退休年龄较为分散。2011—2012 年的改革,没有触及矿工养老保险。长期看,矿工养老保险难以实现中长期的供款稳定性,赤字将越来越大并给国家带来越来越重的财政负担。同时,其他社会成员对此也意见很大。矿工养老保险已经严重影响社会稳定和整个养老保险制度的正常运转。

3. 养老金的充足率问题

据欧盟预测,预计在 2015—2060 年期间,由于人均预期寿命增加,波兰所有人员的养老金充足率将出现明显下降,下降率可能高达 50%—75%。这对占就业人口 1/4 的低收入人群以及自雇者来说,更是雪上加霜。波兰养老金充足率下降的主要原因有三:一是前面提到的人口老龄化带来的人均预期寿命延长和老年抚养比的增高。二是未来养老金待遇的低指数化调整。根据波兰养老金待遇计算公式,波兰第一支柱养老金将每年根据"工资账单"增长率情况进行指数化调节。这里的工资账单增长率,涉及工资和就业增长率两个指标。随着人口减少和人口老龄化,预计从 2015 年以后,波兰就业增长率将一直为负数,那么工资账单增长率就会明显低于工资增长率。三是不同年龄人群,其缴费记录及养老金收益相差很大。在社会主义时期,波兰实行了全面就业。在这种情况下,老年人由于在社会主义时期一直就业,缴费记录很少中断,其在 1990 年以前积累的养老金收益就很高,转入到第一支柱的初始成本也很乐观。转轨后,国民尤其是年轻人的失业率明显上升。受失业率高、缴费不持续、缴费基数低等因素影响，年轻人的养老金待遇则明显偏低。

2010 年，波兰只有 1％的养老金领取者领取了最低养老金。如果现行养老保险制度不变，预计到 2060 年，可能有多达 25％—50％的人将领取最低养老金。2011—2012 年的改革，没有减少人们对于养老金充足率的担忧。其中，自雇者由于往往按照低收入群体申报养老保险缴费基数，其养老金充足率不足的问题更为突出。如果这一问题没有得到解决，预计波兰老年人的贫困率将明显上升。

5.4 关于波兰养老保险制度下一步改革的设想

因国内阻力较大和经济社会形势限制，2011—2012 年改革的力度和范围都很有限。笔者认为，这次改革只是揭开了波兰养老保险制度下一阶段改革的序幕。为了应对人口老龄化危机，波兰当局下一步可能采取的措施主要包括以下五个方面。

5.4.1 促进养老保险制度的并轨

前面已经提到，波兰的养老保险制度大致有三类：一是针对普通雇员和雇主的公共养老保险制度，即本章论述的重点；二是待遇优惠的特定群体（如矿工、司法人员、武装队伍等等）养老保险制度；三是农民养老保险制度。这三类养老保险的长期并存，既导致多头管理、政出多门，又加剧了财政负担和社会不公平。

笔者推测，波兰下一步深化改革的重要举措就是养老保险制度的逐步并轨。一是在逐步调整经济结构、降低农业和矿业占 GDP 的比重和减少农业和矿业就业人口的同时，逐步削减农民和矿工的养老金特殊待遇，比如提高退休年龄、提高缴费数额、降低计算基数、降低工龄计算系数等。最终，将农民养老保险和矿工养老保险并入公共养老保险制度。考虑到矿工工作条件的相对恶劣，应适当给予一定的优惠政策。二是对于司法人员、武装队伍人员的养老保险，如果短期内不并轨,可以考虑先逐步削减其优惠待遇,将其养老金待遇降到一个合理空间。然后伺机将其并入公共养老保险制度,但对于部队人员还是可以适当给予一定的优惠政策。

5.4.2　确保养老金的充足率,大力发展第三支柱

养老金充足率问题,其实就是养老金的实际价值,这关系到养老金领取者的老年生活水平。短期内这一问题并不突出,但必须采取措施防止今后养老金充足率可能出现明显下降。

一是加强自雇者申报收入管理,取消当前关于自雇者自主选择申报收入基数的规定。如果自雇者已经达到平均收入水平,就应该按照正常收入群体申报其缴费基数。对社会保险服务局来说,如何对自雇者的收入情况进行审核是一大难题。为此,社会保险服务局应与税务部门、就业管理部门以及其他相关部门加强协作,共享信息,提高管理效率,优化管理效果。

二是严格审核低收入申报。波兰很多雇员都选择按照低收入标准申报养老保险缴费基数并进行缴费。对此,波兰政府首先要加大养老保险待遇与缴费之间的关联度,加强养老保险制度知识的宣传与普及,激发雇员自主缴费的积极性。其次,社会保险服务管理局、税务部门、就业管理部门等要加强协作,加强对低收入申报情况审核,加大对故意瞒报、漏报、低报收入等违规违法的审核和惩罚力度,并严厉追究雇主和雇员责任。

三是养老金替代率问题。在最新一次改革后,整体养老金替代率已经降至50%左右,且还有继续走低的趋势。波兰政府应会采取措施,如调整指数化原则等来确保第一支柱和第二支柱的总替代率维持在40%—50%;提高最低养老金待遇,确保最低养老金的增长速度快于平均养老金。此外,还会采取措施大力发展第三支柱,逐步扩大第三支柱的覆盖面并提高养老金的充足率,比如对第三支柱的缴费和投资收益都进行税收减免、鼓励雇主和雇员同时缴费(目前是雇主单方缴费)等,力争将第三支柱养老金的替代率提高到10%—20%。这样,整个养老保险制度的总养老金替代率将维持在50%—70%之间,就基本可以保证退休人员的老年生活所需。

5.4.3 鼓励推迟领取养老金,适时提高退休年龄和养老金领取年龄

从发达国家经验看,很多国家已经把退休年龄和养老金领取年龄区分开来,养老金领取年龄往往高于退休年龄,不少发达国家的养老金领取年龄已经提高到接近 70 岁。2011—2012 年的改革,已经决定逐年提高男女退休年龄。从波兰的实际情况看,人口老龄化趋势无法逆转,进一步提高退休年龄或养老金领取年龄是必然之举。考虑到国内阻力很大,短期内还不具备实施这一措施的可能性。

波兰政府很有可能先采取激励措施,鼓励人们推迟领取养老金。比如每推迟 1 年,养老金待遇提高一定的百分点。预计到 2020 年,当男性/女性退休年龄分别推迟到 67/62.4 岁后,可以考虑先渐进提高养老金领取年龄,即从 2021 年开始,领取养老金的年龄每年推迟 3—4 个月。到 2040 年以后(也有可能早于 2040 年),再进一步推迟退休年龄。

5.4.4 利用好国内国外两个金融市场,促进养老保险基金的管理与投资

和其他中东欧国家一样,波兰国内的金融市场也不够完善,养老保险基金投资渠道相对有限。作为欧盟的成员,波兰一方面可充分利用欧盟的金融市场,另一方面还是要逐步完善国内金融市场,以拓宽养老保险基金投资渠道,提高养老保险基金投资收益。

在完善金融市场的同时,波兰将会加大对养老保险基金公司的监管,促进基金公司提高运营效率和效益,切实降低管理成本,减少相关手续费用。

5.4.5 改革劳动就业制度,加大税收支持

就业是最好的养老保障。经济危机以后,波兰国内经济增长相对乏力。如何改革劳动就业市场,提高就业率尤其是年轻人的长期就业和老年人的短期就业就成为波兰当局的首要任务之一。这一问题的解决,既有利于增强养老保险制度的财务稳定性和可持续性,又有利于提高养老金的充足率。

此外,针对第二和第三支柱的投资收益,波兰政府很有可能推出和第一支柱基金同等的税收减免政策,以支持私有养老保险支柱的长期稳健发展。

5.5　结语

作为最具影响力的中东欧国家,波兰的政治经济社会转轨始终受到世界各国以及国际组织的高度关注,其养老保险制度改革也不例外。

转轨以来,波兰养老保险制度大致经历了三次改革。第一次是在 1991—1997 年期间,对原有苏联模式养老保险制度进行了一些修修补补,其中一些改革措施不但没有解决反而恶化了养老保险制度面临的问题,有的还引起了新的问题。总体上看这次改革既不彻底,也不成功。第二次是在 1999 年,在世界银行、国际货币基金组织和欧盟的推动下,波兰对养老保险制度进行了结构性的改革,初步形成了三支柱养老保险模式,并推迟了退休年龄,建立了养老基金,完善了养老保险制度的管理。这次改革也被看作是中东欧国家最为成功的养老保险制度改革之一,其基本框架和主要做法一直延续至今。第三次是在 2011—2012 年期间,在金融危机和人口危机(人口减少和人口老龄化)的双重压力下,波兰对养老保险制度了进行了新一轮参数改革,主要做法是:削减第二支柱规模,扩大第一支柱规模,增强养老保险制度的再分配功能;提高退休年龄,增强养老保险制度的财务稳定性和可持续性;推出临时养老金、部分养老金和提高最低养老金待遇等措施,减少改革阻力,以确保养老金的充足率。由于实施时间较短,这一次改革的效果还有待观察。

目前,波兰依旧面临人口老龄化、失业率过高、养老保险待遇不平等、养老保险制度不统一、养老保险待遇的充足率不够等问题。长期看,深化养老保险制度改革势在必行。

第6章

黑山养老保险制度改革的回顾与展望

在前南斯拉夫各加盟成员国当中,黑山是最后一个宣布独立的国家。2006年,黑山才与塞尔维亚正式分开。但早在2003年(甚至更早),黑山的养老保险制度就与塞尔维亚分灶吃饭,并在独立之前启动了相关改革。与大多数中东欧国家不同,由于人口老龄化程度和人口减少趋势并不严重,加之养老保险制度整体运行尚可,黑山实行的是双支柱养老保险模式,即只有第一支柱和第三支柱。这与阿尔巴尼亚和塞尔维亚较为类似。目前,黑山的第二支柱养老保险计划还处于争议阶段,养老保险制度下一步改革的思路和方案也不明确。

6.1 黑山国家概况

黑山共和国因境内山为黑色而得名,地处巴尔干半岛西南部,西临亚得里亚海,东北接塞尔维亚,东邻科索沃(该地区于2008年单方宣布独立),东南挨阿尔巴尼亚,西北靠克罗地亚和波黑,西与意大利隔海相望,国土面积为13 812平方公里。

1991—1992年期间,前南斯拉夫开始解体。1992年4月,塞尔维亚与黑山联合组建南斯拉夫联盟共和国。2003年,又更名为塞尔维亚和黑山。2006年6月,黑山正式宣布独立并加入联合国。2007 年,黑山加入世界银行、国际货币基金组织并与欧盟签订稳定与联系协议。2008 年,黑山成为欧盟成员候选国。2012 年,黑山成为世界贸易组织成员。据估算,是年,黑山 GDP 为 34.05 亿欧元,人均 GDP 为 5 492 欧元。2014 年,人均 GDP 约为 6 881 美元。①根据联合国开发计划署的标准,黑山被视为中等发展国家。②

由于大量向外移民以及人口出生率下降的缘故,黑山原先相对年轻且增长较快的人口结构也开始出现老龄化和缓慢萎缩趋势。据 2011 年人口普查数据,黑山总人口为 620 029 人,65 岁及以上的人口约为 7.93 万人,占总人口比重为 12.8%,③已经迈入老龄化国家行列。

6.2　黑山养老保险制度改革的发展历程回顾

6.2.1　2004 年以前的养老保险制度(1902—2003 年)

1. 前社会主义时期的养老保险情况(1902 年至二战期间)

早在 1888 年,黑山的一般产权法就有涉及社会保险的相关条款。最早的养老保险法案,则可以追溯到 1902 年。根据该法案规定,当时的养老金只覆盖政府公务员、教会主教、教师以及退休公务员离世后的遗属。

20 世纪初,黑山总人口仅为 34.40 万人。到二战以前,黑山人口结构一直比较年轻,整体社会养老压力并不大。

2. 前南斯拉夫时期的养老保险情况(二战结束至 1992 年)

二战后,黑山成为前南斯拉夫加盟共和国。与其他共和国一样,黑山的养老保险制度也被深深地刻上了前南斯拉夫模式烙印。由于与原苏联不和,前南斯拉夫(包括黑山)的社会福利制度(包括养老保险制度)并没有实行的所谓的"斯大林

---

① 数据来源:黑山共和国统计局。
② 数据来自黑山共和国统计局和国际货币基金组织的估算数字。
③ 资料来源:黑山共和国统计局。

模式",而是走上了"去中心化"、权力下放的道路。

到20世纪90年代末期以前,黑山都没有进入人口老龄化国家行列。受益于前南斯拉夫较为发达的国家社会保障制度,黑山的养老保险制度整体运行平稳。加之人口结构较好,养老保险制度抚养比总体比较乐观,整个养老保险制度没有出现明显的供款危机。80年以后,受经济危机影响,养老保险制度开始出现财政危机。为了应对财政危机,黑山决定提高养老保险制度的缴费率以增加缴费收入。于是,养老保险缴费率从1980年的12.30%上升到1987年的19.60%。1988年,缴费率微跌至18.60%,但在1990年又反弹到21.40%。1992年,缴费率调整为21%。[①]

前南斯拉夫解体后,黑山和塞尔维亚组成了南斯拉夫联盟共和国,开始进入了所谓的"动荡时期"。在这一时期,政局稳定以及独立议题成为黑山当局关注的焦点,经济社会政策以及养老保险制度改革则被置之一旁。黑山GDP也出现明显下降,1994年的GDP甚至比1989年下降了近一半。

3. 独立前夕的养老保险情况(1993—2003年)

受到周边环境的影响,尤其是1995年以后波黑战争大量难民的涌入,黑山的社会福利制度(包括养老保险制度)面临诸多挑战。不过,黑山当局更为关注政治问题,对于养老保险和社会福利制度的问题往往采取"头疼医头、脚疼医脚"的权宜之计,并没有提出相关的中长期改革方案。这一做法一直持续到2003年南联盟的解体为止。

1997年,黑山经济开始好转。在这一时期,黑山开始出现人口老龄化趋势。2002年,黑山养老保险制度抚养比(养老金缴费人口/养老金领取人口)从90年代初期的2.05∶1下降至1.3∶1。养老保险缴费率则从1993年的22.54%爬升到1998年的24%,这一比例与周边地区相比,都是属于较高的。根据2003年人口统计数据,黑山65岁以上人口已经占到总人口的11.96%。[②]

1992—2003年期间,虽然黑山社会保障制度与塞尔维亚的社会保障制度有诸多共同之处,但两者还是存在一些明显差异,并且黑山居民从塞尔维亚那边领取养老金的权利受到严重损害。随着黑山民众独立意愿的加强,黑山决定与塞尔维

---

① ② 数据来源:黑山共和国统计局。

亚"分灶吃饭"。为了削减通货膨胀,黑山引入了德国马克。从 2000 年到 2006 年独立前夕,黑山经济和平均工资一直保持低增长水平,平均工资水平还是相对较低。同期,失业率开始明显上升,灰色经济比重不断加大。

在这一背景下,以养老保险制度改革为主要内容的社会保障制度改革成为各政党的选举议题。但受国内形势影响,大多数改革措施都属于临时性的应对措施。2001 年,领取养老金的资格条件为:男/女分别满 60/55 岁,且投保年限满 20 年;或者男/女分别满 65/60 岁,且投保年限满 15 年;或者投保年限满 30 年,则男女最低年龄只需要满 50 岁。同年,黑山养老保险制度超过 50% 的支出用于支付参残疾养老金和家庭养老金,而不是用在正常的老年养老金上。这进一步恶化了养老保险缴费与收益之间的关联度,越来越多的在职员工不愿意进行缴费。

随着缴费人口相对减少而领取人口日益增加,黑山现收现付的养老保险制度开始出现赤字并面临日益严重的供款危机,养老保险制度的结构性改革被提上议事议程。受世界银行和其他先行改革的中东欧国家(比如波兰、匈牙利等)影响,黑山境内的一些机构和专家学者纷纷提出要引入多支柱养老保险模式来化解养老保险制度的财政危机。

6.2.2 2004 年以来的养老保险制度改革(2004—2012 年)[①]

1. 养老保险制度的结构性改革(2004—2007 年)

(1) 改革的背景及目标。

这一次改革的主要背景有:一是政治上与塞尔维亚分道扬镳。2003 年,南联盟解体,黑山和塞尔维亚组成松散的"塞黑国家联盟",这为 2006 年的分开埋下了伏笔。受此影响,黑山社会保障制度正式与塞尔维亚脱钩。二是人口老龄化加剧。1991 年,黑山总人口的平均年龄为 32.7 岁,人口老龄化趋势尚未显现。2003 年,黑山总人口平均年龄已经达到 35.9 岁,65 岁以上人口占总人口比重已经接近 12%,进入了老龄化国家行列。人口老龄化的到来,进一步恶化了养老保险制度抚养比。三是养老保险制度出现供款困难,财政赤字加大。2004 年和 2005 年,失

---

① 之所以选择 2004 年而不是 2006 年作为改革的起点,是因为 2004 年黑山实行了新的养老保险和残疾保险法案并正式启动了养老保险制度改革。

业率已经分别高达 27.7％和 30.3％。①经济活跃人口数量继续下降,意味着养老保险制度的供款人数减少。为了向越来越多的老年人提供养老金,波黑政府财政的转移支付赤字日益增大。四是养老保险制度自身也存在一些弊端。主要弊端有:退休年龄和投保年限的规定相对较低,提前退休现象比较普遍;领取残疾养老金的标准相对较宽;养老金替代率过高;缴费率居高不下(2004 年养老保险缴费率已经略微下调到 22.8％,但这一比例并不低),导致很多在职人员逃避缴费等。五是国际组织的影响。黑山养老保险制度改革先后受到美国国际开发署和世界银行的相关指导和帮助。在 2006 年独立后,为了加快进入欧盟,黑山又根据欧盟的相关标准对养老保险制度进行了新的改革和设计。

与以前的改革不同,这一次改革提出了明确的改革战略及目标,即通过完善立法和加强管理,建立一个公平、稳定且富有效率的养老保险制度,并最终达到欧盟标准;根据世界银行的建议,建立三支柱养老保险模式,以增强养老保险制度的供款稳定性;通过建立养老保险基金来增加国家储蓄,减少财政赤字,并促进资本、金融市场发展。

(2) 改革的内容及举措。

2004 年,黑山实行了新的养老保险和残疾保险法案,由此揭开了养老保险制度结构性改革的序幕。这一法案最突出的提议,就是在改革强制性、现收现付第一支柱的同时,引入私有补充保险的第二支柱和第三支柱。这次改革大致可以分为两个阶段:第一阶段是针对第一支柱的参数改革,第二阶段是建立三支柱养老保险模式。根据世界银行的建议,黑山决定首先引入第三支柱,然后再引入第二支柱。改革的主要做法有:

第一,针对现收现付第一支柱进行参数改革,增强第一支柱养老保险计划的供款稳定性以及其缴费与收益之间的关联度。

逐渐提高退休年龄:2004—2012 年,将男/女性的退休年龄分别逐步提高到 65/60 岁。如果男/女性的投保年限分别满 40/35 年,本人领取养老金的年龄可以降至 55 岁。

调整养老金计算公式:为了增强养老保险待遇与在职时收入以及缴费之间的

---

① 数据来源:黑山国家统计局。

关联度,黑山决定引入"积分制"。按照规定,每个人的积分情况主要取决于本人的缴费年限和工资水平。如果在职人员每年都向养老保险制度进行缴费,本人就可以获得相应的年度积分,即 1 年为 1 个积分。如果缴费人员的工资收入为社会平均工资收入的 2 倍,其年度积分则为 2 分,上不封顶。在积分确定以后,养老金待遇＝累计积分数×单个积分价值。在计算累计积分数时,延长计算养老金待遇的工作年限。2004 年,将工作年限由收入连续最高的 10 年延长到 12 年。以后每一自然年延长 2 年,直到延长到整个职业生涯。个人积分＝每个投保人 12 年内的个人总收入/这 12 年内全体在职职工平均收入的总和。个人积分乘以工作年限,则得出累计积分数。至于每个积分价值,则一视同仁。每年,黑山都对单个积分价值进行指数化调整,调整原则等同于养老金。男女养老金待遇计算公式相同。

实行瑞士指数化调整:黑山对养老金待遇实行瑞士指数化调节,每年根据生活成本(占 50％)和平均总工资(占 50％)的总体变动情况进行 2 次调整。生活成本由当局根据消费者指数或者通货膨胀率变动情况确定,名义工资由黑山国家统计局逐年进行官方发布。

调整养老金待遇:改革规定,最高养老金不得超过平均养老金的 4 倍,最低养老金不得低于平均养老金的 50％(约 45 欧元)。从 2004 年开始,黑山领取最低养老金的人数持续下降。2010 年,黑山平均养老金的替代率约为 55％,具体数额已经增至 255 欧元,高于塞尔维亚、保加利亚、罗马尼亚、波黑和阿尔巴尼亚的平均养老金水平,接近于爱沙尼亚、立陶宛和拉脱维亚。另外,黑山军队人员的养老金待遇明显高于社会平均养老金水平。

扩大养老保险缴费基数:改革规定,不管是正式就业还是非正式就业,不管收入来自单份工作还是多份工作,参保人都必须按照全部收入情况进行缴费。从执行情况看,这一规定更为灵活,也便于管理,还可以加大对劳动力市场的监管力度。

严格残疾养老金、家庭养老金和其他特殊待遇的门槛条件:为减轻养老保险制度的支出压力,黑山加强了对相关残疾人员的医疗核查和相关家庭成员的资格审核。根据规定,只有完全失去工作能力的人员才可以领取全额残疾养老金。如果是部分失去工作能力,就只能领取部分残疾养老金;如果因工伤和职业病导致丧失工作能力,参保人领取残疾养老金的权限将不受投保期限规定的影响;如果不是因工伤或职业病引起,参保人只有在投保年限达到其职业生涯的 1/3 以上时才可以领取相关的残疾养老金。黑山还规定,只有参保人在死亡之前已经工作满 5 年以上或者缴费满 10 年以上或者已经达到领取养老金和残疾养老金条件时,其家属才可以享受相关养老金。

调整缴费率:为了激励更多在职人员主动缴费,黑山决定降低养老保险缴费率。2004 年,缴费率降至 22.80%;2005 年,进一步下调到 20%。但在 2007 年,养老保险缴费率上调到 21%,其中雇主缴费为 9%,雇员缴费为 12%。此后,黑山又多次调整养老保险缴费率。2009 年,养老保险缴费率微调到 20.5%,其中雇主的缴费负担略有下降至 8.5%,雇员缴费负担仍为 12%。2010 年,黑山继续调整养老保险缴费率的分担比例,雇主缴费负担进一步降为 5.5%,雇员缴费负担则相应增加到 15%,总缴费率不变。总体看,改革后的缴费率水平与 20 世纪 90 年代区别不大。

第二,引入第三支柱。为了增强劳动力市场效率和养老保险待遇的充足性,黑山在 2006 年引入了自愿性的养老保险基金,即所谓的第三支柱。为鼓励在职员工加入第三支柱以获得更高的养老保险待遇,黑山规定,每个人都有权选择是否加入第三支柱。如果选择加入,参保人还可以自主决定缴费数额。2007 年,黑山通过了自愿性私有养老保险基金法案,就第三支柱养老保险基金的管理、缴费、投资与收益等情况做了具体规定。根据该法案规定,社会保障委员会负责全面监管自愿性养老保险基金,证券委员会则对这些基金的设立、运营以及相关业务进行指导或托管。到 2010 年,共有 3 家公司获得运营自愿性养老保险基金许可,但投保人数并不乐观。

第三,"纸上谈兵"的第二支柱。由于受到资本市场不发达、基金管理经验不足以及巨大转轨成本的限制,黑山决定推迟引入完全积累的第二支柱养老保险。直到 2009 年,黑山财政部才在自身拟定的经济和财政改革方案中提出要在借鉴那些已经引入第二支柱养老保险国家的成功经验上,对第二支柱的立法进行相关探索以规范第二支柱的建立和运作。根据这一方案,第二支柱将实行个人完全积累制,不再另行缴费。为此,黑山将把原先第一支柱的缴费分为两块,其中一大块进入公共养老保险基金以支付国家养老金,另外一小块则进入第二支柱养老保险基金以支付个人的私有养老金。待参保人达到退休年龄时,就可以领取两份养老金,即来自第一支柱的国家养老金和来自第二支柱的私有养老金。由于时机不成熟,截至目前,黑山的第二支柱仍属于"纸上谈兵"。

第四,建立零支柱。"三支柱"(实际上仍是两支柱)养老保险模式名义上覆盖了所有在职人员,但还是有部分在职人员由于无法达到养老金领取条件而无法享受养老金。此外,黑山老年人的贫困率明显高于社会平均水准。为此,黑山在老年保护发展战略中针对贫困老年人推出了社会养老金,即所谓零支柱。遗憾的是,目前还没有领取社会养老金的确切数据。

第五,规范了养老保险制度的管理。根据相关法律规定,黑山的社会福利制度由劳工与社会福利部进行全面管理,财政部和健康部协同监管。养老金和残疾人待遇,则由养老保险和残疾保险基金负责。

第六,推进配套的税收改革。为了推动养老保险制度改革,黑山对相关的税收规定进行了调整,允许对缴费数额予以税前列支。

(3)改革的结果。

改革的结果主要有:一是增加了养老保险制度的缴费收入。改革后,缴费收入占养老保险支出的比重有所上升。2008年,这一比例达到85.5%;[1]2009年,受到全球经济危机的影响,这一比例下降到65.9%;2010年,反弹到75.5%(具体情况参见表6.1)。

表6.1　养老保险缴费占养老保险总体支出以及老年养老金支出的比例变动情况

年份	缴费占养老保险总体支出(包括老年养老金、残疾养老金和家庭养老金)的比例(%)	缴费占老年养老金支出的比例(%)
2001	64.3	55.4
2002	76.3	61.1
2003	80.5	65.6
2004	80.1	68.8
2005	81.6	68.7

---

[1]　数据来源:黑山共和国养老保险协会。

年份	缴费占养老保险总体支出(包括老年养老金、残疾养老金和家庭养老金)的比例(%)	缴费占老年养老金支出的比例(%)
2006	84	70.4
2007	85.4	73.8
2008	85.5	74.5
2009	65.9	56.09
2010	75.5	70.73

二是养老保险制度覆盖面继续扩大,老年养老金的领取人数不断增加,残疾养老金领取人数因政策收紧而略有削减(具体情况参见表6.2)。

表6.2　养老保险制度覆盖人数变动情况

	2004	2005	2006	2007	2008
老年养老金	39 479	40 852	41 314	41 314	43 360
残疾养老金	25 685	25 185	25 455	24 670	24 560
遗属养老金	25 269	25 771	26 549	26 247	27 557

资料来源:黑山共和国养老保险协会。

三是养老保险制度抚养比恶化趋势得到一定缓解。在2001—2005年期间,黑山养老保险制度抚养比(缴费人口/领取人口)不断下降。2005年,这一比例已经降至1.57:1。改革后,这一趋势有所逆转。2010年,养老保险制度抚养比已经提高到1.74:1。

四是养老金待遇有所提高。2010年,黑山国民平均养老金数额已经提高到255.34欧元,比2003年、2004年、2005年和2007年分别增长了110%、98%、86%和38%(Drenka Vuković, Natalija Perišić, 2011:170)。即使在经济危机爆发后的2009年,黑山养老金待遇仍然增长了7.35%;但在2010年,养老金待遇略微下降了0.55%。根据老年和残疾养老保险基金的统计,2010年,黑山的养老金水平已经高于同地区的其他国家(具体情况参见表6.3)。

表6.3　黑山养老保险待遇及相关指标的变动情况（单位：欧元）

	2004	2005	2006	2007	2008	2009	2010	2011
平均工资总额	303	326	377	497	609	643	715	722
平均净工资	195	213	246	338	416	463	479	484
平均养老金	150	156	168	190	250	300	309	321
平均退休金	123	129	140	159	209	253	261	273

资料来源：黑山共和国财政部。

五是减少了灰色经济比重，促进了就业登记。这次改革降低了养老保险制度的缴费率，这对于改善劳动力市场、减少灰色经济比重和激励更多在职员工缴费起到了积极作用。缴费率下降以后，更多在职员工主动走出"灰色经济"，在劳动管理部门进行注册并按规定缴费。降低缴费率还促进了就业登记，2009年，黑山就业人口登记率达到了21世纪以来的最高点，登记的就业人口占到了总人口的66％。2010年，尽管雇主缴费率下降了一半，由于受到经济危机的后期影响，登记失业率还是有所下降。

六是养老保险制度开支占GDP比重有所下降，但政府的供款压力还是不小。改革前的2001和2003年，黑山养老保险制度支出占GDP的比重分别为11.44％和10.69％。改革后的2005年和2006年，这一比例已经分别下降到9.49％和9.10％。虽然这一占比在2007年略有反弹，但还是低于2003年的水平。2008年，黑山国家预算用于养老保险制度的经费总额为2.51亿欧元，占GDP的8.13％。2009年，这一比例攀升10.79％。与此同时，养老保险制度的赤字占GDP的比重从2006年的2.6％增长到2009年的4.4％。根据规定，黑山养老保险制度的赤字都由国家预算通过各种补助形式予以兜底。2007年，养老保险制度收入的25.7％来自国家预算，另有1％来自其他方面的捐助。

2004—2007年期间的养老保险制度改革属于结构性改革。在这次改革的过程中，黑山摒弃了社会主义时期的国家养老保险模式，引入了世界银行推荐的"三支柱"（实际上是建立了两支柱）养老保险模式。在这次改革的后期，黑山的经济社会政策受到了欧盟的重要影响。为此，黑山针对贫困的老年人推出了零支柱养老金。从上述结果看，这次改革还是比较成功的，既提高了养老金的实际待遇，又增强了养老保险制度供款的稳定性,还提高了养老保险制度的管理水平。不过改革也面临一些问题,其中最为突出的就是政府供款的压力一直没有得到很好的解决。另外,养老金待遇的不公平现象也不可忽视。

2. 养老保险制度的参数改革(2011—2012 年)

(1)改革的背景及目标。

这一次改革的背景主要有:一是 2009 年的经济危机,给黑山养老保险制度抹上了阴影。2010 年,受经济危机的余波影响,黑山就业率开始下降。相比2009 年,养老保险制度的抚养比有所恶化。二是黑山政府向养老保险制度的供款压力继续加大。2009 年,黑山养老保险制度开支的 35% 来自国家预算转移支付。①从 2010—2012 年,这一数据都没有出现明显好转。三是养老保险支出结构不合理,领取老年养老金人数占比明显偏低。到 2010 年 3 月,在养老金整体支出结构中,老年养老金仅占 46.5%,还不到半壁江山,而残疾养老金和遗属养老金的占比分别高达 24.7% 和 28.85%,老年养老金的占比明显低于其他国家。这就意味着,黑山领取老年养老金的人数还不到领取所有种类养老金人数的 50%。意外的是,黑山人口老龄化趋势在 2009—2011 年期间略有放缓。2011 年,黑山 65 岁以上人老年人口占总人口的比重为 13.15%,比 2010 年下降了 0.15%。

与第一次改革相比,这次改革目的更为简单和明确:一是在保证养老保险制度供款稳定性的同时,减少政府的供款压力,以化解经济危机带来的政府财政危机。二是调整养老金支出结构,减少养老保险制度不合理的开支。

(2)改革的内容及举措。

为了实现上述两大目的,黑山在 2011 年 6 月通过了养老金和伤残保险法案修正案,正式启动了养老保险制度的第二次改革。这次改革的主要内容有:

一是提高老年养老金的门槛条件。逐渐统一男女的养老金领取资格条件,预计 2025/2041 年,分别将男性/女性的养老金领取年龄提高到 67 岁。同时,将领取养老金的投保期限门槛提高到 40 年。女性如果生育孩子,每生育 1 个孩子,可享受的视同缴费期限为 6 个月。

---

① 数据来源:黑山养老保险协会 2010 年报告。

二是严格收紧残疾养老金、提前领取养老金以及遗属养老金的门槛条件。黑山成立了相关机构,专门核查这三类养老金的资格条件。其中,提前领取养老金的资格条件等同于老年养老金。在67岁以前领取,每提前1个月,养老金待遇削减0.35%;女性遗属养老金的领取年龄,从以前的50岁推迟到52岁。如果在缴费满40年后还继续缴费或者推迟领取养老金,则相应提高养老金待遇,但没有明确规定相关的数额或比例。

三是调整养老金指数化规定。将以前的瑞士指数化原则(消费者指数和工资指数各占50%)调整为消费者指数占75%和工资指数占25%,并将以前的1年调整2次的做法改为仅在每年1月调整1次。

除了从2014年开始推迟退休年龄,其他措施都在2011年下半年就付诸实施。

(3)改革的结果。

相比第一次改革,这次改革的动作要小很多,主要就是针对第一支柱的参数改革且聚焦在养老金的领取资格条件和门槛条件方面,改革的力度和措施都相对有限。从短期效应看,这次改革在削减政府财政负担这方面还是取得一定效果,但不是很明显,养老金支出方面的国家预算转移支付数额还是不低。此外,这次改革没有涉及"千呼万唤未出来"的第二支柱和发展缓慢的第三支柱,不能不说这是个明显的缺失。

2012年开始,黑山的人口老龄化程度继续加深,养老保险制度抚养比仍有恶化趋势。这次改革的效果究竟如何,还有待继续观察。

6.3 黑山养老保险制度的现状及面临的挑战

经过两次改革,黑山的养老保险制度乃至整个社会保障制度还带有一些转轨特质,兼有俾斯麦模式和平等主义特征。由于在改革的立法和执行过程中深受世界银行和欧盟等国际组织的影响,平等主义的影响日渐式微。

6.3.1 养老保险制度的现状

1. "两支柱"养老保险模式

黑山养老保险制度实行两支柱养老保险模式(具体情况见表6.4),其中第一支柱为强制性的现收现付计划,第三支柱则为自愿性的储蓄型计划。

表6.4 黑山的两支柱养老保险模式

	第一支柱	第二支柱	第三支柱
建立时间	建立于前南斯拉夫时期,1991年转轨后一直存在	2006年提出设想,但目前仍未建立	2006年
运行原则	代际团结基础上的现收现付,政府预算兜底		完全积累
覆盖面	全体社会成员,强制性		参保人员,自愿性
具体管理	国家社会保障机构		私有养老保险基金公司
养老金种类	老年养老金、残疾养老金、家庭养老金		老年养老金
缴费率	20.5%,其中雇主5.5%,雇员15.0%		
替代率	55%左右		

(1) 第一支柱。

和其他中东欧国家一样,黑山第一支柱也实行现收现付原则,由在职人员通过纳税形式进行缴费来支付当前已经退休人员的养老金。第一支柱由国家社会保障机构管理,相关政策由劳工与社会政策部负责制度和实施,主要提供老年养老金、残疾养老金和家庭(遗属)养老金。理论上,第一支柱养老金待遇取决于工作期限、缴费期限、缴费数额以及在职时的工资水平。根据现行的法律规定,第一支柱的养老金收入免予缴税。

从实际情况看,第一支柱养老金运行平稳,供款问题不大,即使偶尔出现赤字,一般也由政府预算予以解决。不过第一支柱也存在一些问题,比如缴费与收益之间的关联度不大,虽然在养老金待遇中增加了一块与个人工资及工龄相关联的部分,但激励作用还不是很明显;退休年龄相对较低,虽然已经提出将男女退休年龄提至 67 岁,但实际进程过于谨慎。

(2) 第三支柱。

第三支柱引入于 2006 年,为自愿性的储蓄性计划,由在职员工自主决定是否参保以及参保后的缴费数额。由于国内经济发展一般和金融资本市场不完善,第三支柱养老保险的发展较为缓慢。

6.3.2　养老保险制度面临的挑战

1. 人口总量减少与人口老龄化

人口方面面临的挑战主要有两点:一是人口总数增长缓慢,甚至有负增长趋势。与大多数中东欧国家不同,从 20 世纪 90 年代到 21 世纪初的十多年期间,黑山的总人口增长率一直为正数,虽然增长速度极为缓慢。2006 年以后,由于向外移民人数增加,黑山总人口开始出现停滞现象,甚至还略有下降。根据人口普查数据,2006 年黑山人口为 620 145 人;2011 年,为 620 029 人。[①]虽然下降人数极少,但这一数据还是大大出乎黑山社会各界的意料。二是人口老龄化趋势缓慢上升。2011 年,老年人口比重已经达到 13.15%。长远看,这一比例还会继续增长。

关于黑山人口变动的长期预测主要有两个:一个是 2010 年联合国相关机构进行的预测。根据该预测,到 21 世纪末,黑山总人口将削减 27%,总人口的平均年龄将增长到 45.7 岁。另外一个预测是黑山本国学者做的预测,预测结果更为悲观。预计到 2031 年,黑山总人口进入负增长。到 21 世纪末,总人口将减少 30%,老年社会抚养比将达到 39.1%(Maja Baćović,2006)。

人口总量减少和老龄化加剧,意味着养老保险制度的缴费人口减少,领取人口增多,养老保险制度的供款压力将越来越大。而要维持现行的养老保险制度,只能继续加大政府供款以弥补养老保险制度的赤字或削减养老保险待遇以减少养老保险开支。前者加大了政府财政压力,难以为继;后者降低老年人的生活水

---

① 资料来源:黑山共和国统计局。

准,难以推行。

2. 缴费减少与政府预算开支加大

与周边邻国相似,黑山也存在国民储蓄率较低、政府用于养老保险制度(社会保障制度)的财政预算开支过大(相对于本国 GDP 而言)、就业率偏低、失业率偏高、本国投资市场较小以及过于依赖国际市场和外国投资等问题。

其中,劳动力市场和政府预算开支对养老金制度的影响最为直接。根据黑山劳动与社会政策部的统计数据,2011 年黑山劳动年龄人口(15 岁以上)就业率仅为 48.7%,失业率则高达 19.7%。由于国内统计水平有限或者口径不一致,也有相关的统计认为,2011 年黑山劳动年龄人口失业率大致为 13.2%。失业率增高意味着缴费人数和缴费额的减少,其直接影响就是养老保险制度的收入减少。降低养老保险缴费率在一定程度上可以改善劳动力市场,但不能根本解决失业问题。为了降低缴费数额,很多就业人员还选择了非正式就业,或者虚报、瞒报和少报收入。这就导致养老保险制度的收入进一步减少和政府预算开支的进一步加大。

3. 老年贫困现象与养老保险待遇的充足性

黑山老年人贫困率明显高于社会其他人员。即使在有资格领取养老金的老年人当中,贫困率也高达 15.7%,达到社会平均水平的 2 倍以上。在领取最低养老金的老年人当中,只有 4.3% 的人能得到家庭的物质帮助。此外,黑山还有很多老年人由于没有达到最低工作年限(15 年)而无法领取养老金,其生活境遇就更为悲惨。

此外,养老金待遇的充足性一直是黑山养老保险制度面临的一大挑战。从大多数中东欧国家养老保险制度的改革情况看,单纯引入"三支柱"养老保险模式并不能很好地解决这一问题。

4. 加入欧盟对黑山养老保险制度的挑战

2006 年独立以来,加入欧盟就成为黑山孜孜以求的目标。与欧盟的社会政策以及养老保险制度的相关规定相比,黑山养老保险制度无论是在养老金的充足率、养老金计算公式的设计还是养老救助等方面都存在很大的差距。这都将成为黑山下一步改革的关键所在。

6.4　关于黑山养老保险制度下一步改革的设想

截止到 2014 年年底,黑山当局(不管是财政部还是劳工与社会政策部)对于养老保险制度的下一步改革都没有提出新的方案。笔者认为,其中的原因主要有两点:一是或许还在观察 2011—2012 年改革的后期效果,毕竟改革才执行两年,改革的最终效果还有待时间去检验;二是黑山的养老保险制度整体上运行还算比较平稳,没有出现很大的危机,黑山社会各界对于养老保险的改革也没有迫切要求。随着人口减少与人口老龄化的加剧以及养老保险制度供款问题的逐日加深,养老保险制度的下一步改革必将提上议事日程。

从当前走势来看,黑山将坚定不移地申请加入欧盟。为此,其养老保险制度就必须与欧盟接轨,以满足欧盟设定的相关门槛条件。为加入欧盟,笔者认为,黑山当局在养老保险制度改革方面可能采取的措施主要有:

一是继续完善和巩固第一支柱的基础作用。欧盟社会保障制度遵循的主要原则还是福利国家哲学。在欧盟的大多数国家中,老年人最主要的收入还是来自现收现付的第一支柱养老金,个别国家的这一比重甚至高达 90% 以上。有鉴于此,黑山第一支柱养老保险还将继续发挥主导作用。为此,黑山将对第一支柱养老金继续进行一些参数改革。比如在延迟退休年龄方面,欧盟绝大多数国家都已经推迟到 65 岁,黑山的做法(到 2025/2041 年将男/女退休年龄推迟到 67 岁)则显得过于谨慎。估计等到形势成熟或者形势逼人时,黑山应会加快延迟进度。

二是继续增强养老保险制度供款的稳定性。首要对策是增加就业率,其次才是收紧养老金门槛条件。增加就业率涉及整个经济改革,而不仅限于养老保险制度改革,其难度很大。黑山对此尚无良策,只有把希望寄予入盟之上。收紧养老金门槛条件,则相对更为容易一些。因此,黑山将采取相关新的措施,激励在职员工延长工作期限并推迟领取养老金。

三是继续增强个人在养老保险制度中的责任。为应对人口危机和缓解财政供款危机,欧盟很多国家(尤其是新入盟的中东欧国家)的普遍做法,就是增强个人在养老保险制度中的责任以相应削减国家的责任，即重新回到所谓的"俾斯麦模式"——个人成为自我养老保险的核心和责任主体。至于如何增强个人责任，主要有两种选择：第一种选择是增强个人自我养老责任，同时国家提供最基本的养老援助。增强个人自我养老责任，就是强化个人缴费。除了强制性缴费以外，还包括自愿性缴费，即同时向第一支柱、第二支柱和第三支柱缴费，通过积累的缴费收益以及相关基金投资收益来支付本人的养老金并提高本人的养老金待遇。同时，还要加强养老保险制度的管理，提高管理效率，降低管理成本。第二种选择就是继续加大现收现付支柱的份额，强化第一支柱再分配功能。2008年经济危机后，也有一些欧盟国家采取了第二种选择。但第二种选择削弱了养老金收益与缴费之间的关联度，也难以应对今后的人口危机。

简而言之，这两种选择的核心问题，就是是否要引入第二支柱。这一问题在黑山境内引发巨大争议。倾向于第一选择的人士认为，引入第二支柱有利于扩大养老保险基金，为国家投资和经济发展筹措更多资金，还可以通过基金的投资收益提高参保人的养老保险待遇。这一派人士主要来自财政部、金融部门和基金管理公司以及很多经济领域的学者和专家。倾向于第二选择的人士则认为，当前没有必要引入第二支柱。强行引入第二支柱，将会造成很多新的问题，譬如，第一支柱的缴费数额会削减，这将影响第一支柱的主导作用；如果不削减第一支柱缴费，就必须提高总缴费率，这就会影响在职员工的缴费积极性，增加雇主的缴费负担，最终影响经济的发展和劳动力市场的运转。这一派人士主要来自劳工与社会政策部以及很多非经济领域（当然也包括一小部分经济领域）的专家和学者。他们坚称，与其引入第二支柱，还不如切实做大做强第三支柱。关于第二支柱养老金的争议还在继续，支持方和反对方还相持不下。从黑山政府近年来的多次调研、反复摸底以及进行相关预测的做法来看，第二支柱养老金的引入应该只是个时机或时间问题。

四是推进第三支柱。自设立以来，黑山第三支柱养老保险一直发展缓慢，几乎成了影子支柱，基本没有发挥其应有的功能和作用。黑山当局应会出台相关的优惠政策，比如税收减免、税前列支等来鼓励在职员工和雇主积极向第三支柱缴费。同时，降低基金运营成本，放宽扩大对基金运营的投资限制，允许基金对外（主要在欧盟境内）投资，以切实提高基金的收益率，更好地回报参保人。

6.5　结语

自前南斯拉夫解体以来,黑山的养老保险制度主要经历了两次改革。第一次是 2004—2007 年的结构性改革,提出要建立三支柱养老保险模式。受制于国情,第二支柱一直没有建立。第二次是 2011—2012 年的参数改革,主要针对第一支柱进行了一些调整,但几乎没有涉及第二支柱和第三支柱。因实施时间尚短,第二次改革的效果如何还有待观察。

黑山养老保险制度面临的主要挑战还是人口老龄化带来的供款稳定性、可持续性以及养老金待遇的充足性问题。针对这些挑战,当局还没有提出明确的方案。尤其在第二支柱的引入问题上,国内争议很大。有意思的是,黑山当局以及国内很多人士都将养老保险制度改革的出路和良方,如促进经济增长、提高就业率、增强第一支柱的基础性作用和强化第三支柱功能等都寄托在入盟之上。笔者认为,黑山养老保险制度改革还是会遵循欧盟的标准以加快实现其入盟的夙愿。

第 7 章

捷克养老保险制度改革的回顾与展望

在中东欧地区,捷克的影响力非同一般,其经济、政治、社会转轨以及养老保险制度改革一直深受欧盟、世界银行、国际货币基金组织等国际组织以及各国学者的高度关注。与周边国家相比,捷克养老保险制度改革深具自身特色,并且比较成功,甚至是独放异彩。目前,捷克最新一轮的养老保险制度改革仍在继续。

7.1　捷克国家概况

捷克属于中欧国家,与波兰、德国、奥地利和斯洛伐克等国接壤,国土面积为78 864 平方公里。

1990 年 3 月和 4 月,先后改国名为捷克斯洛伐克联邦共和国、捷克和斯洛伐克联邦共和国。1992 年 11 月,捷克和斯洛伐克分离。1993 年 1 月,捷克成为独立主权国家。独立后,捷克经济发展较好,社会形势稳定。2004 年,成功加入欧盟。2006 年,捷克被世界银行列为发达国家。2007 年,成为申根组织国家,但至今还没有加入欧元区。2012 年,捷克总人口约为 1 051.61 万人。2013 年,捷克GDP 为 1 983.69 亿美元,人均 GDP 为 18 871 美元。

7.2　捷克养老保险制度改革的发展历程回顾

7.2.1　独立以前的养老保险制度(19 世纪 80 年代至 1992 年)

1. 前社会主义时期的养老保险情况(19 世纪 80 年代至 1945 年)

捷克最早的养老保险计划可以追溯到 19 世纪 80 年代的奥匈帝国时期。虽然养老保险制度深受德国和奥地利的影响,但这一计划却采取了贝弗里奇模式而不是俾斯麦模式,即由国家负责向穷苦老年人提供类似于社会救助性质的最低养老金。后来受德国俾斯麦政府养老保险制度改革的启示,捷克在 1906 年开始为其境内的工薪雇员建立强制性养老保险计划。到一战以前,捷克境内已经有不少针对不同职业的养老保险计划,其中,国家公务员的养老保险计划待遇最为优厚。

一战后,捷克斯洛伐克统一了境内各地区不同的养老保险计划并逐步完善相关的养老体系,但这一时期的养老保险计划还是主要覆盖国家公务员和从事危险工作的矿工。针对国内手工艺迅速发展的实际情况,捷克斯洛伐克在 1924 年将养老保险计划的覆盖面扩大到广大手工业者。到二战爆发以前,捷克斯洛伐克的养老保险制度兼具贝弗里奇模式和俾斯麦模式的特点。二战期间,捷克斯洛伐克养老保险体系受到严重破坏,直到战争结束后才得以恢复。

2. 社会主义时期的养老保险制度(1948—1989 年)

在二战结束后,捷克斯洛伐克在 1945 年提出全员就业和打击资本家等“社会寄生虫”,并把就业作为取得养老保险待遇的前提条件。不过,这一做法却相对忽略了已经达到养老金领取条件老年人的正常养老保险权益。1948 年社会主义革命以后,捷克斯洛伐克通过国家立法统一了各养老保险计划,建立了新的养老保险制度并将其覆盖面成功扩大到所有白领、蓝领工人和自雇者。1946—1950 年间,捷克斯洛伐克的社会养老金标准提高了近 8 倍,养老金的给付水平则增长了将近 55％(罗伯特·霍尔茨曼、爱德华·帕尔默,2006：445—61)。捷克斯洛伐克的养老保险待遇水平,在当时整个欧洲都属于比较领先的。

1952年，受苏联模式影响，捷克斯洛伐克养老保险制度的性质从社会保险转为国家保障。养老保险制度不再由国民养老金管理公司监管，而由中央政府管理。同时，养老保险缴费被取消，养老金支出完全来自全民所缴纳的税收，养老金收益与缴费之间几乎没有任何关联度。1956年，捷克斯洛伐克对所有工人进行行业分类以加强管理并降低了平均退休年龄，其中男性为60岁，女性为55岁。1957年，谋求改革的捷克斯洛伐克对养老金待遇的计算公式进行了微调，试图增强收益与缴费之间的关联度。1964年，受政治形势影响，这一做法被叫停了。1959年，领取养老金的最低工作年限从以前的20年提至25年（Ivan Lesay，2007）。1960年，捷克斯洛伐克设定了最高养老金标准。1964年，为了鼓励生育，又把女性的退休年龄与其生育孩子数量进行挂钩，即生育孩子越多，则退休年龄越低。当时女性的退休年龄为57岁，男性为60岁，但提前退休现象并不少见。

20世纪50年代到80年代期间，捷克斯洛伐克老年人的养老金收益与其本人在职收入（或者缴费）之间的关联度很低，同一行业从业人员的养老金待遇几无差别。但不同行业社会成员之间的养老金待遇区别可不小，其中矿工、军队官员、警察和飞行员的养老金待遇明显高于其他行业。另外，高级政治人物、获得国家表彰的杰出艺术家和运动员的养老金待遇也特别优厚。

20世纪80年代中期以来，由于经济不景气以及政府在养老保险制度上的预算不足，很多老年人的养老金收入出现下降。据统计资料显示，仅靠养老金赖以生存人员的平均收入占所有社会成员平均收入的比重从1980年的26％下降到1988年的20％（Jiří Večerník，2006:6）。为此，捷克斯洛伐克政府修改了退休规定，允许老年人在领取养老金的同时可以继续就业，以增加其实际收入从而保证正常的生活所需。80年代后，捷克斯洛伐克的整体失业率居高不下，老年人的就业情况更是不容乐观。[①]1988年，捷克斯洛伐克提出要加强养老金收益与在职收入之间的关联度，降低最高养老金数额。1989年，当局将养老金替代率提高到占总工资的64％。尽管实施了上述措施，捷克斯洛伐克老年人的平均生活水准还是在下降，并且与西欧国家之间的差距继续在拉大。

这一时期养老保险制度的主要特征是：实行国家社会保障模式，由中央集中

---

① 受政治原因影响，难以找到捷克斯洛伐克20世纪80年代的官方失业率统计数据。

管理;养老保险待遇与缴费之间几乎没有关联度,养老保险待遇的差别主要体现在社会身份差异之上;退休年龄偏低,提前退休现象不少;养老金名义替代率高,但实际待遇低下。80 年代以前,因经济发展尚可,养老保险制度整体运行比较顺利。80 年代以后,受经济长期不景气以及国内局势动荡影响,就业率明显下降,提前退休现象大增,养老保险制度供款开始出现危机。养老金实际待遇也进一步走低,很多老年人陷入贫困,养老保险制度改革的呼声日盛一日。

3. 转轨初期到独立前夕的养老保险情况(1990—1992 年)

1989 年后,捷克斯洛伐克提出了社会福利(包括养老保险)制度改革计划。在养老保险方面,改革的主要措施就是修正该制度不合理的规定。1989 年,取消特权阶层的特殊养老金待遇并通过立法对养老金待遇进行指数化调节。1991 年,将养老保险与疾病保险进行分开管理。

1992 年大选后,新自由主义和保守主义政党联盟上台执政,提出要进行新的经济改革,要通过立法措施来削减政府在养老保险等社会保障制度方面的责任和影响。为此,捷克斯洛伐克在当年通过了关于社会保险改革的一系列法案,明确规定国家为全体社会成员提供普遍的强制性养老保险,同时辅之以自愿性的补充保险和由国家提供的结合家计调查的社会援助。其中,强制性养老保险由雇员、雇主和国家三方共同缴费。在制度管理上,实行去集中化和减少国家干预以适应经济改革的需求并增强制度的灵活性。虽然名义上规定养老保险制度同时由联邦和国家两个层级的劳工与社会事务部门分别进行监管,但在 20 世纪 90 年代早期,捷克斯洛伐克社会保障制度没有完全实现去中心化。国家在养老保险等社会保障制度方面仍然扮演了重要角色,公共养老保险供款还是主要来自国家预算,并不时受到政治党派和政府当局的决策影响。

在这一时期的改革举措中,还有一条规定广受诟病,那就是捷克在 1990 年允许自雇者以降低缴费基数的做法进入现收现付的养老保险计划。这就意味着,等到退休时,这些自雇者的养老金待遇将会大打折扣,难以保障其正常的生活所需。为此,政府就必须通过税收转移来为其提供相应的社会援助,但当时的现收现付计划已经面临严重的缴费压力。如果自雇者按照正常缴费基数加入养老保险计划,现收现付养老金计划的收入就会明显增加,自雇者今后的养老金待遇也会明显提高。此外,虽然养老金替代率在上升,但养老金领取者的实际收入反而在缩水。出现这一现象的原因主要有两点：一是转轨前,老年人在领取养老金的同时还可以继续工作以获得额外收入(可享受税收减免优惠)。转轨后,老年人如果继续工作,其工作收入的税负很重,于是很多老年人放弃就业。二是由于整体失业率较高,年轻人都难以就业,老年人则几乎被完全排除在劳动市场之外。

整体看,这一时期的改革主要受到社会自由主义和社会民主主义哲学影响,沿袭了以往的俾斯麦模式,强调增加个人的自我养老责任并减少了国家对养老保险事务的干预,即国家在完成自身的缴费义务以外,只提供一些必要的社会援助。但相关的改革措施并没有打消国民对养老保险制度的疑虑。

7.2.2　1994 年以来的养老保险制度改革(1994—2013 年)[①]

1993 年,捷克与斯洛伐克和平"分手"。在分手初期,捷克加入欧盟的意愿并不强。许多经济社会制度也没有实现原先计划中的多元化和私有化,还是被牢牢掌握在国家手中,养老保险制度也不例外。当年唯一的变化就是将养老保险制度实行单独缴费,而不再通过纳税收入进行转移支付。

虽然捷克入盟意愿并不强烈,世界银行和欧盟等国际组织的影响还是不可小觑。由于中东欧国家离入盟标准相差甚远,欧盟最初对东扩问题还是有所犹豫。但不久之后,欧盟就改变立场并在里斯本战略中为入盟候选国提出了明确的门槛条件。这些条件涉及政治、经济和社会等诸多领域,养老保险制度自然是应有之义,不过这是后话。在欧盟犹豫之际,世界银行和国际货币基金捷足先登,率先介入中东欧国家的社会保障改革进程,捷克的情况也是如此。不过世界银行等国际组织的介入程度以及介入效果如何,则因各国情况不同而各异。从改革的进程来看,捷克养老保险制度改革颇具特色且比较频繁,大致可以分为四个阶段。

1. "两支柱"养老保险制度改革(1994—1997 年)

(1)改革的背景及目标。

在中东欧国家当中,捷克位居率先启动养老保险制度改革的第一批国家行列。与同期的匈牙利和波兰不同,捷克的社会政策深受自身的历史文化影响并且

---

① 1994 年,捷克建立了自愿的第三支柱养老保险。因此,笔者将这一年作为捷克养老保险制度改革的起始时间。

大多数捷克人以此为傲。因此,世界银行和国外专家对捷克养老保险制度改革的影响力要小很多。捷克政府相信自身完全有能力对现行的养老保险制度进行卓有成效的改革,于是就没有采纳世界银行推荐的"三支柱"养老保险模式,而是推行了所谓的"两支柱"养老保险模式改革。并且就时间顺序来看,捷克养老保险制度的改革方案也先于世界银行提出的三支柱养老保险模式。

这次改革的目标很明确,就是解决养老保险制度的供款问题以缓解国家的财政压力;同时确保养老金实际价值不缩水,以保证老年人正常的生活所需。

(2)改革的内容及举措。

第一支柱公共养老保险计划方面:1995 年,捷克通过了新的老年养老金法案,对第一支柱养老金的框架及分配原则做了新的调整。该法案明确规定,第一支柱为强制性保险,在整个养老保险制度中占据主导地位。第一支柱实行现收现付,以实现再分配功能为主。

退休年龄:到 2007 年以前,将女性和男性的法定退休年龄从当前 53—57 岁和 60 岁分别提高到 57—61 岁(依据生育情况而有所浮动)和 62 岁。

提前退休:改革规定,如果工作期限满 25 年,可以比法定年龄提前 3 年退休。每提前 1 年,养老金待遇则相应减少 5.6%。如果延迟领取养老金,每推迟 1 年,养老金待遇则相应增长 6%。

投保期限:根据规定,参保人的最低投保年限为 25 年。如果投保人缴费满 15 年且已经年满 65 岁,也可以领取养老金。1997 年,捷克还削减了学生的视同缴费期限。

养老金的组成:改革后老年养老金包括两个部分:一是所有人都可以领取的基本养老金,即固定数额部分;二是根据投保人工作期限和工作收入而确定的浮动养老金部分。1995 年,基本养老金价值的价值为 1 470 捷克克朗(1 美元约等于 40 克朗),仅相当于平均收入的 8%。基本养老金无法定的指数化调节规定。浮动部分养老金的计算公式为:变动部分养老金待遇＝计算基数×工作年限系数。根据规定,参保人每缴费 1 年,则计发其本人收入的 1.5%。这里的工作年限系数就等于 1.5%×总工作年数。计算基数采取渐进式的收益计算公式,将参保人工资按照一定标准分为 1—3 个组成部分。具体规定是,参保人月收入低于 8 400 克朗的部分,其替代率为 100%;月收入在 8 400—20 500 克朗之间的部分,其替代率为 30％；月收入高于 20 500 克朗的部分,其替代率则降至 10％。具体计算如下：
计算基数＝月工资的第一部分×100％＋月工资的第二部分×30％＋月工资的第
三部分×10％。如果参保人的月收入低于 8 400 克朗,其实际养老金的价值接近
平均收入的 50％；如果参保人的月收入位于 8 400—20 500 克朗之间,其实际养老
金价值大约可以达到平均收入的 115％。在这三个部分的门槛条件数额(即 8 400
和 20 500 的数字设定)上,捷克没有规定法定的指数化调整原则,但实际上还是逐
年在进行微调。尤其是在测算第二部分养老金计算基数时,采用的工作期限从以
前规定的最后 10 年逐渐提高到最后 30 年,最终趋势将是整个职业生涯。这就明
显加强了这一部分养老金预期收益与既往缴费之间的关联度。

养老金的指数化调节：整个养老金待遇(包括第一部分和第二部分)将根据实
际工资增长或消费者物价指数增长情况进行综合调节,且调节幅度不低于这两个
指数增长率(取其中更高者)的 1/3。如果调整数额低于养老金原有数额的 2％,
则不再硬性调整。如果当年每月通货膨胀率累积超过 10％,养老金就必须进行调
整。1997 年,捷克又规定,当消费者物价指数增长超过 5％时,养老金必须按照消
费者物价指数增长的 70％并额外加上实际工资增长的 1/3 进行综合上调。但在
实际调整过程中,养老金的指数化明显受到政治因素和大选的影响。1996 年以
后,物价放开导致消费者指数猛涨。捷克政府就针对养老金领取者推出了高支出
补助,并不时调整第一部分的基本养老金或者第二部分与收入相关的浮动养老
金。总体看,1993—2000 年期间,捷克养老金大致和消费者物价指数同步增长,但
稍慢于实际工资增长。

最低养老金：捷克的最低养老金也包括两部分,即基本数额部分和与收入关
联的部分,其指数化原则与正常养老金相同。从具体情况看,最低养老金大致相
当于在职职工平均收入的 12％。庆幸的是,只有不到 1％的退休职工领取了最低
养老金。这意味着绝大多数退休人员都因为满足缴费条件而领取了正常养老金。

残疾养老金和特殊职业养老保险：在这次改革中,捷克收紧了残疾养老金的
门槛条件,并削减了较为优厚的特殊职业养老保险待遇。

视同缴费期限：捷克政府在这方面没有推出新的规定,还是按照以前的办法
执行。具体而言,视同缴费期限包括服兵役、登记失业(最多不能超过 3.5 年)、产
假及育婴假(根据孩子数量多少,假期长短不一,但最长不能超过 4 年)、照顾生活

不能自理的家庭成员（主要指部分残疾或者年过80岁者）、短期病假以及接受高等教育（最长不能超过6年且当事人必须满18周岁）等。与其他国家相比,捷克视同缴费期限的规定相对比较慷慨[①]且范围颇为宽泛,这给现收现付的第一支柱养老保险计划带来了额外的财政负担。

养老保险缴费:捷克养老保险缴费率为26%。根据规定,自雇者按照同一缴费率进行缴费,但缴费基数仅为本人净收入的35%,明显低于社会平均工资水平。这就意味着雇员的部分缴费收入要转移支付给自雇者。

老年社会援助:如果老年人没有资格领取养老金,还可以享受由国家提供、结合家计调查发放的最低生活津贴,其具体数额大致相当于在职职工平均收入的1/4。

养老金的税收优惠:养老金收入的个人所得税免征额度比一般免征额度高出4倍。如果老年人的养老金收入低于在职人员平均工资的80%,则无需缴纳个人所得税。从实际情况看,绝大多数的第一支柱养老金领取者都无需纳税。捷克还允许领取养老金的老年人继续就业,以增加老年期间的收入。如果老年人的就业收入、第三支柱养老金（或者其他来源获得收入）以及第一支柱养老金的总和达到纳税标准,其税率也明显低于在职员工。这就是说,即使老年人和在职职工挣得一样多,老年人也可以少纳税。

养老保险制度管理:由国家财政部统一负责养老保险制度及其缴费的管理。

第三支柱私有养老保险方面:1994年,捷克在中东欧国家中第二个引入了第三支柱养老保险（仅晚于1993年的匈牙利）,即自愿的、私有养老保险基金。引入第三支柱养老保险计划的目的主要有两点:一是通过第三支柱,帮助在职员工更好地进行积蓄与投资,为其退休后提供更多的收入来源;二是通过第三支柱,减轻政府在养老保险制度上的供款责任以缓解财政压力。

覆盖面:根据规定,年满18岁的参保人个人（不限于国籍,以长期居留权为准）可以在自愿的基础上与商业保险公司签订相关合同（不得短于5年）。

养老保险缴费:捷克国家补助缴费数额相当于参保人总缴费数额的30%—50%。这一举措深受低收入工人的欢迎。在具体实施中,政府对补助缴费实行累

[①]　从规定来看,捷克视同缴费期限内的计算基数完全等同于缴费期限。但登记失业例外,其计算基数减至80%,即减少20%。

退制,针对单个参保人的最高补助缴费额度为 150 克朗。

具体运作:第三支柱养老金由股份基金公司运营,收益来自自身的积累及基金公司的投资回报。1995 年,获得许可的基金管理公司为 44 家。随着基金市场进一步集中化,2000 年,基金公司已减至 20 家。名义上每家基金管理公司都可以提供数个养老基金计划,但比较活跃的只有 11 只养老保险基金。此外,参保人还可以更换不同的养老基金计划。

养老保险基金的投资:捷克的相关规定极为保守,第三支柱养老基金只能投资于政府债券(占比超过 80%)以及在证券交易所上市交易的证券。

养老保险管理:根据规定,捷克财政部、劳工与社会政策部、国家社会保障委员会对基金管理公司进行联合监管。其中劳工与社会事务部负责核准养老基金计划,社会保障委员会负责监管基金的投资情况,其他事宜则由财政部负责。

养老金的领取:捷克规定,参保人年满 60 岁以后就可以凭合同领取第三支柱养老金。如果参保人死亡,第三支柱养老金可以继承;如参保人出现残疾或者其永久居住地不在捷克境内或参保合同到期,投保人也可以领取已经积累的养老金及相关投资收益。

此外,捷克政府还针对第三支柱养老金提供了相关税收优惠。出乎意料的是,第三支柱的引入在捷克大受雇员欢迎。

第二支柱方面:捷克一直没有引入第二支柱,即强制性、私有的积累制养老保险。1995 年,关于第二支柱的引入问题曾在捷克引起了诸多争议。世界银行和国际货币基金组织在这一问题上提出了很多建议并分析了诸多益处,但最终还是没有说服捷克政府。

捷克没有引入第二支柱的主要原因有二点:一是与其他中东欧国家不同,捷克的财政危机并不严重,对国际金融组织贷款的依赖性不强。在这种情况下,世界银行等国际组织就身微言轻。二是政府和工会组织都认为由于捷克金融市场发育有限,第二支柱的投资风险很大,并且还会影响第一支柱的发展,可谓得不偿失。

(3) 改革的结果。

总体上,无论是第一支柱的参数改革,还是引入第三支柱的结构性改革,这次改革的指导思想就是减少国家干预、扩大个人责任和增强市场作用。最终的改革成果也证明了捷克养老保险制度呈现出越来越明显的"盎格鲁—撒克逊"倾向。从具体内容和措施来看,这次改革的主要特点有:一是围绕第一支柱的大范围参数改革。在坚持现收现付和代际团结的原则上,捷克对第一支柱养老保险的缴费、养老金组成、养老金待遇的具体计算公式、投保期限、收入基数的计算期限、指数化调节、退休年龄以及养老金领取年龄等方面都进行了调整,改革范围之宽是前所未有的。二是力度有限的结构性改革。捷克对原先的养老保险制度进行了部分私有化改革,并成功引入第三支柱。三是"以我为主"的改革。从改革的前期准备到后期的推行过程,捷克坚持结合本国国情进行改革并搁置了世界银行和国际货币基金组织的建议,放弃引入第二支柱。

从结果来看,这次改革比较成功,基本实现了预期目标。一是强化了第一支柱的再分配功能。改革后,第一支柱养老保险继续坚持现收现付和代际团结原则。由于实行了累退式的收益计算公式,第一支柱养老金的再分配功能明显强于大多数中东欧国家。改革后,参保人在职收入越低,其养老金收入的替代率越高;在职收入越高,其养老金收入的替代率则相对越低。二是促进了养老保险待遇的公平化。捷克在中东欧国家当中率先取消了特殊职业的特殊待遇,对所有参保人实行统一制度。这既有利于减轻国家财政负担,又减少了改革的阻力,还有利于进一步扩大养老保险制度的覆盖面。三是养老保险制度的覆盖面继续扩大。捷克通过出台优惠措施将广大自雇人纳入了养老保险制度,同时又取消特殊行业的特殊待遇,从而把强制性的第一支柱养老保险计划覆盖到了境内所有的就业人员。这在中东欧国家当中首屈一指。四是养老保险制度的供款压力得到缓解。由于提高了退休年龄并且鼓励老年人推迟领取养老金或者继续就业,1997年,捷克养老金领取人数比1994年只增长了4%,这一数据远远低于同期进行改革的波兰和匈牙利。受益于领取人数缓慢增长和缴费人数的不断增长,捷克养老保险制度的供款压力得到一定缓解。五是养老金待遇持续下降趋势得到遏制。受益于养老金待遇的指数化调节机制以及第三支柱的建立,老年人养老金待遇下降的趋势得到一定缓解,养老金的充足性得到一定保证。六是强化了在职收入与养老金收益之间的关联度。第一支柱养老金的第二部分,实行养老金待遇与在职收入挂钩,这就有利于激励在职职工积极缴费。但这只是与其以前的养老保险制度相比,如果与波兰和匈牙利进行比较,捷克第一支柱养老金收益与在职收入之间的关联度并不高。

改革也存在不少问题：一是由于过于强调再分配功能，第一支柱养老保险收益与缴费之间的关联度还有待提高。二是政府的供款压力还是很大。根据改革规定，政府供款主要包括第一支柱的赤字兜底（主要是因自雇者按照优惠的缴费基数加入第一支柱引起）、第三支柱缴费补贴以及老年社会援助（主要是由失业率过高引起）等。尤其是第三支柱覆盖面扩展顺利，造成政府补助缴费数额迅猛增长，致使其供款压力不减反增。三是视同缴费期限的规定过于宽泛，给养老保险制度带来额外的供款压力。四是第三支柱还存在参保人年龄较大（大多数 40 岁以下的在职员工没有加入）、缴费率过低（不到平均工资的 3%）、积累额度有限以及基金投资回报率过低等问题。1995—1998 年期间，如果剔除管理成本①和政府的补贴缴费，第三支柱的投资收益甚至是负数。另外，养老保险基金运营的透明度和规范性问题，也饱受国民质疑。

2. 养老保险制度的参数改革（2002—2004 年）

（1）改革的背景及目标。

这次改革的主要背景有：一是捷克决定加入欧盟。这既是这次改革的背景，也是改革的目标。在 1997 年决定东扩以后，欧盟于 2000 年就入盟提出了相关的政治经济条件。同年年底，欧盟又在尼斯进一步提出了相关的社会政策指标，其中就包括养老保险制度。欧盟提出的这些门槛条件，对捷克养老保险制度乃至整个社会保障制度的下一步进展发挥了重要的影响。当然也不能过于高估欧盟的影响，因为在入盟条件中，社会政策的门槛条件相对"较软"，不如政治、经济条件那么"过硬"，并且欧盟也没有建立明确而强有力的机制来促使候选国不折不扣地实现"达标"。此外，欧盟内部各成员国的养老保险制度也是"万花筒"，没有主导模式或者典范模式以供候选国进行借鉴或采用。二是经济形势不容乐观。1997年，捷克陷入经济危机，失业率居高不下，提前退休现象明显增加。令人费解的是，2001 年，捷克在鼓励延迟退休和推迟领取养老金的同时，又降低了提前退休的养老金待遇削减力度。三是捷克政府的财政收入减少，向养老保险制度进行供款的能力在下降。

---

① 捷克养老保险基金的管理成本高达总缴费额的 14%—18%，这明显高于其他经合组织国家 10%左右的水平（数据来自捷克财政部报告）。

这次改革的主要目标,就是达到入盟的门槛条件和提高养老保险制度自身的供款稳定性。为此,捷克在 2002 年 5 月通过了《应对老龄化挑战的 2003—2007 国家行动计划》,并发表了应对人口变化的绿皮书,从而正式揭开了"独立"以来第二次养老保险制度改革的序幕。

(2) 改革的内容及举措。

2002 年和 2003 年,捷克分别通过了关于养老保险制度改革的两个法案①,以提高现收现付制度的长期供款稳定性。具体的内容与措施主要包括以下五个方面。

一是严格提前退休的资格审查。在 2002—2003 年期间,捷克提前退休人员已经占到新领取养老金人数的 50%。为此,捷克政府提出要严格限制提前退休,加大其养老金待遇的削减力度。2002 年,捷克提出到 2013 年将男性和女性的退休年龄分别提高到 63 岁和 61 岁。2003 年,捷克政府就退休年龄又做出了新的规定,提出到 2016 年和 2019 年将男性和女性(没有生育孩子)的退休年龄统一提高到 63 岁。2004 年,捷克又规定,失业人员如果在失业时只比退休年龄小 2 岁,可以提前退休,但每提前 1 年,养老金待遇则相应缩减 5.2%。

二是收窄视同缴费期限的门槛并降低相关的待遇规定,其中失业时间不能超过 6 个月。

三是将养老保险的最低缴费期限提高到 25 年。

四是调整第一支柱养老金的指数化调节原则。捷克决定每年都对养老金待遇实行例行调节,其中最低养老金待遇按照通货膨胀率加上 33% 的实际工资增长率进行综合调整。

五是试图提高雇主的缴费责任,将其负担的养老保险缴费率从 19.5% 提高到 21.5%。因社会阻力太大,这一条规定最终没有得到施行。2004 年,养老保险制度缴费率为 26%,其中雇主依旧负担 19.5%,雇员负担维持在 6.5%。

(3) 改革的结果。

这次改革主要是针对第一支柱的参数改革,但改革力度和范围都不及第一次,且没有涉及第三支柱。因此,改革的效果极为有限。相对比较突出的效果就

---

① 这两个法案分别是 Law No.264/2002 和 Law No.425/2003。

是由于推迟了退休年龄和调整了养老金的指数化原则,养老保险制度的供款问题得到轻微缓解。

但养老保险制度面临以下四大问题。一是第一支柱养老金替代率持续走低,养老保险金待遇也略有下降。2006 年,第一支柱的养老金替代率(养老金数额/平均净工资)从 1990 年的 66% 下降到 52.7%,低于经合组织国家以及周边的斯洛伐克和匈牙利。预计到 2010 年和 2015 年,这一数据将继续下滑到 38% 和 35%。二是第一支柱的再分配功能过强,影响了高收入群体的缴费积极性。虽然养老金替代率在下降,但对低收入者影响不大。捷克政府承诺,如果参保人收入低于平均工资的 50%,其养老金替代率将达到 80% 左右,但低收入参保者的养老金实际价值还是过低。反观高收入群体,情况就截然不同。当参保人收入达到平均工资 150% 以上时,其养老金替代率将跌至 40% 多一点。养老保险缴费与收益之间关联度的下降,就造成高收入群体宁可选择低报或者瞒报收入以少缴费。三是养老保险基金的投资回报率过低。2004 年,捷克养老保险基金 85% 的投资都集中在政府债券(约占 75%)和国库券,8% 投资于银行的存款,股票的投资比重低于 5%,其他方面的投资几乎可以忽略不计。四是第三支柱自愿养老保险缴费收入过低。虽然捷克政府通过税收转移支付形式为投保人提供相应的缴费补贴(有时候政府补贴数额高达单个参保人总缴费的 40%),但很多雇员尤其是 40 岁以下雇员的缴费积极性还是不强。另据世界银行测算,第三支柱养老保险缴费率仅为参保人总收入的 2.5% 左右。

3. 养老保险制度的应急改革(2008—2009 年)

(1) 改革的背景及目标。

这次改革的主要背景有:一是欧盟严格了入盟的社会政策条件。2004 年 5 月,欧盟进一步修正了入盟门槛条件,其中最大的变化就是社会政策条件"变硬",并成为东扩过程中的首要条件之一。在社会政策条件中,养老保险制度是其中的重要一环。虽然捷克已于 2004 年成功入盟,但欧盟的相关政策还是对其养老保险制度的运行起了一定的指导作用。二是世界银行和国际货币基金组织的影响浮出水面。2004 年入盟以后,捷克国内环境进一步宽松。世界银行和国际货币基金组织开始在捷克境内发出更大的声音,对其经济社会政策、福利制度和养老保险制度的改革纷纷提出了各自的专家建议或改革方案。这些建议和方案(其中最突出的一条就是引入第二支柱),引起了捷克社会各界的高度关注和热议。三是捷克国内关于养老保险制度改革的提议很多,但都被国会否决。2005 年,代表捷克银行界利益的经济专家小组抛出了《关于养老金充足性和可持续性的国家战略报告》,建议坚持维持第一支柱养老保险的主导地位,同时逐渐提高退休年龄并继续扩大第三支柱养老保险等。这些建议都被纳入捷克政府 2005—2006 年关于改革养老金的草案,但关于将第一支柱供款从国家预算剥离以及建立后备基金的建议则没有被政府接受。尽管专家小组和捷克政府的改革设想都没有涉及当时已经在捷克国内吵得沸沸扬扬的第二支柱,捷克国会还是否决了这一草案。四是从 2002—2006 年,捷克社会保障基金一直保持一定结余,没有出现赤字。第一支柱养老保险占 GDP 的比重也变动不大,大致维持在 2000 年的水平,养老保险制度运行基本平稳(具体情况参见表 7.1)。五是 2008 年经济危机导致经济下滑和失业率上升,对养老保险制度的缴费收入和政府供款能力造成了严峻挑战。六是 2007 年大选的影响。为了赢得大选,参选政党纷纷提议要进行养老保险制度改革以取悦选民。

表 7.1　1990 年以来捷克共和国养老金支出占 GDP 比重的变动情况(%)

1990	1992	1994	1996	1998	2000	2002	2004	2006
7.3	7.6	7.2	7.5	8.1	8.3	8.5	8.1	8.3

资料来源:Czech Statistical Office:Main Economic and Social Indicators,2007,笔者略有整理。

这次改革的目标主要有两条:一是应对经济危机带来的挑战以维持养老保险制度的稳定性;二是执政党选举成功后,必须兑现选前承诺的相关改革措施。

(2)改革的内容及举措。

这次改革的重点还是围绕第一支柱进行的,主要内容包括以下五个方面:

一是削减第一支柱缴费。2007 年,第一支柱养老保险的总缴费率为 28%,比 2004 年提高了 2 个百分点。其中雇员继续承担 6.5%,雇主缴费率则从 2004 年的 19.5%提升到 21.5%。捷克第一支柱缴费率在经合组织国家中名列前茅,仅次于匈牙利、意大利和斯洛伐克,社会各界尤其是雇主对此意见很大。为此,捷克决定在 2009 年,也就是经济危机爆发后的第一年,将缴费率下调到 26%。出人意料的是,这一缴费率只执行了两年,即 2009—2010 年。

二是明确自雇者的缴费基数。改革规定,自雇者可自行决定缴费基数,但不得低于其净收入的50％;自雇者的缴费数额不能低于雇员平均工资的25％,也不能高于雇员平均工资的200％。

三是冻结政府在养老保险方面开支的增长。为了应对经济危机,捷克决定2009—2010年,政府用于养老保险方面的预算拨付实行零增长,继续维持在2008年的水平。

四是提高退休年龄。2008年捷克决定渐进式提高男女退休年龄,但没有公布具体方案。

五是放宽对第三支柱私有养老保险基金的管制并建立第三支柱的退出机制。

(3)改革的结果。

通过改革,到2009年底,捷克第一支柱养老保险基金的赤字小于预期,安然度过经济危机。这在中东欧国家中是比较罕见的。但改革却降低了养老金的充足性,导致养老金的实际价值出现下降。此外,第三支柱的退出机制导致第三支柱的发展出现倒退。

总体上,这次改革比较仓促,改革前期主要是为了大选,改革进程中又遭遇经济危机,所以很多措施都是权宜之计,缺乏长期考虑。改革的措施则备受批评,改革的效果似乎弊大于利。经济危机过后,这次改革的不少措施就被叫停了。但关于养老保险制度改革的呼声,还是没有停息。

4. 养老保险制度的突破性改革(2010—2013年)

(1)改革的背景及目标。

第四次改革的主要背景有:一是政府叫停了第三次改革的相关措施。2010年初,捷克新政府叫停了上任政府制定的有关养老保险制度改革的相关措施。新政府的财政部、劳动与社会事务部以及相关专家小组就养老保险制度改革进行了新一轮研讨。二是捷克宪法法庭在2010年4月处理了一起抗议第一支柱替代率不公平的案件,这引起社会各界对养老金水平及替代率问题的关注和热议。三是养老保险制度出现赤字和养老金替代率进一步下降。2010年第一季度,捷克第一支柱养老保险制度赤字为50亿克朗,已经超过养老金总支出的10％。根据财政部预测,到2010年底,这一赤字将扩大到350亿克朗(Petr Háva,2010:8)。尽管这一赤字主要是由经济危机引起的,但广大民众对于养老保险制度还是颇有微词。

另外,到 2009 年秋天,平均养老金占平均总工资的比重已经下降到 39.7%,占平均净工资的比重也跌至 52.2%(Petr Háva,2010:9)。替代率的下降,意味着养老金的实际水平在下降。换言之,就是老年人的生活水平在下降。四是养老保险制度抚养比不容乐观和养老保险开支占 GDP 的比重继续上升。2008 年以后,捷克养老保险制度抚养比(养老金缴费人口/养老金领取人口)为 1.86∶1(Martin Šimák,2010:29—37)。2011 年,养老金开支占 GDP 的比重已经上升到 9.4%(Jaroslav Vostatek,2012:2),明显高于第三次改革以前的 8%。

这次改革的目标主要有:一是解决第一支柱的供款不足以及养老金的实际待遇下降等问题;二是在推进第三支柱的同时,引入第二支柱,从而为参保人提供更多的养老选择。

(2)改革的内容及举措。

这次改革大致可以分为两个阶段:2010—2011 年是第一个阶段,主要是围绕第一支柱进行的参数改革,但改革力度和范围大于上一次改革;2013 年是第二阶段,主要是围绕"第二支柱"[①]做文章,可谓是突破性的改革。

2010—2011 年参数改革的主要做法有:

一是提高退休年龄。2010 年 1 月,捷克修改了养老保险法案,对原先的养老保险制度进行了一些大的修改,其中最突出的做法就是提高退休年龄,但相关规定比较繁琐。根据规定,从 2011 年开始,男性退休年龄逐年推迟 2 个月,女性则逐年推迟 4 个月,一直到男/女性的退休年龄分别达到 67/62—65 岁;[②]1997 年以后出生的人员,不论男女,退休年龄统一提高到 67 岁;1936—1977 年之间出生的人员,男性的退休年龄从 60 岁 2 个月到 67 岁不等,女性根据生育孩子数量,退休年龄从 53 岁到 67 岁不等;1936 年以前出生的人员,男性退休年龄为 60 岁,女性根据生育情况从 54—57 岁不等。

二是延长投保期限。从 2010 年开始,投保期限逐年提高 1 年,即 2010 年为 26 年,2011 年为 27 年,以此类推。预计到 2019 年,投保期限将增至 35 年。

三是修改养老保险缴费基数的规定,提高高收入群体的养老金替代率。2011

①　之所以加引号,是因为捷克的第二支柱是自愿性的,这一点与其他国家有明显差别。
②　捷克女性的退休年龄根据养育孩子的数量有所浮动,没有养育孩子或者只养育 1 个孩子的女性,退休年龄为 65 岁;养育了 2 个孩子的女性,退休年龄为 64 岁;养育了 3 个孩子的女性,退休年龄为 63 岁;养育了 4 个及以上孩子的女性,退休年龄为 62 岁。

年,捷克规定,从 2015 年开始将浮动养老金的第二档缴费收入门槛(关于浮动养老金以及三档缴费收入门槛的详细规定参见前文论述)从平均工资的 114％提高到 400％,但超过平均工资 400％以上的部分就不再纳入养老保险缴费基数。这既可以减少管理成本(从三档缴费简化为两档缴费),又可以提升高收入群体的养老金替代率。低收入群体的养老金替代率则维持不变。

四是明确部分养老金的计发细则。如果投保期限不够,参保人就不能领取全额老年养老金,但可以领取部分老年养老金。根据规定,2010 年以前退休的人员,必须年满 65 岁且投保期限满 15 年;2010 年退休的人员,必须比退休年龄高出 5 岁且投保期限满 16 年;2011 年退休的人员,其年龄条件不变,但投保期限必须满 17 年。以后每年的相关规定,都依此类推。

五是严格审查残疾养老金的领取资格。依据残疾程度不同,将残疾养老金待遇分为三档。如果参保人丧失 35％—49％的工作能力,则领取第一档残疾养老金(低于部分养老金);如果丧失 50％—69％的工作能力,则领取第二档养老金(即部分残疾养老金);如果丧失 70％以上的工作能力,则领取第三档养老金(即全额残疾养老金)。

六是规范提前退休养老金的计发。最多允许提前 5 年退休(以前是 3 年),同时加大对提前退休养老金待遇的削减力度。如果提前退休不到 2 年,养老金待遇的削减力度不变。

七是捷克在 2011 年规定,18 岁以后仍在中学就读期限不再视同为缴费期限。

2013 年的改革可谓是突破性改革,其主要做法有:

一是建立第二支柱。2013 年,捷克通过新法,提出在完善现收现付第一支柱的同时,建立新的第二支柱,并将现行的私有补充养老保险正式定义为第三支柱(为便于行文,笔者之前已经将其看作第三支柱)。根据规定,第二支柱实行私有管理的积累基金制。与其他国家不同的是,捷克的第二支柱属于自愿性私有养老保险计划,由参保人自主决定是否参加。加入第一支柱的参保人在年满 35 岁以前,必须选择是否加入第二支柱。在 2013 年已经年满 35 岁的参保人,可以在法律实施后的 6 个月内决定是否加入。一旦决定加入第二支柱,则不得选择退出。第二支柱不再进行单独缴费,而是将第一支柱的部分缴费直接划入第二支柱。如果雇员决定加入第二支柱,其第一支柱的本人缴费份额将增加 2 个百分点,雇主则不受影响。简单而言,就是总缴费将提至 30%,其中雇员缴费率上涨为 8.5%,雇主仍为 21.5%(按照 2010 年以后的缴费率)。在这 30 个百分点里面,有 5 个百分点将进入雇员在第二支柱中的个人账户,剩余的 25 个百分点还是继续留在第一支柱。缴费基数还是按照总收入计算。

二是改革第三支柱。在前面几次改革中,第三支柱不是被遗忘就是被轻描淡写地一笔带过。这一次改革,则大不相同。改革规定,将现行的私有补充养老保险计划(即前文所论述的第三支柱)转为所谓的"转化基金"(transformed pension funds),并不再接纳新的参保人。与此同时,设立第三支柱补充养老保险基金,年满 18 岁的参保人自行决定是否加入第三支柱。第三支柱由参保人自行缴费,至于雇主的缴费责任,则视情况而定。雇主可以选择全额缴费,也可选择部分缴费。与第二支柱相比,第三支柱最大的不同就是可以随时选择加入和退出。

三是加强养老保险基金运行管理。根据规定,第二支柱和第三支柱的管理由养老保险基金公司负责,每个基金公司必须从捷克国家银行获得经营许可,每家公司的最低注册资本为 1 200 万欧元。每家经营第二支柱养老保险的基金公司,可以根据投资策略以及风险大小程度提供四类养老保险基金,即标准基金、保守基金、平衡基金和动态基金。这些基金的投资组合将由随后出台的相关法案予以明确,参保人可以自主选择不同的第二支柱养老保险基金。每家经营第三支柱养老保险的基金公司(最低注册资本为 200 万欧元),必须至少提供 1 只保守基金,其他类别的基金则可以自行决定。根据法律,基金公司可以按照基金实际资产以及资产增值部分的一定比例提取相关管理费用。

四是放宽基金的投资限制。改革后,第二支柱和第三支柱养老保险基金可以投资捷克国内外资产,但每类资产的投资比例皆有上限规定。保守基金只能投资捷克国家银行、其他欧盟或者经合组织国家以及世界银行等国际组织发行的债券,平衡基金可以投资上市交易的股票,但比例不得超过总资产的 40%;动态基金投资规定大致与平衡基金相同,但还可以投资一些投资基金发行的债券,不过这一方面的规定还有待继续细化。

五是为养老保险制度改革提供相关税收支持。参保人加入第二支柱和/或第三支柱后,其缴费额度允许在个人所得税的税基中予以剔除,最高剔除额度可以达到 480 欧元。如果雇主为雇员向第三支柱缴费(仅限于第三支柱),最高剔除额度可以达到 960 欧元。此外,从第二支柱和第三支柱领取的养老金,都免予征收所得税。

(3) 改革的结果。

仔细分析这次改革,可以发现其中最突出的做法有两点:一是将老年养老金进行了部分私有化,即第一支柱养老保险缴费中的 3 个百分点被转移到私有的第二支柱(实际转移部分为 5 个百分点,另外 2 个百分点来自雇员增加的缴费部分)。这就意味着第一支柱的功能相对削减,即降低了第一支柱的再分配功能并增强了整个养老保险制度的缴费与收益之间的关联度。二是建立了颇具捷克特色的第二支柱缴费确定型养老保险计划,其最大的特点就是自愿参加。

由于实施时间很短,改革长期效果如何还有待观察。但此次改革还是留下了一些问题:如职业年金计划还是空白,养老保险基金的管理成本仍显过高以及养老保险基金的投资细则不够清晰等等。

7.3 捷克养老保险制度的现状及面临的挑战

7.3.1 捷克养老保险制度的现状

经过最近一次改革,捷克也终于建立了所谓的"三支柱"养老保险模式。不过捷克的三支柱养老保险模式别具特色,其中的第二支柱属于自愿参加(但一旦选择加入后就不可退出),第三支柱除了自我投保以外还有政府缴费部分。这两点都与大多数中东欧国家的通行做法存在明显差异。

1. 捷克特色的"三支柱"养老保险模式

(1) 第一支柱。

第一支柱公共养老金计划在整个养老保险制度中占据了主导地位,实行的是强制性的现收现付制度。第一支柱由国家预算予以兜底,覆盖面接近 100%。

养老金的组成:公共养老金包括两部分:一是统一数额的基本养老金(即固定部分),二是与参保人在职期间工资以及投保年限相关联的浮动部分。固定部强调公平,数额仅大致相当于在职职工平均工资的9％;浮动部分强调效率(即收益与缴费之间的关联度),替代率相当于在职工资的40％—45％。2013年,平均养老金数额为10 929克朗。

养老金的缴费:缴费率为28％(不加入第二支柱)或者30％(如果加入第二支柱的话),雇员(负担6.5％或者8.5％)和雇主(均负担21.5％)通过税收形式进行缴费。

养老金的领取资格条件:2014年,男性退休年龄为65岁,女性为63岁。捷克已经提出男性退休年龄将延迟到67岁,女性则延迟到65岁。2014年,投保期限为30年,男性提前退休不能超过5年,女性提前退休不能超过3年。

养老保险制度管理:第一支柱归国家社会保障机构管理,相关政策则由劳工与社会政策部负责制度和实施。来自第一支柱的养老金收入免予缴税。

养老金种类:第一支柱提供老年养老金、残疾养老金和遗属养老金。

养老金指数化:每年1月对养老金的数额进行调整。如果通货膨胀率过低或者过高,则不固定在1月。具体调整原则是依据商品零售物价指数的100％加上实际工资增长率的1/3进行综合调节。

(2)第二支柱。

第二支柱设立于2013年,实行完全积累的个人账户制。参保者可自愿加入,但加入后则不可退出。

养老金缴费:不直接缴费,由第一支柱的缴费进行划拨,划拨比例为5个百分点(即缴费率为5％)。

覆盖面:由于成立时间很短,第二支柱参加人数并不多。

运营与管理:养老保险基金由捷克国家银行负责全面监管,由获得许可的基金公司进行运营。参保者可以自行更换基金公司。

(3)第三支柱。

第三支柱引入于1994年,属于完全积累的私有补充养老保险。与其他国家不同,捷克政府的补贴缴费数额不菲。此外,对于第三支柱的私人缴费和养老金收入,国家还给予一定的税收支持。

覆盖面:推出后的前几年发展很快,最近几年尤其是经济危机以后发展相对放缓。目前大约覆盖了70％的就业人口。

运营与管理:第三支柱的运营与管理基本等同于第二支柱,不过参保者可以选择退出第三支柱。

2. 运行平稳的养老保险制度

与大多数中东欧国家相比,捷克的养老保险制度运行较为平稳,第一支柱养老保险的赤字也不大,政府的供款压力还处于可承受范围。第三支柱发展尚可,在一定程度上为老年人提供了更多的养老选择。

值得肯定的是,捷克的老年贫困率明显低于周边其他国家和经合组织国家的平均水平,这主要归功于其第一支柱养老保险计划突出的再分配功能。第一支柱的再分配功能主要体现在两点:一是人人均可享受的基本养老金(统一数额的固定部分),二是浮动部分中的替代率累退机制,即工资越低,养老金的替代率越高,工资越高,养老金的替代率反而越低。虽然高收入群体颇有微词,但整体看,这一做法还是比较成功的。

7.3.2 捷克养老保险制度面临的挑战

一是人口老龄化的挑战。捷克人口老龄化的程度并不逊色于周边国家。2011 年,捷克 65 岁以上老年人口占总人口的比重已经达到 22.6%,平均预期寿命为 76.4 岁,并且人口老龄化趋势还在日趋加重(OECD,2011)。人口老龄化带来的直接挑战,就是养老保险制度因缴费人口减少、领取人口增加而出现的供款压力。2011 年,捷克第一支柱养老保险支出占 GDP 的比重已经超过 9.4%,这一比重略高于经合组织国家平均水平,不过比欧盟的平均水平低 4% 左右。虽然养老保险制度没有出现严重的供款危机,但还是要未雨绸缪。

二是第一支柱养老金的充足率不够。2010—2013 年的改革提高了养老保险的退休年龄,但同时又允许提前退休,这就导致很多人选择提前退休。在这种情况下,第一支柱养老金的总体替代率将有所下降。而第一支柱养老金总替代率降低,就会导致老年人尤其是低收入老年人的养老金待遇下降,最终影响其退休后的正常生活水平。另外,第二支柱的建立(由于其缴费来自第一支柱的直接拨付),在一定程度上也削弱了第一支柱养老金的基础性作用。

三是养老基金的投资回报率过低。捷克国内共有 9 家公共养老保险基金,但平均回报率却低于通货膨胀率。从这个角度看,养老保险基金其实是在贬值。另

外,受国内经济不景气的影响,捷克第三支柱的养老金回报率也非常低,只有 1％
左右,而同期养老保险基金管理及运营费用却明显高于预期。根据相关法律规
定,管理费用可以占到总资产的 0.3％—06％,如果投资有收益,还可以从收益部
门提取最多 10％的手续费或者运营费。但不少专家和政客都认为实际数字应超
过规定比例,但相关部门没有提供具体数据。

四是第三支柱的逆向分配功能。表面上,第三支柱养老金保险计划可以给在
职员工提供更多选择,以更好地保障其老年生活水准。为此,捷克政府还提供了
相应的缴费补贴和税收优惠。但第三支柱不同于第一支柱,它没有再分配功能。
从实际运作过程中看,第三支柱甚至起到了逆向分配作用,即所谓的“劫贫济富”。
这主要是因为低收入者往往无法保证向第一支柱进行正常缴费,更没有余力去参
加第三支柱。虽然国家提供相关的缴费补贴,他们也无法享受到这一优惠,就更
谈不上享受相关的税收优惠。于是,国家的缴费补贴和税收优惠大都被中高收入
尤其是富人在享受,而缴不起费的低收入群体却在承担相应的税收优惠成本。这
实际上拉大了不同群体之间的养老金待遇区别,加剧了收入不平等现象。

至于第二支柱,由于改革时机较短,目前难以做出进一步的评价。

7.4　关于捷克养老保险制度下一步改革的设想

养老保险待遇的充足性、养老保险制度供款的稳定性和可持续性,一直都是
诸多中东欧国家、欧盟国家乃至世界各国养老保险制度的重要目标,捷克也是如
此。在 2010—2013 年的改革中,捷克已经为此做了一些尝试,比如引入第二支
柱、完善第三支柱和对第一支柱进行参数改革,但效果如何有待观察。至于下一
步的改革,笔者推测捷克当局可能采取的措施主要包括以下四个方面。

7.4.1　继续对第一支柱进行参数改革

独立后,虽然经历了四次改革,捷克的养老保险制度并没有受到根本性地触动

或实现了根本性的转变,现收现付的第一支柱还是占据了绝对主导地位。虽然短期内还没有更好的办法对第一支柱进行大调整,但还是可以继续进行参数改革。

一是渐进提高退休年龄。预计到 2023 年,捷克男性退休年龄将达到 67 岁。应可以考虑从 2024 年开始,将男性退休年龄逐渐提高到 69 岁,女性提高到 67 岁,或者男女性统一提高到 69 岁。欧盟不少国家都已经做出了相关规定,至于捷克如何推迟退休年龄还要取决于那时的总人口结构情况,但这不失为可取之策。二是延长投保期限。预计到 2019 年,投保期限将延至 35 年。可以考虑从 2020 年开始将投保期限延长到整个职业生涯,这一做法在很多国家都已实施。三是严格限制提前退休,但生育多个子女的女性可以例外,以鼓励生育来缓解人口老龄化趋势。四是可以考虑进一步降低第一支柱养老金替代率。如果第二支柱不实行单独缴费,可以逐渐提高第一支柱向第二支柱的拨付比例。目前,拨付比例为 5 个百分点。从欧盟其他国家的做法来看,这一比例并不高,还有一定的提高空间。当然,这在一定程度上会进一步加大社会不平等,但还是处于可控范围。五是提高基本养老金数额。为了更好地发挥第一支柱的再分配功能以保障老年人的退休生活,可以考虑取消向第三支柱养老保险计划的国家缴费补贴,并把这些补贴投入第一支柱养老金的第一部分(即基本养老金)。目前基本养老金约占在职职工平均工资的 9%,如果把第三支柱的国家缴费补贴挪至第一支柱基本养老金,既可以增强第一支柱的再分配功能,又能减少第三支柱的逆向分配副作用,可谓一举两得。至于第三支柱的税收优惠,还是可以继续维持。

7.4.2　将第二支柱改为强制性计划并提高缴费率

2013 年,捷克建立了第二支柱,但与世界银行推荐的第二支柱(强制性完全积累的私有养老保险计划)还是存在一些明显差别:一是捷克的第二支柱属于"半强制性",即自愿进入但不得退出;二是第二支柱没有实行单独缴费,而是由第一支柱缴费予以拨付。

与此同时,捷克还没有普遍建立企业年金或职业年金,当然欧盟也有不少国家没有相关的类似年金。捷克的做法是,如果企业财务状况较好,雇主可以依据合同选择为雇员向第三支柱缴费。但这一缴费不具有强制性,并且第三支柱基金的运营成本往往高于职业年金。至于为什么捷克没有建立企业年金,不少专家认为这是受到捷克新自由主义哲学和政党的影响。新自由主义者认为企业不应该过多介入员工的社会保障事务,每个员工应该根据自己的意愿来决定和选择是否加入相关社会保障计划或者项目,每个人应该对自己的养老事务负责。这也是捷克第二支柱采取自愿加入的主要原因之一。

捷克已经认识到,在继续发挥第一支柱养老金主导作用的同时,必须大力发展完全积累的养老金支柱以更好地保证养老金的充足率。为此,捷克很有可能将第二支柱改为强制性的私有养老保险计划,规定在一定年龄段后的人员(比如 1975 年或者 1977 以后出生的,即年满 30 岁的职工)必须加入第二支柱。当然具体的年份选择应该与其他改革措施相配套(如投保期限延长、退休年龄延长等措施),以减少改革阻力。至于新进入劳动力市场的人员,则统一强制加入第二支柱。至于第二支柱缴费是选择继续由第一支柱转移拨付,还是进行单独缴费,这都不是原则问题。关键问题是缴费的比例和数额,当前的缴费率为 5%,应该还有上升空间。

7.4.3　大力发展第三支柱

最后一次改革涉及了第三支柱,但力度并不大。有的改革措施,比如税收优惠、政府补贴缴费还存在一定的副作用。由于改革比较仓促,在第三支柱养老基金的运作、监管、基金公司责任等方面都没有出台明确规定。捷克应该会在近期出台相关法律就细则,对第三支柱养老保险基金的日常监管、运营投资、收益回报、基金公司破产倒闭、基金公司并购以及政府的相关责任等问题做出明确规定,以更好地保护参保人的合法权益和确保养老保险基金运行顺利。

为了减轻政府财政压力并防止出现前文已经提到的"劫贫济富"现象,捷克政府还可以考虑取消对第三支柱的缴费补贴,削减相关的直接税收优惠,并通过对企业实施税收优惠来鼓励企业为其员工向第三支柱进行缴费。

7.4.4　加大政府在养老保险制度的相关责任

虽然在第三支柱方面,政府可以取消缴费补贴和削减相关税收优惠,但这并不意味着政府就能减轻其在整个养老保险制度的相关责任。根据欧盟测算,捷克第一支柱养老金的赤字将继续扩大,甚至有可能达到 GDP 的 2% 以上。为此,在考虑把第三支柱的缴费补贴转移过来以外,捷克政府还有可能会继续加大投入,以保证第一支柱正常运转。

在加大投入的同时,捷克政府还会采取的举措主要有:一是积极完善劳动力市场,提高国民就业率尤其是老年人的就业率;二是加强缴费征管,确保养老保险制度的缴费收入;三是严格审查提前退休申请和遗属养老金申请,收紧残疾养老金门槛,削减养老保险制度不合理的开支;四是推出相关的老年救助、老年补贴等福利措施,以减少老年贫困;五是完善金融投资市场,为养老保险基金的投资运营创造良好的环境。

养老保险制度既是经济制度的一部分,也是社会制度的一部分,同时还深受一国的政治、文化、历史传统以及国外因素影响。因此,捷克在推进养老保险制度改革时,既要充分考虑本国的经济社会政治发展情况及历史传统,同时又要兼顾欧盟等国际组织的要求与标准,还要衡量改革的成本与社会可接受性。

7.5　结语

捷克的养老保险制度长期深受德国、奥地利等国影响,具有深厚的俾斯麦模式传统。同时因工会力量比较强大,它又兼具一定的公平主义特色。独立后,受到新自由主义思潮的指引,捷克开始探索养老保险的私有化,但养老保险私有进程明显慢于中东欧其他国家。第二支柱的引入更是晚至 2013 年,并且还是半自愿性的。第三支柱发展尚可,但主要归功于国家的缴费补贴和税收优惠,在一定程度上反而起了劫贫济富的作用。

总体看,捷克养老保险制度改革比较频繁,但每次的力度都不是特别大,基本属于渐进式的增量改革。这除了受其经济社会、文化传统等影响以外,还要归因于捷克的养老保险制度尤其是第一支柱养老保险总体运行平稳,没有出现严重的供款危机。特别值得肯定的是,捷克在养老保险制度改革中最早废除了特权阶层的特殊待遇,较好地实现了养老保险待遇的公平性。同时,其老年贫困率又明显低于欧盟国家平均水平,这在中东欧国家中是比较罕见的。

在人口老龄化危机以及经济长期滞涨的情况下,捷克养老保险制度也面临新的挑战。在保证第一支柱养老金主导地位的同时,如何发挥好第二、第三支柱的作用已经成为下一步改革的主要议题。

第8章

克罗地亚养老保险制度改革的回顾与展望

1991 年,克罗地亚宣布独立,但旋即爆发内战。与波黑大相径庭的是,内战结束后,克罗地亚经济社会发展很快就进入了正常轨道。受益于此,克罗地亚养老保险制度改革的推行与运转都相对平稳。与巴尔干半岛的其他转轨国家(斯洛文尼亚往往不被认为是巴尔干国家)相比,克罗地亚的养老保险制度改革可谓是一枝独秀。

8.1 克罗地亚国家概况

克罗地亚位于巴尔干半岛西部,地处中欧与西欧的交界要道,邻国主要有斯洛文尼亚、匈牙利、塞尔维亚、波黑和黑山等国,西面濒临亚德里亚海,与意大利隔海相望,国土面积为 56 594 平方公里。

2001 年,克罗地亚与欧盟签署了稳定与联系协议。2004 年,获得入盟候选国地位,2005 年开始进行入盟谈判。据国际货币基金组织统计,克罗地亚 2011 年人均 GDP 已经达到 14 457 美元,成功进入高收入市场经济体国家行列。2014 年 7 月,克罗地亚成功加入欧盟,成为欧盟最年轻的成员国。

8.2 克罗地亚养老保险制度改革的历程回顾①

8.2.1 1998 年改革以前的养老保险制度情况

1. 独立以前的养老保险制度情况（1991 年以前）

独立以前，克罗地亚的养老保险属于前南斯拉夫养老保险制度的一部分，实行的是现收现付模式的国家养老保险制度。前南斯拉夫养老保险制度主要特点有：采取俾斯麦模式，养老保险制度供款主要来自雇主和雇员的缴费收入；退休年龄低，领取资格宽松；覆盖面广，基本覆盖了所有职工；养老金替代率相对较高，大致维持在 75%—80%之间；残疾养老金等特殊养老金的门槛条件较为宽松；养老保险待遇身份化。虽然整个养老保险制度只有待遇确定型的公共养老保险一个支柱，但克罗地亚针对雇员、自雇者和农民分设三个养老保险计划（其中，农民的强制性养老保险建立于 1980 年），这三个养老保险计划仅在待遇计算公式上略有区别。此外，克罗地亚还针对特殊群体（比如退伍军人、二战老兵、现役军人和警察等人员）的养老金出台了专门法律。根据法律，这些特殊群体的养老保险缴费由国家财政予以负担。

这一时期养老保险制度的主要规定有：养老金领取方面，男/女性分别年满 60/55 岁且工作分别满 35/30 年，或者男/女性分别满 65/60 岁且参保期限满 15 年，就可以领取养老金。男/女性参保期限如果分别满 40/35 年，就有资格领取养老金且不受年龄限制。男/女性分别年满 55/50 岁且参保分别满 35/30 年，就可以申请领取提前退休养老金。每提前 1 年，养老金待遇相应减少 1.33%；养老金指数化方面，克罗地亚每年根据国家平均工资增长情况对养老金进行 1—2 次的相应调整。如果工资增长情况超出预期，还会采取一些临时性调整措施以应对。

在 80 年代以前，由于整体经济形势较好和人口结构比较年轻，克罗地亚的养

---

① 在养老保险制度改革的历程回顾中，本章没有以克罗地亚国家独立等政治事件而是以具体改革的实施时间作为分界点。

老保险制度运行顺利。80年代经济危机以及人口老龄化开始显现以后,克罗地亚的养老保险制度面临着供款不足、养老金待遇充足率不够等严峻挑战。到独立前夕的1990年,克罗地亚养老保险制度的缴费率为24.1%,其中雇员负担16.7%,雇主负担7.4%。相对于其他中东欧国家而言,克罗地亚雇主的养老保险负担是比较低的。

2. 转轨初期的养老保险制度情况(1991—1997年)

1991年独立后,克罗地亚逐渐向市场经济转轨。国家预算也从以前的南斯拉夫联邦预算中剥离,自行运转。由于当年经济状况较好,克罗地亚将养老保险缴费率大幅下调至18.5%,其中雇员9.5%,雇主9%。但在下调的过程中,雇主的缴费负担反而有所增加,几乎与雇员的缴费负担持平,而雇员的缴费负担则明显下降。这有利于雇员积极参加养老保险制度,并主动监督雇主为其缴费。

好景不长。1992—1995年期间,克罗地亚陷入了内战,整个国民经济崩溃,社会发展出现严重倒退。在此期间,克罗地亚现收现付的养老保险制度受到很大冲击:一是政府财政收入减少,财政赤字不断加大,用于养老保险制度的转移支付明显减少。二是养老保险制度面临着缴费人口下降(因失业率上升造成就业人口减少)、残疾养老金和遗属养老金领取人数大涨(因战争引起)以及享受特权养老金人群(主要是军警人员、战争中有突出贡献的人员)大幅增长等现象的不利影响。三是养老金水平明显下降。养老金替代率从独立前的80%降到了1993年的61.8%,到1997年又进一步跌至47%。四是养老金支出明显增加。1994年以后,养老金支出占GDP的比重逐渐上升。1997年,养老金支出占GDP的比例达到10.62%。五是为了解决战争引起的失业问题,克罗地亚放宽了提前退休年龄的规定。这导致提前退休并领取养老金人数激增,养老保险制度的开支猛涨。

为了维持养老保险制度的运转,在1992—1994年期间,克罗地亚被迫连续上调养老保险缴费率。1992—1993年期间,养老保险缴费率为22%,其中雇员11%,雇主11%;1994年,养老保险缴费率为27%,其中雇员13.5%,雇主13.5%。内战结束后,1995—1997年期间,克罗地亚将养老保险缴费率略微下调至25.5%,其中雇员12.75%,雇主12.75%,但仍高于独立前的养老保险缴费水平。在这一时期的亮点是,克罗地亚的手工艺者被纳入自雇者养老保险计划。

尽管提高了缴费率,克罗地亚养老保险制度在1992—1995年期间还是连年出现赤字,供款危机日益加重。为此,克罗地亚政府采取了两条措施:一是不断加大国家预算拨款以弥补养老保险赤字,这导致政府财政压力日益加大。1996 年,克罗地亚财政预算拨款占养老保险支出的比例达到9.5%。1997 年和1998 年,这一比例分别增长到 16.99% 和 22.97%(Predrag Bejaković,2011:64),增速惊人。二是任由养老金替代率下滑。1994 年,养老金替代率从 1992 年的 60% 下降到25%。1995—1998 年期间,养老金替代率继续下滑至 46%。受此影响,克罗地亚老年人的生活水平也持续下降。

8.2.2　1998 年以后的养老保险制度改革(1998—2011 年)

1. 养老保险制度的"小改革(参数改革)"①(1998—2000 年)

(1) 改革的背景及目标。

1980—1998 年,克罗地亚养老保险制度的缴费人口下降了约 40 万人,养老金领取人口却因难民、退伍军人和残疾养老金领取者等人员的快速增长而增长了 1倍。这就导致养老保险制度抚养比(缴费人口/领取人口)急剧恶化,从上世纪 90年代初的 3∶1 下降到 1999 年的 1.38∶1(Predrag Bejaković,2011:59)。另外,养老保险制度的缴费收入占养老保险制度开支的比例也逐年下降,政府供款比例则不断上升,养老保险开支已经成为国家财政赤字的最大来源。到 20 世纪 90 年代末,克罗地亚用于养老保险制度的国家财政转移支付已经占到 GDP 的 14% 且还有继续增长之势,这一比例明显高于周边其他转轨国家(Maršić,T.,2004:72—91)。

尽管政府用于养老保险制度的财政开支一直在增长,但老年人的养老金收入还是明显低于在职职工收入。到 90 年代末,养老金替代率已经下滑至 40% 左右。为此,克罗地亚养老金领取者协会将政府告至宪法法院。最后,宪法法院裁定,政府必须采取措施弥补养老保险制度债务以保证养老金的实际水平。在此背景下,克罗地亚政府与民间对养老保险制度改革的呼声都日益高涨。

早在 1995 年战争结束后,在世界银行的影响下,克罗地亚政府就提出三支柱养老金改革设想——缩减第一支柱规模和增设强制性的基金积累制支柱,并建议

---

① 很多学者将这一次改革称为"小改革",是因为这一次改革主要是参数改革,而下一次改革由于是结构性改革则被称为"大改革"。

于 1996 年立法并在 1997 年实施。受到国内政治形势影响，这一改革提议在 1996 年秋天被叫停了。1997 年，随着经济形势相对恶化，国家财政赤字不断加大，政府向养老金供款的能力难以为继，养老金改革再一次被提上议事日程。

这一次改革的主要目标是：采取更为合理的制度设计以减少养老保险制度开支，不断增加个人在养老保险制度乃至整个社会保障制度中的责任；提升养老金的充足性；扩充养老金的筹款渠道，建立与经济、人口趋势和谐发展的可持续性的养老保险制度。

（2）改革的内容及举措。

1998 年，克罗地亚国会通过养老金保险法案，正式拉开了养老金改革的序幕。该法案规定，克罗地亚实施三支柱养老保险，即一个现收现付制的待遇确定型支柱，一个强制性的全积累制的缴费确定型支柱和一个自愿的全积累制的缴费确定型支柱。1999 年，克罗地亚又制订和修改了《养老保险法》、《抚恤基金法》、《养老保险公司和储蓄法》和《保险法》等一系列法规，为养老保险制度改革的顺利进行奠定了法律基础。由于受到 1999 年年底的政治事件和 2000 年的大选影响，积累制支柱的实施被推迟到 2002 年。因此，这次改革被称为"小改革"，即主要是围绕第一支柱进行的参数改革。改革的主要措施大致可以分为以下四类：

一是养老保险制度管理方面的措施，主要包括：合并三大养老保险计划，即将雇员、自雇者和农民的养老保险计划归并为一个养老保险计划，同时将养老金与残疾保险改名为养老金保险并由新设立的克罗地亚养老保险协会统一管理。为了推行强制性养老保险计划，1999 年 10 月，克罗地亚设立了养老保险会员中央登记处，负责保管强制性养老保险基金的个人账户记录并在参保人更换养老保险基金时将其缴费及个人账户资产拨付给相关基金公司。此外，登记处还负责按月收集雇主和雇员的工资及缴费信息，发布个人账户资金平衡报告和向基金公司提供相关参保人的个人信息等相关事务。由于改革受到一定阻力，中央登记处延迟到 2002 年以后才正式行使职能。2001 年 7 月，克罗地亚又规定，财政部下属的税务机关负责强制性社会保障缴费（包括养老保险、医疗保险、失业保险等）的征缴工作。

二是减少养老保险制度开支方面的措施，主要包括：提高退休年龄，从 2000 年开始，每年提高 6 个月，最终将男性的退休年龄从 60 岁逐渐提高到 65 岁，女性则从 55 岁逐渐提高到 60 岁。加大提前退休养老金的削减力度,男性满 60 岁且工作满 35 年,女性满 55 岁且工作满 30 年,可以申请提前退休,但养老金的削减幅度从改革前的每提前 1 年就削减 1.33% 提高到每提前 1 年则削减 3.6%。收紧残疾养老金的门槛条件,减少残疾养老金的领取人数。

三是增加养老保险制度收入方面的措施,主要包括:改革前,自雇者和农民的缴费明显低于雇员。养老保险制度并轨后,所有参保人实行统一缴费。延长养老金计算公式中的投保期限,改革前投保期限为退休前的最佳 10 年,从 2000 开始,每 1 自然年延长 3 个月,预计到 2008 年延长到整个职业生涯。这些措施有利于鼓励在职员工持续缴费,增加养老保险制度供款的稳定性。

四是确保养老金充足率方面的措施,主要包括:调整养老金待遇计算公式,实行德国积分制。为了减少性别差异引起的养老金待遇区别,克罗地亚规定男性每工作 1 年,积点为 2.2;女性每工作 1 年,积分则为 2.5%。调整养老金待遇的指数化原则,1993 年以前,克罗地亚采取的是工资指数。1993—1997 年期间,鉴于物价上涨很快,克罗地亚决定采取价格指数。1998 年以后,又改为瑞士指数法,即同时参考工资指数和价格指数(各占 50%)。

为了减轻雇员和雇主的缴费负担,这次改革还两次调低了养老保险缴费率。1998—1999 年,将养老金缴费率从 1997 年的 25.25% 下调到 21.5%,其中雇员 10.75%,雇主 10.75%。2000—2002 年,又进一步调低至 19.5%,其中雇员缴费比例不变,仍为 10.75%;雇主缴费率则降至 8.75%,这相对减轻了雇主的缴费负担。此外,改革还调整养老金领取的资格条件。改革前的规定是男性必须工作满 35 年,女性必须工作满 30 年,改革后调整为男女如果已经达到退休年龄,则工作只需满 15 年。

(3)改革的结果。

从背景来看,克罗地亚独立后的第一次养老保险制度改革深受国内外因素的综合影响。受制于国内政治、社会形势,这次小改革仅仅针对第一支柱进行了参数改革。这次改革最突出的成果,就是合并了三大养老保险计划,建立了统一的养老保险制度,扩大了养老保险制度的覆盖面,加强了养老保险制度的管理。同时,通过一些参数改革,一方面增加了缴费收入,另一方面又削减了相关开支。这一增一减,在一定程度上缓解了养老保险制度的财务危机。

这次"小改革"也遗留了不少问题：一是下调养老保险缴费率，减少了养老保险制度的供款，整个养老保险制度的赤字问题没有得到根本缓解。2001年，国家预算用于所有转移支付的数额占到GDP的18.8％，而养老金的支出则占到其中的72.5％。二是推迟退休年龄延至2000年开始，于是在1998—1999年期间出现了大量提前领取养老金的现象，即所谓的"提前撞线"。三是养老金替代率仍然过低。2000年，养老金替代率继续下滑到37.6％。虽然2001年后略有反弹，但还是仅仅维持在40％左右。整体养老金替代率过低主要是由大量提前退休引起的，如果按照法定年龄退休，养老金替代率则达到60％左右。四是因国内反对意见较大，积累性养老保险支柱的引入被推迟。在世界银行和国际货币基金组织的推动下，这次改革的宗旨是削减整体社会福利并增强个人责任，但受到了养老金领取者及其利益代表的指责。他们普遍认为改革主要是借鉴了所谓的"拉美模式"，却相对忽视了欧盟以及克罗地亚本国历来强调代际团结的传统。并且拉美模式并没有取得成功，1999年以后退休的人群将是这次改革的牺牲品。

2. 养老保险制度的"大改革（结构性改革）"（2002—2007年）

（1）改革的背景及目标。

这一次改革的首要原因就是人口危机，即人口总量削减与人口老龄化加剧。这一减一增，大大加重了克罗地亚当前劳动人口的养老负担。据统计，1991年，克罗地亚人口为478万人；2001年，总人口下降为443.7万人。十年之间，克罗地亚全国总人口减少了2.4％。2004年，克罗地亚人口自然增长率从2000年的−1.5％下降到−2.1％。同期，人口老龄化却在不断加深。2001年，克罗地亚老年抚养系数（65岁以上人口/15—64岁之间的劳动年龄人口）增至23.7％。预计到2040年，老年抚养系数将继续增长到36％。2002年，克罗地亚65岁以上人口占总人口的比例从1991年的9％提高到15.7％。同年，克罗地亚养老保险制度抚养比（养老金缴费人口/养老金领取人口）从1990年的3∶1下降到1.36∶1，人均预期寿命则达到74.2岁。其次，受战争和经济结构重组的影响，就业率出现大幅下降。2000年，克罗地亚国民就业率下滑到50.7％，明显低于欧盟国家平均水平。到2001年底，登记失业率已经高达22.8％（Predrag Bejaković，2004）。

在人口危机与就业率下降的综合影响下，克罗地亚养老保险制度供款危机进一步凸显。1999年，国家预算转移支付已经占到养老保险制度总收入的33.2％，这其中有将近 50％用于特权人群的优惠养老金待遇。2000 年,这一比例提高到 35.4％。2003 年,享受优惠养老金待遇的特权人员人数已经增长到 174 259 人,占到全部养老金领取人数的 16.7％。这引起了社会各界的高度关注。

在这一次改革前夕,除了世界银行和国际货币基金组织以外,欧盟的影响也开始显现。2001 年,克罗地亚与欧盟签署了稳定与联系协议,开始向欧盟提交相关的社会政策发展报告。从此,欧盟在养老保险(社会保障)制度上的理念与传统,就给克罗地亚养老保险制度下一步改革打上了深深的烙印。

这次改革的目标很明确,就是削减养老保险制度的公共养老金开支,解决养老保险制度的供款危机,增强养老保险制度的可持续性。

(2)改革的内容及举措。

2002 年,在世界银行、欧盟等国际组织的推动下,克罗地亚再一次启动养老保险制度改革,决定在保留并削减第一支柱规模的同时,正式推行强制性积累支柱(第二支柱)和自愿性积累支柱(第三支柱)。由于这次改革正式提出了三支柱养老保险模式,故被称为"大改革"。这次改革的法律基础,还要回溯到 1999 年通过的《强制性和自愿性养老保险基金法案》和《养老保险公司和储蓄法》,主要做法包括以下五个方面。

第一,在第一支柱方面继续进行参数改革。根据规定,第一支柱仍为强制性的现收现付制度,覆盖所有人群,包括雇员、自雇者和农民。第一支柱由国家财政进行兜底,主要提供基本养老金、残疾养老金和死亡抚恤金。

缴费率:2002 年,只参加第一支柱人员的缴费率为每月总工资的 19.5％,其中雇员缴费为 10.75％,雇主缴费为 8.75％。如果同时加入第二支柱,第一支柱缴费率则降为每月总工资的 14.5％。从 2003—2010 年,养老保险总缴费率调整为 20％,雇主不再缴费。之所以雇主不再缴费,是因为从 2003 年开始,医疗保险缴费则全部由雇主负担,雇员不再负担。根据规定,财政部每年根据上一年度前 8 个月的平均工资水平确定当年的最低和最高缴费基数,其中最低缴费基数为平均工资水平的 35％,最高缴费基数为平均工资的 600％。改革还规定,自雇者的缴费率为 20％,其最低缴费基数为雇员平均工资的 110％;如果自雇者已经加入第二支柱,则将第一支柱缴费收入的 5 个百分点划拨给第二支柱。至于农民,如果需要缴纳个人所得税,则其第一支柱的缴费率与最低缴费基数都等同于自雇者;

如果不需要缴纳个人所得税,则缴费率为10%;如果同时加入了第二支柱,则将其第一支柱缴费收入的5个百分点转拨给第二支柱。

养老金待遇的计算:第一支柱养老金待遇实行积分制,数额取决于参保人在职期间的工资水平和本人的有效参保期限。具体计算公式为:养老金待遇=个人积分×养老金因子×实际养老金价值。其中,个人积分取决于平均值点、参保期限和初始因子。平均值点=参保人退休前的平均工资/所有在职员工的平均工资。1999年,平均工资取退休前最佳10年的平均数字。2000年开始,每年将计算平均工资的年数增加3年。预计到2009年,平均工资的计算期限将延至40年或者整个职业生涯。参保期限为实际缴费期限。初始因子是用来计算提前退休养老金的。改革规定,每提前1年退休,养老金待遇削减1.8%。养老金因子视养老金种类而定,其中老年养老金和提前退休养老金的养老金因子为1.0。实际养老金价值是单个个人积分对应的养老金数额。具体数额由养老保险协会的管理委员会决定。

养老金指数化:继续实行"瑞士指数化"原则,即按照工资的50%和物价的50%进行综合调整。每年的1月1日和7月1日,对第一支柱养老金进行两次指数化调整。

最低养老金:计算公式为1998年毛工资的0.825%乘以参保人的工作年限数。2002—2008年期间,最低养老金相当于平均养老金的41.25%。

最高养老金:没有具体数额规定,但在计算养老金的平均积分时,每1个工作年限最多可以获得3.8个积分。从这一实际做法来看,最高养老金不得超过平均养老金的380%。

提前退休养老金:改革规定,最多可以提前5年退休。2003年,男性的提前退休年龄为57.5岁且工作满35年,女性为52.5岁且工作满30年。预计到2008年,男性提前退休年龄将提高到60岁且工作满35年,女性为55岁且工作满30年。在提前退休养老金待遇削减问题上,克罗地亚在1999—2002年期间规定,每提前1个月退休,养老金待遇削减0.3%,即每提前1年,则削减3.6%。在2003—2007年期间,削减力度提升为每提前1个月退休,削减0.354,即每提前1年,削减4.08%。从2008年开始,削减力度又下降到每提前1个月退休,削减0.15%,即每提前1年,则削减1.8%。如果提前5年退休,养老金待遇则削减9%。

遗属养老金：如果家庭成员只有 1 人，可领取 70％的老年养老金％；如果家庭成员为 2 人，可领取 80％；如果家庭成员为 3 人，可领取 90％；如果家庭成员为 4 人及以上时，则领取全额老年养老金。

相关的税收优惠措施：为了鼓励国民参加养老保险制度，克罗地亚规定，养老保险缴费免予征税。2003 年，每月的免征额度为 2 550 库纳。至于养老金收入，则实行累进税率。如果月收入在 2 550—3 500 库纳之间，税率为 15％；月收入在 3 000—6 750 库纳之间，税率为 25％；月收入在 6 750—21 000 库纳之间，税率为 35％；月收入在 21 000 库纳以上，税率为 45％。

第二，建立了第二支柱养老保险。与第一次改革不同，第二支柱是这次改革的重点。

覆盖面：克罗地亚规定，40 岁以下的人员必须加入强制性、完全积累的第二支柱；40—50 岁之间的人员，可以选择加入第二支柱或者继续留在第一支柱，但最迟在 2002 年 6 月以前必须做出决定，决定一旦做出则不可撤销。

缴费率：决定加入第二支柱者，从决定后的次月开始缴费。第二支柱的缴费率为 5％，不再单独缴费，而是由第一支柱缴费进行转移拨付。自雇者实行同等缴费。转移拨付的计算费用，则由雇主承担。此外，雇主还要向管理机构提供第一支柱和第二支柱的缴费情况报告。

养老保险基金运营：根据规定，第二支柱参保人可自行选择养老保险基金。相关法律还明确了基金公司的各类收费标准及收费上限，其中加入费不能超过总缴费的 0.8％，年度管理费不能超过总净资产的 1.2％。2011 年后，年度管理费被调低到 0.65％。退出费用比例因加入年度长短而不等，第一年就退出，退出费用为 0.8％；第二年退出，下降为 0.4％；第三年退出，降至 0.2％。投保满 3 年以上的人员，可以免费退出。

基金投资：根据法律规定，第一支柱养老保险基金投资于国家或国家银行发行的政府债券的比例不得低于总资产的 50％，投资于境外的比例不得超过总资产的 15％，投资于股票的比例不得超过 30％。

养老金的领取方式：第二支柱只提供老年养老金，不提供残疾养老金和遗属养老金，其领取条件等同于第一支柱。主要支付方式有：单一终身年金，仅限参保人本人按月领取，领取时间截止到参保人死亡；联合终身年金，参保人本人或其配偶可以按月领取,领取时间截止到参保人或者其配偶死亡;附有担保期限的单一终身年金,参保人本人按月领取。当参保人死亡时,则继承人或者受益人可以继续领取,截止到担保期限结束;抚养担保期限的联合终身年金,参保人或者其配偶可以按月领取。当参保人及配偶都死亡时,则由指定受益人继续领取,截止到担保期限结束。

养老金领取额度及指数化:养老金的领取额度取决于个人账户的全部积累额、基金投资收益以及具体领取方式。第二支柱养老金数额也采取"瑞士指数化"原则进行调整,每年至少调整2次。

第三,引入了第三支柱。这次改革明确,第三支柱为自愿性的完全积累养老保险。除了"自愿性"(自愿加入与退出、自主选择和更换基金公司等)以外,第三支柱的其他运行原则、管理制度和投资规则等方面的规定都等同于第二支柱。

养老保险基金分类:第三支柱养老保险基金分为开放式和封闭式两种,其中开放式基金面向所有参保人,封闭式基金则由雇主、工会或自雇者协会设立并负责缴费,只覆盖相应的雇员或会员。由此看来,封闭式基金接近于企业年金计划。

养老保险缴费:开放式基金的缴费额度,由参保人与养老保险公司签订合同来明确,封闭式基金的缴费额度则根据集体劳动合同或者相关法律规定来确定。

相关的优惠措施:如果参保人参加第三支柱,克罗地亚政府将每年为每个参保人提供不超过1250库纳的缴费补助,并每个月给予不超过1050库纳的个人所得税减免。

养老金的领取条件和领取方式:参保人达到退休条件或者年满50岁,就可以将其在第三支柱的全部积累额转至相应的养老保险公司。然后该养老保险公司将以终身年金、固定期限年金、可变数量年金、定期取款、一次性取款(不得超过全部积累额的30%)或者灵活组合等多种方式向参保人发放养老金。

税收规定:第三支柱养老金收入必须按照个人所得税的相关规定进行纳税。

第四,规范了养老保险制度的管理。这次改革明确由税务机构负责第一支柱和第二支柱养老保险缴费的征缴工作,经济、劳工和企业部负责日常的监管工作。各相关部门的具体分管如下:克罗地亚养老保险协会(The Croatian Institute for Pension Insurance)隶属于经济、劳工与企业部,由国家预算提供日常运行经费,负责管理第一支柱养老金的相关事宜;中央登记处(The Central Registry of Affiliates)也由国家预算提供日常运行经费,职责是向第二支柱养老保险提供技术支持,主要负责参保人的第二支柱个人账户管理事宜(包括缴费记录和缴费转拨);作为私有机构的养老保险基金公司,负责管理和运营强制性和自愿性养老保险基金及第三支柱养老金的个人账户;作为私有机构的养老保险公司,具体负责发放第二支柱和第三支柱的养老金;作为独立的监管机构的克罗地亚金融服务监管局(The Croatian Financial Services Supervisory Agency),负责对养老保险基金运营及投资(颁发许可证、明确投资规定等)、其他金融市场、金融服务以及提供相关服务的金融机构进行全方面的监管,并推进有关第二支柱的相关法律实施。

第五,明确了养老金的税收规定。这次改革规定,养老金征税按照个人所得税的规定进行。每月养老金超过 3 000 库纳的部分必须依法纳税,由缴费机构负责代扣代缴并将相关税款转付给税务机关。孤儿领取的遗属养老金、死亡战士的遗属养老金以及从境外领取的养老金,免于纳税。

(3)改革的结果。

通过这次改革,克罗地亚基本建立了三支柱养老保险模式。改革实施后,整个养老保险制度运行比较顺利,尤其是第二支柱发展较快。到 2002 年底,第二支柱覆盖率已经达到 64%,共有 7 家强制性养老保险基金公司和 3 家托管银行。预计到 2025 年,第二支柱将实现全覆盖。

改革也存在不少问题:一是“新人”(改革后的养老金领取者)与“老人(改革前已经退休的养老金领取者)”之间的第一支柱养老保险待遇区别明显。由于第一支柱养老保险严格了资格条件且采取了新的养老金计算公式,改革后的第一支柱养老保险待遇明显低于改革前。尽管参保人对此有一定心理准备,但由于下降幅度明显,诸多参保人对此还是不满。

二是制度设计不合理,导致同时参加第一支柱和第二支柱的参保人[1]养老金待遇反而低于只参加第一支柱的参保人。第二个问题,其实是由第一问题引起的。由于改革后第一支柱养老保险待遇低于改革前,为了平息社会不满,克罗地亚政府在 2007 年通过了养老保险法案的补充法案。该法案规定,所有参加第一

---

[1]　这里的参保人指的是在 2002 年改革时,年龄在 40—50 岁之间的人员,即出生于 1953—1962 年之间。

支柱养老金领取者可以获得一定数额的额外补偿,且补充比例逐年增加(从最初的 4％提高到 2010 年的 27％)。令人费解的是,克罗地亚又规定,同时加入第一支柱和第二支柱的养老金领取者和特殊行业的退休者不能享受这一补偿。这一新的补偿规定,就导致同时参加第一支柱和第二支柱的参保人养老金待遇反而低于只参加第一支柱的参保人待遇,这在一定程度上影响了多支柱养老保险模式的推行。

三是养老金待遇的不公平问题。在这次改革中,只有第一支柱规定了最低养老金和最高养老金。据统计,在只从第一支柱领取养老金的参保人当中,最高养老金比最低养老金高出 270％多;在同时参加第一支柱和第二支柱的参保人当中,最高养老金(低于只参加第一支柱的最高养老金数额,前面已经论述)却比最低养老金高出 400％以上。虽然养老保险制度部分私有化的做法已经得到一定共识,但富有社会团结传统的克罗地亚社会各界对此还是颇为不满。2008 年 1 月,克罗地亚调整了有关最低养老金的规定,将最低养老金重新设定为平均养老金的41.25％。与此同时,领取特殊养老金的人数继续攀升,其养老金替代率最低为41％,最高可以达到 173.84％,平均养老待遇明显高于社会其他人员。

四是政府的缴费责任不低,财政压力不小。从改革情况来看,克罗地亚政府的供款责任主要包括特权阶层的特殊养老金待遇(由政府全额负担)、第一支柱养老保险的所有赤字、第二支柱养老保险的投资回报担保、第三支柱的缴费补贴以及向老年人提供的相关社会援助等。2006 年,针对老年人的社会援助占到 GDP的 1.5％。改革后,克罗地亚养老保险制度缴费还是难以支撑养老保险开支。2000 年,缴费收入占开支的比例仅为 64％。2002 年实行三支柱养老保险模式改革以后,缴费占开支的比例反而继续下降。2009 年,这一比例降至 57％,剩余的43％则由国家预算予以弥补(Kenichi Hirose, 2011:132)。这就给克罗地亚带来了严重的财政负担。

五是第三支柱发展缓慢。虽然克罗地亚对第三支柱的参保及缴费提供了相关的财政补贴和税收优惠,但第三支柱参保率数据还是极为惨淡。到 2010 年年底,第三支柱的覆盖人数仅为所有雇员的 1.2％。

六是养老保险制度尤其是养老基金管理水平不够,养老保险基金投资限制较多,投资回报率较低。由于境内金融市场不完善,为了规避风险,克罗地亚对养老保险基金的投资限制较为严格,这就导致第二支柱和第三支柱养老保险基金投资回报率一直难以乐观。

总体看,这次改革基本实现了养老保险模式的结构性转变——从单一的现收现付制度转为三支柱养老保险模式,其中第一支柱养老金待遇略有下降,第二支柱发展较为顺利,第三支柱则举步维艰。不过,改革遗留的一些问题引起了社会各界关注,并在随后的危机中得到进一步放大。

3. 经济危机后的参数改革(2010—2011 年)

(1)改革的背景及目标。

这次改革的主要背景有:一是受经济危机影响,养老保险制度出现巨额赤字。2008—2009 年期间,克罗地亚 GDP 下降了 5.8％,政府财政收入吃紧。同期,整个养老保险制度赤字因缴费收入缩减(由失业率上升引起)和提前退休人数增加而继续扩大。2008 年,养老保险制度赤字为 1 700 万库纳。同年,政府财政拨款占养老保险制度支出的比例从 2007 年的 25.13％提升到 39.27％。相比周边国家与地区,唯一的亮点是由于养老基金投资政策较为保守且投资种类单一,克罗地亚强制性养老基金投资受损相对有限且迅速反弹。2008 年,养老保险基金总资产仅损失 12.5％。2009 年,养老保险基金投资回报率开始回升。2010 年,投资回报率达到 5.11％。

二是人口趋势给养老保险制度带来新的挑战。2008 年,克罗地亚男性和女性平均预期寿命已经达到 72.4 岁和 79.6 岁,整个养老保险制度抚养比为 1.4∶1。2009 年,养老保险制度抚养比进一步下降到 1.3∶1,养老保险制度的供款压力进一步加大。

三是养老保险替代率相对较低。2010 年,第一支柱三类养老金的平均数额约占平均总工资的 40.12％,其中平均老年养老金数额约占平均总工资的 44.68％。如果参保人缴费期限满 40 年,其养老金数额将占到平均总工资的 60.29％。虽然替代率相对较低,但总体上养老金待遇还是略高于贫困线。

这次改革的目标,就是将养老保险制度的改革措施与政府经济复苏计划配合起来,以缓解养老保险制度的财务危机、减轻政府财政压力并促进经济发展。

(2)改革的内容及举措。

2010 年 12 月,克罗地亚签署了关于养老保险制度的社会伙伴关系协议并成立专门工作组,正式启动了新一轮的养老保险制度改革。这次改革主要内容包括以下四个方面。

第一,第一支柱方面主要包括提高退休年龄,加大提前退休养老金待遇的削减力度、调整养老金替代率和削减特权阶层的特殊养老金待遇等措施。

退休年龄:从 2011 年开始,将女性的退休年龄每年提高 3 个月以逐步统一男女退休年龄。预计到 2035 年,男女性退休年龄将统一为 65 岁(提前退休年龄则统一为 60 岁)。2013 年 12 月,在众多质疑和反对声音下,克罗地亚议会顶住压力通过了养老保险法案,决定从 2031 年 1 月开始每年延迟退休年龄 3 个月。预计到 2038 年,男女退休年龄将从 65 岁统一延至 67 岁。

收紧提前退休养老金条件:从 2011 年开始,将女性的提前退休年龄每年提高 3 个月,直到提至 60 岁为止;将投保期限每年提高 3 个月,直到提至 35 年为止。届时,男女性提前退休条件将完全统一起来。从 2014 年 1 月开始,参保人必须年满 60 岁且参保期限达到 41 年后,才可以提前退休并领取足额养老金。退休人员如果未满足上述两个条件,其养老金待遇将被大幅削减。

加大提前退休养老金待遇的削减力度:改革前,每提前 1 个月削减 0.15%;改革后,每提前 1 个月削减 0.34%,每提前 1 年退休(最多允许提前 5 年退休)则削减 4.08%。

推迟退休养老金:参保人每推迟 1 年退休,其养老金数额则增长 1.8%。但最多只可以推迟 5 年退休,即养老金最多只能增长 9%。

最低养老金:重新审定最低养老金领取资格,并将其数额与缴费期限挂钩。2013 年 7 月,最低养老金数额为 1 375.23 库纳;最低养老金的领取人数为 186 160 人,比 2006 年大约增长了 15%。

养老金指数化:改革前实行的是"瑞士指数原则",每 6 个月调整 1 次。受经济危机影响,克罗地亚在 2010 年暂停了养老保险的指数化调整。改革后,修正了指数化原则,将在职职工工资增长情况占比从以前的 50% 提高到 70%,而物价指数增长情况则从以前的 50% 相应地下降到 30%。

削减特殊养老金待遇:2011 年,将退伍军人、残疾军人、警察等特殊优惠人员的养老金待遇统一削减 10%。

2011 年,克罗地亚还增加了新制度实行后退休人员的第一支柱养老金待遇,以缩减其养老金数额与只领取第一支柱养老金人员养老金待遇之间的差别。

第二，第二支柱方面主要包括增加缴费率，降低第二支柱养老保险基金的管理费用等措施。这次改革规定，将第二支柱的缴费率从以前占总工资的5%提高到7%（由于受到阻力太大，这一措施被推迟了）并严格缴费稽查工作。同时，严控第二支柱管理开支，切实降低管理成本。

第三，第三支柱方面主要涉及削减政府供款和调整一些相关税收政策等。这次改革将政府用于第三支柱缴费的补贴数额降至参保人缴费数额的15%。改革还规定，如果雇主向第三支柱缴费，可将相关缴费数额予以税前列支，但每个雇员的上限为6 000库纳；如果雇员向第三支柱缴费，则可享受相关的税收减免。改革后，第三支柱的养老金不再享受税收减免。

第四，针对贫困老年人出台社会养老金。据估计，在克罗地亚64岁以上且已经加入养老保险的人口中，无法达到领取养老金资格的人数约占12%—13%。为了解决这些人员的养老保险问题，这次改革推出了社会养老金。受到经济危机影响，具体实施时间被推迟了。

此外，这次改革还就针对贫困老年人的社会福利措施，包括永久性补助、家庭补助以及个人残疾津贴等等进行了探讨，在此就不一一赘述。

（3）改革的结果。

总体看，这次改革的力度和范围都不及上一次，主要还是集中在第一支柱的参数改革上，当然也略有涉及第二支柱和第三支柱。改革的思路还是开源节流，一方面通过提高第二支柱缴费率、推迟第一支柱退休年龄及提前退休年龄等做法来增加缴费收入，另一方面又采取收紧提前退休条件、削减提前退休及特殊养老金待遇等措施以减少开支。

由于实施时间较短或者力度不够，此次改革的效果还不明显，还存在不少遗留问题：一是养老保险制度开支没有明显减少，政府财政的供款数额及压力还是不小。2012年，克罗地亚养老保险开支总额约为40亿欧元，占GDP的比重达到10.3%。而养老保险制度的缴费收入仅占开支的54%，比改革前还略有下降。这就意味着，剩余的46%来自国家预算的转移支付。2013年，国家预算用于养老保险制度的转移支付额度超过350亿库纳，已占到整个国家预算开支的25%（Nada Bodiroga-Vukobrat，2013：7）。

二是残疾养老金领取人数过多。由于门槛条件较为宽松以及程序滥用,2013年,大约有25%的养老金领取者领取的是残疾养老金,这一比例明显高于周边其他国家(波黑除外)和欧盟的平均水平。为此,克罗地亚政府决定在养老保险协会内部下设一个中央办公室,专门负责审核残疾养老金申请过程中的不当行为。但具体效果如何,还有待观察。

三是特殊或特权养老金问题。这是个棘手的老问题,经过数次改革都没有得到很好解决。相比之下,捷克就做得很成功。2013年,克罗地亚领取特殊养老金的人数(主要是退伍军人、警察以及议会议员等)已经占到所有领取养老金人数的15%,国家预算用于这一部分人员的支出已经占到整个养老金制度总支出的19%(The World Bank,2011)。2013年,普通人员的平均老年养老金数额大约为2 430.71库纳,平均养老金(包括老年养老金、残疾养老金和提前退休养老金)数额为2 223.20库纳,而特殊养老金的平均数额却高达5 421.79库纳(Nada Bodiroga-Vukobrat,2013:8),相差悬殊。

目前,克罗地亚最新一次养老保险改革的一些措施还处于实施过程。如何增强养老保险制度缴费、减少养老保险制度的财政供款、提高养老保险待遇的公平性和防止养老保险政策的滥用等问题,将是下一步深化改革的关键所在。

8.3 克罗地亚养老保险制度的现状及面临的挑战

8.3.1 克罗地亚养老保险制度的现状

克罗地亚现行的养老保险制度由三个支柱组成,各支柱养老金分别拥有自己的管理体系。其中,第一支柱为现收现付养老金计划,主要提供老年养老金、残疾养老金和遗属养老金,覆盖所有人员,缴费率为15%,其赤字由政府预算和来自强制性积累支柱缴费的转移支付进行弥补;第二支柱为强制积累的养老保险,缴费率为7%,由私营养老基金管理公司以个人账户形式进行运营管理,个人账户只用于支付与价格挂钩的终身年金(根据个人账户中积累的资产和退休时的平均预期寿命确定,可预支或延期领取但数额有所变动);第三支柱为自愿积累的个人投保账户,基金运营和管理大致等同第二支柱计划,因受到资本市场限制而发展较为缓慢(表8.1)。

表8.1　克罗地亚的三支柱养老保险模式情况

	现收现付/ 积累型	待遇确定型/ 缴费确定型	管理机构	监督机构	主要覆盖对象
第一 支柱	现收现付	待遇确定型	养老保险委员会	经济、劳工与企业部;财政部	65岁以上
第二 支柱	强制积累	缴费确定型	基金管理公司登记中心、基金公司、基金保险公司	克罗地亚金融服务监管局;经济、劳工与企业部;财政部	在职职员
第三 支柱	自愿积累	缴费确定型	基金公司、基金保险公司	克罗地亚金融服务监管局;经济、劳工与企业部;财政部	所有人群

8.3.2　克罗地亚养老保险制度面临的挑战

1. 人口危机

一是总人口继续减少。据统计,2013年克罗地亚全国总人口为433万,整体人口增长率仍为负数,且近期内没有逆转趋势。二是老龄化比重加剧。2001年,克罗地亚65岁以上人口占总人口比重为15.7%。根据2011年全国人口普查数据,这一比例在当年已经提高到17.7%。预计到2051年,这一比例将增至25%—32%。三是老年抚养系数加大。早在2001年,克罗地亚的老年抚养系数(65岁以上人口/15—64岁之间的劳动年龄人口)就已经达到23.7%。随着总人口持续减少以及老龄化趋势加剧,预计到2040年,这一系数将继续增长到36%(Nada Bodiroga-Vukobrat,2013:8)。四是养老制度抚养比继续恶化。从2012年开始,第二支柱养老金的领取人数急剧增加,而缴费人数并无明显增长且还有所反复。2013年,整个养老保险制度的抚养比(领取人数/缴费人数)为1:1.18,比2012年有所下降,且还有继续走低的趋势。

2. 经济增长乏力

2011 年以来,克罗地亚经济虽已走出危机,却进入了滞涨期或停摆期,整体经济增长乏力,且长期发展趋势也不乐观。这给养老保险制度带来了诸多不利影响:一是政府供款能力难以为继。国民经济不景气,国家的财政收入就吃紧,用于养老保险制度上的转移支付就难以保障。二是养老保险制度的缴费收入难以维持。受经济不景气影响,劳动年龄人口的就业率出现下降,缴费人口不增反降。加之影子经济、地下经济及非正式就业现象增加,越来越多的雇主和雇员选择消极缴费、虚假缴费或逃避缴费。于是,养老保险制度缴费收入占开支的比重出现继续下降趋势。三是提前退休现象难以遏制。由于经济不景气,很多在职人员往往选择提前退休以规避失业。提前退休现象增多,就造成养老保险制度的开支增大并降低了养老保险金的实际待遇水平。

3. 养老保险制度的自身弊端

一是养老金替代率及待遇明显偏低,且没有逆转趋势。为了削减开支,克罗地亚政府在最近的改革中没有采取措施来遏止养老金替代率继续下降的趋势。2013 年,第一和第二支柱组合养老金的平均数额为 2 329.32 库纳,养老金的替代率明显偏低,仅为 40% 左右(Nada Bodiroga-Vukobrat,2013),且长期趋势将持续走低。养老金替代率低,就意味着养老金领取者的收入水平低,生活质量难以保障。长远看,如果不采取有力措施,预计到 2040—2050 年期间,养老金替代率将低至 22% 左右,养老金实际水平将低于贫困线。

二是养老金待遇的公平性问题。这一问题主要涉及两个方面:一是"老人"(仅参加第一支柱)和"新人"(同时参加多支柱)之间的养老金待遇区别逐渐加大,二是特殊优惠人群养老金待遇明显过高。虽然克罗地亚针对前者已经采取了相关措施,但似乎没有对症下药;特惠养老金待遇虽然被削减了 10%,但力度过小,且遇到的阻力很大。就近期来看,养老金待遇的公平性进一步激发了诸多社会不满,值得当局高度关注。

三是第一支柱养老金支出占 GDP 的比重偏大。克罗地亚第一支柱实行现收现付,强调再分配功能,其养老金支出占 GDP 比例将维持 10% 左右。这就需要更多的财政转移支付,以维持第一支柱养老保险的正常运转。

四是养老保险缴费征缴工作及日常监管面临新的挑战。克罗地亚国内影子经济和地下经济盛行,这在一定程度上加大了政府对养老保险制度缴费的监管难度。现行的多头管理监管模式,不但造成相关部门之间的协调成本过高,还导致养老保险的具体运作流程过于复杂,最终影响了整个养老保险制度的效率、透明度和可信度。

五是三个支柱之间发展不平衡。基于代际团结基础的第一支柱,基本实现了全覆盖;第二支柱由于缴费者对第二支柱向第一支柱进行转移支付不满而出现消极缴费或抵制缴费现象,发展明显放缓;第三支柱的社会认可还很低,发展极为缓慢。到 2013 年,只有 14％ 的就业人员参加了自愿养老基金,且投保额度很小。

4. 配套制度改革滞后

与大多数中东欧国家一样,克罗地亚的就业市场和金融市场等相关配套制度改革明显滞后,这也在一定程度上制约了养老保险制度改革。如何完善就业市场和金融市场,也是养老保险制度下一步改革需要考虑的重要问题。

此外,养老保险制度改革如何获得更多的社会共识以减少改革的阻力,也是克罗地亚当局需要努力应对的难题。

8.4　关于克罗地亚养老保险制度下一步改革的设想

2013 年,克罗地亚政府准备修改养老保险法案以提高养老金的充足性和养老保险制度的财务稳定性,但这一提议由于受到阻力仍处于激烈讨论之中。2014 年 7 月,克罗地亚成功加入欧盟,这意味着克罗地亚养老保险制度的下一步改革将进一步受到欧盟的影响和制约。从克罗地亚国内情况以及欧盟社会政策的角度来看,笔者认为,克罗地亚当局下一步可能采取的主要措施有包括以下四个方面。

8.4.1　继续完善三支柱养老保险模式

1. 第一支柱

供款方面:继续保留和完善现收现付计划,调整养老金计算公式,增强第一支柱缴费与待遇之间的关联度以激励在职员工积极缴费;鼓励达到退休年龄人员继续工作并继续向养老保险制度缴费。

开支方面:缩短提高退休年龄的进程,尽快提高退休年龄;减少提前退休现象,加大对提前退休养老金待遇的削减力度;削减甚至取消特权人员的养老保险待遇,并将其纳入统一的养老保险制度;鼓励退休人员推迟领取养老金;严格审核残疾养老金的资格条件,减少违规领取现象。

充足性方面:调整最低养老金,确保其实际水平高于贫困线;加大对推迟领取养老金或者延长缴费期限的激励力度;调整养老金指数化原则,根据每年的实际情况,或加大工资增长部分的比重,或加大价格增长部分的比重,而不再固守原先的50:50。

2. 第二支柱

供款方面:扩大缴费基数,可以将毛收入取代工资;结合精算来重新确定缴费比例,将缴费率从当前的5%提高到7%—8%或更高。

开支方面:加强缴费审核、管理和监督,切实降低养老保险基金的管理费用。

3. 第三支柱

扩大覆盖面:完善相关税收政策,引导雇主、雇员积极投保第三支柱;引导有条件的企业建立企业年金。

提高缴费额:加大税收优惠力度,激励雇主和雇员增加缴费数额,提高第三支柱养老金的实际水平。

在完善三支柱养老保险模式的同时,应在结合家计或者收入调查的基础上尽快推出社会养老金,即针对贫困老年人的国家补贴。

8.4.2　强化养老保险制度的管理与监督

管理方面:可以考虑将中央登记处和养老保险协会统一归属于经济、劳工与企业部,以减少政出多门;完善中央登记处的职能和结构,可由该中心同时管理监督第二支柱和第三支柱以减少多头管理;近期可以将养老保险制度中的普通雇员养老金(由缴费负担)与特权人员养老金(由政府预算负担)进行分开管理,对各自养老金的指数化调节采取不同原则,但长远看还是应该对二者进行并轨。

监督方面:增强各支柱的相关信息透明度,完善信息披露制度;加大对违规基金公司的惩罚力度,建立退出机制。

8.4.3 完善相关配套制度改革

劳动力市场:加强就业指导,强化非正式就业管理;减少非工资补偿的劳动激励措施,削减影子经济和地下经济;降低失业率,增强灵活就业。

金融市场:激励基金管理公司,优化第二支柱养老保险基金投资组合。入盟后,按照欧盟的标准,克罗地亚必须放宽第二支柱和第三支柱养老保险基金投资的种类和地域限制并提高基金管理公司门槛。预计到2016年,基金公司的注册资金将从目前的1 500万库纳提高到不少于2 625万库纳;允许基金管理公司同时管理第二支柱和第三支柱基金并减少运营成本。

8.4.4 出台相应的人口政策措施

为缓解以人口老龄化和人口总量减少为主要特征的人口危机,克罗地亚可以通过提供更为优厚的家庭补贴、产假安排等相关社会福利待遇来鼓励国民提高生育率。同时,可以考虑适当放宽对移民的限制以优化人口结构、社会老年抚养比和养老保险制度抚养比。

8.5 结语

从1991年独立以来,克罗地亚的养老保险制度大致经历了三次改革,即1998—2000年之间的"小改革",主要是围绕第一支柱进行的参数改革;2002—2007年的"大改革",主要是建立三支柱养老保险模式的结构性改革;2010—2011年的新参数改革,主要是为了应对经济危机给养老保险制度带来的遗留问题。

从三次改革的目标及结果来看,克罗地亚已经成功建立了三支柱养老保险模式,整个养老保险制度也大体运行平稳并促进了社会稳定和经济发展。但遗留的老问题,如公平性、养老金充足性、财政供款压力、第二支柱投资回报率过低以及第三支柱发展缓慢等,还是没有得到根本改变。为此,克罗地亚国内又在酝酿新的改革,但争议良多。关于下一次的改革究竟是最新改革的延续,还是有全新的设想,值得拭目以待。

第 9 章

拉脱维亚养老保险制度改革的回顾与展望

拉脱维亚国家虽小,但在中东欧地区的养老保险改革进程中却扮演了"急先锋"的角色。早在 1991 年(仅略晚于 1990 年的立陶宛)在世界银行于 1994 年提出三支柱养老保险模式之前,拉脱维亚就提前启动了对现收现付第一支柱养老保险制度的改革,并成为世界上第一个推行"名义缴费确定型"现收现付计划(NDC PYAG)的国家。但受国内形势影响,拉脱维亚第二支柱养老保险的引入晚于第三支柱,并明显滞后于大多数中东欧国家。

9.1 拉脱维亚国家概况

拉脱维亚,地处东北欧地区,从北到南依次与爱沙尼亚、俄罗斯、白俄罗斯和立陶宛接壤,国土面积约为 6.46 万平方公里。由于西邻波罗的海,拉脱维亚、爱沙尼亚和立陶宛共同被称为波罗的海三国。

1991 年 8 月,拉脱维亚宣布独立。独立数年后,拉脱维亚整体经济社会转轨较为顺利并与各发达国家建立了良好关系。2004 年,拉脱维亚成功加入欧盟和北约,2007 年又成为申根国家。2010 年,拉脱维亚全国总人口为 225 万,比 2000 年减少了 5.6%,比 1990 年下降了 15.5%,人口老龄化趋势也日趋明显。2014 年 1

月,拉脱维亚正式加入欧元区。是年,拉脱维亚 GDP 为 327.64 亿美元,人均 GDP
为 16 340 美元。

9.2　拉脱维亚养老保险制度改革的发展历程回顾

9.2.1　社会主义时期的养老保险制度(二战后—1991 年)

　　二战后,拉脱维亚正式成为原苏联的加盟共和国。到 1991 年独立以前,拉脱
维亚一直实行苏联模式的社会政策与社会保障制度。[1]从 20 世纪 50 年代到 80 年
代,拉脱维亚(与爱沙尼亚、立陶宛一样)逐步建立了宽覆盖的普遍养老金制度。
与其他加盟共和国不同,拉脱维亚的人口结构很早就出现了老龄化趋势。受益于
原苏联很多加盟共和国人口结构相对年轻以及原苏联在全国范围进行养老保险
制度统筹,拉脱维亚人口老龄化并没有给其养老保险制度带来明显的负面影响。
在整个 80 年代,拉脱维亚的养老保险制度一直运行平稳。

　　这一时期的拉脱维亚养老保险制度采取了原苏联的国家保险模式,主要特点
有:实行全民就业,强调养老金的再分配功能;退休年龄较低,其中男性为 60 岁,
女性为 55 岁;养老金待遇取决于工龄和工作期间的工资水平;特权阶层或特殊职
业的人员可以提前退休,且养老金待遇更加优厚;养老金替代率相对较高,低收入
者的养老金替代率高达 100％,高收入的养老金替代率也在 50％以上;养老保险
制度二元化,工人和农民分别参加不同的养老保险制度;养老保险制度供款全部
来自国家预算,在职人员无需个人缴费等。

　　20 世纪 80 年代末,拉脱维亚养老保险制度开始出现财政危机,养老金待遇出
现大幅下降,很多老年人陷入贫困。

---

① 鉴于拉脱维亚这一时间段的养老保险制度和爱沙尼亚情况大致相同,在此就不再重复论述,相关情况可以参阅
　爱沙尼亚一章相关内容。

9.2.2　独立以来的养老保险制度改革(1991—2011 年)

1. 几无建树的养老保险制度参数改革(1991—1993 年)

(1) 改革的背景及目标。

这次改革的主要背景有:一是政治方面与原苏联割裂。1991 年,拉脱维亚脱离苏联,宣布独立,决定"向西看",即从政治、经济、社会政策等各个方面都与苏联模式分道扬镳。这就意味着其养老保险制度也必然要告别苏联模式。二是经济方面陷入困境。1991 年独立后,与其他中东欧国家一样,拉脱维亚旋即进入艰难的转轨期,全国 GDP 陡降,通货膨胀高涨。从 1991—1993 年,拉脱维亚 GDP 下降了近 50%,就业人口从 1991 年的 140 万猛跌至 1996 年的 100 万,失业率则从 1991 年的几乎为零猛增至 1996 年的 20.7%,这些数据都令人愕然。1992 年,通货膨胀率更是高达 951%。三是人口方面出现负增长和深度老龄化。独立后,拉脱维亚人口开始流失。1991—1993 年期间,因生育率持续走低和外迁人口增多,拉脱维亚人口出现负增长,平均每年减少近 1%。1991 年,退休年龄以上人口占比已经达到 20.8%(CSB, 2002:74),这明显高于大多数中东欧国家。

为了应对人口老龄化加深、就业率下降带来的严峻挑战,拉脱维亚政府决定改革苏联模式的养老保险(社会保险)制度以适应市场经济的需求。这次改革的主要目标是,按照西欧国家标准,建立多支柱(公有和私有相结合)养老保险供款制度;稳定养老保险制度的缴费率,降低养老保险制度的运行成本;消减原有养老保险制度的不公平现象,并确保养老保险制度运行平稳。

(2) 改革的内容及措施。

1991 年,拉脱维亚通过关于国家养老金和社会保障税方面的两部新法,明确社会保障制度要与国家预算脱钩,养老保险制度应推行俾斯麦模式并最终建立缴费确定型(且国家不提供养老保险权益承诺)的养老保险制度。从改革内容看,这次改革只限于第一支柱,主要措施有:

养老金种类:根据改革方案,第一支柱将提供两类养老金。其中,老年养老金采取收益与在职期间的收入相关联的做法,实行全覆盖。如果参保人没有足够的工作缴费记录,则可以享受第一支柱提供的社会救助养老金。

养老金缴费率:社会保障总缴费率为 38%,其中养老保险缴费率为平均总工资的 20%。养老保险全部由雇主缴费,雇员不承担缴费责任。这在中东欧国家当中并不多见。

养老金的领取资格条件:老年养老金的资格条件为,男性必须工作满 25 年,女性工作必须满 20 年。拉脱维亚没有明确规定社会救助养老金的领取资格条件。

退休年龄:男性法定退休年龄为 60 岁,女性则为 55 岁。从事危险或者艰苦行业的人员、盲人、永久性残疾人、生育多子女的女性或者抚养残疾儿童的女性可以申请提前退休。1993 年,又进一步修改了规定,明确参保人最早可以在年满 40 岁时申领养老金。

养老金替代率:养老金替代率设定为在职职工平均月收入的 55% 左右。如果参保人工作期限超过了法定规定期限,每超出 1 年,其老年养老金待遇则增长 2%,但最高不能超过平均月收入的 80%。残疾人或者在原苏联时期受到迫害的人员例外。

养老金的组成:1992 年以前,拉脱维亚当局每年对养老金给予一定的额外补偿以应对当时的高通货膨胀。1992 年,拉脱维亚推出了与最低生活标准相关联的基本养老金以取代之前的"价格补偿"。此后,拉脱维亚第一支柱养老金就包括两个部分:统一利率的基本养老金部分和与本人收入挂钩的关联养老金部分。根据规定,养老金计算时采用的平均收入为参保人最后 15 年工作期限内的任一连续 5 年的平均月收入或者其职业生涯中的任一连续 10 年的平均收入。由于通货膨胀率飞涨,与收入挂钩的关联养老金部分近似于形同虚设,统一利率的基本养老金部分则占据了绝对主导地位。

养老金的计算公式:1993 年,拉脱维亚国会对养老金法案进行了修正并出台了关于养老金计算的暂行规定。新规定明确,计算养老金数额时只计算工作年数,不再计算个人收入。新的养老金包括两部分,即国家承诺的统一利率的最低基本养老金(相当于国家平均工资的 30%)和与工龄相关的浮动养老金(即每工作 1 年,最低基本养老金增长 0.4%)。具体计算公式为:$P = (0.3 \times W) + (W \times 0.004 \times L)$。这里的 P 指的是整体养老金待遇,W 指的是上一季度国家平均总工资,L 指的是参保人的总工作年数(最高不能超过 38)。

养老金指数化:改革规定,每季度根据在职职工的上一季度平均月工资的增长情况调整 1 次养老金数额。不过,在 1991—1993 年期间只调整了 1 次。1994年,拉脱维亚调整了 3 次,但调整的依据已不是上一季度的平均月工资,而是以前数季度或者上一年的平均月工资。

(3) 改革的结果。

从实施结果来看,这次改革基本没有实现"养老保险开支与国家预算脱钩,推行俾斯麦模式养老保险并最终建立缴费确定型养老保险制度"的预设目标。一是背离了原先设定的俾斯麦模式。拉脱维亚国内大众对这次养老保险制度改革的相关设计颇有微词,认为新的养老保险待遇与本人以前收入之间的关联度并不大,没有起到应有的激励作用。1992 年以后,统一利率的基本养老金部分在整个养老保险待遇中占据了绝对主导地位,这就更是背离了改革之初提出的俾斯麦模式。二是养老金替代率过低,养老金实际待遇难以保证。据相关专家测定,拉脱维亚国内 55 岁退休人员的养老金替代率仅为 44%,即使严格按照规定满 60 岁退休人员的养老金替代率也不过是 46%。虽然当局也曾对养老金实行了多次指数化调整,但受高通货膨胀和整体经济下挫的影响,很多养老金领取者的生活还是较为贫困。三是养老金开支越来越大,与国家预算难以脱钩。1991—1994 年期间,一方面,高失业率、高非正式就业率(预计占到全部就业率的 18%)及人口减少导致养老保险制度缴费人口缩减,另一方面,人口老龄化加剧又造成养老金领取人口增长。于是,养老保险制度开支占 GDP 的比重不断上升,从 1991年的 7.8%提高到 1994 年的 10.2%。唯一值得肯定的是,缴费收入占养老金开支的比重在加大,从 1991 年的 73.5%提高到 1994 年的 86%(Inta Vanovska,2006:160)。但养老保险制度还是不能做到收支平衡,每年还需要国家预算给予大额补助。

1993 年,拉脱维亚整个社会保险制度预算重新被纳入国家预算,养老保险法案也被叫停。这就宣告了拉脱维亚独立后的第一次养老保险制度改革基本以失败而告终,至于多支柱养老保险模式更是沦为一句空话。

2. 建立双支柱养老保险模式的结构性改革(1996—1998 年)

(1) 改革的背景及目标。

第一次改革的失败,并没有导致拉脱维亚养老保险制度改革的终止。为了解决养老保险制度面对的供款危机和养老金的充足性问题,1993 年,拉脱维亚政府开始与世界银行接洽,以寻求世行贷款来推行其社会福利改革计划。养老保险制度改革自然也是社会福利改革计划的重中之重。世界银行的主要提议是,通过立法来推动第三支柱——自愿的储蓄性养老保险。考虑到本国实际情况,拉脱维亚决定率先引入第三支柱,并将第三支柱的建立作为今后第二支柱引入工作的试点。同时,世界银行委托瑞典政府派出专家来帮助拉脱维亚推进其养老保险制度改革(Inta Vanovska,2006:164)。1994 年,世界银行指派的相关专家起草了所谓的"四支柱改革"一揽子方案,但这一方案被拉脱维亚政府搁置了。

在与世界银行充分协商后,拉脱维亚社会福利部于 1994 年向国会提交了社会福利改革方案。从拉脱维亚社会福利部提交的改革方案来看,这次改革的主要目标是:在经济波动的情况下,提高养老保险制度供款的稳定性;增强养老金收益与缴费之间的关联度,简化养老金计算公式,使普通民众都能明白养老金的构成以争取社会支持;提高养老保险待遇的充足性,以更好地保证老年人的生活;改革既存的国家养老金计划,完善金融市场,为积累制养老保险支柱的建立与运营提供空间;养老保险制度改革与整个经济社会改革同步,以减少改革阻力,优化改革效果。

(2) 改革的内容及举措。

1995 年 2 月和 11 月,拉脱维亚国会先后通过了社会福利部提交的改革方案和新的国家养老金法案。1996 年 1 月,新养老金法案正式施行,从而揭开了第二次改革的序幕。这次改革的主要内容包括以下两个方面。

第一,将第一支柱完全转为名义缴费确定型养老保险计划。按照瑞典的建议,尝试建立现收现付的名义缴费确定型(notional defined contribution)计划。有意思的是,名义缴费确定型计划由瑞典提议,但这一计划在瑞典国内仍处于争议之中。从实际运作来看,名义缴费确定型养老金与缴费确定型养老金大同小异,也由相关的保险公司为参保人设立个人账户,参保人的缴费情况则记入账户。与缴费确定型的最大区别就是,这里的个人账户并不是实账,而是名义上的养老金权益。

养老金缴费期限:新法案规定,老年养老金的最低缴费期限为 10 年。从 1999 年 1 月开始,如果参保人在 1997 年以前已经领取了老年养老金,其本人还必须继续工作(缴费)满 3 年后才有资格享受全额养老金。

覆盖对象:第一支柱强制性覆盖全部雇员以及 15 岁以上的自雇者。1998 年,拉脱维亚又补充规定,年满 15 年且没有加入任何强制性社会保险的人员,可以自愿选择是否加入第一支柱。

退休年龄:改革提出要统一男女退休年龄,其中男性退休年龄保持不变,仍为 60 岁,女性退休年龄从以前的 55 岁逐渐提高到 60 岁。如果女性缴费满 10 年,可以在 55 岁时申请提前退休,但本人养老金待遇则相应缩减。至于其他艰苦或危险行业的就业人员,依旧可以依法申请提前退休。1999 年,拉脱维亚进一步渐进提高国民的退休年龄,通过采取每年延长 6 个月的做法将男女性的退休年龄从 60 岁统一提高到 62 岁。同时,允许男性在 60 岁时申请提前退休,女性的提前退休规定仍保持不变。如果参保人申请提前退休,其养老金待遇则削减 20%;如果参保人已经达到法定最低退休年龄,其养老金待遇的削减力度则相应减小。如果参保人退休后仍继续工作,工作期间可以领取养老金,但养老金数额不得超过国家社会保障福利待遇的两倍。1999 年,国家社会保障福利待遇为每月 89 欧元。

养老金计算公式为:当参保人退休时(必须满最低法定退休年龄),可以领取名义账户中的个人养老金。具体计算公式为:$P = K/G$。这里的 P 指的是名义缴费确定型养老保险计划提供的年度养老金,K 指的是个人养老金账户中的名义积累额度(包括缴费总额及其每年的增长数额),G 指的是根据统一性别预期寿命表计算出来的养老金领取期限(年数)。

养老金缴费率:名义上,养老保险缴费率为 20%。为了保证最低养老金待遇以及弥补引入第三支柱的转移成本,雇主和雇员向养老保险制度的实际缴费率超过了 20%且每年都有浮动,不过缴费率的浮动范围必须受到内阁的核准。1998 年,养老保险的实际缴费率为 27.37%,1999 年为 27.91%,2000 年为 27.10%,2001 年为 26.93%(Inta Vanovska,2006:177),均高于法定标准。与其他中东欧国家相比,拉脱维亚第一支柱养老保险缴费率还是属于偏高的。这次改革还明确提出要调整雇主和雇员之间的缴费分割比例,以减轻雇主的缴费负担和增加雇员的自身缴费责任,并最终实现雇主和雇员的缴费均等,但这一规定的执行情况大打折扣。1998 年,拉脱维亚推出了养老金缴费的上限规定,当年的最高缴费上限为 12 000 拉脱维亚拉特(约为 17 725 欧元)(Inta Vanovska,2006:172)。

养老金替代率：如果参保人在法定退休年龄时退休，其养老金替代率约为40%；如果参保人推迟退休，其养老金替代率最多可以达到60%。

削减视同缴费期限：与改革前相比，改革后的视同缴费期限明显变短且更为透明，其中服兵役或者照顾儿童的视同缴费期限最多为1.5年。视同缴费期限内的相关缴费由国家预算负担，以最低工资作为缴费基数。

养老金指数化：根据法律规定，当局每年根据消费者物价指数和社会保险缴费工资指数情况对养老保险待遇进行综合调整，具体调整幅度由社会福利部规定，但这一规定没有完全落到实处。截止到2000年，拉脱维亚对数额低于最低工资3倍的养老金都只是根据消费者物价指数每6个月调整1次。1999年1月，取消了以前对年龄在80岁以上人员的养老金实行额外指数化的做法。2000年，进一步严格了养老金指数化的调整原则和执行情况。

最低老年养老金：这次改革还针对工资收入较低、缴费不满10年的人员推出了最低老年养老金，以减少改革阻力。

特殊行业养老金：1992年，拉脱维亚规定，飞行员、芭蕾舞演员、消防队员等特殊行业人员可以申请提前退休且养老金待遇不受影响。这次改革虽然没有取消特殊行业养老金的优惠政策，但规定特殊行业就业人员的养老金待遇也按新的养老金计算公式予以计发。1999年，拉脱维亚正式取消了特殊行业养老金。

遗属养老金：考虑到拉脱维亚女性就业率相对较高（1997年，女性就业率为87%，男性为91%）且生育率极低的国情，在瑞典专家的建议下，这次改革没有推出所谓的配偶养老金。但抚养孩子的女性、经济难以自立的儿童以及青少年仍然可以享受相关的遗属养老金待遇。如果抚养1个孩子，可以领取50%的养老金；抚养2个孩子，则可以领取75%；抚养3个及以上的孩子，可以领取90%。此外，拉脱维亚还规定，每个孩子享受的遗属养老金待遇不得低于国家社会保障福利待遇的50%。根据法律规定，居住在拉脱维亚境内且没有资格领取社会养老保险金的老年人（实际年龄必须高于退休年龄5年）或者年满16岁且没有进行养老保险缴费的残疾人可以依法领取国家社会保险福利。1996年，国家社会保险福利待遇约为每月52欧元。

残疾养老金：1996年，拉脱维亚对残疾养老金进行改革，并根据残疾程度将残疾养老金待遇分为三等。至于残疾程度分类，则由健康与工作能力专家医学委员会鉴定。参保满 3 年、尚未达到退休年龄且不是因工致残（或因职业病致残）的人员可以领取残疾养老金。如果因工致残或者因职业病致残，则从工伤和职业病保险计划领取相关待遇。由于各种原因，残疾养老金的改革措施被推迟实行。

养老保险制度的财政问题：这次改革再次明确，从 1996 年开始，将养老金开支与国家预算脱钩。养老保险制度出现的结余可以留在社会保障机构，养老保险制度出现的赤字则由国家预算负责弥补，但必须偿还。为此，社会福利部提出要设立相应的储备或者缓冲基金，但这一设想也没有付诸实施。

过渡期的养老金安排：考虑到新旧制度切换时间很短，1996 年，拉脱维亚推出了所谓"大变革"过渡措施，将参保人 1995 年以前的参保期限（按照其本人在 1996—1999 年之间的平均缴费工资情况计算出相应的缴费权益）计入个人账户。过渡养老金的名义资本计算公式为：$Ks = Vi \times (As + 0.2)$。其中，$Ks$ 是初始（名义）养老金资金，Vi 是 1996—1999 年间的个人平均缴费工资，As 是参保人的个人缴费期限（包括 1995 年以前和 1995 年以后）。如果参保人 1996 年退休，其缴费工资为 1995 年以前的社会平均缴费工资；1997 年退休，其缴费工资为 1996 年的本人平均缴费工资；1998 年退休，其缴费工资为 1996—1997 年期间的本人平均缴费工资；1999 年退休，其缴费工资为 1996—1998 年期间的本人平均缴费工资；2000 年及以后退休，其缴费工资为 1996—1999 年期间的本人平均缴费工资。但在具体计算 1996—1999 年期间的平均年度缴费工资时，参保人的平均月收入被换算成本人 1996 年的平均工资，这就意味着刨除了同期缴费工资总额的增长情况。当然，其养老金资本也按照同一法则进行换算。

过渡时期养老金待遇的计算公式为：$P = (Ks + K)/G$。其中，Ks 是初始（名义）养老金资金，K 是 1996 年以来的个人养老金账户中的名义积累额度（包括缴费总额及其每年的增长数额），G 是根据统一性别预期寿命表计算出来的养老金领取期限（年数）。需要指出的是，这里的工资是缴费工资，而不是实际工资。在 20 世纪 90 年代，逃避缴费或者低报工资现象屡见不鲜，故很难统计实际工资，但实际工资水平应该高于缴费工资。

通过初始（名义）养老金的设计，拉脱维亚较好地解决了新旧养老保险制度的衔接问题，过渡时期的参保人（即在 1996 年以前参加工作但在 1996 年以后退休的人员）养老保险待遇得到了妥善安排。至于在 1996 年以前已经领取养老金人员,其养老金待遇则继续按照旧的现收现付制度计发。1999 年,拉脱维亚废除了关于过渡时期的重新计算养老金待遇的相关规定,参保人的年度养老金待遇实行统一的计算公式,即将其本人之前的养老金缴费汇总后再除以平均余命。

第二,引入了第三支柱。1997 年,拉脱维亚国会通过了私有养老保险基金法案,为第三支柱的引入奠定了法律基础。拉脱维亚还明确,第三支柱的引入将为今后第二支柱的建立起到了试点的作用,并为资本市场的发展以及第一支柱养老保险基金积累的投资运营提供先期经验。根据相关规定,拉脱维亚私有养老保险基金为自愿的缴费确定型计划,由依法设立的金融和信用股份有限公司运营,但不提供任何收益承诺,也不设定任何投资回报率。第三支柱主要提供两类基金:开放基金,只有在拉脱维亚境内注册的商业银行(依法可以吸纳自然人的存款)和寿险公司才能开设,覆盖所有自愿参加者;封闭基金,只有与养老基金签署集体联营合同的雇主才有资格设立,仅覆盖基金的原始持有者。开放基金和封闭基金的运营计划和投资计划,都必须得到相关政府管理部门的许可。投保人自愿参加第三支柱,不受年龄限制。投保人还可以自愿选择更换或退出第三支柱养老保险基金。

根据规定,第三支柱缴费额不设上下限。如果缴费额度低于应税收入的10%,这一缴费数额可以纳入免税税基。如果雇主代为缴费且没有任何欠税行为,相应的缴费数额就不用缴纳 15% 的企业所得税或 24.09% 的社会保险税。如果雇员自行缴费,其缴费部分既不用缴纳 25% 的个人所得税,也无需缴纳 9% 的社会保险税。

第三支柱养老金的领取年龄由各基金计划自行规定,一般不低于 55 岁。特殊行业人员(如职业运动员、飞行员等)可提前到 45 岁,接触放射的人员则可提前到 50 岁。根据规定,第三支柱养老保险收益可以一次性全部提取,也可以分期提取,但结余部分不能提取并且也不能以利息形式支付给养老基金股东。如果参保者出现永久性或者严重残疾,可以提前领取第三支柱养老金。如果替雇员进行缴费的雇主宣布破产或者参保人在合同到期前死亡,也可以提前领取养老金。

1998—2002 年,拉脱维亚对第三支柱养老保险基金投资的限制非常严格,比如国外投资比重不能超过总资产的 15%。随着时间推移,拉脱维亚也逐渐放宽了相关的投资限制,剩下的限制则大致等同于后引入的第二支柱,但第三支柱养老基金不得用于贷款的规定一直没有改变。

（3）改革的结果。

整体看,这次改革比较成功,既较好地解决了新旧养老保险制度之间的过渡问题,又相对顺利地引入了第三支柱。但这次改革也存在一些问题:一是养老保险制度信息管理略显滞后。一直到1997年,还是有很多退休或者在职人员没有拿到本人个人账户的信息单,自然也就不清楚本人的缴费积累额以及可以领取的养老金数额。另外,养老保险的数据库及计算机应用还存在明显不足,这引起了诸多在职和退休人员的不满和非议。二是养老金尤其是过渡性养老金的计算公式比较复杂,导致很多拿到个人账户信息单的参保人员也看不明白本人的养老金构成情况。三是养老保险制度赤字扩大,进而导致整个社会保险制度出现赤字。1998年以前,虽然养老保险制度一直存在赤字,但拉脱维亚整个社会保险制度还是略有结余,国家预算也于1997年恢复平衡。1998年以后,随着领取养老金人口继续上升以及受俄罗斯金融危机影响,拉脱维亚养老保险制度的赤字进一步扩大,并最终耗尽了整个社会保险制度的结余。1999年,拉脱维亚社会保险制度第一次出现了财务赤字。四是由于国内存在争议,拉脱维亚强制性的第二支柱改革被推迟了。这就造成拉脱维亚第二支柱的引入时间明显滞后于大部分中东欧国家。

3. 引入第二支柱的养老保险制度结构性改革(2001—2004 年)

（1）改革的背景及目标。

这一次改革的主要背景有:一是经济方面有喜有忧:1996—2002 年期间,拉脱维亚实际 GDP 年度平均增长率为 6.1%,相当于欧盟 15 国平均水平的 2 倍(Inta Vanovska,2006:153)。同期,国民平均总工资增长了 50%。2003 年,月平均总工资为 192 拉特(约为 284 欧元)。2000—2003 年期间,拉脱维亚劳动年龄人口的就业率从 57.5% 提高到 61.8%,但还是低于欧盟 15 国平均水平,同期政府财政赤字占 GDP 的平均比重为 2.1%。二是人口结构喜忧参半:从 1990 年至 2004 年,由于迁出人口多于迁入人口和生育率继续走低,拉脱维亚总人口下降了 13%,从 266.8 万减少到 231.9 万,平均每年减少 1%(CSB,2004:29)。1995 年以后,人均预期寿命恢复增长。1996 年,退休年龄以上人口占比达到 22.3%,不过在 2004 年却反而微降至 21.8%。1996—2003 年期间,劳动年龄人口占总人口比重从 57.2% 提高到

62.8%,此后长期维持在60%以上(Inta Vanovska,2006:148)。三是社会保险制度出现赤字:上文已经提及,从1999年开始,因养老保险制度赤字扩大,整个社会保险制度预算开始出现赤字。到2002年,拉脱维亚整个社会保险制度的赤字为1.27亿欧元,占全国GDP的1.5%(Inta Vanovska,2006:212)。

这次改革没有提出明确的改革目标。笔者认为,最直接的目标就是减少养老保险制度的赤字,增强整个制度供款的稳定性。同时,通过改革养老保险制度来降低政府财政赤字,为拉脱维亚顺利加入欧盟减少障碍。

(2)改革的内容及举措。

2001年12月,拉脱维亚修订了国家养老金法案。2002年1月,这一新修订法案开始施行,从而正式启动了养老保险制度的第三次改革。这次改革的主要内容及措施有:

第一,继续对第一支柱——名义缴费确定型养老保险计划进行参数改革。

覆盖面:强制性覆盖所有雇员和自雇者,没有工作的人员,如家庭主妇、学生以及失业人员可以自愿选择加入。

退休年龄:提高法定退休年龄,女性从1997年开始,每年提高6个月,男性从2000年开始,每年提高6个月。到2003年,男性退休年龄达到62岁;到2008年,女性退休年龄也提高到了62岁。

提前退休:抚育5个以上孩子或者抚育1个以上残疾孩子的人员(不限男女),如果缴费期限满已满30年,则可以提前5年退休。2005年,拉脱维亚又调整这一规定,只允许最多可以提前2年退休(即男性为60岁,女性为58.5岁),但这一规定被推迟到2008年才生效。如果提前退休,养老金待遇将削减20%。如果参保人提前退休后再就业,则不能领取养老金。

推迟退休:如果推迟退休且继续工作,可以领取全额养老金,但必须继续缴费以增加名义养老金资本。应养老金领取者要求,每3年计算1次推迟退休后的额外缴费及相应的养老金权益。

缴费期限:最低缴费期限维持不变,仍规定为不少于10年。

缴费率:2003年,整个社会保险缴费从1996年的38%降低到2003年的33%。其中,养老保险总缴费率为20%。如果参保人同时还加入第二支柱,第一支柱缴费率则为18%。从运作情况来看,实际缴费率还是一直高于法定缴费率。

2002 年,养老保险缴费率为 27.10%,2003 年为 25.59%,2004 年为 25.51%,2005 年为 25.26%。同期的雇员缴费率不变,一直维持在 9%。整体看,养老保险制度缴费率还是不低的,但雇主负担有一定减轻,雇员负担则略有上升。2004 年,养老保险制度的最高缴费上限为 19 900 拉脱维亚(约为 29 394 欧元),相当于平均工资的 10 倍之多(Inta Vanovska,2006:172)。

养老金的待遇:第一支柱养老金取决于个人的名义资本积累额度、参保人的退休年龄及其退休时的预期寿命。继续就业的养老金领取者,其领取的养老金不得超过国家社会保障福利金的 3 倍。

最低养老金:这次改革还第一次推出了最低养老金,并规定最低养老金数额根据参保人的投保期限而进行相应浮动。如果参保人缴费不满 10 年但本人实际年龄比法定最低退休年龄还高出 5 岁,就可以领取由国家预算拨付的国家社会福利金或者其他社会救助。2003 年,国家社会保障福利金待遇为每月 52 欧元,最低养老金待遇为 78 欧元(Inta Vanovska,2006:186)。如果参保人的收入低于最低保证收入,则由所在地的市政府提供一定的差额补助,以确保其收入不低于最低保证收入。

养老金指数化:2004 年,拉脱维亚规定,当消费者物价指数增长率超过 3% 时,每年对参保人养老金低于国家社会福利金 5 倍以下的部分进行两次调整。其中,在 4 月只根据消费者物价指数进行调整,在 10 月则根据消费者物价指数和缴费工资基数的实际增长情况(各占 50%)进行综合调整。拉脱维亚平均总工资的水平还是相对比较低的,2004 年,最低工资约为 118 欧元,相当于平均工资的 40%。从 2005 年开始,养老金根据消费者指数和缴费工资基数的实际增长情况进行综合调整。

残疾养老金:根据规定,参保人缴费至少满 3 年,才有资格依据残疾程度不同领取数额不等的残疾养老金。如果身患残疾的参保人已满退休年龄,则可以领取老年养老金。如果正常退休人员出现残疾,其残疾养老金待遇可以高于老年养老金。最低残疾养老金待遇,等同于国家社会福利金。

遗属养老金:与上次改革一样,配偶还是无法享受遗属养老金。至于孩子领取遗属养老金的规定,维持不变。

视同缴费期限:服兵役和居家照顾孩子的时间可认定为视同缴费期限,但每个孩子照顾时间的视同缴费期限最多不能超过 1.5 年。视同缴费期限内的相应缴费,由国家预算负担。

初始(名义)资本的新计算规则:这一次改革调整了有关初始(名义)资本计算的相关规则。根据新规定,在 2000—2009 年期间,如果参保人参保期限满 30 年,就将其在 1996—1999 年期间的平均缴费工资作为最低缴费基数,而不管其实际工资是否低于这一期间的平均缴费工资。如果参保人在这一新规定生效以前已经领取养老金,则可以重新计算其养老金。

第二,引入了具有拉脱维亚特色的第二支柱——强制性的缴费确定型养老保险计划。

覆盖面:根据法律规定,年龄在 30 岁以下的拉脱维亚国民必须加入第二支柱,年龄在 30—49 岁之间的人员可以选择自愿加入,年龄在 50 岁以上的人员不加入第二支柱。预计到 2035 年,第二支柱将覆盖所有人员。

缴费率:2001 年,第二支柱的缴费率为 2%,由第一支柱进行拨付。如果同时参加第二支柱,第一支柱的缴费率就从 20% 降到 18%。2007 年,第二支柱的缴费率提高到 4%;2008 年,又进一步增至 8%。

养老金领取年龄:根据规定,第二支柱养老金的领取年龄等同于第一支柱。2014 年,拉脱维亚退休人员第一次领取了第二支柱养老金。

养老金的待遇及计发:第二支柱养老金待遇取决于参保人的缴费数额及应计利息。拉脱维亚将第二支柱视为公共养老保险制度的一部分,因而不可以一次性领取第二支柱养老金。达到退休年龄时,参保人有两种选择:一是从相关保险公司购买年金;二是将第二支柱的资金转移到第一支柱,然后再汇总计算其养老金待遇。根据法律规定,如果参保人采取第一选择,拉脱维亚国家社会保险局(State Social Insurance Agency)将与参保人选定的养老保险基金公司签署合同并向该公司拨付参保人的相关积累额度。不过,这次改革没有出台年金购买细则,也没有就基金公司的管理成本做出相应的具体规定。如果参保人采取第二种选择,可以错时领取第一支柱和第二支柱养老金,即在领取第一支柱养老金的同时,还可以继续向第二支柱缴费。在第二种情况下,参保人最终养老金=(第一支柱总积累额度+第二支柱总积累额度)/余期寿命。

遗属养老金:与第一支柱一样,当参保人死亡时,其配偶不能享受遗属养老金,但未成年的子女可以领取遗属养老金。如果参保人没有未成年的子女,其第二支柱的缴费额将自动转入公共养老保险制度的财务预算。

管理制度及流程:根据规定,国家社会保险机构不负责征收缴费,但必须提供相关信息,处理参保申请并调配第二支柱与其他社会保险计划之间的缴费比例。2001年,拉脱维亚宪法法院规定,如果雇主拖欠第二支柱的缴费,则由国家社会保险局负责垫付。垫付后,如果税务部门成功征缴雇主的缴费,则将相关费用转付国家社会保险局。由于计算机管理系统滞后,从2001—2006年期间,国家社会保险局一直将缴费记录工作外包给负责证券交易的拉脱维亚中央登记处(Latvian Central Depository),再由该登记处将相关缴费记录转给养老保险基金公司。中央登记处可以选择不同的养老保险公司及不同的投资计划。

养老保险基金监管:独立伊始,拉脱维亚就成立了国家保险公司并在很短的时间内重建了私有保险市场。1994年,又将寿险与其他险种进行分业运营与监管。2001年,拉脱维亚成立了金融与资本市场委员会(Financial and Capital Market Commission)以取代之前的常设性保险监管机构(包括证券市场委员会、保险监管督察机构和拉脱维亚银行)。从2001年到2002年底,第二支柱养老保险基金资产还是由财政部进行过渡性托管。2003年以后,在金融与资本市场委员会的严格监管下,根据与国家社会保险局签署的合同,养老保险基金公司开始接管第二支柱养老保险基金资产。根据规定,第二支柱养老保险基金公司必须向国家社会保险局报送公司章程、投资计划书并定期提交相关投资情况的详细报告。国家社会保险局的地方分支机构负责将第二支柱养老保险基金的资料与信息上传至互联网以供社会各界查询。如果私有养老保险基金管理公司被金融与资本市场委员会吊销执照,该公司管理的养老保险基金资产将由金融与资本市场委员会决定是转给国家财政部还是转给参保人选定的其他基金公司。

在金融与资本市场委员会的监督下,托管银行负责对基金公司进行日常监管,并将基金公司的日常运作情况根据管理归属分别报送金融与资本市场委员会或财政部。根据拉脱维亚法律,财政部主要监督公共养老保险制度下的养老保险基金计划(这些计划不接受金融与资本市场委员会监管),国家社会保险局负责向财政部提交相关养老保险基金的年度报告和审计意见。

养老保险基金公司及投资计划的选择:根据规定,参保人每次只能选择一家基金公司的一个投资计划。另外,参保人每年还有一次免费更换基金公司的机会。如果不更换基金公司,则每年可以两次免费更换投资计划。所有的投资基金都提供相应的组合投资计划,投资基金的实际价值取决于投资标的证券的市场价值。如果参保人不愿意将第二支柱的缴费交由私有经济管理公司运营,他们可以选择参加财政部推出的投资计划。如果参保人在参保后2个月内仍未选定相关投资计划,则默认其自愿加入财政部的投资计划。

养老保险基金的投资管理与规定:与大多数中东欧国家不同,在世界银行的建议下,拉脱维亚没有对第二支柱养老保险基金投资的投资回报做出任何承诺或规定,仅在基金投资的数量、种类及地域等方面出台了一些限制规定。与周边国家(如爱沙尼亚、瑞典等)相比,拉脱维亚的投资政策还是相对保守的。针对私有养老保险基金公司与财政部的投资行为,拉脱维亚分别实行了宽严不等的管理规则,对前者的限制要远远少于后者。财政部的投资计划只能投资于拉脱维亚国家证券、短期银行存款、抵押贷款以及存款证明等。私有养老保险基金公司可以投资在欧盟境内或欧洲自由贸易区内合法证券交易所上市的政府和地方证券、公司债券、股票、开放式投资基金、银行存款以及金融衍生物。至于境外投资,拉脱维亚没有明确限制。拉脱维亚还规定,养老保险基金70%以上的资产必须投资在以可信赖货币进行结算计价的证券上,投资在以其他货币结算的证券上的比例不能超过10%。加入欧盟后,这一规定被取消了。

与很多欧盟国家一样,根据投资策略和投资风险的异同,拉脱维亚的基金投资计划也大致可以分为四类:保守型(不得投资股票)、平衡型(可以小量投资股票)、积极型(可以适量投资股票)和进取型(以投资股票为主)。2007年,拉脱维亚修改了投资规定,明确平衡型投资计划的股票投资比重不得低于15%,积极型投资计划则可以在15%—30%之间浮动。总体看,拉脱维亚养老保险基金投资于国家银行存款的比重大约为50%,还有40%则主要投资在固定收益的证券(主要是国库券)(Raimonds Lieksnis, 2010)。

养老保险基金的管理成本:2004年以前,国家社会保险局的管理成本由国家社会(养老)保险预算负担。2004年以后,这一管理成本改由参保人的缴费收入负担。拉脱维亚还规定,国家社会保险局的管理成本为缴费收入的2.5%。2004—2005年期间,实际的管理成本仅为缴费收入的1.5%(Inta Vanovska, 2006:208)。

至于基金管理公司管理成本的应占比重,这次改革没有具体规定,只是明确要求各基金管理公司在年报中必须逐一列明所有的成本费用。据统计,2004年,养老保险基金公司收取的管理费用约占投资基金总资产的1.1%。

第三,第三支柱仍为自愿的缴费确定型计划,相关的缴费数额继续执行免税政策,其养老金可以一次性领取。第三支柱养老保险计划由金融资本与市场委员会(The Financial Capital and Market Commission)进行全面监管,相关管理流程及投资规定基本等同于第二支柱,在此不一一赘述。虽然引入时间早于第二支柱,到2005年,第三支柱参保人数只有198 600人,仅为第二支柱养老金参保人数的1/6,并且只有50%的第三支柱养老保险个人账户属于活跃账户,即每年实际缴费不超过1次(Olga Rajevska,2013)。

第四,进一步明确了养老金的相关税收规定。根据规定,新制度生效以前已经领取的养老金不用纳税,新制度执行后领取的养老金则必须纳税(税率为25%),但年度税收豁免额度为1 773欧元。残疾养老金的年度税收豁免额度略高一点,在2 127—2 216欧元之间浮动(视残疾程度情况不同)。值得肯定的是,拉脱维亚针对养老金的税收豁免额度还是很高的。根据该国法律规定,年收入超过372欧元就必须缴纳25%的所得税(Inta Vanovska,2006:191)。2005年,拉脱维亚修改了个人所得税法案。根据新法案的规定,第一支柱养老金免于纳税,第二支柱和第三支柱的养老金必须依法纳税。

(3) 改革的结果。

与前两次改革不同,这次改革主要围绕新引入的第二支柱展开,当然也包括对第一支柱的相关参数改革。与大多数中东欧国家的第二支柱养老保险相比,拉脱维亚的第二支柱颇具特色:一是没有最低投资回报率的承诺。拉脱维亚所有养老保险基金投资公司都不提供最低收益回报承诺,国家对此也不提供任何保证。二是第二支柱积累额度可以转移至第一支柱,这是极其罕见的。当缴费者退休时,可以选择将其第二支柱积累额转到第一支柱并在第一支柱下汇总计发其养老金;当缴费者死亡时,其第二支柱积累额将转入第一支柱并归并到整体公共养老金预算之中,然后由第一支柱向相关受益人(不含配偶)支付遗属养老金。

受此次改革影响,2004年,拉脱维亚国内的老年养老金领取人数比改革前下降了2.6%,缴费人口占总人口的比重从改革前的39.8%提高到46%(Inta

Vanovska,2006:220)。与此同时,拉脱维亚养老保险制度的开支出现明显下降。2003年,养老保险制度开支占GDP的比重已经从改革前的8.2%下降到6.8%(Inta Vanovska,2006:211)。此外,在2004—2007年期间,受入盟的利好拉动,拉脱维亚年均GDP增长率超出10%,这明显高于其他中东欧国家。受益于经济的快速增长和养老保险开支的缩减,拉脱维亚国家财政开始出现结余。2008年,国家财政结余达到9.51亿欧元(A.Rubanovskis,2013:75),这在中东欧国家当中是极为罕见的。

当然,改革后的养老保险制度还是存在一些老问题并出现"新现象":一是养老金的替代率过低。据测算,2003年和2004年,拉脱维亚第一支柱养老金占国民平均总工资的比重只有34%,即使加上第二支柱和第三支柱,整体养老金的替代率也仅仅达到42%—45%,且还有继续走低趋势。二是养老金实际水平比较低,很多老年人"退休不退岗",在达到退休年龄后还是选择继续工作。据2003年的统计,拉脱维亚55—64岁人群的就业率为47.9%,高于欧盟15国44.6%的平均就业率;拉脱维亚国民退出劳动岗位的平均年龄为62—63岁,也高于欧盟15国的平均年龄(61岁)(Eurostat,2004)。三是第二支柱投资回报率过低。尽管没有最低投资回报率的承诺,受通货膨胀影响,拉脱维亚第二支柱养老保险基金投资回报远逊于公众的预期,不少基金公司的投资计划回报率甚至是负数。

总体而言,这一次的养老保险制度改革还是基本达到了预期目的,提高制度供款的稳定性。虽然养老金待遇相对较低,到2008年经济危机爆发以前,拉脱维亚养老保险制度的运行还是比较平稳。

4. 应对经济危机的养老保险制度改革(2011年)

(1) 改革的背景及目标。

2008年的经济危机重创了拉脱维亚国民经济及养老保险制度。是年,第二支柱缴费率已经提升8%,第一支柱缴费率则相应降为12%。2009年,经济形势继续恶化,失业率明显攀升,在职员工的工资出现负增长。为此,拉脱维亚削减了社会保障计划,但社会保障制度还是入不敷出。"雪上加霜"的是,2009年12月,拉脱维亚宪法法庭宣布政府削减10%养老金的做法违宪。在这一情况下,拉脱维亚政府被迫承诺今后不再降低养老金水平。

　　在2008—2009年期间,拉脱维亚平均工资水平明显下降,导致根据平均工资增长情况进行指数化的第一支柱养老金待遇随之下滑。这就引发了负激励现象,即参保人缴费时间越长,领取养老金时间越晚,其领取的养老金数额反而越低。2009—2010年期间,拉脱维亚最低养老金领取人数占总养老金领取人数的比重从2009年的0.05%猛增到2010年的11%。这就意味着2011年新增的养老金领取人员都只领取了最低养老金,并且这一指标还有上涨趋势(Ināra Bite,2012:9)。同期,养老金领取者的就业率也从2008年的18%下降到2011年的10.2%(Ināra Bite,2012:13)。利好消息是,拉脱维亚人口老龄化趋势在这一时期略有停滞,养老保险制度抚养比(养老金缴费人口/养老金领取人口)从2004年的2.9:1提高到2010年的3.3:1。这在欧盟国家当中是极其罕见的,并且这一人口结构机遇的"窗户期"将持续到2020年(Inta Vanovska,2006:149)。

　　2010年以后,拉脱维亚整体经济开始恢复增长,但距离加入欧元区的标准还存在一定差距。为了实现2014年1月加入欧元区的目标,拉脱维亚政府决心在确保社会保障水平不出现明显滑坡的同时,尽快削减财政赤字并提振经济增长。为此,养老保险制度的新一轮改革又被提上了议事日程。

　　这次改革的目标主要是保证养老保险制度财政的长期稳定性,均衡个人与国家在养老保险中的责任分担并为加入欧元区削减障碍。

　　(2)改革的内容及举措。

　　在渡过经济危机之后的2011年,拉脱维亚再一次启动了新的养老保险制度改革。与前几次改革相比,这次改革的力度及深度都很有限。主要内容及措施有:

　　第一支柱方面:一是在继续坚持现收现付原则的基础上,提高退休年龄,取消提前退休,[①]废除特殊行业的优惠养老金待遇,并将与社会保险无关的开支完全剥离出去。二是加大第一支柱养老金的激励因素。从2012年开始,养老金数额直接与缴费情况相关联。三是调整养老金指数化原则。在经济危机期间,拉脱维亚曾经冻结了养老金的指数化调整。虽然养老金只根据消费者价格指数增长,由于在2009—2010年期间通货紧缩取代了之前的通货膨胀,养老金的待

---

①　由于受到了较大的社会阻力,取消提前退休的规定被推迟了,取而代之的是将提前退休的年龄提高到60岁。

遇并没有受到明显影响。2011 年,通货膨胀率还是没有出现明显上升。因此,拉脱维亚决定在 2014 年以前维持改革前的养老金指数化原则——消费者物价指数增长和平均缴费工资增长各占 50%,只对最低养老金和受政治迫害人员的养老金进行了微调。四是在 2010 年将养老金应税部分(每月高于 165 拉特的部分)的纳税率从之前的 23% 提高到 26%,这对于领取较高数额的养老金人员有一定影响。

第二支柱方面:没有很大的动作,就是将缴费率从 2009—2012 年期间的 2% 重新调高至 6%,但还是低于 2008 年的 8%。同时,放宽了更换基金公司和投资计划的相关限制。另外,还放松对了养老保险基金投资方面的管制。

第三支柱方面:缴费数额和缴费时间更为灵活且完全由参保人自行决定。没有超过个人总收入 20% 的缴费部分,免征个人所得税。领取第三支柱的养老金年龄仍为 55 岁,相关积累额可以继承。

拉脱维亚还规定,任何人都有权对雇主为其缴纳养老(社会)保险情况进行核查以确保本人的养老保险权益。此外,当局还允许参保人本人负责全额缴费以确保其享受相关的养老保险待遇。

(3)改革的结果。

这次改革实施时间不长,措施也不多,改革的效果并不明显。目前能肯定的效果主要有二点:一是养老金的替代率略有上升,可能达到 50% 左右或者更高一点。二是受益于允许参保人核查缴费情况的规定,第二支柱和第三支柱的覆盖面明显上升。到 2011 年底,第二支柱养老保险已经覆盖了 99.9% 的就业人口。在整个养老金制度的参保人数中,有 57.9% 的人同时加入了第二支柱,余下的 42.1% 则同时加入第三支柱。与其他中东欧国家相比,拉脱维亚第三支柱的覆盖面还是比较可观的(Ināra Bite,2012:9),并且其养老保险基金市场也是比较多元化的。

令广大参保者不满的是,养老保险制度尤其是第二支柱的管理费用明显上升,已经占到总资产的 1.9%,明显高于经合组织国家的平均水平(OECD,2011)。而养老保险基金的回报率却不尽如人意,甚至为负数,养老保险基金资产出现贬值。

9.3　拉脱维亚养老保险制度的现状及面临的挑战

9.3.1　养老保险制度的现状

拉脱维亚现行的养老保险制度主要包括三个支柱,其中第一支柱是强制性的现收现付的养老保险计划。有特色的是,拉脱维亚的第一支柱为名义缴费确定型。第一支柱老年养老金的领取条件为达到退休年龄,且参保期限已满 10 年;第二支柱是强制性的、完全积累的养老保险计划,养老金待遇完全取决于个人缴费积累额及相关投资回报;第三支柱是自愿性的私有养老保险计划,养老金待遇及养老保险基金投资管理等方面基本等同于第二支柱,但养老金积累额度可以继承。

此外,拉脱维亚针对特殊人群(如总统、警察、检察官、军队人员、为国家独立做出杰出贡献的人员以及独立战争死亡人员的遗孤等)推出了专门的养老金。其中,警察、检察官、军队人员必须满一定服务年限并达到法定退休年龄,才可以领取养老金。专门养老金,由国家预算负责,不进入统一的老年养老金制度。

9.3.2　养老保险制度面临的挑战

拉脱维亚养老保险制度面临的主要挑战有三个方面:

一是人口方面的不利影响。虽然在 2020 年以前,拉脱维亚人口老龄化趋势放缓,养老保险制度抚养比还将略有好转,但从长期趋势看,人口老龄化与人口减少趋势还是不可逆转。预计到 21 世纪中叶,拉脱维亚男性和女性的预期寿命都将超过 80 岁,而同期的总人口将继续下降。预计到 2075 年,劳动年龄人口将从 2015 年的 120 万减少到 60 万,总人口也将减少 100 万(Inta Vanovska,2006:150—151)。对于人口总量很小的拉脱维亚来说,这将是个惊人的数据。

二是经济结构方面的不利影响。目前,拉脱维亚非正式经济、影子经济占整体经济的比重不可小觑。很多就业人口尤其是年轻人往往选择逃避纳税和养老保险缴费,养老保险制度的总体缴费情况不容乐观。

三是养老保险制度自身存在的问题。首先是养老金实际水平不足。据拉脱维亚当局统计,平均养老金水平仅相当于最低生活水平,并且有 57% 的参保人领取的养老金数额还低于最低生活水平(Ināra Bite,2012:13),这导致很多老年人生活陷入困境。其次是养老保险基金投资收益极为暗淡,绝大部分基金投资收益都是负数。

9.4   关于拉脱维亚养老保险制度下一步改革的设想

2013 年以来,拉脱维亚政府针对养老保险制度提了一些新的措施或提案,其中比较引人注目的就是建立第四支柱(家庭救助及互助)和大力促进第二支柱养老保险基金发展。不过,从拉脱维亚国内现实情况来看,这些提案能否通过还不容乐观。就笔者看来,相对更为可行的是继续对第一支柱养老金进行参数改革和采取措施扩大第三支柱覆盖面。

9.4.1   第一支柱方面的参数改革

一是提高退休年龄。从欧盟的平均水平来看,拉脱维亚现行的退休年龄相对偏低,仅为 62 岁。如果参照其国民平均预期寿命来看,拉脱维亚的退休年龄还大有提高空间。拉脱维亚当局也看到了这个问题,并提出了两个方案:一是从 2014 年以后每年将退休年龄提高 6 个月,最终到 2021 年退休年龄将逐渐延至 65 岁;二是 2016 年以后每年将退休年龄提高 3 个月,最终到 2027 年退休年龄将同样延至 65 岁。这两个方案没有本质区别,实质性差异就是启动时间早晚不同和推迟幅度大小各异。究竟会采取哪种方案,关键取决于大选以及国家的财政情况。目前看,第二方案略占上风。

二是取消提前退休。取消提前退休的提议早已出台,但由于国内反对声音较大而被迫推迟。从当前的情况来看,拉脱维亚政府很有可能在逐渐延长退休年龄的过程中,渐进取消提前退休或继续收窄提前退休条件并加大提前退休养老金的削减力度。从长远看,取消提前退休是大势所趋。

三是延长参保期限。根据现行法案,拉脱维亚第一支柱养老保险的参保年限仅为 10 年,即缴费只要满 10 年就可以领取养老金。这一规定明显短于其他欧盟国家 15 年的规定,甚至在中东欧国家当中都可以说是最低的。为了减少改革阻力,拉脱维亚当局已经决定从 2016 年开始,将最低缴费期限提高到 15 年。另外,社会保障机构还建议从 2021 年开始,将最低缴费期限进一步提高到 20 年。今后不管是提高到 15 年还是 20 年,从欧盟国家的实际情况来看,拉脱维亚的最低缴费期限完全有空间和有可能延长到 25—35 年甚至 40 年。

四是调整养老金的指数化原则。拉脱维亚政府内阁已经提出要继续调整养老金的指数化原则,将养老金增长情况与通货膨胀率和 GDP 的增长情况挂钩,以更好地保证养老金的实际水平。

至于提高第一支柱养老保险缴费率,目前看来并不是明智的选择。当前,拉脱维亚养老保险缴费率法定为 20%,但实际缴费率已经接近 24% 左右,这个比例并不算低。如果再提高养老保险缴费率的话,那将给雇主和雇员带来更重的税收负担,并可能导致更多的人员选择逃避缴费,可谓得不偿失。

9.4.2　扩大积累型支柱养老保险的覆盖面和回报率

必须承认,拉脱维亚第二支柱和第三支柱覆盖面还是不错的,高于大多数中东欧国家,但还是存在一定的提升空间。尴尬的是,拉脱维亚第二支柱和第三支柱的养老保险基金投资回报率大都为负数或者低得可怜,这极大地挫伤了国民的入保积极性,也导致第三支柱的缴费活跃程度持续走低。为了改变这一情况,拉脱维亚政府已经提出了一些建议。

一是继续维持当前的税收优惠政策,允许对第三支柱的缴费给予一定比例的税前扣除或者税前成本列支。同时,对来自第三支柱的养老金也给予一定比例的税收减免以激励更多劳动人口加入第三支柱。

二是加强信息管理和相关知识的普及工作,让更多国民更好地了解第三支柱养老保险基金的管理、运行与投资过程及其回报情况。

三是加强金融市场建设,完善投资基金组合,提升基金投资收益。为提振国民的入保积极性,拉脱维亚政府正在考虑对第三支柱(也包括第二支柱)基金的投资回报率给予最低承诺,以吸引更多国民积极加入第二和第三支柱。

除了改革养老保险制度本身以外,拉脱维亚的非正式经济、影子经济也是一个不容回避的老问题。此外,金融市场、就业市场等相关制度的配套改革也是拉脱维亚养老保险制度改革难以逾越的议题。

9.5 结语

独立以后,拉脱维亚的养老保险制度先后经历了四次改革:第一次是在1991—1993年,只对第一支柱进行了相关的参数改革。这次改革试图建立俾斯麦模式的养老保险制度,但基本没有实现预期目标。第二次是在1996—1998年,除了第一支柱的参数改革外,还建立第三支柱,可谓是对养老保险制度的结构性改革。这次改革相对比较成功,但由于国内阻力较大,第二支柱被推迟了。第三次是在2001—2004年,这次改革成功引入第二支柱并基本建成了三支柱养老保险模式,但养老金的充足性一直没有得到很好解决。第四次是在2011年,为了克服经济危机带来的不利影响,这次改革主要是针对第一支柱的应急措施,整体改革意图和战略并不明显,改革的效果也尚未体现。

总体看,拉脱维亚数次改革都深受欧盟、世界银行以及北欧国家尤其是瑞典的深度影响,自身对养老保险制度改革没有完整的理念及方案设计。所幸的是,在2020年以前,拉脱维亚养老保险制度的财务危机并不大,并且其人口结构还面临有利的"窗口期"。这为养老保险制度的后续改革提供了极大的回旋空间。

2014年,拉脱维亚"成功"加入欧元区,这对其整体经济及养老保险制度的影响还有待观察。不过,现存的高失业率、养老保险的赤字、养老金待遇不足以及老年人的贫困风险等问题,都决定了其养老保险制度还有待继续改革。

第 10 章

立陶宛养老保险制度改革的回顾与展望

与大多数中东欧国家不同,独立之初的立陶宛人口结构相对年轻,人口老龄化趋势并不突出,养老保险制度面临的压力也相对较小,但其养老保险制度改革却走在中东欧地区的最前沿。早在 1990 年,立陶宛就在中东欧国家当中第一个制定并推行了新的养老保险法案,从此掀起了中东欧国家养老保险制度改革的第一次浪潮。此后,立陶宛又先后在 2004 年和 2008 年经济危机后,对养老保险制度进行了两次改革。

10.1 立陶宛国家概况

立陶宛地处波罗的海东岸,北接拉脱维亚,东南与白俄罗斯相邻,西南与俄罗斯和波兰接壤。国土面积约为 6.53 万平方公里。

1990 年,立陶宛宣布独立。1991 年,加入联合国。由于国民经济迅速恢复并快速发展,立陶宛被誉为波罗的海"三虎"之一。2004 年,立陶宛成功加入欧盟。2011 年,人口 324 万,人均 GDP 为 14 600 美元(EUROSTAT, 2011)。2013 年,人均 GDP 已经达到 15 526 美元,进入发达国家行列(Boguslavas Gruževskis, et al., 2013:31)。2015 年 1 月,立陶宛正式加入欧元区,成为最年轻的欧元区成员。从 20

世纪末期开始,立陶宛开始出现人口老龄化趋势。2012年男性平均预期寿命约为 76.4岁,女性约为82.7岁(Teodoras Medaiskis, Tadas Gudaitis, 2013:61)。

10.2 立陶宛养老保险制度改革的发展历程回顾

10.2.1 1991年独立以前的养老保险制度(1919—1990年)

1. 前社会主义时期的养老保险情况(1919—1943年)

从历史上看,立陶宛长期以农业为主,工业发展较为缓慢。1919年,立陶宛针对失业和求职者第一次出台了相关的社会保险法案,从而揭开了探索建立现代社会保险制度的序幕(Audrius Bitinas, 2011:1056)。1925年,立陶宛颁布了士兵养老金法案,为特殊功勋人员以及战争伤员提供待遇丰厚的国家养老金。1926年,成立国家社会保险基金管理局,制定了国家公务员养老金和补贴法案并推出了病员基金。1939年,推出了地方政府雇员养老金。

从这些法案或规定来看,这一时期立陶宛的社会保险(养老保险)的覆盖范围只限于士兵、国家(包括地方)政府雇员以及工伤人员。其他人员的养老事宜则由本人的家庭或亲戚负责,国家不承担任何责任。二战爆发后,立陶宛养老(社会)保险制度建设进程受阻。

2. 社会主义时期的养老保险情况(1944—1990年)

1944年,立陶宛加入原苏联。作为整个原苏联养老保险制度的一部分,立陶宛的养老保险制度也实行了国家负担、全民保障的国家社会保险模式。立陶宛规定,各地工会和地方政府联合管理养老保险事务。1956年,根据原苏联新出台的养老保险法案,立陶宛居民的养老金取决于过去12月在职职工的平均工资,养老金的平均替代率约为50%。养老金领取数额与缴费之间没有关联度,而是与国家预算挂钩。

立陶宛国家养老保险模式的主要弊端,就是国家大包大揽而导致自身负担过于沉重,广大社会成员却缺乏个人自我养老责任意识。即使到21世纪,立陶宛的很多老年人还坚持认为政府应该全权负责国民养老。另外一个突出问题,就是针对特殊人群(特别优秀人员或者特殊职业群体)提供了功勋养老金(特别优惠养老金待遇),而贫困或失去工作能力的社会成员的养老问题却被忽视。这一现象严重加剧了社会不平等,一直饱受非议。

20 世纪 70 年代以后,原苏联的国民经济进入困难时期,整个养老(社会)保险制度的赤字越来越大,国家财政难以为继。立陶宛也不例外,老年人的养老金实际水平不断下降,老年人的基本生活难以得到保障。

10.2.2　独立以后的养老保险制度改革(1990—2012 年)

1. 重新回到俾斯麦模式的养老保险制度改革(1990—1994 年)

(1)改革的背景及目标。

80 年代以后,立陶宛开始寻求脱离原苏联。与此同时,立陶宛境内关于养老(社会)保险制度分立与改革的呼声越来越强烈。在争取独立的过程中,立陶宛境内关于养老保险改革模式选择、方案设计的争论此起彼伏。最后,以自由市场为导向以及削减政府在社会保险制度中的责任等提议成为大多数政治人物、媒体和学者的共识。1990 年独立后,立陶宛经济进入了痛苦的转轨期,出现了高失业率、经济萎缩、收入下降、非正式经济凸显、企业破产以及货币实际购买力下降等现象。受此影响,立陶宛国家财政收入锐减,养老保险制度供款收入下降。与此同时,出生率下降、社会抚养人口增加等不利因素又造成养老保险支出不断增长。这一增一减,导致立陶宛养老保险制度资金缺口越来越大,养老金领取人口的贫困率不断上升。养老保险制度的改革就在第一时间内被提上了议事日程。

这次改革的目标很明确,就是将养老保险制度与原苏联脱钩,重新建立俾斯麦模式——建立普遍的国家社会保险制度以覆盖绝大多数人口,将养老保险权益与在职期间的缴费相关联并解决养老金待遇的充足性问题。

(2)改革的内容及举措。

1990 年 2 月,在独立前夕,立陶宛最高法院通过了关于改革社会保险制度的法案。该法案提出,将养老(社会)保险事宜与原苏联工会脱钩,转由立陶宛境内的相关部门负责。3 月,独立伊始的立陶宛在劳工与福利部下设了国家社会保障总局,并设立国家社会保险基金(The State Social Insurance Fund)。国家社会保险基金成员由雇主代表、雇员代表和政府代表组成。国家社会保障总局及其地区分支机构,严格执行国家社会保险预算,全权负责社会保障的权利登记、缴费以及支付等相关事务。7月,立陶宛政府决定对社会主义时期和二战期间的"受害者"、伤残战士以及先天残疾儿童的母亲推出了更低退休年龄和更高养老待遇的特殊优惠政策。同时,立陶宛开始着手解决功勋养老金问题,并取消原苏联时期认定的功勋养老金待遇。10月,立陶宛通过了新的社会福利制度法案,将社会保险与社会照料、社会福利区分开来,并决定每年依法制定单独的国家社会保障预算。

1991年5月,立陶宛通过了国家社会保险法案,决定社会保险实行独立融资和独立管理,由国家社会保险局及其地方分支机构管理社会保险基金,负责养老金缴费和发放等具体工作。法案还规定,社会保险总缴费率为31%,其中雇主缴费为30%,雇员为1%。在总缴费中,养老保险的缴费率为23.5%,其中雇主缴费为22.5%,雇员为1%。与拉脱维亚相似,雇主在养老保险事务中承担了绝大部分责任,这一点也符合立陶宛的国内传统。1991年和1992年,立陶宛国内的通货膨胀率分别高达400%和1 000%。因此,社会保险局的首要任务就是调整养老金待遇以减少养老金领取人口的贫困率。1991年,立陶宛向所有养老金领取人口多次发放了统一利率的补充养老金,并决定对养老金实行正常的指数化调整。

(3) 改革的结果。

这次改革内容有限,但意义十分重大。改革后,立陶宛的养老保险制度告别了国家社会保险模式,在一定程度上重新回到传统的俾斯麦社会保险模式。从实际架构来看,公共养老金制度遵循的是以俾斯麦模式为主导的欧洲大陆模式,即养老金权益与工作挂钩,养老金待遇取决于之前的工作收入和工作年限,养老保险基金收入主要来自缴费,最低收入人群则可以享受相关的社会补贴。

由于受到国内经济社会形势尤其是居高不下的通货膨胀率的影响,改革后的养老金实际购买力还是急剧下降。1991—1993年期间,养老金的实际购买力仅相当于独立前的1/4,老年人的贫困问题积重难返。一直到2003年,立陶宛养老金的平均购买力仍然低于独立前的水平。

2. 重塑现收现付制度的养老保险制度改革(1995—2001年)

(1) 改革的背景及目标。

这次改革的背景主要有:一是经济陷入困境,失业率走高,企业破产,非正式经济凸显,导致养老保险制度缴费以及财政的转移支付难以保证;二是人口结构老龄化开始显现,社会抚养人数增加,导致养老保险制度开支越来越大;三是通货膨胀率居高不下,导致养老金实际购买力继续下降,养老金领取人口以及整个老年人口贫困率不断攀升;四是养老保险制度难以适应新的经济社会形势,甚至一定程度上还对经济发展起到了负面作用;五是来自欧盟、国际货币基金组织、国际劳工组织、联合国发展署、世界银行以及国际贸易组织等国际组织的外界影响或压力。这些国际组织纷纷对立陶宛的经济社会改革出谋划策,有的组织还派出专家直接介入立陶宛养老保险制度改革的方案设计和模式选择。

这次改革的目标很明确,主要有:一是强化养老保险缴费与收益之间的关联度,激励参保人员积极缴费以增强养老保险制度的筹资功能;二是在养老金发放方面,强化养老金的预防贫困效应,建立养老金的正常指数化调整机制,切实提高养老金的实际购买力以应对通货膨胀并减少老年贫困;三是采取措施,削减养老金的支出以减轻政府财政负担;四是增强养老金制度的透明度,扩大养老金的覆盖面。

(2)改革的内容及举措。

经过多次讨论,1995 年,立陶宛国会通过了一系列关于养老保险改革的相关法案,启动了养老保险制度的新一轮改革。受国内外条件限制,这次改革还是围绕现收现付制度(第一支柱养老保险)进行的,至于私有的第二和第三支柱的改革则是后话。这次改革的主要内容及措施,大致可以分为两个方面。

第一,关于社会养老保险金方面的相关措施。

一是取消 1995 年以前的退休养老金,以社会养老保险金取而代之。社会养老保险包括老年养老金和残疾养老金,同时具备领取老年养老金和残疾养老金资格条件的人员,只能选择其中一种养老金。

二是在养老保险基金的预算方面,将国家社会保障预算与国家预算剥离,将社会保险与社会救助分开。

三是延长退休年龄。1995 年的养老保险法案提出了关于提高退休年龄的实施方案,决定从是年起,男性每年提高 4 个月,女性每年提高 2 个月。2001 年,立陶宛又决定,加快提高进度。从当年起,男性和女性的退休年龄每年都统一提高 6 个月。

四是明确社会保险养老金领取门槛条件,同时收紧在职人员领取养老金的资格条件。这次改革规定,领取老年养老金的资格条件为达到官方规定的退休年龄且缴费已经满 15 年。其中部分养老金的最低参保期限为 15 年,全额养老金的最低参保期限为 30 年。领取社会养老金的人员无需退出劳动岗位,但仍在工作的养老金领取者只有年满 65 岁或者其工资不超过官方规定的最低工资的 150% 时才可以领取全额养老金。低于 65 岁且工资高于最低工资 150% 的养老金领取者,就只能享受基本养老金。这次改革还进一步收紧了仍在工作的养老金领取者领取养老金的相关资格条件。至于最高养老金和最低养老金,这次改革没有明确限制。

五是扩大养老保险覆盖面。强调所有的在职人员,不管是合同就业人员还是自雇者都必须强制加入养老保险。

六是明确缴费比例。其中自雇者的月缴费率为统一利率,为基本养老金缴费率的 50%。

七是明确养老金的计算公式。1995 年的法案还引入了新的养老金计算公式。根据新的计算公式,养老金包括两部分:基本养老金部分和与收入相关联的补充部分。基本养老金部分实行的是统一待遇,但根据参保人的参保期限长短而略有差异。政府根据最低生活水平线来确定基本养老金的实际水平,一般而言,基本养老金不能低于最低生活水平线的 110%。补充养老金部分主要体现参保人的工作年限和在职期间的收入状况。从具体规定的设计初衷来看,基本养老金部分主要是应对通货膨胀,补充养老金部分则可以反映工资的增长情况,两者依据通货膨胀和工资增长情况分别进行指数化调整。

具体计算公式如下: $P = B + 0.005 \times S \times K \times D$。这里的 B 就是基本养老金部分,即月平均工资的 0.5% 乘以参保人的参保年数; S 是参保人的参保期限; K 是个人应缴费工资基数/国家平均工资,其数值不能大于 5; D 是个人平均应缴社会保险(包括养老保险、疾病、生育和失业等社会保险)的工资基数,社会保险管理部门按年或者按季度核准平均应缴社会保险工资;0.005 是参保人月平均工资的 0.5%,用于计算参保人未来养老金每年增加的部分额度。随着缴费期限延长,补充养老保险部分的差异就日益体现,即缴费时间越长,则补充养老部分数额越多。

八是明确了养老金的指数化调整原则。根据养老金待遇的组成,社会保险养老金采取两种指数化原则:基本养老金是满足被保险人的最低生活水平所需,主要根据通货膨胀率的变动情况进行调整;补充养老金则根据平均工资的增长情况进行调整。从实行的情况来看,基本养老金的增长比例超出了同期的通货膨胀率,但补充养老金的数额从 2000 年开始一直被冻结到 2003 年。

九是明确了残疾养老金的资格条件。根据本人剩余的劳动能力将参保者或者领取者分为 3 组:残疾程度最为严重者为第 1 组,这一组成员几乎没有劳动能力或生活难以自理者;残疾程度较为严重者为第 2 组,这一组成员劳动能力受到明显影响;残疾程度相对较轻者为第 3 组,这一组成员还具有一定的劳动能力。残疾养老金的计算方式等同于老年养老金。残疾养老金领取者的参保期限,取决于其本人的实际年龄。已经达到领取老年养老金或残疾养老金资格条件的参保人死亡时,其遗属和遗孤可以领取相应的鳏寡养老金或孤儿养老金。

第二,关于其他养老金方面的规定。除了社会保险养老金法案以外,立陶宛在 1995 年还通过了涉及其他养老金的数个法令,主要内容有:一是设立了国家养老金,主要针对原苏联时期和二战期间的受害者、政府官员、部队人员、专家学者以及以往已经享受“荣誉”或“功勋”养老金的人员。二是针对不符合领取社会保险养老金或国家养老金资格条件的雇员推出了所谓“社会养老金”,其数额大致等于社会保险养老金的统一利率部分(即基本养老金部分)。

(3)改革的结果。

从具体措施实行情况来看,这次改革明确了社会养老保险的强制性,扩大了社会保险的覆盖面;清晰地界定了社会保险养老金的计算公式,增强了养老金制度的透明度,体现了公平与效率相结合;建立养老金的指数化调整机制,推出了社会养老金,减少了老年贫困;收紧了养老金的领取资格条件,削减了养老金的支出,一定程度上减轻了政府财政负担。

这次改革也存在一定局限性:一是因相关阻力太大,这次改革没有彻底取消特权阶层的特殊优惠政策,而是采取设立“国家养老金”的做法以减少阻力,这就给国家财政带来了额外的沉重负担并成为后患。二是存在同时享受多个养老金的问题。这次改革规定,生育 5 个以上孩子的妇女或者长期照顾残疾家庭成员的人员在领取社会保险养老金的同时还可以破格享受社会养老金。此外,享受社会保险养老金的人员还可以同时享受鳏寡养老金和国家养老金。这就造成部分人员同时享受多个养老金,而有的人员却无法享受任何养老金。这既加重了养老保险制度的支出负担,又加剧了社会不公平。三是虽然扩大了社会养老保险制度的覆盖面,但自雇者和非正式就业者的参保情况还是不容乐观。2003 年,社会养老保险制度的覆盖率仅为 1990 年水平的 65.4%(Elaine Fultz, 2006:308)。四是虽然改革在一定程度上加强了社会保险制度的财务稳定性,但国家社会养老保险的财政充足性问题一直没有得到很好解决。五是社会保险养老金的替代率和购买力还是不容乐观。这次改革推出的养老金计算公式和指数化调整原则都具有一定的再分配因素,但改革后的平均养老金水平仍相当于平均工资的 46%。2003 年,平均养老金数额为 340.5 立特,仅为相对贫困线的 30%,老年人的生活困难现象还是没有得到明显缓解。此外,针对提前退休现象(一般提前 3 年左右),这次改革没有提出任何对策。

3. 建构多支柱养老保险制度的私有化改革(2003—2004 年)

(1) 改革的背景及目标。

这一次改革的主要背景有以下三个方面:一是经济方面指标趋好。1998—2002 年,立陶宛国民经济总量大约增长了 37%。2002—2003 年,受益于政府担保贷款下降以及立特贬值,立陶宛政府的公共债务首次出现下降,降幅为 0.2%。经济形势的好转,为养老保险制度的下一步改革提供了回旋空间,也为第二支柱的引入提供了有利条件。二是人口方面指标不容乐观。由于人口出生率已经下降到替代水平以下,加上外迁移民增多,2001 年,立陶宛老年人口抚养比(60 岁以上人口/15—59 岁人口)大约为 30%。预计到 2030 年,这一抚养比将增至 50%。虽然这一数据明显低于欧盟其他国家水平,但还是引起了立陶宛国内的高度重视。2003 年,立陶宛的总人口比 1995 年改革前减少了 6%,男女平均预期寿命则分别增长到 66 岁和 77 岁。这些数据都表明立陶宛养老保险制度的财务形势将日益严峻。三是这次养老保险制度的私有化改革受到世界银行和欧盟的深刻影响。早在 1994 年,世界银行就在立陶宛组织召开了补充养老保险大会,提出愿意为立陶宛养老保险制度的结构性改革提供相应贷款,并为其社会保障和劳工部准备有关养老保险制度的白皮书提供资助。由于立陶宛国内条件不成熟,该白皮书没有直接提及私有养老保险基金计划,世界银行专家也没有坚持推荐私有养老金计划。2000 年,立陶宛政府又推出了关于养老保险制度改革的白皮书。除了分析

1995 年改革后养老保险制度的不足之外,该白皮书还指出了养老保险制度后续改革的必要性:第一,随着养老保险制度覆盖面的下降,很多退休人口尤其是逃避缴费的自雇者将无法享受国家养老金和社会保险养老金;第二,社会养老保险金支付水平较低,平均替代率仅为 40% 左右,老年人贫困现象没有明显缓解,养老保险制度的吸引性大打折扣;第三,人口结构形势逆转,失业率走高,现收现付养老制度的财务稳定性难以保证。在这一背景下,世界银行更是踌躇满志,决心要在立陶宛的养老保险制度改革中大展身手。2001 年,世界银行提出立陶宛改革的策略主要是延长工作期限,确保养老金水平以应对通货膨胀和减少老年贫困,增强养老保险制度的供款稳定性,同时确保劳动力市场的效率。

与此同时,随着欧盟同意东扩,立陶宛国内各界就加入欧盟达成高度一致。为了实现尽快加入欧盟的目标,立陶宛必须加快改革养老保险等各项社会制度,以达到欧盟设立的入盟标准。其中养老保险制度方面的标准或要求主要包括:将退休年龄与平均预算寿命关联起来,严格限制提前退休或提前领取养老金,鼓励推迟退休或推迟领取养老金,促进老年人口就业,提倡积极老年化和健康老年化,大力发展补充退休储蓄以提高退休收入等。

2001 年以后,立陶宛政府开始启动养老保险制度改革的准备计划,并着手制定有关养老金改革的法律草案以提交国会。从计划来看,这次改革的主要目标为:一是提高退休人员的养老金待遇,确保养老金领取人口的实际收入有所增长;二是减少养老保险制度的财政赤字,增强养老保险制度的供款可持续性,力争养老保险制度收支平衡;三是扩大养老保险制度覆盖面,争取覆盖所有人口;四是减少养老保险制度的再分配因素,增强其激励性;五是在不增加缴费的情况下,建立半强制的积累制养老保险制度,激励国民积极参保,增加参保人的养老保险积累;六是鼓励国民积极储蓄,减少逃避缴纳养老保险缴费现象。

（2）改革的内容及举措。

2002 年,立陶宛政府通过了养老保险制度改革行动计划。考虑到国内争议较多,2003 年,立陶宛相对放缓了私有化养老保险支柱的引入进程,还略微调整了一些较为激进的改革措施以平息物议。这次改革主要围绕建立三支柱养老保险模式进行,具体内容和措施有:

第一,继续完善现收现付原则的第一支柱（公共）养老保险计划。根据法律规定,立陶宛第一支柱养老保险主要提供四类养老金,即退休养老金、残疾养老金、寡妇养老金和遗孤养老金。

一是继续扩大覆盖面,针对不同人员实行差异缴费制度。改革规定,所有合同雇员、自雇者和其他国民都必须强制性加入第一支柱。其中合同雇员按照全部社会养老保险(包括基本养老金和补充养老金)的法定缴费率进行全额缴费;自雇者可以只按照基本养老金部分的缴费率进行差额缴费,但年收入超过最低年平均工资 12 倍的自雇者必须和合同雇员一样进行全额缴费;一次性缴纳所得税的在职人员可以按照基本养老金部分的缴费率进行差额缴费;农民自愿选择参加并可以免除缴费。

二是改革社会养老保险财政供款制度。改革后的社会保险养老金由独立的国家社会保险基金支付,不再由国家或地方预算负担。

三是调整缴费率。根据规定,合同雇员的整个社会养老保险缴费率为 25.9%,其中雇主负担 23.4%,雇员负担为 2.5%。自雇者缴费率包括两部分:基本养老金缴费率(按照基本养老金计缴基数的 50% 进行缴费)和补充养老金缴费率(相当于自雇者本人年应税收入的 15%)。立陶宛还规定,缴费数额上不封顶。2009 年以后,雇员的缴费率调整为 3%。

四是严格养老金领取条件。参保人已满退休年龄且参保期限不少于 15 年才可以领取老年社会保险养老金。

五是提高退休年龄,削减提前退休待遇。2003 年,男性退休年龄为 62.5 岁,女性为 58.5 岁。预计到 2006 年,女性的退休年龄将提高到 60 岁。改革还规定,参保人最多可以提前 5 年退休。每提前 1 个月退休,本人的养老金待遇削减 0.4%。如果提前 5 年,养老金待遇则下降 24%。

六是明确了第一支柱养老金待遇及其计算公式。第一支柱养老金还是包括统一部分和补充部分,其中统一部分相当于参保满 30 年且全额缴费参保人的基本养老金水平。尽管如此,统一部分的养老金数额还是略有降低。补充部分取决于参保人的投保期限和在职期间的工资情况。在计算工资情况时,只计算本人 1990 年以来在职期间(以后逐渐延长到整个职业生涯)的平均工资水平。

养老金待遇计算公式为:$P = aB + 0.005 \times S \times K \times D + 0.005 \times s \times k \times D$。这里的 B 是基本养老金部分;a 是本人实际参保期限/30,a 的最高值为 1;S 是

1994 年以前的缴费年数;s 是 1995 年以后的缴费年数;D 是本人的应缴收入(月平均计缴工资,由政府按照国家社会保险基金委员会的建议核准);K 是 1994 年以前的个人缴费工资率(参保人的年平均工资/全国的年平均工资);k 是 1994 年以后的个人缴费工资率。2009 年以后,取消了 1994 年以前的部分。养老金计算公式简化为:$P = aB + 0.005 \times s \times k \times D$。根据法律规定,$K$ 和 k 的最终结果不能超过 5。至于 0.005 的系数,指的是与收入相关养老金数额的 0.5%。如果参保人同时参加了第二支柱,第一支柱养老保险则按照转移额度同比降低相应的待遇。

七是调整了养老金的指数化原则。这次改革授权政府可以在与社会保险委员会协商的基础上,自行酌情调整基本养老金待遇和计保收入,但基本养老金数额不能低于政府自身设定的最低收入水平的 110%。

八是完善养老金的管理体制。改革明确国家社会保险基金会全权负责养老保险缴费和发放的日常管理工作,该基金会由来自雇员组织、工会和政府三方代表组成的社会保险委员会管辖。这次改革还提出,在时机成熟时,将养老保险的缴费工作转由国家税务机构负责。

九是推出了相关的税收规定。为了鼓励国民积极参保,立陶宛规定第一支柱的养老金全额免予征税,参保者向基本养老金的缴费额度也享受免税待遇。如果雇主负担大部分缴费责任,其缴费数额可以从应税所得中予以扣除,但雇员的缴费数额则不再享受税收优惠。

十是出台了设立第二支柱后的补偿规定。立陶宛规定,因参保者加入第二支柱而导致第一支柱出现供款不足或财政困难时,由国有资产私有化所得、国家预算及其他来源为第一支柱提供财政支持。为此,立陶宛每年都将对国家社会保险基金预算指标进行审核并披露国家社会保险基金的补偿情况。

十一是取消了 1995 年以前的退休养老金。今后,所有的退休人员只能选择老年养老金或者残疾养老金。

第二,积极引入半强制性的、全额积累的第二支柱养老金,并交由私有养老基金公司和寿险公司进行运作。早在 2000 年,立陶宛就允许设立私有养老基金。但直到 2003 年,立陶宛都没有出现一家相关的基金公司。2003 年 7 月,立陶宛通过了积累制养老金法案。2004 年,全额积累的第二支柱养老保险正式启动。

覆盖面:允许参保人自行决定是否加入且没有时间限制。一旦决定加入,在退休年龄以前，就不允许退出。因此，第二支柱可以看作是半强制性的。

缴费率：为减少阻力和降低转移成本，立陶宛决定在不增加总缴费率的情况下，允许参保人将部分养老保险缴费转入私有养老保险基金。如果参保人参加第二支柱，其第一支柱的缴费率将下降 2.5 个百分点，下降的部分直接划入第二支柱。原计划从 2005 年开始，第二支柱缴费率每年增加 1 个百分点。受经济危机影响，2009 年底，第二支柱的缴费率下降到 2%，2013 年以后才恢复到 2.5%。

制度管理：为了减轻雇主和雇员负担并减少管理成本，立陶宛的第二支柱养老保险按照第一支柱的管理制度进行管理。雇主不用提供额外的缴费信息。

私有养老保险基金的运营与管理：根据规定，第二支柱养老保险基金由养老保险基金管理公司和寿险公司运营和管理，主要投资于金融市场。法律还规定，第二支柱养老基金公司的管理费用最高不能超过第二支柱总缴费的 10% 和该公司资产的 1%。每年，养老基金公司都必须告知参保者其本人的积累情况。缴费满 3 年以后，第二支柱参保人就有权更换养老保险基金。在更换时，参保人可以申请税收减免。如果参保人每一自然年度更换一次，其减免额度不能超过转移额度的 0.2%；如果参保人在同一自然年度频繁更换的话，其减免额度则不能超过转移额度的 0.4%。如果参保人在同一家资产管理公司内部更换养老保险基金，则不用支付任何转移费用。

养老保险基金的投资：根据规定，每家资产管理公司（净资产不能少于 30 万欧元）必须提供保守型养老保险基金，该基金只能投资于立陶宛本国和经合组织国家的政府资产和中央银行的公共债券。

养老金待遇及领取：依据国家社会保险养老金法案，第二支柱养老金收益主要取决于转入的缴费收入、基金的投资回报以及基金的管理成本等因素。第二支柱养老金的领取年龄和第一支柱一样，第二支柱的养老金积累额采取等额或递增的强制性年金形式发放。

税收规定：作为社会保险缴费的一部分，雇主向第二支柱的缴费享受免税待遇，但雇员的缴费必须纳税。第二支柱的缴费收入和积累收益不再进行征税。整体看，针对第二支柱的税收优惠大于第三支柱。

第三，建立补充的、自愿的、私有积累制养老保险，并交由私有养老保险基金公司或寿险公司运营。与第二支柱一样，立陶宛在 2000 年就允许设立第三支柱养老基金。由于旷日持久的争议,第三支柱一直没有启动。2004 年,立陶宛重新启动了基于职业养老金计划基础上的第三支柱养老保险基金。

根据法律规定,第三支柱属于自愿参加的私有养老保险计划。参保人如果选择加入第三支柱,其缴费数额(不超过总收入的 25%)可以享受免税待遇。与第二支柱不同,第三支柱养老金支付无需采取强制性年金形式,并可以在退休年龄以前提前支取。第三支柱养老基金的管理制度,大致等同于第二支柱。虽然第三支柱的相关规定较为灵活,但其覆盖率低得可怜。到 2004 年底,仅有 0.1% 的全部劳动人口参加了第三支柱。在欧盟的敦促下,立陶宛于 2006 年通过了职业年金法案,以鼓励雇主为雇员提供额外的社会养老保障。根据规定,职业年金享受与第三支柱同等的税收待遇,由养老基金协会或寿险公司运作。

(3) 改革的结果。

整体看,这次改革还是取得明显成效,基本达到了预期目标。通过引入私有支柱尤其是半强制性的第二支柱,立陶宛初步建立了三支柱的养老保险制度并降低了政府在养老保险制度中的财务压力。加之受益于相对年轻的人口结构以及发展良好的经济态势,到 2007 年,立陶宛养老保险开支占 GDP 的比例为 6.8%,明显低于欧盟 27 国 21.8% 的平均水平(Audrius Bitinas, 2012:31),养老保险制度的供款可持续性得到明显提高。与此同时,受政府优惠政策鼓励,2004 年正式启动的第二支柱发展较为顺利,大部分 45 岁以上人口都加入了第二支柱。2010 年,第二支柱的覆盖率达到 85% 左右。这在中东欧国家当中不可多见。

这次改革也带来了新的问题:一是部分人群难以享受到养老金或全部养老金。根据改革的规定,自雇者可以选择只按照第一支柱的基本养老金进行部分缴费。那么等到自雇者达到退休年龄后,他们就无法享受全部养老金。此外,还有高达近 20% 的人口没有加入任何养老保险支柱,这将是一个非常可怕的现实问题。二是养老金替代率仍然过低,难以切实保证养老金领取者的老年生活水平。第二支柱和第三支柱养老保险是在没有提高总缴费率的前提下引入的,这就意味着总盘子没有变,养老保险的总积累额没有变,自然整个养老金的替代率也不会出现明显变化。据立陶宛国内专家预测,如果不进行新的改革,预计到 2048 年,假定男性退休年龄为 65 岁且已经工作满 40 年,其第一支柱养老金替代率将下降为 35%(European Commission, 2010:88)。考虑到第二支柱缴费率很低和第一支柱养老金在整个养老金中占有绝对优势地位,这35％的替代率委实令人堪忧。三是第三支柱形同虚设。立陶宛政府针对第三支柱推出了相关的税收优惠政策,但见效甚微。此后推出的职业年金计划,也没有明显起色。四是立陶宛的所得税税收制度不合理,给雇主带来了严重的税收负担。根据相关的税法规定,立陶宛的工资所得税为33％,社会保险税为34％。两者合在一起,所得税税率超过了60％,其中绝大部分都由雇主负担,雇主意见很大。此外,在私有养老保险基金的投资回报上,立陶宛政府、养老保险基金管理部门以养老保险基金管理公司等相关机构都难以提供详细的精算报表或预测分析报告。很多参保者都是一头雾水地加入第二支柱,并没有真正明白养老基金的投资收益与风险。这在一定程度上导致2008年以后诸多参保者对养老保险制度心存不满甚至抗议示威。

4. 应对经济危机的养老保险制度权宜改革(2009—2011年)

(1)改革的背景及目标。

2008年的经济危机重创了立陶宛经济,其养老保险基金投资受到严重影响,很多养老保险基金不但投资回报率为负数,甚至基金公司自身的资产都开始出现缩水。唯一庆幸的是,2008—2009年期间,由于第二支柱引入时间较短,立陶宛境内符合领取第二支柱养老金资格的人数甚少,并没有出现支付危机,可谓逃过一劫。其实在这次危机发生之前,与在职职工收入增长情况相比,立陶宛私有养老保险基金的投资回报就不容乐观。2008年的危机则是雪上加霜,这造成整个养老保险制度的替代率进一步走低。经济危机还导致立陶宛国内经济萎缩,失业率尤其是老年人口失业率攀高,政府财政吃紧并难以弥补第一支柱养老保险制度赤字。为解决养老保险制度赤字问题,立陶宛政府决定削减养老金支出,但这又面临巨大的社会压力。此外,由于养老金回报率过低,很多在职人员选择逃避缴费或者变相退出养老保险制度。

与此同时,立陶宛人口老龄化趋势开始加快,人口出生率、老年社会抚养比、外迁劳动年龄人口等相关指标也呈现继续恶化势头且难以逆转,这给养老保险制度带来了新的压力。在这一背景下,立陶宛养老保险开支持续增长,且增长速度快于欧盟平均水平。

在经济、人口以及社会等多重不利因素的综合影响下,立陶宛的养老保险制度改革是箭在弦上,不得不发。这次改革的目标很清晰,主要有三点:一是增强养老保险制度的供款稳定性以应对严重的经济危机;二是确保养老金待遇的充足性;三是提升养老金制度管理的效率和透明度。

（2）改革的内容及举措。

与前几次改革相比,这次改革的酝酿时间比较短,改革措施的制定与出台也比较急促,且多为过渡性或应急性措施。主要做法有:

一是下调缴费率。受经济危机的影响,2009 年 7 月,立陶宛通过了养老保险制度改革法案的修正案,决定在 2009—2011 年期间将第二支柱的划拨缴费率从以前的 5.5% 下降到 2%（Teodoras Medaiskis, Tadas Gudaitis, 2013:58）。在 2010—2011 年期间,立陶宛又全面下调社会保险（含养老保险）缴费率,其中雇员的养老金缴费率为 3%,雇主为 23.3%。

二是分类削减养老金待遇,但养老金的税收优惠政策不变。2009 年 10 月,立陶宛政府与工会、企业界、雇主代表及养老金组织一起签署了国家协议,明确政府将采取临时分类削减养老金等措施来加强财政稳定性,以确保按时发放养老金。根据这一协议,在 2010—2011 年期间,低于基本生活标准的养老金和残疾养老金权益维持不变,而高额度养老金和其他养老金的收益将削减 5%。[①] 受此影响,在职人员的养老金收益平均削减了 17% 左右。

三是将养老保险中的基本养老金部分与社会保险进一步区分并扩大养老保险的级差,以增强养老保险缴费与收益之间的关联度和养老保险制度的激励性。贫困老年人则可以享受由政府负担的基本养老金或国家养老金。

四是调整养老金计算公式。将基本养老金纳入国家预算,在不增加总体缴费的情况下,逐步引入虚拟账户制或者核算单位（积点）制。

五是坚决取消特惠的国家养老金制度,将其分别并入国家社会保险制度和职业年金。

六是明确养老金指数化调整的原则和程序,增强养老金的充足性。

七是加强养老保险制度管理的有效性和透明度,通过运用电子信息技术,加强养老保险相关数据收集与整理。统筹管理国家养老金和社会保险以及其他养老金计划,提高养老保险的管理效率和服务质量。

---

① 立陶宛没有设立最低养老金和最高养老金标准。

八是改革国家社会（养老）保险机构，削减行政开支。这次改革决定国家社会保险机构裁员 11.4%，这样每年可以减少 1 050 万立特的管理费用。

（3）改革的结果。

从 2010—2011 年的执行情况来看，立陶宛养老保险制度尤其是第二支柱的管理更为透明也更有效率，整个养老保险制度的供款危机在一定程度上得到缓解。由于这次改革的大多数措施属于应急之策或短期措施，养老保险制度改革的主要目标——养老金的充足率问题，没有得到明显改善，很多老年人的生活还是贫苦不堪。此外，养老保险制度与经济制度、就业制度之间的内在关系也没有得到真正重视。

5. 以第二支柱为主、立足长远的养老保险制度改革（2012 年至今）

（1）改革的背景及目标。

对于立陶宛的养老保险制度改革而言，2008 年经济危机既是危机也是机遇。在经济危机的影响下，国民对于养老保险制度改革的共识得到明显加强。2009—2011 年的改革虽然取得一定成效，但还是低于国民的心理预期。2011 年以后，立陶宛经济基本度过危机，整体恢复较为顺利，这为养老保险制度改革提供了回旋空间。此外，欧盟等国家组织也敦促立陶宛开展新一轮的养老保险制度改革，以达到欧盟的福利国家标准。

在此背景下，立陶宛决定启动新一轮的养老保险制度改革，并明确提出要确保养老金待遇的充足性以保证老年人的基本生活所需，切实增强社会养老保险制度的供款或财务稳定性以适应经济和人口的新形势，并不断提高养老保险制度的透明度和公平性。

（2）改革的内容及举措。

第一支柱：2011 年 6 月，立陶宛通过了国家社会保险养老金法案修正案，决定收紧公共养老金领取条件。一是从 2012 年 1 月开始逐渐提高退休年龄，其中女性每年提高 4 个月，男性每年提高 2 个月。预计到 2026 年，男女退休年龄将统一提高到 65 岁。二是限制提前退休，收紧残疾养老金的审核条件。三是促进就业，降低相对慷慨的养老金待遇。四是不再削减在职人员的养老金收益，鼓励养老金领取者继续工作。

第二支柱：2011 年 4 月和 5 月期间，立陶宛国内达成广泛的政治协议并通过了养老金及社会保障改革指导方针。根据改革指导方针,立陶宛政府提出了改革时间表,将第二支柱改革分为两个阶段:第一阶段为 2012—2026 年,是过渡时期;第二阶段始于 2027 年。6 月,立陶宛政府批准了积累制养老金计划的改革方案并提交国会。

根据这一新方案,从 2013 年起,参保人第二支柱养老保险的缴费将分为三部分:国家社会保险基金预算的划拨部分、根据本人收入进行的自愿缴费部分和政府为鼓励其参加私有积累计划的配套缴费部分。其中第一部分(即划拨部分)属于强制性的,在 2020 年以前还是维持 2% 的比例不变①,由国家社会保险基金向私有养老保险基金和保险公司划拨。2020 年以后,第一部分的划拨比例将增加到 3.5%。第二部分属于自愿性的。从 2013 年开始,如果本人自愿根据收入向私有养老保险基金缴费以积累更多养老金权益,还可以多缴纳 1 个百分点。2016 年以后,则可以多缴纳 2 个百分点。第三部分属于配套的。为鼓励国民积极参加私有养老保险基金,立陶宛政府决定,如果参保人自愿缴纳第二部分,政府则通过国家预算为其同比例缴纳相关配套费用。

方案还规定,在 2012 年期间,参保人可以选择是只参加第一支柱还是同时参加第一和第二支柱。已经参加第二支柱的参保人,在 2013 年 1—9 月期间可以选择退出第二支柱而只参加第一支柱。逾时不做选择的,则视为同时参加第一和第二支柱。

此外,这次改革针对养老保险基金的运营还出台一些新的规定,主要包括:参保人可以不受时间限制,自主选择和更换养老保险基金;参保人如果有一个以上的储蓄账户,也可以更换养老金基金公司或者保险公司;降低资产管理费用,逐步取消向养老保险基金的捐赠收费;到 2016 年,保守型和非保守型投资基金的最高减免费用可以分别达到各自资产的 0.7% 和 1%;2017 年,这一比例将分别降至 0.5% 和 0.8%。

(3) 改革的结果。

此次改革启动不满 3 年,目前还很难判断改革结果如何,不过从相关的规定出发还是可以进行一些简单分析。提高退休年龄和限制提前退休,无疑有利于减轻养老保险制度的支出负担,促进养老保险制度的供款稳定性;鼓励老年人就业,

---

① 虽然规定为 2%,但 2013 年的实际划拨比例为 2.5%。

有利于提高老年人的生活水平；政府为参保人配套缴纳第二支柱的部分缴费，有利于吸引更多国民参加第二支柱。事实证明，第二支柱的参保率在 2013 年就得到明显提升。

必须看到，这次改革的一些规定还是存在不足：比如第二支柱养老保险第一部分的划拨比例，在政策出台的第二年就从原先规定的 2％提高到 3％，略显仓促；在总缴费不变的情况下，政府配套缴纳第二支柱缴费无疑将加大政府的财政负担。另外，这次改革没有涉及第三支柱。至于立陶宛政府是有意放弃第三支柱还是无意忽视，个中缘由不得而知，但结果必然是"三支柱"模式将很有可能演变成"两支柱"养老保险模式。

10.3　立陶宛养老保险制度的现状及面临的挑战

10.3.1　养老保险制度的现状

1. 现收现付原则的第一支柱

第一支柱强制性的现收现付计划，由国家财政担保。作为整个养老保险制度的基础与主体，第一支柱基本覆盖全体国民（自然也涵盖全部劳动人口），主要提供老年养老金、残疾养老金、鳏寡养老金和遗孤养老金。

第一支柱的总缴费率为 26.3％，其中雇主负担 23.3％，雇员负担 3％。养老金领取条件为达到退休年龄且缴费满 15 年以上。2014 年，男性退休年龄为 62 岁零 9 个月，女性为 60 岁零 4 个月。缴费满 30 年且失业达 1 年以上，可以提前 5 年领取养老金。

老年养老金计算公式为：养老金＝基本养老金＋补充部分＋与收入相关联的部分。其中基本养老金实行统一利率，具体数额根据参保人的投保期限而确定；补充部分指的是如果参保人投保期限超过 30 年以上，每超过 1 年，则基本养老金增加 3％；与收入相关联的部分，取决于参保人退休以前的收入情况，具体计算方式用 0.005 乘以退休前每个月的工资收入，然后再一一相加得出总数。

目前,立陶宛还没有出台法定的养老金自动指数化调整规定,也没有设定最低养老金。第一支柱养老金收入免于征税。养老金领取者继续工作时,其养老金待遇不受任何影响。残疾养老金数额根据领取人的残疾程度不同、参保期限长短、年龄大小而不等,其计发发放与老年养老金基本一致。遗属或遗孤养老金实行按月发放,数额取决于死者生前的老年养老金或者残疾养老金数量。

2. 私有的、积累制第二支柱

立陶宛第二支柱以职业年金计划为基础,由雇主缴费,主要覆盖签订了正式合同的就业人口。第二支柱的养老金主要包括三个部分:来自国家社会保险基金预算的拨付部分、来自个人收入的自愿缴费部分和来自政府的配套缴费部分。参保人第二支柱缴费积累额度不足购买基本年金计划时,可以一次性提取或分批自由提取,而不再以强制性的年金形式领取。如果第二支柱积累额度超过基本年金计划 3 倍时,参保人可以一次性提取或分批自由提取相应的超出部分,剩余部分继续以年金形式提取。由于政策实施较晚,立陶宛还没有出现大批的第二支柱养老金领取者。

在基金运营与投资方面,立陶宛境内现有 9 家私有养老保险基金管理公司,提供 30 个养老金投资计划。根据投资策略,这些养老金投资计划可以分为保守型(不投资股票)、平衡型(小部分资产投资于股票)、积极型(适量投资于股票)和进取型(主要投资股票)四种。目前,不过大部分基金都采取了混合投资策略。立陶宛没有法定投资回报承诺,参保人自行承担一切投资风险。

3. 私有的、积累制的第三支柱

第三支柱为自愿的私有养老保险计划,由参保人自己缴费。立陶宛的第三支柱发展极为缓慢,政府对此似乎也不在意。从最近的改革趋势来看,第三支柱甚至有消失的可能性。

4. 社会救助养老金

在三支柱模式以外,立陶宛还针对那些没有资格领取社会保险养老金(包括老年养老金、残疾养老金和遗属养老金)的人群推出了社会救助养老金。社会救助养老金由国家预算负担,采取与家计调查相结合的形式发放。目前,社会救助养老金大约覆盖了 4％ 的老年人口,其支出大约占整个养老金支出的 2％。社会救助养老金数额大致相当于老年养老金的第一部分(基本养老金)的 90％ 或相当于最低月收入的 40％ 左右。虽然覆盖面不大且待遇不高,但社会救助养老金还是在一定程度上发挥了社会安全网的兜底作用。

10.3.2　养老保险制度面临的挑战

1. 人口方面

一是总体人口下降趋势明显。由于生育率极低且外迁人口大于迁入人口,根据欧盟关于立陶宛人口的预测,预计到 2060 年,立陶宛总人口将下降到 250 万人甚至更少(European Commission,2010:194)。二是人口老龄化加剧。2009 年,立陶宛人口 65 岁以上老年人占总人口比重已经达到 16%。预计到 2060 年,这一比例将翻一番,达到 32.7%。这就意味着养老保险制度抚养比(老年人口/劳动人口)将恶化为 1:1.6(European Commission,2010:87)。

2. 养老保险制度本身

一是养老金待遇过低,难以满足老年人的基本生活所需。加之社会援助较少,不少老年人陷入贫困境地。二是第二支柱和第三支柱养老保险发展不尽如人意。第二支柱的投资回报令人大失所望,第三支柱名存实亡且政府和养老保险基金公司或寿险公司都没有意愿来继续支持和促进该计划。这导致很多国民对私有养老保险制度产生疑虑,甚至纷纷退保。三是养老保险制度透明度不够,相关数据披露不及时或没有披露,引起参保者的诸多不满或影响其本人的投资选择。

此外,在经济危机后,立陶宛整体经济发展显得力不从心。这为养老保险制度的稳定性和养老保险待遇的充足性蒙上一层阴影,而提高养老保险缴费率的设想又必将面临社会各界的巨大压力。由此可见,立陶宛的养老保险制度的后续改革必然并非一帆风顺。

10.4　立陶宛养老保险制度改革的下一步举措

考虑到 2012 年的改革仍在进行之中,立陶宛当局在养老保险制度改革方面还没有提出任何新的具体设想。2015 年 1 月,立陶宛加入了欧元区。从其他中东欧国家加入欧元区的经验来看,立陶宛境内的通货膨胀大有可能进一步走高。这将对养老保险制度(尤其是对私有支柱的投资回报率和公共支柱的养老金替代率)提出更为严峻的挑战。笔者认为,立陶宛当局很有可能会整合 2012 年出台的两个阶段改革方案,即提前实施第二阶段的相关改革措施。

10.4.1　第一支柱方面的措施

预计立陶宛当局将根据人均预期寿命等人口指标的变动情况,加快退休年龄的提高速度,尽快将男女退休年龄统一到 65 岁甚至更高;进一步收紧养老金的领取门槛条件,通过设置更为合理的奖惩原则来调整养老金领取年龄和限制提前退休或提前领取养老金,适时延长最低缴费期限并通过优惠政策积极鼓励参保人延长缴费期限。

加强对自雇者、非正式就业者和农民的养老保险缴费监管,尽可能将他们纳入养老保险制度,尽快取消针对特殊人群的特惠养老金;调整养老金计算公式,将公式中的工作年限延长到整个职业生涯,扩大与收入相关联的养老金部分占比以激励参保人更充分就业和更积极缴费;根据经济和人口指标变动情况而不是根据选举需求或国民压力来完善养老金的指数化调整原则和机制,切实提高养老金的替代率或实际水平,以保证老年人的基本生活所需。

将社会保险基金与国家养老保险基金进行区分,当社会保险基金达到平衡时,加快建立养老保险积累基金以应对国家养老保险基金今后可能面临的赤字问题;鼓励第一支柱养老保险基金积极稳妥地进入投资市场;完善残疾养老金的管理和监控,严格界定医疗保险和社会养老保险之间的区别。

加快养老保险制度的信息化建设,提升制度的透明度和公平性;通过税收或国家预算转移支付方式完善国家养老金或基本养老金的收集与发放,为老年人提供更为结实可靠的养老安全网。

10.4.2　私有养老保险支柱方面的措施

放宽对第二支柱的养老保险投资限制,通过实行生命周期投资策略等措施来提高第二支柱的投资回报率;降低养老保险基金的资产管理费用和投资手续费用,降低第二支柱参保人的市场投资风险,规范第二支柱年金的发放和领取过程;在合适的时机适当提高第二支柱的养老保险缴费率,以扩大第二支柱的养老保险积累额度和回报额度。

加快推进职业年金计划,以促进第三支柱发展,为老年人养老保障提供更多选择等等。

10.4.3　相关的配套措施

采取有力措施来调整人口结构,延缓人口老龄化进度,以控制养老保险制度领取人口的过快增长。

推动经济发展,积极促进就业,以增加养老保险制度的缴费人口和缴费收入;促进老年人尤其是领取养老金的老年人就业,以增加其老年收入,更好地保障自身生活水平。

优化税收配套政策,提升养老保险制度的激励性以鼓励更多国民积极参保并主动缴费等。

10.5　结语

自恢复独立以来,立陶宛的养老保险制度改革大致可以分为五个阶段:一是在 1990—1994 年的转轨改革,主要是与苏联模式脱钩,建立独立的养老保险基金及制度;二是 1995 年开始的养老保险制度参数改革,主要围绕第一支柱展开,推出了基本部分与收入相关部分相加的新养老金计算公式;三是在 2003—2004 年期间进行的养老保险制度结构性改革,主要是围绕三支柱养老保险模式展开,成功引入了半自愿的第二支柱和完全自愿的第三支柱;四是在 2009—2010 年期间进行的养老保险制度权宜改革,主要是为了确保养老保险安然度过危机,改革内容基本都是应急措施;五是 2012 年以来的中长期养老保险制度改革,以第二支柱为主,立足全面提升养老保险制度的稳定性、可持续性和充足性。

综观立陶宛养老保险制度的历次改革进程,可以发现其改革内在逻辑基本上是从苏联模式转为俾斯麦模式再转为自由市场模式。不过从最新的改革动态来看,似乎又有加强国家保障的趋势。不管模式怎么变化,养老保险制度改革的目的和宗旨还是不变,即养老保险制度与整个经济社会制度发展相匹配,养老保险制度与整个国民需求相匹配。

第11章

罗马尼亚养老保险制度改革的回顾与展望

受国内条件所限,作为东南欧地区大国的罗马尼亚没有加入中东欧地区养老保险制度改革的第一轮浪潮。虽然罗马尼亚曾先后三次与国际货币基金组织就养老保险制度等经济社会政策的改革达成相关协议,但这些协议都以夭折而告终。直到 1999 年,因国内经济社会危机加重以及养老保险制度难以为继,罗马尼亚才被迫启动养老保险制度改革。目前,该国已基本建成了三支柱养老保险制度。

11.1 罗马尼亚国家概况

罗马尼亚属于东南欧国家,东临黑海,南接保加利亚,西邻匈牙利和塞尔维亚,北与乌克兰、摩尔多瓦接壤,国土面积约为 23.84 万平方公里。

剧变以来,罗马尼亚进入了长达十年的痛苦转轨期,经济社会整体发展停滞不前,人均预期寿命仅为 69.74 岁,明显低于欧盟平均水平。2000—2007 年期间,罗马尼亚经济发展迅猛,人均预期寿命等相关社会指标稳步增长。2004 年,罗马尼亚成功加入北约。2007 年,正式成为欧盟的成员国。2009 年,罗马尼亚人均预期寿命增至 73.33 岁。2013 年,罗马尼亚全国总人口约为 2 129.6 万,其中罗马尼

亚族占 89.5％,匈牙利族占 6.6％,罗姆族(即吉卜赛人)占 2.5％,当年人均 GDP
约为8 905 美元。

11.2　罗马尼亚养老保险制度改革的发展历程回顾

11.2.1　1999 年以前的养老保险制度(19 世纪末—1994 年)

1. 前社会主义时期的养老保险制度(19 世纪末—20 世纪 40 年代末)

罗马尼亚养老保险制度的历史比较悠久,最早的相关立法可以追溯到 19 世
纪末期的强制性疾病与老年保险。当时只有四个国家推出了现代意义上的强制
性社会保障制度。此后,罗马尼亚议会或其他立法机构又在不同时期分别出台了
相关的法律法规。

1918 年,罗马尼亚分地区施行了三个社会保障计划:一个是针对罗马尼亚族
人的社会保障计划,包括产假、疾病、工伤以及退休等项目;一个是针对匈牙利族
的社会保障计划(含养老保险);还有一个是隶属于奥地利社会保障制度的社会保
障计划(含养老保险)。根据当时的退休养老金计划规定,养老金的总缴费由雇
员、雇主和政府平均分摊,各负责 1/3;退休年龄为 65 岁,最低缴费期限为 23 年。
由此可见,当时罗马尼亚养老保险制度的规定还是比较严格甚至有点苛刻的。
1933 年是罗马尼亚养老保险制度发展史上具有特殊意义的一年。是年,罗马尼亚
当局第一次统一了上述三个社会保险制度,并明确养老保险养老保险制度的管理
由国家和雇主负责,但新的养老保险制度并没有覆盖农业就业人口以及失业
人群。

二战后,罗马尼亚养老保险制度继续实行现收现付原则,即通过在职人员进
行缴费来支付同期退休人员的养老金。这一做法一直持续到社会主义时期。

2. 社会主义时期的养老保险制度(20 世纪 50 年代初至 1989 年)

20 世纪 50 年代以后,罗马尼亚进入社会主义时期,整个社会保障制度实行了
国家保障模式,养老保险制度也不例外。在这一模式下,养老保险制度的开支都

由国家预算予以负担。除了老年养老金以外,政府还提供了残疾养老金和遗属养老金。从 50 年代到 60 年代期间,罗马尼亚国民养老金的替代率(养老金的实际数额/退休前最后一个月的工资数额)一直在 50%—80%之间浮动。此外,罗马尼亚政府还针对退休人员推行了其他的相关优惠措施(Alexiu, Teodor Mircea, 2009)。

1968 年,罗马尼亚在基本养老金计划之外又推出了补充养老金计划。按照规定,基本养老金计划由雇主负责缴费,补充养老金计划则由雇员自己负责缴费,补充养老金计划的缴费率为 3%。补充养老金计划的实行,拉大了退休人员的养老金待遇差距。据测算,如果工作满 25 年以上,同时参加补充养老金计划人员的养老金替代率比只参加基本养老金计划人员的养老金替代率高出 16%左右。这引起了社会各界人士的诸多不满。

1977 年,罗马尼亚修改了养老金法案。该法案规定国民养老保险为待遇确定型养老金计划,由国家社会保险预算负担。国民养老保险的名义缴费率为 3.5%,实际缴税为 14%。这次法案针对特殊群体(高级政府官员和高级军官等)没有提供特惠养老金,但这些特殊群体的缴费基数明显高于国民的平均缴费基数。养老金的计算基数为退休前 10 年中收入最高的 5 年期间的平均收入,实际替代率约为 65%—75%。由于罗马尼亚实行了价格和工资管制,不同退休人员的实际养老金收入区别并不大。1977 年法案还规定,男性的退休年龄为 62 岁,女性为 57 岁,这比二战以前的退休年龄有所下降。不过,最低缴费期限则有所延长,其中男性最低缴费期限为 30 年,女性则为 25 年。这次法案还将个体农民和合作社的农民统一纳入了国家养老金计划,但其养老金缴费和待遇都明显低于其他社会群体。80 年代末以后,由于缴费收入过低,农民养老保险制度的赤字日益扩大。最终,农民养老保险被逐渐纳入社会福利计划,即由国家提供最低收入保障。

在社会主义时期,罗马尼亚规定每个公民都必须强制性参加劳动。因此,其养老保险制度基本覆盖了所有国有部门就业人口、个体农业就业人口、在合作社工作的农业人口、宗教神职人员、军警人员以及其他自由职业者。虽然实行了广覆盖,但在不同人群的退休年龄条件、养老金领取条件等方面的规定上还是存在区别对待现象。比如艰苦行业(如冶金和采矿等)的就业人员,就往往因工伤或职业病而领取了待遇更为优厚的残疾养老金,并且罗马尼亚艰苦行业就业人数占总就业人数的比重还相当可观。这一时期,养老保险制度的缴费主要由雇主(即国有部门)承担,养老金实际收入实行待遇确定型,与具体缴费情况无关。受益于人口结构相对年轻(1989 年罗马尼亚国民平均预期寿命仅为 69.42 岁,略高于 1970 年的 67.33 岁)以及经济发展尚可,在 20 世纪 90 年代以前,整个养老保险制度运行平稳。如果剔除农民养老保险计划的赤字,罗马尼亚整个养老保险基金还略有结余。这在中东欧国家当中实属罕见。

随着人口老龄化逐渐显现以及经济发展出现滞胀,罗马尼亚养老保险制度的财政状况逐渐恶化。此外,由于政府需要为农民等诸多没有进行缴费的社会成员提供待遇不菲的养老金,政府的财政压力也日益突显。

3. 转轨期的养老保险制度(1990—2000 年)

1989 年年底,罗马尼亚发生政变,结束了共产党执政。1990 年开始,罗马尼亚进入了长达十年的转轨期。1990—2000 年,由于经济市场化和私有化进程明显滞后于中东欧大多数国家,罗马尼亚还是大体维持了以前中央计划经济下的养老保险制度,即以再分配功能为主导的、现收现付原则的公共养老金制度。总体看,罗马尼亚转轨期的养老保险制度主要包括三个组成部分:一是覆盖雇员的国家社会保险养老金,由雇主的强制性缴费负担,缴费率为总工资的 13%;二是强制性的额外养老金,由雇员缴费负担,缴费率为本人净工资的 3%;三是 1992 年针对合作社解体后的农民设立的社会保险养老金。

1990 年以后,罗马尼亚经济发展陷入困境甚至出现倒退。加之国有部门开始实行私有化,罗马尼亚的整体失业率不断攀升。为了应对失业加剧以及工会带来的各种压力,罗马尼亚政府选择将养老保险制度作为解决失业问题的应对措施。为此,政府将法定退休年龄调低了 2 岁,并且还规定只要满一定的工作年限,养老金领取年龄甚至可以降低 5 岁。此外,还有很多企业虚假申报艰苦工作岗位,以帮助职工提前退休。这就导致公共养老保险制度的养老金(包括老年养老金和残疾养老金)领取人数在短期内迅速增长。在 90 年代初期,国家养老保险制度吸纳了 60 万失业人员。与此同时,罗马尼亚境内大量农业合作社解体,很多合作社的农民无法向社会养老保险制度进行缴费。面对这一现象,1992 年,罗马尼亚不得不允许农民实行自愿缴费,但仅有不到 5% 的农民选择继续缴费。在这种情况下,罗马尼亚政府就被迫实行了新的税收政策,对企业的食物和其他农业产品征收特别税以转移支付农民的养老金。

在征税以外,为了增强养老保险基金的收入稳定性和维持养老金的实际购买力,罗马尼亚还对养老保险制度进行了一些调整,主要措施有:一是将缴费率从1989 年的16%提高到2000 年的35%,但缴费率过高导致瞒报漏报缴费基数、逃避或拖欠缴费现象激增;二是对国家社会保险养老金、雇员额外养老金和农民的社会保险养老金实行了统一管理;三是根据工资情况,对养老金待遇进行了阶段性的指数化调节,但最低养老金的增长情况还是不尽如人意。

尽管实施了上述举措,由于整体经济萎靡不振、私有化进程出现诸多弊端以及通货膨胀现象加剧,罗马尼亚整个养老保险基金还是逐年出现赤字。老年人的实际养老金价值相对缩水,平均养老金替代率(养老金待遇/国民平均总工资)已经从1990 年的43.1%跌至2000 年的25%,很多养老金领取者陷入贫困。就某种程度而言,养老保险基金已经沦为社会救济基金。与此同时,由于当局制定的政策多变尤其是1997 年以后养老金指数化调节措施变动频繁,同行业但不同年份退休人员的养老金待遇区别越来越大,这引起了社会各界的关注和诸多不满。比如1997 年以后领取养老金人员的养老金待遇甚至高于其本人最后一个月的平均工资,而1999 年领取养老金的退休年龄条件和工作缴费期限又明显高于1996 年的同类标准。

受国民经济大幅波动的影响,罗马尼亚企业的工资政策也比较混乱。尤其是在90 年代早期,为了应对通货膨胀,企业尤其是国有企业的协商工资明显高于企业的实际承受能力,而私有企业则针对即将退休人员设定过高的工资标准以帮助其退休后领取更高的养老金。这既加剧了不同行业人员、不同退休年份人员养老金待遇的差距,又给养老保险制度带来了额外负担。

雪上加霜的是,罗马尼亚养老保险制度抚养比开始恶化。1990 年,养老保险制度抚养比(养老金领取人口/养老金缴费人口)为1∶3.42,这还位于正常区间。1990 年以后,在出生率下降、老年人口增长、退休年龄及养老金领取年龄下调、失业人口增加以及劳动年龄人口外迁等因素的综合影响下,养老保险制度抚养比猛跌至1∶1。养老保险制度抚养比的恶化,意味着养老保险制度面临严重的财务危机。

为确保养老保险制度正常发挥其相应的功能,罗马尼亚决定根据经济社会的实际发展情况来重新设计养老保险制度。1992 年,罗马尼亚政府发布了养老保险改革白皮书,就养老保险制度改革的主要政策变动提出了框架性设想,即将养老保险基金从国家预算中进行剥离和逐步引入私有退休金制度(即世界银行提出的第二支柱和第三支柱养老金计划)等措施。为了得到社会各界的理解和支持,罗马尼亚政府又在 1993—1996 年期间就改革设想与相关利益群体进行了广泛的沟通与协商。在此过程中,罗马尼亚国内工会联合会、养老金领取者协会、在野党、国民以及相关国际组织的专家都通过热线以及其他方式对养老保险制度改革提供了修改建议。经过漫长的协商后,1996 年 7 月,罗马尼亚政府将改革方案提交议会。可是在年底的选举中,或许为了减少大选中可能遇到的阻力,这一养老保险改革方案被搁置一旁。这一搁置,就延迟到了 2000 年。

改革启动时间的一推再推,进一步加剧了罗马尼亚养老保险制度存在的各种问题。到 2000 年,大多数中东欧国家都在不同程度上建立了多支柱的养老保险制度,而罗马尼亚还继续维持风雨飘摇的第一支柱。

11.2.2 2001 年以来的养老保险制度改革(2001—2012 年)

1. 针对第一支柱的参数改革(2001—2006 年)

(1)改革的背景及目标。

这次改革的主要背景有三个方面:

第一方面,养老保险制度本身面临巨大挑战。一是养老保险制度面临严重的财务问题。一方面,退休人口暴涨、养老保险制度支出持续走高,养老保险制度开支占 GDP 的比重从 1996 年的 6.3％增至 2001 年的 6.6％;另一方面,缴费人口减少,欠缴、低缴或者拒缴养老保险费用现象增加,养老保险制度出现供款危机。这一增一减导致第一支柱公共养老保险制度在 20 世纪 90 年代中期以后出现赤字,难以为继。据统计,罗马尼亚养老保险制度赤字占 GDP 的比重从 1995 年的 0.45％飙升到 1998 年的 1.6％。二是通货膨胀率走高,养老金替代率明显下降,养老金领取者的贫困率大幅攀升。三是非正式经济或灰色经济在整体经济中的比重进一步加大。到 2000 年,非正式经济已经占到整个 GDP 的 15％—30％,并且其从业者主要是农业人口和自雇者,这使得养老保险制度的覆盖面明显下降。四是受整体经济滑坡影响,政府财政收入减少,用于养老保险制度的转移支付也相应缩减。

第二方面,受到欧盟等国家组织的外来压力和影响。1990 年转轨以来,罗马尼亚历届政府都坚持"向西看"的内政外交政策。在欧盟决定东扩以后,罗马尼亚社会各界更是就加入欧盟达成罕见的高度一致。在成为欧盟候选国后,为加快入盟,罗马尼亚先后与欧盟就劳动就业、社会保障、人权保护等议题签署了一系列协议,承诺按照欧盟的标准和条件加快国内的经济社会制度改革,养老保险制度更是首当其冲。除欧盟外,世界银行、国际货币基金组织也在罗马尼亚养老保险制度改革的进程中扮演了急先锋的角色。1994 年,世界银行推出了三支柱养老保险模式,通过优惠贷款、派出专家组和提供技术支持等措施积极推动中东欧国家进行养老保险制度改革。虽然罗马尼亚进程稍显滞后,但世界银行、国际货币基金组织没有失去耐心,而是等待机会。1999 年,罗马尼亚成立了专门负责养老保险事务的养老保险与其他社会保险国家办公室,并明确该办公室由劳工、家庭和社会保护部进行日常监管。随后,世界银行、国际货币基金组织等国际组织立即向该办公室派出专家组,指导罗马尼亚推动养老保险制度改革。

第三方面,罗马尼亚经济全面好转,为养老保险制度改革提供了有利条件。2000 年以后,罗马尼亚经济走出衰退阴影,开始强劲复苏。从 2000—2008 年,受益于欧盟的优惠政策以及国内政治、社会形势进一步稳定,罗马尼亚经济连续保持了 8 年的快速增长。2007 年,罗马尼亚正式加入欧盟,得偿夙愿。经济的持续发展,为这一次养老保险制度的改革(尤其是 2004 年第二阶段的改革)提供了更大的回旋余地,并在一定程度上削减了社会阻力。

从 2001 年通过的养老金改革法案来看,这次改革的主要目标是:一是调整老年养老保险计划以适应市场经济发展的需求,确保人人享有养老保险的权利;二是重新设计养老保险制度的相关内容,将养老保险与就业市场、代际公平和代内公平联动起来,减少养老金待遇的不公平现象;三是增强养老保险制度的自我供款能力,削减养老保险制度不合理的开支,减轻政府财政的转移支付压力;四是根据欧盟标准,推行与欧盟接轨的现代养老保险制度。

(2) 改革的内容及举措。

2000 年,在经过长达 2 年多的争议之后,罗马尼亚议会终于通过了养老保险制度法案。2001年,新养老保险法案正式生效,这也意味着拉开了第一次改革的序幕。从具体的实施进程来看,这次改革大致可以分为两个阶段:第一阶段是2001—2003年期间对公共养老保险制度进行参数调整,第二阶段是2004—2006年期间对公共养老保险待遇的重新核算。[1]

　　第一阶段的主要情况主要有:2001年新法案的规定比较全面,基本涉及公共养老保险制度的各个方面。一是养老金待遇实行积点制,单个积点的实际价值由政府根据国民平均收入情况而定。艰苦岗位人员的养老金积点上浮25%,极其艰苦岗位人员的养老金积点则上浮50%。在计算时,将缴费期限延长到参保人整个职业生涯,但这一规定的正式实施被延迟到2004年。二是到2015年,将男女性的法定退休年龄逐渐提高到65岁/60岁。[2]三是逐步降低养老保险制度的缴费率。到2008年,罗马尼亚公共养老保险制度的缴费率从2002年的35%下降到27.25%。四是明确了养老保险缴费的最高基数和最低基数。根据规定,养老保险缴费的最高基数不得超过国民平均总工资的3倍。2005年,罗马尼亚推行统一利率的个人所得税,养老保险缴费的最高基数被提高到国民平均工资的5倍。2007年以后,随着养老保险缴费率的降低,当局取消了最高基数的相关限定以确保高收入人群的养老金待遇。罗马尼亚还规定养老保险的最低缴费基数等同于最低工资标准,自雇者的缴费基数为本人申报的实际收入,但不得违反最高和最低缴费基数的相关规定。五是将养老保险制度的最低缴费期限从2001年的10年逐渐提高到2015年的15年。六是在养老金指数化上实行调整养老金积点价值的做法,由政府每年根据国家社会保险预算来确定当年养老金积点的实际价值。法案还规定,积点的实际价值必须在国民平均总工资的30%—50%之间浮动。这就将养老金的实际价值与平均工资密切关联起来。七是统一养老保险税收和缴费的管理工作,明确由国家财政管理机构来负责包括养老保险在内的整个社会保险的纳税和缴费工作。八是针对军队人员、警察、消防人员、法官以及议会议员等特殊群体(政府公务员除外)推出了由国家预算负担的单独养老保险计划。这些单独养老保险计划名义为保险计划,实质上还是属于国家福利措施,其指数化调节由政府自行决定。2010年以后,这些单独养老金计划又被重新整合并入了

[1]　这一核算其实一直持续到2010年。为了行文方便,这里就暂时截止到2006年。
[2]　起初提议是将女性的退休年龄提高到62岁甚至与男子统一起来,因社会阻力太大而被迫妥协。

统一的公共养老保险制度。

第二阶段的情况相对比较简单,主要措施有两条:一是启动被推迟的养老金待遇重新核算工作。其实在2001年,罗马尼亚就曾经决定根据"公平缴费与公平养老金"的原则,对当年以前发放的养老金待遇进行重新核算,以减少养老金待遇的不公平现象。考虑到重新计算养老金可能引起国家预算失衡、国内通货膨胀已经得到控制、国内金融市场发育不完善以及巨大的社会阻力等实际情况,根据与国际货币基金组织达成的备用协议,罗马尼亚政府决定推迟养老金待遇的重新计算。

2004年,罗马尼亚政府规定,所有人的养老金待遇都必须根据新的公共养老金法案进行重新核算,即将缴费期限和缴费基数正式延长到整个职业生涯。在实际运作中,核算工作遇到了很大阻力。大多数养老金领取者都因为以往的实际缴费时间短于全额缴费期限而无法从新规定中受益。为此,罗马尼亚政府决定削减这些养老金领取者的法定全额缴费期限以应对巨大的社会压力和抗议。罗马尼亚还规定,如果重新核算后的退休金低于核算前的实际发放标准,则继续按照核算前的标准进行发放,直到核算前的标准低于核算后的退休金待遇为止。不过在核算过程中,前农业合作社的养老保险计划因没有向养老保险制度进行严格缴费而被排除在公共养老保险制度以外。[①]

二是推行养老保险缴费记录的电子化工程。2001年以前,罗马尼亚实行的是手记缴费记录,即将参保人的缴费时间和缴费数额通过人工记录在相关的工作簿上。2004年以后,罗马尼亚决定推动缴费记录管理的电子化工程。因涉及人员众多,一直到2006年,才初步完成了缴费记录的电子化。

(3)改革的结果。

总体看,这次改革还是针对第一支柱的参数改革,没有涉及其他私有养老保险支柱。改革后,第一支柱还是继续实行现收现付原则。虽然缴费率有所降低,由于经济发展较好、就业人口和正常缴费人口增加,整个养老保险制度缴费收入还是出现了明显增长。此外,受益于养老金待遇的重新核算,养老金替代率略有上升。2007年,公共养老金的替代率比2004年提高了6个百分点,但也仅维持在

---

① 如果参保人已经向公共养老保险制度进行缴费,这一缴费部分相对应的养老金可予以计算。

30%左右。由此可见,这一举措没有明显提高养老金的实际待遇。不过在削减 90 年代以来养老金待遇的不公平现象方面,重新核算还是发挥了一定作用,尤其是限制了高收入人群养老金待遇的继续增长。

可喜的是,2007 年,罗马尼亚养老保险制度实现了转轨后的首次收支平衡,养老保险制度改革初见成效且得到社会各界的认同。这为 2007 年引入私有养老保险支柱奠定了基础。

2. 引入私有养老保险支柱的结构性改革(2007—2008 年)

(1)改革的背景及目标。

2000 年,在启动第一支柱养老保险参数改革之后不久,罗马尼亚政府就设想依据世界银行的建议引入第二和第三私有养老保险支柱。因受到国内各界压力,直到 2004 年,罗马尼亚才通过了强制性私有养老保险法案,为第二支柱的建立提供了法律依据。不过该法案的具体实施,又因大选和国内形势的影响而被延迟到 2007 年。

这次改革的主要背景有两点:一是罗马尼亚人口老龄化趋势进一步加剧,老年人口抚养比开始恶化。这就意味着现收现付原则的第一支柱养老保险制度将出现新的财务危机。为了解决这一问题,罗马尼亚针对第一支柱进行了一些参数改革,比如提高退休年龄、严格养老金领取资格条件等,但养老保险制度供款的长期稳定性、公共养老金的充足性以及养老保险制度基金的增值保值等问题一直没有得到很好解决。二是 2004 年以后,罗马尼亚进入了加入欧盟谈判的关键期和冲刺期,必须尽快调整相关经济社会政策以达到欧盟入盟门槛,其中养老保险制度改革是重要的门槛条件之一。

这次改革的目标也主要有两点:一是建立多支柱养老保险制度。2004 年的强制性私有养老保险法案明确,罗马尼亚要建立多支柱养老保险制度,其中第一支柱为强制性的、再分配功能为主的现收现付公共养老保险金,第二支柱为强制性的、积累制私有养老保险。2006 年,罗马尼亚又通过了所谓的自愿养老保险法案,决定引入自愿性的、积累制的第三支柱私有养老保险。二是通过建立三支柱养老保险制度,削减罗马尼亚入盟面临的相关障碍。

(2)改革的内容及举措。

2007 年,罗马尼亚政府依据 2004 年的强制性私有养老保险法案和 2006 年自

愿性私有养老保险法案正式引入了第二支柱和第三支柱养老保险,揭开了此次改革的序幕。这次改革的主要措施有:

第一支柱方面:一是第一支柱继续提供老年养老金、残疾养老金和遗属养老金,第二支柱和第三支柱只提供老年养老金。二是由于第二支柱的引入相应地削减了第一支柱的缴费总额,罗马尼亚决定提高养老金积点价值,同时取消养老金指数化的相关限制。2008年,第一支柱养老金积点价值相当于平均工资的45%,明显高于改革前2007年的37.2%。三是取消养老金缴费基数的最高限制(2007年以前的最高缴费基数为国民平均总工资的5倍)以弥补第一支柱养老金总缴费率下降给高收入群体养老金带来的损失。四是改变了以前由雇主直接代扣代缴的做法。改革前,第一支柱养老金缴费每月由雇主代扣代缴。虽然效果不错,但弱化了参保人的参保意识,并且参保人也不清楚本人的缴费情况。改革后,参保人直接缴费,养老保险管理机构直接向参保人提供相关的缴费记录以便参保人查询和质疑。五是提高第一支柱养老保险的缴费率以补偿第二支柱引入带来的缴费损失。改革后,第一支柱要向第二支柱划拨相应比例的缴费,这就导致第一支柱在2008年(即改革实施后的第二年)就出现了财务赤字。2009年,罗马尼亚政府决定将养老保险的总缴费率提高到31.3%,同时将向第二支柱划拨的比例也提高到2.5%,即第一支柱的实际缴费率为28.8%。

第二支柱方面:一是管理上,成立了私有养老保险制度监管委员会,负责全面监管第二支柱养老保险计划。二是覆盖面上,改革规定,35岁以下的人员必须强制性加入第二支柱并按时缴费,35—45岁之间的人员可以自主选择是否加入,45岁以上的人员则不能加入第二支柱。另外,参保人如果选择加入了第二支柱,则不能退出。三是缴费上,第二支柱不再单独缴费,而是从第一支柱缴费进行划拨。为了减少工作差错,第二支柱的缴费从2008年开始,当年的缴费率为2%。罗马尼亚还规定,从2009年开始,将第二支柱缴费率逐年提高0.5个百分点,直到2016年增长到6%为止。四是日常运作上,改革明确,第二支柱为每个参保人都建立个人账户。缴费满24个月以后,个人账户开始计息。五是养老金发放上,第二支柱只提供老年养老金,一般以年金形式发放。如果参保人完全失去工作能力或者其第二支柱个人账户积累额度过小而无法购买私有年金,参保人可以选择一次性领取或者分期领取,但最长领取期限不得超过5年。如果参保人死亡,其个人账户积累额度可以转给其法定继承人的个人账户或者由法定继承人在 5 年内以固定期限年金形式领取。六是养老保险基金上,罗马尼亚对私有养老保险基金出台了严格的投资规定。私有养老保险基金的最大投资去向(上限为 70%)必须是国库债券以及其他由国家担保的投资工具,现汇市场或银行抵押的投资比例不得超过 20%,地方政府或者欧盟其他成员国的债券投资比例不得超过 30%,国内或欧盟其他国家或欧洲经济区内正规证券交易市场的股票投资比例不得超过 50%,欧盟或欧洲经济区以外国家的国债投资比例不得超过 15%,欧盟或欧洲经济区以外国家发行的、正规交易的债券投资比例不得超过 10%,非政府实体发行的、正规交易且合理定级的股票或债券投资比例不得超过 5%。罗马尼亚还规定,参保人可以自主更换养老保险基金,但必须提前 30 天告知相关的基金管理公司且提供相应的更换合同。

第三支柱方面:一是管理上,与第二支柱一样,也由新成立的私有养老保险制度监管委员会负责。二是覆盖面上,所有人员都可以自主选择是否加入。三是缴费责任上,第三支柱由雇主和雇员分摊缴费或者由缴费者与其所在工会进行协商而定。四是缴费率上,第三支柱缴费率不得超过个人申报收入(即所谓的缴费基数)的 15%。五是税收政策上,如果参保人加入第三支柱,其缴费额度可以享受税收豁免,但最高不得超过国民平均薪水的 50%。如果由雇主负责缴费,其雇员也可以按人头享受相应的税收优惠政策。六是养老金发放上,第三支柱只提供老年养老金。参保人年满 60 岁或者缴费满 90 个月以上,就可以领取养老金。如果参保人完全失去工作能力或者死亡,其个人账户积累额度的领取与继承规定等同于第二支柱。七是养老保险基金的投资上,完全参照第二支柱的相关规定执行。

(3) 改革的结果。

整体看,第二次改革的效果可谓瑕瑜互见。一方面,改革理顺了养老保险制度的管理和运行,初步建立了三支柱养老保险制度。一是第二支柱发展还比较顺利。到 2008 年年底,在 35 岁以下的劳动年龄人口(必须强制参加)中,参加第二支柱养老保险的比例为 70%;在 35—44 岁之间的劳动年龄人口(自愿参加)中,参加第二支柱养老保险的比例也超过了 30%。同期,罗马尼亚国内共有 9 家养老保险基金,这 9 家养老保险基金大多由国内的大银行或者大保险公司运作。受益于整体经济增长强劲且投资政策严格,2008—2009 年期间,这 9 家私有养老保险基金的平均投资回报率约为 14.74％,明显高于罗马尼亚国家银行利率和国家规定的最低投资回报率(7.22％)。到 2010 年年底,第二支柱养老保险基金的总资产约为 9.25 亿欧元,相当于罗马尼亚 GDP 的 0.84％(Kenichi Hirose, 2011)。不过,罗马尼亚国内金融市场较小且波动较大,私有养老保险基金投资计划有限,主要投资于本国国债,即以私有养老保险基金来支持公共债务,其长期回报率难以乐观。2010 年以后,受经济危机影响,养老保险经济的回报率就大幅下挫。二是受益于退休年龄和最低缴费期限的延长,养老金的领取人数从 2003 年的 630 万下降到 2009 年的 567 万。其中老年养老金的领取人数为 310 万,残疾养老金领取人数为 91 万人。三是养老金的名义数额得到明显增长。2000 年,罗马尼亚公共养老金数额曾经下降到 20 世纪 90 年代养老金平均水平的 44.3％左右。到 2008 年,这一数字已经恢复到 20 世纪 90 年代平均水平的 120％。

另一方面,此次改革尤其是第一支柱改革措施的效果不尽如人意。一是受第二支柱缴费划拨的影响,第一支柱的缴费收入出现明显下降,公共养老保险制度出现赤字,政府转移支付压力增大。二是尽管罗马尼亚在改革中提高了公共养老金的积点价值,这一条改革措施的效果还是明显低于预期,养老金充足率的问题没有得到解决。2008 年,公共养老金替代率仅为 33％,仅略高于 2007 年的数据。原先设想用来补充第一支柱养老保险的私有养老保险支柱尤其是第三支柱,因缴费比例过低或者税收优惠政策不足等原因也没有发挥出其应有的作用。2009 年,罗马尼亚国民的月平均老年养老金数额为 180 欧元,月平均残疾养老金为 130 欧元,月平均遗属养老金则为 79 欧元。至于农业人口,根据规定,其平均养老金仅相当于最低养老金水平,更是低至 70 欧元(Kenichi Hirose, 2011)。这些数据,都大大低于欧盟国家的平均水平。三是受养老金重新核算政策的后续影响,罗马尼亚老年人的贫困率还有所反弹。2009 年,老年人贫困率攀升到 80％以上。

3. 应对经济危机的参数改革(2009—2012 年)

(1) 改革的背景及目标。

与其他中东欧国家一样,这次改革的最大背景就是 2008 年以来的全球经济危机,只不过经济危机对罗马尼亚的重创显现于 2009 年下半年而已。在经济危机的影响下,罗马尼亚养老金制度面临缴费人口萎缩(失业率超过 20％以上)、缴费收入减少以及财政赤字放大等问题,政府的财政转移支付压力进一步加剧。

2008—2010 年期间,罗马尼亚政府赤字占 GDP 的比重一直超过 5％。2010 年,罗马尼亚国债占 GDP 的比重已经超过 30％。雪上加霜的是,根据与国际货币基金组织的协议,罗马尼亚政府在 2009 年以后不能继续超额发行国债。这就意味着政府面临空前的财政压力。

其次,人口方面的指标继续恶化。一是生育率持续走低、境外移民尤其是青年移民增多以及平均预期寿命延长等因素导致人口老龄化现象明显加剧。2008年,60 岁以上人口占总人口的比重达到 19.3％,超过欧盟成员国的平均水平。这就导致养老保险制度开支将继续增长。二是二战婴儿潮时期出生的人群开始接近退休年龄,养老保险制度面临越来越大的支付压力。

三是养老金的实际价值过低,老年人(包括养老金领取者)的贫困问题触目惊心。在罗马尼亚,养老金一直是诸多老年人应对贫困的主要经济来源。虽然养老金充足率明显不足,但对于降低老年人贫困率还起了一定的作用。以 2008 年数据为例,罗马尼亚 65 岁以上老年人贫困率接近 80％,其中养老金领取者的贫困率则降至 61.9％(Kenichi Hirose, 2011)。总体比较,罗马尼亚老年人贫困率还是大大高于欧盟平均水准。当然,这与罗马尼亚养老保险制度开支占 GDP 的比重过低也有一定关系。2009 年,罗马尼亚养老保险制度占 GDP 比重为 9.4％,比欧盟平均水平低 3.6 个百分点。

在国内外形势的逼迫下,2009 年,罗马尼亚政府与国际货币基金签署了备用协议,决定启动养老保险制度改革以应对经济危机。这次改革的目标是:确保公共养老保险制度的财务稳定性,削减公共养老保险制度的不公平性和不合理性,将养老金积点价值提高到占平均总工资的 45％,提高国家财政负担的社会养老金最低标准以降低老年人口贫困率以及为农业人口健全公共养老金制度等。

(2) 改革的内容及举措。

如果从法律角度看,这次养老保险制度的改革应该起于 2010 年。但在 2009年,罗马尼亚政府推出了由国家预算负担的最低养老金(即所谓的社会老年福利金)并将第二支柱的缴费率降低到 2008 年的 2％。因此,笔者还是以 2009 年作为这次改革的起始时间。2010 年,罗马尼亚通过了单一养老金法案,针对养老保险制度改革提出了一系列举措。从主要内容来看,改革措施主要集中于第一支柱,第二支柱和第三支柱方面的措施寥寥无几。具体措施如下:

第一支柱方面:一是逐渐提高法定退休年龄,将男/女性的退休年龄逐渐提高到 2014 年的 65/60 岁,到 2030 年将女性的退休年龄提高到 63 岁。二是在 2009 年将养老保险缴费率提高到 31.3%,同时将养老金(最低养老金)的最低缴费期限从 2013 年的 13 年提高到 2015 年的 15 年。三是调整养老金指数化原则。为应对经济危机,罗马尼亚政府在 2011 年冻结了养老金的指数化调整,并提出在 2012—2020 年期间将按照物价的 100%外加平均总薪水的 50%对养老金待遇进行综合调整。2021 年以后,平均总薪水的所占比例将逐年降低 5%。预计到 2030 年以后,养老金将只按照物价变动情况进行调整。四是相对放宽提前退休年龄以应对经济危机带来的就业压力,同时又提高了提前退休养老金的削减比例。这次改革明确最多可以提前 5 年退休。如果提前 5 年退休,养老金将减少 45%而不是以往的 30%。另外,如果领取提前退休养老金的人员继续就业,继续就业的期限就不再计入今后养老金的计算基数。五是取消军队、警察和国家安全人员等特殊人群的特惠养老金权利,将他们纳入统一的公共养老金制度并与其他就业人口实行同等管理。这次改革还调低了法官、外交官和议员们的退休年龄。在这次改革以前,他们的退休年龄为男性 64 岁、女性 59 岁。六是敦促自雇者、家庭工人和自由职业者向养老保险制度进行缴费。七是规定由国家预算负责提供残疾养老金,同时严格限制残疾养老金领取条件,切实减少冒领等造假行为。八是严格执行最低养老金规定,同时恢复养老保险缴费最高基数为国民平均工资 3 倍的上限规定。此外,罗马尼亚政府还曾经设想在 2010 年将养老金积点价值降低 15%,但这一提议被宪法法院裁定为违宪。

第二支柱方面:主要是调整第二支柱养老保险的缴费率。2011 年,缴费率为 3%。2012 年,缴费率为 3.5%。预计到 2017 年,缴费率将升至 6%。在此期间,罗马尼亚还推出职业年金计划,由雇主单独或者雇主与雇员协会一起进行缴费。职业年金的管理与投资,遵照第二支柱的相关法律规定执行。

第三支柱方面:仅是重申了相关规定,即如果雇员向第三支柱缴费,其缴费额度可与雇主缴费享受同等税收优惠。

2010 年,罗马尼亚还规定,依据民事合同和著作权合同取得的收入,也必须向社会保险制度缴费。这就意味着参保人可以同时进行多重缴费,但其缴费基数不得超过相关的上限规定。

（3）改革的结果。

由于时间不长，这次改革的结果还很难给予全面评价。并且受到诸多因素影响，许多改革措施都被迫推迟或者"大打折扣"。比如在退休年龄方面，最初的设想是将男女性退休年龄统一提高到 65 岁，后来女性的退休年龄被调低到 63 岁。到推出具体法案时，女性的退休年龄最终被定为 60 岁。另外，关于最低缴费期限为 15 年的规定以及取消特殊人员特惠养老金的做法，也被迫推迟实行或被取消。

总体看，这次改革主要针对第一支柱，涉及私有支柱的内容甚少，养老保险制度存在的老问题并没有得到根本解决。一是第三支柱微不足道。到 2011 年底，第三支柱的覆盖率仅为全部参保人的 3.78%，第三支柱的总积累额度占 GDP 的比重更是低至 GDP 的 0.06%（Kenichi Hirose，2011）。2011 年以来，第三支柱的发展仍无起色。二是公共养老金替代率虽然恢复到 40% 以上，其主要原因却是由在职职工收入下降引起的，这就意味着养老金的实际水平没有得到提升。三是养老保险制度支出占 GDP 的比重仍略有上升，政府的财政压力没有得到纾解。

11.3　罗马尼亚养老保险制度的现状及面临的挑战

11.3.1　养老保险制度的现状

根据 2010 年的养老保险法案，罗马尼亚养老保险制度包括三个支柱：第一支柱为现收现付的、待遇确定型的公共养老保险，第二支柱为强制性的私有养老保险，第三支柱为自愿性的私有养老保险。

1. 第一支柱

第一支柱为强制性的现收现付计划，由国家财政提供保障。①第一支柱提供老年养老金、残疾养老金和遗属养老金，主要强调再分配功能。所有劳动年龄人口，

---

① 根据规定，在罗马尼亚，政府除了为公务员进行养老保险缴费，还要负担服役人员和大学就读人员在服役和就读期间的养老保险缴费、前农业合作社成员的养老保险缴费、特殊养老金计划的相关补助以及最低养老金的支出费用。此外，当第一支柱养老保险出现赤字时，政府必须用财政收入进行兜底。

不管其本人处于就业还是失业状态,都必须加入第一支柱。

老年养老金:第一支柱养老金实行积点制,具体计算方法为个人的积点总数乘以单个积点的实际价值。单个积点的实际价值根据国家社会保险预算情况逐年确定并实行定期指数化,个人的积点总数取决于本人的实际缴费期和缴费基数。2013 年,最低缴费期限为男性 35 年,女性 30 年。预计到 2030 年,女性的最低缴费期限也将延长到 35 年。艰苦行业的就业人口,其最低缴费期限最多可以缩短 8 年,即男性为 27 年,女性为 22 年。最多可以提前 5 年退休,如果参保人申请提前退休,则相应削减其养老金待遇。养老金指数调整原则还是维持 2011 年的规定不变,具体措施见前文。

残疾养老金:根据本人的残疾程度可分为三类,其中第一类是丧失全部劳动能力的残疾养老金,第二类和第三类是丧失部分劳动能力的残疾养老金。第二类和第三残疾养老金的领取人员必须满足一定的缴费期限和养老金积点的相关规定。残疾养老金的计算公式等同于老年养老金。养老金积点方面,根据规定,第一类残疾养老金的积点价值等于老年养老金积点的 75%,第二类和第三类残疾养老金的积点分别等于老年养老金积点的 60% 和 50%。如果参保人同时符合老年养老金和残疾养老金的领取条件,可以选择领取二者当中待遇更高者。

遗属养老金:当参保人因工伤或职业病死亡时,其配偶收入如果低于国民平均总工资的 35%,就可以一直享受遗属养老金。如果参保人因其他原因死亡时,其配偶收入如果低于国民平均总工资的 35%,只可以领取最多 6 个月的遗属养老金。参保人遗留的未成年孩子,在 16 岁以前(如果本人接受正规教育,则推迟到26 岁)有权继承遗属养老金且不受本人收入情况限制。如果只有 1 个继承人,则遗属养老金数额为参保人应计发养老金的 50%;如有 2 个继承人,则遗属养老金数额为参保人应计发养老金的 75%;如果有 3 个及以上继承人,则全额发放。

2. 第二支柱

第二支柱为强制性的、缴费确定型私有支柱,只提供老年养老金。2015 年第二支柱的缴费率为 5.5%(Valentina Vasile, 2012:271)。第二支柱的领取规定大致遵照第一支柱执行。如果参保人提前退休,本人不能提前领取第二支柱养老金。如果第二支柱积累金额不足以购买年金,参保人可以选择一次性提取或者分期提取,但分期提取的时限最长不能超过 5 年。

根据规定,罗马尼亚第二支柱养老基金的月平均管理费用为个人账户净资产的 0.05％,审计成本依据实际情况另计。更换基金的手续费为个人账户净资产的 5％,更换后的基金管理费用不变。

3. 第三支柱

第三支柱属于自愿参加的私有养老保险,由私有养老保险基金公司或保险公司运营,只提供老年养老金。最高缴费数额不得超过参保人申报收入的 15％。参保人年满 60 岁或缴费满 90 个月后,可以领取第三支柱养老金。

另外,针对特殊人群,如国防部、国家安全部门人员、战争阵亡人员的遗属以及农业人口等还保留了一些特惠养老金或福利养老金措施。

11.3.2　养老保险制度面临的挑战

1. 人口方面的挑战

与其他中东欧国家大同小异,罗马尼亚养老保险制度面临的首要挑战也是来自人口方面。一是人口老龄化加剧。根据欧盟统计局的预测,预计到 2030 年,罗马尼亚老年人口比重将达到 32.9％,到 2060 年更是高达 71％。这对养老保险制度来说,可谓是悬在头顶上的利剑。二是总人口削减。在欧盟里面,罗马尼亚人口下降趋势明显,仅次于保加利亚、拉脱维亚和立陶宛。预计到 2060 年,罗马尼亚总人口将降至 1 690 万。三是就业人口下降。根据罗马尼亚国家统计局的预测,到 2025 年,劳动年龄人口规模将削减 7％—8％,就业人口将同时削减 6.5％—7.5％。四是入盟后年轻人口的大量移民,就业人口比重下降。

就业人口的削减,意味着养老保险制度的供款收入减少。老年人口比重增加,意味着养老保险制度的开支增大。这一减一增,将明显恶化养老保险制度的财务危机。据欧盟委员会的报告,罗马尼亚养老保险制度的赤字已经占到 GDP 的 9.1％,占罗马尼亚政府全部赤字的比重超过 20％。预计到 2060 年,罗马尼亚养老保险制度支出占 GDP 的比重将从 2010 年的 12.4％增长到 20％以上。这一比例在欧盟各国中将高居前列,仅次于希腊、卢森堡、斯洛文尼亚和塞浦路斯。为此,罗马尼亚养老保险制度的财务稳定性已经被欧盟警示为最低级别。

2. 养老保险制度自身存在的问题

一是养老金待遇的充足性问题。根据罗马尼亚税法规定,养老金月收入超过245 欧元就必须缴纳 16％的个人所得税。如果参保人同时向第二支柱缴费,不能享受任何税收优惠措施。虽然参保人参加第三支柱可以享受相关的个人所得税税收优惠,但优惠的力度很小。因此,罗马尼亚国民的第三支柱参保率极低,第二支柱参保率也不容乐观。通过建立多支柱养老保险模式以缓解老年人尤其是养老金领取人口贫困的设想,收效甚微。根据罗马尼亚法律规定,2030 年以后,养老金指数化将只依据物价增长情况进行调整,而不再与工资增长情况挂钩。这很有可能进一步加剧老年人口的贫困风险。

二是收入分配差距过大问题。即使在 2000—2007 年的经济快速增长时期,罗马尼亚的收入分配不公问题也没有得到明显改善。以最低工资为例,罗马尼亚的最低工资标准在欧盟国家属于最低档,明显低于欧盟国家的平均水平,仅高于保加利亚(Bunescu, L.M., Verez, J.C., 2011)。此外,参保人在职期间收入分配过大,最终也将影响退休之后的养老金待遇差别情况。

三是经济危机后,罗马尼亚经济发展放缓,国债投资收入下降。这导致以投资国债为主的养老保险基金的投资回报率明显萎缩。投资回报率萎缩,养老保险基金就不再热衷于投资国债,这又造成政府通过发行新的国债来维持养老保险制度财务稳定性的难度极大。这一恶性循环,就继续恶化罗马尼亚养老保险制度的财务稳定性和可持续性。

11.4　关于罗马尼亚养老保险制度下一步改革的设想

2008 年以来的经济危机已经证明,罗马尼亚必须深化改革养老保险制度。2009 年以来的改革也显示,罗马尼亚最新一轮的参数改革还存在不少问题。目前,欧盟已经提出了"灵活保障"的新概念。为实现所谓的灵活保障,罗马尼亚急需采取新举措来解决养老保险制度面临的各种难题及挑战。笔者预计,罗马尼亚政府可能采取的措施如下:

一是尽快提高退休年龄和养老金领取年龄。为了缓解养老保险制度的财务压力,罗马尼亚政府很有可能加快提高退休年龄并统一男女退休年龄的进程。同时,还将通过相关激励措施来进一步弹性提高养老金领取年龄。比如鼓励符合条件的老年人在退休后再推迟1—2年领取养老金,其养老金待遇可以逐年提高一定百分比。

二是促进就业尤其是老年人的就业。一方面积极促进国民整体就业,一方面实施优惠措施鼓励老年人尤其是养老金领取人口继续就业。这既可以增加老年人的自身收入,又可以在一定程度上减少养老保险制度的支出。

三是加强养老保险制度的缴费管理,尤其是加强对自由职业、自雇者等非正式就业群体的缴费征缴工作,以增加养老保险制度的供款收入。

四是严格限制提前退休,将养老保险的最低缴费期限提高到20年甚至更高。同时收紧残疾养老金和遗属养老金的领取条件,减少养老保险制度冒领、多领等非法行为。

五是提高第二支柱的缴费率,同时针对第二支柱和第三支柱的缴费提出更多税收优惠措施,以鼓励国民积极参加私有养老保险支柱。

六是完全取消特殊人群的特惠养老金,提高最低收入标准,削减养老金待遇的不公平现象。

七是健全国内金融市场,放宽养老保险基金的投资限制规定,提高养老保险基金的收益率。

此外,在养老保险制度改革上,加强与欧盟、世界银行等国际组织的合作也是罗马尼亚的必然选择。

11.5　结语

罗马尼亚养老保险制度一直是该国经济社会稳定的压舱石。转轨20多年来,罗马尼亚养老保险制度经历了三次主要改革:第一次是针对第一支柱的参数改革,第二次是引入三支柱的结构性改革,第三次是应对经济危机的新参数改革。

尽管私有养老保险支柱启动时间较晚,罗马尼亚还是成功建立了三支柱养老保险模式。然而在 2008 年经济危机的冲击下,养老保险制度面临不少挑战。

无论是从人口发展还是经济发展趋势来看,罗马尼亚养老保险制度将面临格外严峻的赤字危机,养老金领取人口的贫困现象也难以得到明显缓解。虽然经济危机已经过去了数年,罗马尼亚经济发展还是不尽如人意。或许是"债多不愁",或许是出于大选考虑,罗马尼亚政府在养老保险制度改革方面还没有提出新的设想或方案。

第 12 章

马其顿养老保险制度改革的回顾与展望

马其顿的经济社会发展相对落后,其养老保险制度改革进程也滞后于本地区其他国家。1994 年来,马其顿一直致力于改革其养老保险制度,并取得明显进展。马其顿现行的养老保险制度大致包括两个部分:一是现收现付制计划,二是基金积累制计划。随着人口老龄化程度(目前还略低于周边其他国家)的逐渐加深、失业率居高不下、逃避缴费现象增加以及养老金领取人数不断增长,马其顿养老保险制度抚养比持续恶化,赤字也相应扩大,急需新一轮改革。

12.1　马其顿国家概况

马其顿位于东南欧地区的巴尔干半岛中部,从东到北分别与保加利业、希腊、阿尔巴尼亚和塞尔维亚的科索沃地区相接,国土面积为 25 713 平方公里。

1991 年,马其顿脱离南联盟并宣布独立,但很快进入了痛苦的转轨期。转轨期内,马其顿整体经济倒退,进出口贸易失衡,国民失业率攀高,各种社会问题突显。加之受 1991—1993 年期间与希腊的国名争议①、1999 年的科索沃难民问题

---

① 　为此,马其顿最后在 1993 年以"前南斯拉夫马其顿共和国"名称加入联合国,从而平息了与希腊的相关争议。

以及 2001 年的国内民族冲突的不利影响,马其顿经济社会发展明显滞后。1996—2006 年期间,马其顿的 GDP 增长率在巴尔干半岛地区一直名列最后。唯一的亮点则是同期的平均通货膨胀率相对较低,长期维持在 2% 左右。1996 年,马其顿与欧盟建立外交关系。1998 年,加入北约"和平伙伴关系"。在这期间,马其顿还与世界银行、国际货币基金组织签署了合作协议。2000 年,马其顿与欧盟签署了《稳定和联系条约》。受希腊阻挠,马其顿加入欧盟和北约的进程一直受挫,目前入盟前景还不容乐观。2013 年,马其顿人均 GDP 为 5 219 美元,男/女性平均预期寿命分别为 71.55/76 岁。2014 年总人口为 206 万人。整体看,马其顿还属于欧洲相对落后的国家之一。

12.2　马其顿养老保险制度改革的发展历程回顾

12.2.1　1994 年以前的养老保险制度(二战后到 1993 年)[①]

1. 社会主义时期的养老保险情况(二战后—1990 年)

在独立以前,马其顿养老保险制度属于前南斯拉夫的一部分,自然也就承袭了待遇确定型的前南斯拉夫模式。前南斯拉夫模式的主要特点有:一是现收现付制。前南斯拉夫养老保险制度实行现收现付原则,由在职职工负担当前退休人员的养老需求。二是强制性、全覆盖。前南斯拉夫明确规定,养老保险及残疾保险覆盖所有国民,全体劳动人口必须强制性加入养老保险制度。三是高福利、高替代率。前南斯拉夫模式强调养老金制度的再分配功能,为此设定了最低养老金和最高养老金标准并限制两者之间的级差。在这一导向下,退休人员的养老待遇主要取决于其在职期间的工龄及工资收入,而与本人实际缴费关联度不大(当时的缴费率长期设定为 18%)。如果本人工龄在 20—40 年,其养老金替代率将高达70%—80%。前南斯拉夫还规定,退休人员的养老金待遇与在职职工的工资实行

[①]　由于渠道有限,笔者手上尚无马其顿二战以前养老保险制度的相关资料,希望今后能弥补这一缺憾。

同比增长,这就导致退休人员的生活水准(尽管实际水平并不高)有时还高于在职人口。四是相对较低的退休年龄。在前南斯拉夫,男性退休年龄为 60 岁,女性为 55 岁。此外,很多行业的从业人员,如矿工等,都可以按规定提前退休且养老金待遇不受任何影响。五是高度集中化。前南斯拉夫养老保险制度由联邦政府实行集中管理,各成员国只负责具体执行。

在社会主义早期和中期,受益于人口结构年轻以及经济发展较为顺利,前南斯拉夫建立在代际团结基础上的现收现付养老保险制度整体运行平稳。20 世纪 80 年代以来,前南斯拉夫经济发展陷入困境,失业率上升,社会动荡加剧,加之人口老龄化趋势,整个前南斯拉夫地区的养老保险制度出现供款不足,整体运行出现明显障碍。马其顿也不例外。

2. 转轨初期的养老保险情况(1991—1993 年)

1991 年,马其顿脱离前南斯拉夫联盟并宣布独立。独立后,马其顿决定全面改革其经济社会政治制度。然而从 1991 年以后,马其顿就进入了痛苦且漫长的转轨期。在转轨期内,最突出的问题就是因经济下滑、失业率走高而引起的贫困率上升乃至整体国民生活水准下降。庆幸的是,由于人口结构相对年轻,马其顿养老保险支出仍勉强处于可控范围,整个养老保险制度没有受到严重冲击,甚至还继续发挥了经济社会危机的减震器作用。

为了降低失业率和防止老年人陷入贫困,马其顿境内的提前退休现象盛行。这导致养老保险领取者数量在转轨初期急剧增长,给养老保险制度带来了新的财务压力。1993 年,马其顿养老及残疾保险制度赤字占 GDP 的比重从 1991 年的 1‰狂飙到 20.3%。令人失望的是,提前退休的做法并没有有效缓解就业危机,失业率还是继续走高,这又进一步加剧了养老保险制度的供款危机并拉低了养老保险制度抚养比。1990—1996 年,马其顿养老保险制度抚养比(缴费人口/领取人口)从 3.19∶1 急剧下滑到 1.53∶1。同期,马其顿通货膨胀率也在走高,这进一步下挫了养老金的实际价值。

在国内形势的倒逼下,马其顿养老保险制度改革势在必行,并且改革动议已经获得国内社会各界以及国际组织的高度共识。

12.2.2　1994年以来的养老保险制度改革(1994—2012年)

1. 围绕第一支柱的参数改革(1994—1997年)

(1)改革的背景及目标。

这次改革的背景,主要有五个方面:一是出现经济危机。前南斯拉夫解体后,作为经济最为落后的加盟共和国,马其顿不能再从联邦政府获得任何转移支付或财政援助。同时,巨大的"国内市场"解体,马其顿失去了可靠的出口市场并出现巨额贸易赤字。另外,因国名争议,希腊对马其顿实行经济封锁。这一系列原因,导致马其顿经济陷入困境。到1996年以前,马其顿经济一直处于负增长。受限于国内市场狭小且产业结构不合理,马其顿企业竞争力相对落后,许多企业甚至停产或破产。二是养老保险制度出现供款危机。1996年,马其顿失业率已经飙升到38.8%。同期,灰色经济占国民经济的比重上升,逃避缴费或者故意就低缴费现象增加,养老保险制度的缴费收入剧减。三是养老保险制度赤字扩大。为降低失业率,马其顿境内提前退休现象盛行。这导致养老金领取者数量大增,养老保险制度出现赤字,政府财政的转移支付压力加大。四是养老金实际价值下滑。1994年,马其顿通货膨胀率已经超过1 020%,养老金实际购买力大幅下降,老年人贫困率明显上升。五是出现人口老龄化趋势。随着生育率走低和人均预期寿命延长,马其顿60岁以上人口占总人口的比重超过12%。人口老龄化的显现,意味着养老保险制度的支出压力将进一步增大。

在上述背景下,马其顿于1994年启动了养老保险制度改革。这次改革的目标很明确,即增加养老保险制度供款,收紧养老保险制度开支,以促进养老保险制度的财务平衡;废除特权阶层的特惠养老保险待遇,以压缩财务开支并促进社会公平;加强养老保险待遇与缴费之间的关联度,以激励在职人员积极进行缴费。

(2)改革的内容及举措。

由于经济转轨期比大多数中东欧国家相对更长且与世界银行等国际组织接触相对较晚,马其顿在1994—2000年期间进行的养老保险制度改革没有涉及私有积累制养老保险支柱,而只是围绕第一支柱进行了参数改革。1994年,马其顿

通过养老与残疾保险法案①,揭开第一次改革的序幕。这次改革的主要做法有:

养老保险缴费:一是将缴费率从改革前的 18% 提高到 20%;二是从 1997 年开始,如果参保人一次性缴清以往历史欠费,可以享受七折缴费优惠或者可以分期付款。

养老金领取资格条件:一是收紧养老金领取资格条件,将最低缴费期限从改革前的 15 年延长到 20 年(年满 63 岁的女性除外);二是允许参保人通过一次性缴费来"购买"相应的缴费期限以满足领取养老金的资格条件。

退休年龄:一是将男性的法定退休年龄从 60 岁提高到 63 岁,女性则从 55 岁提高到 60 岁;二是严格限制提前退休,并削减提前退休人员的养老金待遇。

养老金计算公式:为了加大养老保险待遇与缴费之间的关联度,这次改革引入了新的养老金计算公式,将在职期间基础工资的计算年限从以往的最佳 10 年延长到整个职业生涯。同时,降低养老保险的再分配功能以减少养老保险支出。

养老金替代率:将全额老年养老金的替代率从 85% 降低到 80%,并设立最低养老金和最高养老金标准。

养老金指数化:一是养老金指数化原则从以往的工资指数化转为物价指数化;二是 1997 年后,相应地降低最低养老金和最高养老金的标准。

养老保险制度的管理:马其顿规定,由养老与残疾保险基金负责第一支柱养老金的征缴工作。

特惠养老金:一是取消特权阶层的特惠养老金待遇,以促进养老保险公平;二是将军警人员养老金计算公式中的基础工资从以往的最高年份工资调整为最佳 10 年期间的平均工资。

养老的社会救助:由国家为残疾人或需要帮助的人提供相应的财政补贴或其他救助措施。

(3) 改革的结果。

总体而言,这些参数改革措施的初衷是通过削减养老保险制度的开支和加强养老制度缴费来促进养老保险制度的财务平衡。由于马其顿整体经济社会形势恶化,这次改革的效果可谓是大打折扣。一是弱化了社会救助。这次改革将养老

---

① 此后数年,马其顿又先后数次根据国内情况修正了这一法案。

保险与社会救助严格区分,这在一定程度上就意味着这次改革以相对弱化社会救助为代价。虽然马其顿在 1996 年出台了结合家计调查的社会救助措施,但由于经济持续下降和政府财政预算有限,这些措施都难以执行到位,整个社会贫困率还是居高不下。二是没有真正激发养老保险制度的激励性。这次改革表面上似乎增强了养老保险待遇与缴费之间的关联度,但实际上还是没有根本改变养老金待遇的计算依据,养老保险待遇还是取决于在职期间的工资情况而不是缴费情况。三是养老保险制度管理面临挑战。独立后,马其顿的非正式经济比重加大,很多在职人员选择逃避缴费或者就低缴费,这就加剧了养老保险制度征缴工作和其他管理工作的难度。

这次改革也并非一无是处。除了在短期内一定程度上改善了养老保险制度的财务困境,这次改革在养老保险制度管理的现代化或信息化建设上取得明显进展。由于引入了计算机系统,马其顿参保人的在职期间工资收入情况可以回溯到1970 年,这在中东欧国家都是少见的。这就不用为过渡人群的历史缴费情况专门设立初始资本,从而消除了养老保险制度改革的一大障碍,并明显减少了养老金发放中的计算工作量。

鉴于此次改革总体效果有限,1996 年,马其顿提出要通过建立新的养老保险模式来促进整个养老保险制度的长期财务稳定性。与此同时,在世界银行等国际组织的影响下,养老保险制度私有化的设想也逐渐被马其顿社会各界理解和接受。1997 年,马其顿在其国家发展战略中提出,要建立三支柱养老与残疾保险制度以削减政府赤字。于是,马其顿养老保险制度的下一轮改革又被提上了议事日程。

2. 引入第二支柱的结构性改革(2000—2006 年)

(1)改革的背景及目标。

这一次改革的主要背景有四个方面:一是正如前文所述,围绕现收现付制第一支柱进行的参数改革自身效果有限,但为启动建立多支柱养老保险制度的结构性改革奠定了基础。二是马其顿人口老龄化趋势进一步加剧。根据 2002 年的人口普查,马其顿国内 60 岁以上人口占总人口的比例已经超过 15%。三是 2000 年马其顿与欧盟签署了《稳定和联系条约》,获得了欧盟成员国的候选资格。这意味着马其顿加入欧盟的进程进入了一个新阶段。为加快入盟进程,依据欧盟标准来改革自身的养老保险制度乃至整个经济社会政策就成为马其顿的必然选择。四是世界银行等国际组织积极介入马其顿的养老保险制度,并为此提供相应的技术和财务支持。

这次改革的主要目标是:在精算的基础上,加强养老保险制度缴费与发放管理以增强第一支柱的供款可持续性;切实提高养老金实际水平,降低老年人贫困率;在完善现收现付第一支柱养老保险计划的同时,引入新的私有积累制养老保险支柱,建立个人账户,为老年人提供更充足的养老保险待遇。

(2)改革的内容及举措。

2000 年,马其顿通过了关于养老与残疾保险的新法案,为第二轮养老保险制度改革提供了法律依据。新法案明确马其顿将建立三支柱养老保险制度,其中,第一支柱为强制性的待遇确定型现收现付养老金计划,第二支柱为强制性的全积累制养老保险计划,第三支柱为自愿性的全积累制养老保险计划。具体的改革内容及措施如下:

第一,有关现收现付第一支柱的改革措施。

养老金种类:这次改革明确,第一支柱将继续提供老年养老金、残疾养老金和遗属养老金。

覆盖率:第一支柱覆盖全体雇员,自雇者和农民。

养老金领取资格条件:男/女性必须年满 64/62 岁,且缴费期限满 15 年。如果不符合条件,则不能领取第一支柱老年养老金。

缴费率:总缴费率提高到 21.2%。如果参保人同时还参加了第二支柱,就将总缴费中的 7 个百分点转入第二支柱,剩余的 14.2 个百分点则保留在第一支柱。

缴费责任:完全由雇主缴费。

最低养老金:法案规定,来自第一和第二支柱的养老金总额不能低于上一年度全体职工的平均工资。如果参保人无法满足最低养老金的领取条件,则由国家提供相应的差额补偿。

政府责任:当第一支柱出现赤字时,将由国家预算进行兜底(European Commission,2007)。

养老保险的管理:公共养老与残疾保险基金承担第一支柱养老保险的征缴和发放工作,同时还负责将第二支柱的缴费收入划转给私有养老保险公司。私有养老保险公司将为参保人建立个人投资账户,并接受政府监管。

老年人的就业问题:起初,2000年的新法案相对忽视了这一问题。从实际情况来看,为了降低失业率,马其顿政府被迫采取措施限制养老金领取者继续工作。2006年开始,随着经济形势好转,为了进一步提高老年人的生活水准,马其顿调整了相关规定,允许养老金领取者继续工作,但根据其工作收入情况相应削减相关的养老金待遇。

第二,有关强制性、全积累制第二支柱的改革措施。

启动时间:虽然马其顿在2002年就通过了强制性、全积累制养老保险法案。由于各种原因,第二支柱的引入还是被一再推迟。一直到2006年,第二支柱养老保险计划才正式启动,这大大滞后于最初的设想,也明显晚于大多数中东欧国家。

养老金种类:第二支柱只提供老年养老金。

覆盖面:所有2003年以后参加工作的人员,必须强制性加入第二支柱。2003年以前参加工作的人员,可以自主选择是否加入第二支柱。

缴费率:如前文所述,第二支柱养老金的缴费率为7%,由第一支柱缴费予以划拨。

养老金的发放:第二支柱养老金采取年金形式发放,具体数额取决于退休时个人账户的积累额及相关的投资收益。

养老保险基金的运作:由于国内金融市场不完善,到2004年,马其顿境内仅有两家私有养老保险基金公司。2005年,这两家公司取得运作第二支柱养老保险基金的资格。参保人可以自主选择更换养老保险公司。

养老保险基金的监管:马其顿成立了公共机构来全面监管积累制养老保险基金。养老保险基金公司如出现违法违规行为,将受到严厉惩罚。马其顿还规定,在第二支柱实施的最初5年,由国家银行来托管养老保险基金的资产。5年后,再由国家银行指定的商业银行来托管相关资产。

政府责任:马其顿规定,当私有养老保险基金资产因盗窃或者欺骗出现损失时,政府将负担其中80%的损失额度。

(3)改革的结果。

总体看,第二次改革的效果要明显好于第一次。一是成功引入了第二支柱。虽然启动时间一推再推,到2006年底,在养老保险制度的全部参保人或劳动人口当中,还是有 31.5％或 14.35％的人员选择加入了第二支柱。对于实施不满 1 年的第二支柱而言,这一结果还是比较令人满意的。二是通过削减开支,促进就业,提高了养老保险制度应对人口老龄化趋势的长期供款能力。三是第二支柱的引入增强了个人的养老责任,有利于分摊个人的养老保险风险,并为参保人提供更为多元化的养老保险待遇。四是这次改革还加强了养老保险制度的透明度,提高了整个制度的管理水平和效率。

第二次改革还是存在明显不足。一是第二支柱没有引入。虽然 2000 年法案提出了要建立自愿的全积累第三支柱养老保险计划,由于国内阻力巨大,第三支柱的引入也被推迟。此外,2006 年的法案也没有涉及第三支柱。二是第二支柱覆盖范围有限。从运行情况来看,第二支柱既没有吸纳自雇者、农民以及其他弱势群体(如失业人员、下岗人员、短期就业者、灵活就业者、罗姆人和阿尔巴尼亚族人等),也基本没有覆盖 2003 年以前参加工作的人群。这就意味着当下的养老金领取者还是只能领取第一支柱养老金,弱势群体在养老方面的不利处境没有得到任何改善。引入三支柱养老保险模式的初衷,就是为了削减养老保险待遇的不公平性。但在实际运作中,这一目的完全落空,贫困人群还是继续处于不利境地(UNDP,1999)。四是针对没有资格领取养老金或者社会救助的老年人,没有相关立法规定,导致这一部分老年人生活极其困苦。五是养老保险基金公司的管理成本和更换养老保险基金的手续费用过高,加之国内投资市场有限,第二支柱养老保险基金的投资回报率低于预期,仅略高于通货膨胀率。第二支柱投资回报率走低,也影响了就业人员的参保意愿。

3. 正式建立三支柱养老保险制度的权宜改革(2009—2012 年)

(1)改革的背景及目标。

这次改革最大的背景,就是 2008 年席卷全球的经济危机。危机刚刚爆发时,马其顿国内普遍认为由于本国金融部门、银行部门和保险部门没有完全市场化,因此在这次危机中将不会受到严重冲击。事与愿违,2009 年,马其顿就全面感受了这次经济危机带来的负面影响。当年,马其顿整体国民经济出现萎缩,GDP 比 2008 年下降 1.4％。同时,马其顿失业率再次突破 30％,国家货币出现大幅贬值,通货膨胀率迅速上涨。经济萎缩、货币贬值、失业率和通货膨胀率走高,导致马其顿养老保险制度出现新的财务危机,政府转移支付比例不断加大,养老金实际价值则大幅缩水。2009 年,马其顿国家预算转移支付占养老保险制度收入的比重提高到 33.7％,比 2008 年增加了 6.6 个百分点。另据国家统计局的数据,按照世界银行标准计算,2010 年马其顿失业率高达 32.3％[①],贫困家庭比例高达 28.7％(Bratislav Milosevic,2012:143—154)。养老金领取者的经济情况更是不容乐观。

其次,就是来自欧盟的推动力。针对入盟申请国,欧盟进一步提出了包括养老保险制度在内的经济社会政策的整体改革方向和标准,敦促相关申请国继续改革其经济社会制度以达到入盟标准并度过此次危机。作为申请国之一的马其顿,自然也就将养老保险制度改革作为下一步改革的重点。

此外,马其顿政府还开展了长达数年的宣传活动,通过整合各种媒体来推动国民进一步了解养老保险制度及其改革的重要性和必要性。经过多年努力,马其顿社会各界在引入第三支柱和深化养老保险制度改革方面初步达成共识。根据世界银行的评估,马其顿国内的雇主组织和政府官员都认为要"加快引入第三支柱并继续深化第一支柱和第二支柱养老保险制度改革"(Donevska, M., Trbojevik, S., 2009)。但有意思的是,马其顿国内的工会组织及雇主组织都倾向于将第二支柱从强制性计划转变为自愿性积累制计划。

这次改革的主要目标有:一是进一步厘清第一支柱和第二支柱养老保险之间的权益区分;二是促进社会融合,建立覆盖全体社会成员的养老保险制度;三是通过推动社会各界参与制度的设计、运行与监管,以提高养老保险制度的管理效率和透明度;四是改革征缴与发放,缓解养老保险制度的财务危机;五是改进养老金计算公式以促进就业并激励在职人员积极缴费;六是完善养老金指数化调节机制,切实提高养老金的实际水平以应对通货膨胀并减少老年人口贫困率;七是引入第三支柱,鼓励更多人员通过自愿投保来为今后的老年生活提供更多保障。

(2) 改革的内容及举措。

2008 年,马其顿通过了自愿性、积累制养老保险法案,为引入第三支柱养老保险奠定了法律基础。2012 年,马其顿议会又通过了新的养老与残疾保险法案,进一步落实了先前的三支柱养老保险模式改革方案。2012 年法案明确,第一支柱和第二支柱属于强制性支柱,其中第一支柱体现社会团结,实行现收现付,第二支柱

---

① 失业率长期居高不下一直是马其顿独立以来最突出的社会问题,1997—2009 年期间,马其顿平均失业率高达 34.4％,这在整个中东欧地区都极其罕见。

体现效率,实行全积累制;第三支柱为自愿性,也实行全积累。

第一支柱方面:一是退休年龄和养老金领取资格的相关规定保持不变,仍为男性/女性分别满 64/62 岁且缴费期限满 15 年,参保人出现残疾或者死亡时除外。二是将养老金计算公式调整为本人缴费或者工作期限的平均工资收入乘以替代率,这就意味着第一支柱养老金数额取决于参保人本人整个职业生涯期间的收入情况以及其退休前一年的社会平均工资。按照新计算公式,养老金替代率略有下降。参保人如果工作满 40 年,其第一支柱养老金替代率将从当前的80% 下降到72%。如果参保人同时还参加了第二支柱,其第一支柱养老金的替代率将下降到30% 左右。三是对第一支柱养老保险计划实行优惠政策,养老金的缴费可以税前列支形式免于征税,但领取的养老金待遇则需缴纳相关税收。四是严格残疾养老金领取条件,残疾养老金待遇取决于本人丧失劳动能力的实际程度。如果只是部分丧失劳动能力,则鼓励本人继续从事力所能及的工作并相应削减残疾养老金的标准。五是在养老金领取者的继续就业问题上,马其顿在 2009 年修订了养老与残疾保险法案,严格限制养老金领取者继续就业。随着经济形势好转,加之受到欧盟的督促,2010 年以后,马其顿逐步放宽了这一限制,允许甚至鼓励老年人继续就业。六是优化养老金指数化原则,决定在每年的 1 月和 7 月根据生活成本指数(占 50%)和平均净工资指数(占 50%)的变动情况对第一支柱养老金进行两次综合调整。七是加强养老保险制度管理,指定国家税务部门负责养老保险的征缴工作。

第二支柱方面:与 2006 年相比,这次改革在第二支柱养老金方面没有大的动作。值得关注的措施有:一是将央行对养老保险基金的托管责任移至相关的商业银行。二是授权积累制养老保险基金监管机构对养老保险基金公司的运营成本及收取的相关费用进行审核,并限定养老保险基金公司的最高收费标准。三是税收方面的规定等同于第一支柱,即缴费时免于纳税,领取养老金时必须缴纳相关税收。四是加大第二支柱养老保险管理和监督机构的独立性,以促使其更好地行使管理和监督职能。马其顿还明确,第二支柱监管机构的任命与解散将由议会(而不再是政府)决定。

第三支柱方面:这次改革最大的亮点是在 2009 年引入了第三支柱,虽然这已明显滞后于中东欧其他各国。一是税收政策规定等同于第一支柱和第二支柱。

为了鼓励参保人积极参加第三支柱,马其顿规定,如果雇主为雇员提供职业年金计划,可以享受一定基数的额外税收减免,但这一基数的最高额度不能超过前一年度月平均工资的4倍。二是第三支柱参保人领取养老金的时间不能比法定退休年龄提前10年,即男/女性必须满54/52岁才可以领取第三支柱养老金,参保人出现残疾或者死亡时除外。三是第三支柱的监管等同于第二支柱,不再另行规定(Bornarova,S.,Gerovska-Mitev,M.,2009)。四是第三支柱的缴费比例不受限制,鼓励雇主以职业年金计划加入第三支柱。到2012年底,有74.3%的参保人参加了第三支柱的职业年金计划。五是根据法律规定,所有年龄在18—70岁之间的马其顿国民都可以自愿加入或者退出第三支柱。六是当参保人死亡时,第三支柱的养老金积累额可以继承。

为应对经济危机,马其顿在2009—2010年初还推出了一些应急改革措施。一是政府通过中央预算为养老保险制度提供短期的转移支付或贷款,以确保第一支柱养老金的及时发放。二是降低养老保险制度的管理成本和养老基金公司的相关运行成本及管理费用。预计到2018年,养老保险制度的管理成本不能超过总缴费收入的2.5%,养老保险基金的管理费用最高不能超过净资产的0.035%。三是在精算预测基础上调整养老金缴费率。2009年,将养老保险制度总缴费率从以前的21.2%下调到19%,其中12.35%进入第一支柱,剩余的6.65%进入第二支柱。2010年和2011年,又将总缴费率进一步下调到18%和15%。2014年,养老金总缴费率又回升到17.5%,预计到2015年将稳定在17.6%。

(3)改革的结果。

虽然力度不大且措施多为应急之举,这次改革还是取得一定成果:一是启动了第三支柱养老保险计划,并正式确立了三支柱养老保险模式;二是保证了养老金的及时发放并帮助养老保险制度平稳度过了经济危机。

这次改革还存在诸多不足:一是养老保险覆盖面和实际缴费人口还有待提高。2012年进行的劳动力调查数据表明,截至当年年底,马其顿养老保险制度参保人口占全部就业人口的比重为70.23%,实际缴费的参保人口占全部就业人口的比重为63.18%。二是养老保险赤字增加。2009年以来,由于缴费率下降和失业率走高,马其顿养老保险制度的赤字以及国家预算的转移支付数额还是继续快速增长。2010年,国家预算用于养老保险制度的转移支付额度占到了整个养老保险制度缴费收入的 34.4%,降低缴费率的做法也再次引起社会各界的关注与反思。另据精算预测,养老保险制度的赤字将继续扩大。三是养老金替代率相对偏低,养老金充足性有待加强。2009 年,老年养老金的平均替代率为 47.9%,遗属养老金的平均替代率为 38.3%。残疾养老金的替代率为 42.9%。2010 年,所有类型的养老金平均替代率比 2009 年下降了 1.2%,只有 4.5%的老年人养老金待遇接近平均工资。2011 年,最低养老金的替代率跌至 26.3%,仅相当于贫困线的 45.65%,根本无法满足老年人最低的生活所需。由于实施较晚,目前还无法看到第二支柱对整个养老金替代率的影响。四是第二支柱养老保险基金投资收益没有明显改善,这不利于扩大第二支柱养老保险的覆盖面。

　　总体看,由于国内人口老龄化趋势并非十分严峻,马其顿这次改革还是有所保留。随着人口老龄化趋势不断加深,马其顿必然要对养老保险制度进行新一轮改革。

12.3　马其顿养老保险制度的现状及面临的挑战

12.3.1　养老保险制度的现状

　　虽然私有养老金支柱尤其是第三支柱引入较晚,马其顿还是基本建立了三支柱养老保险制度。其中第一支柱为强制性的、待遇确定型的现收现付计划,覆盖全部劳动人口;第二支柱为强制性的、缴费确定型的私有积累制计划,强制性覆盖 2003 年以后参加工作的人员,2003 年以前参加工作的人员可以自主选择是否加入;第三支柱为自愿性的私有积累制计划,面向所有年龄在 18—70 岁之间的国民。目前,绝大部分 2003 年以前参加工作的人员都仅参加第一支柱。

　　覆盖率:马其顿养老保险制度覆盖了 85.7%的劳动人口(包括正式雇员、非正式雇员、自雇者、农民、失业者和下岗者)。

　　缴费情况:缴费收入是强制性养老保险计划的主要收入来源,占总收入的比重接近 60%。在马其顿,是由雇主负责缴费,雇员不用缴费。

退休规定:目前男/女性的法定退休年龄分别为 64 岁和 62 岁且工作满 15 年,残疾或死亡时除外。

养老金待遇及发放:第一支柱养老金取决于参保人在职期间的平均收入情况。第二支柱和第三支柱养老金则取决于参保人的缴费积累额及相关投资收益。第一支柱提供老年养老金、残疾养老金、遗属养老金和最低养老金。第二支柱只提供老年养老金,参保人达到退休年龄后可以自主决定领取方式,但不能选择一次性领取。如果参保人的养老金收入低于最低养老金,第一支柱将为参保人提供相应的差额部分。第三支柱养老金的规定大致等同于第二支柱,主要区别有两点:一是参保人最多可以比法定退休年龄提前 10 年领取养老金;二是参保人自主决定领取方式,含一次性领取。

养老金替代率:如果参保人只参加第一支柱,其全额养老金的替代率约为 72%。2014 年以来,男/女性的养老金替代率将分别逐年降低 1.61%/1.84%,直至跌至 30%左右为止。如果参保人同时参加第一和第二支柱,其第一支柱养老金替代率将维持在 30%左右。目前,所有养老金的替代率约为平均工资的 51.3%,其中遗属养老金替代率约为 40.2%,残疾养老金替代率约为 46.3%。

养老金指数化:第一支柱养老金实行瑞士指数化原则,即生活成本指数和平均净工资增长指数各占 50%。

相关税收规定:马其顿执行 EET 税收规定,即在缴费和投资收入环节免予征税,但领取养老金时需要缴纳相应的税收。

养老保险制度的管理:马其顿规定,劳动与社会政策部负责有关养老保险制度的政策制定、战略规划并对制度的日常运行进行严格监管;全积累制养老保险监管局负责监管第二支柱养老保险计划;国有的养老与残疾保险基金负责第一支柱和第二支柱的养老保险缴费与发放工作,后来缴费工作转由税务机构负责;国家银行和由国家银行指定的商业银行共同监管私有养老保险基金。

12.3.2　养老保险制度面临的挑战

首先是人口方面。与周边国家相比,马其顿人口老龄化现象还不是十分突出。但据精算预测,预计到 2060 年,65 岁以上人口占总人口比重将达到 43.06%,

这将给养老保险制度带来严峻挑战。

　　其次是经济方面。失业率长期偏高和非正式经济比重过大一直是马其顿面临的两大突出问题。这两个问题直接影响养老保险的缴费收入,不利于养老保险制度实现财务平衡。目前,马其顿政府在这方面还没有良策。

　　再次是养老保险制度本身。一是养老金待遇分化明显,养老金领取者的贫困现象不容忽视。随着三支柱养老保险模式的建立与推进,第一支柱的再分配功能进一步削弱,代际团结原则受到直接冲击(Donevska, M., Trbojevik, S., 2009)。这导致老年人的贫困问题不但没有缓解,反而进一步加剧。二是养老保险待遇的性别差异。现行的养老保险制度设计,加大了缴费与收益之间的关联度,这在一定程度上降低或者相对降低了女性的养老保险待遇。由于缴费时间短、在职收入少、正式就业比例低和退休后余命长,女性的养老保险待遇明显低于男性。三是第三次改革调低了养老保险缴费率,导致养老保险制度出现更严重的财务危机,养老保险制度的赤字进一步扩大,政府预算的转移支付压力也随之继续加大。四是养老保险基金投资政策偏紧,基金的投资收益不尽如人意。

　　此外,随着马其顿入盟进程的加快,其养老保险制度与欧盟以及周边地区国家养老保险制度的接轨也将带来一系列不可忽视的问题。其中最为直接的问题,就是阿尔巴尼亚族的养老保险问题。当前,马其顿、科索沃地区和阿尔巴尼亚境内都存在大量的阿尔巴尼亚族人口,他们在各国之间的流动非常频繁。目前,这三个国家(地区)的养老保险制度各异,这为阿尔巴尼亚族(当然也涉及其他民族)人口的就业流动以及相关的产业迁移制造了新的障碍。考虑到入盟以及安抚阿尔巴尼亚族所需,马其顿当局在其养老保险制度与欧盟以及周边国家养老保险制度的对接方面应未雨绸缪,提前谋划。

12.4　关于马其顿养老保险制度下一步改革的设想

　　虽然经济危机影响巨大,但由于国内人口危机并不严重,马其顿 2008 年以来的养老保险制度改革力度并不大,可谓是"头痛医头,脚痛医脚",缺乏长期规划。

从长远看,马其顿政府迟早要进行新一轮的养老保险制度改革。在下一轮改革中,笔者认为,马其顿当局极有可能采取的措施主要有:

一是加强养老保险制度的整体设计与框架建构,加快与欧盟接轨。按照欧盟的标准,改革现有的养老保险制度,以实现尽快入盟。

二是加强与周边国家和地区,尤其是阿尔巴尼亚、科索沃地区的合作与协调,同步调整或调适养老保险制度,以促进国民和企业的自由流动。

三是在精算的基础上,提高养老保险制度的缴费率以增加养老保险制度的缴费收入。同时,减轻养老保险制度的财务负担,提高养老保险制度的财务稳定性和可持续性。

四是结合人口平均预期寿命的变动趋势,提高退休年龄或养老金领取年龄,以增加缴费时间和减少领取时间,从而提高养老保险制度的长期财务稳定性。同时力争实现男女同龄退休,减少养老金待遇上的性别差异。

五是促进就业。既要促进适龄劳动年龄人口尤其是女性就业以增加养老保险制度的缴费收入并削减性别差异,又要促进老年人口尤其是养老金领取者继续就业以减少养老金支出压力并提高老年人的实际收入。

六是实施关于养老保险制度的公民教育运动,提高养老保险制度改革的透明度、公平性和民主性。动员社会各界积极介入养老保险制度改革的全过程,在取得共识的基础上推动养老保险制度改革的顺利进行。

七是增强养老保险制度管理机构的独立性,减少养老保险制度方面的政治影响因素。今后可能由议会而不是政府来直接管辖这些管理机构,马其顿在这方面已经做了一些尝试,应该会走得更远。

八是放宽养老保险基金投资限制,提高养老保险基金投资收益。

12.5 结语

任何国家经济社会政策的发展,尤其是养老保险制度的改革都折射出该国整个经济社会的转轨历程,同时也将影响其自身经济社会的转轨。马其顿也不例外。从最早沿袭南斯拉夫模式,到后来改革第一支柱,再到引入第二支柱并最终建立三支柱养老保险制度,马其顿养老保险制度的每一次改革进程都受到了其整体经济社会转轨、历史传统和国际组织尤其是欧盟和世界银行的影响。反之,养老保险制度的每一次改革结果,也在一定程度上影响或促进了马其顿的经济社会转轨。

由于经济底子差和失业率长期居高不下,马其顿养老保险制度改革相对滞后于大多数中东欧国家,并且存在的问题还不少。有一点很明确,那就是尽快加入欧盟已经成为马其顿社会各界的高度共识。因此,在立足国情的基础上,按照欧盟标准改革现有的养老保险制度将是马其顿养老保险制度后续改革的必然趋势。

第13章

塞尔维亚（及科索沃地区）养老保险制度改革的回顾与展望[①]

剧变以来,最面目全非的国家就是已经解体的前南斯拉夫社会主义联邦共和国。作为南斯拉夫主体的塞尔维亚也是命运多舛,先后经历塞克战争、北约轰炸、国际制裁和科索沃战争。至今为止,科索沃问题还是塞尔维亚加入欧盟的首要障碍。21世纪以来,塞尔维亚经济社会得以恢复且发展势头良好,并根据自身实际情况建立了独具特色的双支柱养老保险制度(即第一支柱和第三支柱),这在中东欧地区以及欧盟之内都是比较罕见的。与此同时,在国际组织的帮扶下,与塞尔维亚日益决裂的科索沃地区则"白手起家",一步到位地建立了三支柱养老保险模式。

13.1 塞尔维亚国家概况

塞尔维亚地处欧洲东南部的巴尔干半岛中部,四周与匈牙利、罗马尼亚、保加

[①] 由于科索沃问题比较复杂,本章所提及的"塞尔维亚养老保险制度"都不覆盖科索沃地区。科索沃地区的养老保险制度,将在本章内作为单独一节予以简单介绍。

利亚、阿尔巴尼亚、马其顿、克罗地亚、黑山和波黑等国相邻,面积约为 8.84 平方公里。①

1992 年,塞维尔亚与黑山组成南联盟。2003 年,南联盟改国名为塞维尔亚和黑山。2006 年,塞维尔亚宣布独立。2008 年,科索沃自行宣布独立,但塞尔维亚政府坚称决不放弃科索沃主权。虽然科索沃问题悬而未决,但塞尔维亚整体经济社会发展还是进一步加快,甚至被誉为"巴尔干半岛之虎"。2010 年以后,塞尔维亚正式申请加入欧盟,但入盟前景并不明朗。2013 年,塞尔维亚全国人口约为1 065 万人,人均 GDP 约为 8 130 美元,大大高于 2000 年的人均标准。

13.2　塞尔维亚养老保险制度改革的发展历程回顾

13.2.1　2003 年以前的养老保险制度(1833—2002 年)

1. 前社会主义时期的养老保险情况(1833—1945 年)

塞尔维亚养老保险制度的历史甚为悠久,最早可以追溯到 1833 年。是年 10月,塞尔维亚地区的米洛斯公爵给其下属第一次颁发了 100 银币的养老金。次年2 月,米洛斯公爵又签署了第一份有关遗属养老金的决定。此后,塞尔维亚的养老保险制度深受奥匈帝国影响,即具备典型的俾斯麦模式特点。

一战后,塞尔维亚人口结构就开始出现逆转。从一战到 40 年代末期,塞尔维亚人口出生率持续下降,甚至低于人口更替水平。与此同时,人均预期寿命稳步增长。在这两个因素的综合影响下,塞尔维亚人口老龄化趋势出现很早(Penev,G.,2006),且明显早于大多数欧盟国家,这在中东欧国家当中是比较罕见的。

2. 社会主义时期的养老保险情况(1945—1990 年)

在前南斯拉夫时期,作为共和国主体成员的塞尔维亚,其养老保险制度也自然沿袭了南斯拉夫养老保险模式的全部特点,即全民就业保障的国家养老保险模

---

① 由于科索沃地区悬而未决,因此这里的边界也不涉及科索沃。

式、现收现付原则的公共养老金、养老保险待遇与缴费关联度较低、养老金待遇相对比较慷慨以及养老保险制度管理相对集中化等。

1952年,前南斯拉夫第一次统计了全国的养老金领取者人数。1953年,塞尔维亚养老金领取人口占总人口的比重仅为2%。从50年代到60年代,南斯拉夫的养老金领取人数大致翻了一番。1971年,塞尔维亚养老金领取人口占总人口的比重也相应增长到5.7%。1981年的人口统计显示,养老金领取人口增长速度进一步加快。到南斯拉夫解体前夕的1991年,全国的养老金领取人口已经超过了100万。从1981—2002年,养老金领取人口占全国总人口的比重从8.2%增至16.7%,明显高于大多数中东欧国家。

在90年代以前,受益于经济基础较好、整个联邦人口结构比较年轻以及养老保险资源在联邦范围内进行统筹,尽管人口老龄化趋势明显,塞尔维亚的养老保险制度还是运行平稳,没有受到严重冲击。

3. 转轨初期的养老保险情况(1991—2002年)

90年代以后,因多个加盟共和国宣布独立,作为南斯拉夫主体的塞尔维亚陷入了多次战争并受到国际社会严厉的经济制裁。1992—2000年,塞尔维亚的经济出现明显衰退,通货膨胀率居高不下,物价更是高得离谱,在职职工的收入继续削减,国民的生活水平还不如20世纪70年代。由于经济倒退、失业率走高,养老保险制度的供款收入受到严重影响。为了维护社会稳定,塞尔维亚政府出台规定强制雇员休假,允许他们不必向养老保险制度缴费并每年将养老金实际待遇提升5%。同期,养老保险制度抚养比也出现进一步恶化,残疾养老金申请人数大幅增长,逃避缴费现象盛行(当时的养老保险缴费率为30%)。在这些因素的综合影响下,塞尔维亚养老保险制度出现空前的财务危机,养老保险支付问题愈演愈烈,养老金领取者的贫困现象日益加剧。

2001年,塞尔维亚微调了养老金的门槛条件。根据规定,男/女性必须年满60/55岁且参保满20年,才可以申请养老金;如果男性或女性已经年满65岁或60岁,则只需参保满15年,就可以依法申请养老金;如果男性参保满40年,女性参保满35年,则本人年满50岁就可以申领养老金。不过,塞尔维亚国内虚假申报老年养老金和残疾养老金的现象一直难以杜绝。2002年,塞维尔亚养老保险制度出现了巨额赤字,养老金平均实际待遇明显低于最低生活保障,养老金领取贫困率居高不下。于是,社会各界对养老保险制度纷纷提出质疑,养老保险制度改革已经被推到风口浪尖。

13.2.2　2003 年以来的养老保险制度改革(2003—2013 年)

从实际启动时间来看,塞尔维亚养老保险制度的改革滞后于大部分中东欧国家。晚至 2003 年,塞尔维亚才通过了老年和残疾养老保险法案。2005 年,塞尔维亚又对该法案进行了相关修订。这一法案的出台及修订,意味着塞尔维亚正式启动了转轨以来养老保险制度的第一次改革。从改革的内容及措施来看,此次改革可以看作是针对第一支柱的参数改革。

1. 针对第一支柱的参数改革(2003—2005 年)

(1) 改革的背景及目标。

这次改革的主要背景有:一是人口结构进一步恶化。一方面,由于爆发多次战争,大量克罗地亚、波黑和科索沃地区的难民迁入塞尔维亚,同时大量年轻的塞尔维亚居民又因经济社会原因迁往其他地区。另一方面,塞尔维亚的人口出生率继续下降,人均预期寿命则稳中略有上升。在这些因素综合影响下,2000 年,塞尔维亚已经成为欧洲人口老龄化最严重的国家之一。是年,根据人口统计资料,塞尔维亚老年人口(65 岁以上)数量及占比第一次超过了年轻人口(15 岁以下)数量及占比。同年,养老金领取人口与老年人口比重持平,均占总人口的 16%。二是养老金实际价值不足且养老金贫富差距扩大。2002 年,60%的养老金领取者的养老实际价值低于平均养老金数额,也低于最低收入保障线水平。三是经济的快速发展,为养老保险制度的改革尤其是供款改革提供了更多的回旋空间。四是国际组织的影响。科索沃战争结束以后,世界银行和国际货币基金组织积极介入塞尔维亚国内的社会保障(含养老保险制度)政策,通过与塞尔维亚政府签订相关协议、派出专家组和提供技术手段援助等措施,大力推进塞尔维亚境内的相关经济社会制度改革。养老保险制度也不例外。

这次改革的主要目标有:一是提高养老保险制度的长期供款稳定性和可持续性,以确保养老保险制度的及时支付和养老保险待遇的充足性,从而为老年人口提供基本的生活保障。二是通过建立财务透明的养老保险制度,促进地方政府的资金积累并最终刺激国民经济的发展和应对人口继续老龄化的挑战。三是提高养老保险制度的公平性。在加强公共养老保险基金的同时,积极探索养老保险制度的私有养老保险支柱,从而为参保者提高更多的养老保险选择并通过养老保险积累的相关投资来进一步刺激经济发展。四是改进养老保险制度的制度设计,加强养老保险待遇与养老保险缴费之间的关联度,鼓励参保人积极缴费并承担自身应尽的养老责任。同时,相应削减国家财政的养老负担。

(2)改革的内容及举措。

这一次参数改革大致可以分为 2003 年和 2005 年两个阶段。其中,2003 年的主要措施有:

一是提高退休年龄。2003 年,塞尔维亚决定将退休年龄一次性提高 3 年,即女性退休年龄从 55 岁提高到 58 岁,男性退休年龄从 60 岁提高到 63 岁。

二是改变养老保险制度计算公式,提高养老保险缴费与收益之间的关联度,以鼓励参保人延长工作(缴费)期限。从 2003 年起,养老金待遇实行德国积分制。首先计算个人系数,即将参保人工作期间的平均工资除以同期的社会平均工资。然后计算个人积点,即将个人系数乘以参保期限。最后,将个人积点乘以总积点(总积点价值由政府决定,全国实行统一标准)。2003 年,总积点的数额为 218.30 第纳尔(Drenka Vuković,Natalija Perišić,2011:7)。同时,将养老金计算公式中的工资基数从以前最高 10 年的平均数额调整为整个职业生涯期间的平均数额。

三是修改养老金指数化原则。改革前,养老金待遇只依据工资情况进行指数化调整。改革后,养老金待遇调整实行瑞士指数化原则,即同时依据工资和物价变动进行综合调整。

四是调整养老保险缴费率。从 2004 年起,将养老保险制度的缴费率固定为 22%。

五是提高养老金最低参保期限。这次改革将养老金的最低参保期限提高到 20 年。

六是设定最低养老金。改革规定,最低养老金数额为平均总工资的 20%。最低养老金的领取不设最低参保期限。

七是严格残疾养老金领取条件,并收紧提前退休养老条件。

八是取消特殊阶层的特惠养老金待遇。

2005 年,塞尔维亚又进一步修正了养老金和残疾养老保险法案。该法案推出的主要措施有:

一是继续提高退休年龄。到 2011 年,将男性退休年龄逐渐提高到 65 岁,女性退休年龄则相应提高到 60 岁。

二是降低养老金最低参保期限,将最低参保期限从 2003 年规定的 20 年调整为 15 年。

三是在特殊群体的参保期限计算上推出相关优惠措施。改革规定,在计算参保期限时,女性的参保期限将上浮 15%。如果女性生育或抚养 3 个以上的孩子,其本人的参保期限自动延长 2 年;对于从事艰苦、危险或其他有年龄限制的行业(岗位)的就业人员或继续就业的残疾人员,根据行业的艰苦(或危险)或本人的残疾程度,允许其参保期限按照每年 14、15、16 和 18 个月进行加权计算。因加权计算而产生的额外缴费,由雇主负担。

四是调整养老金指数化原则。修正法案规定,从 2005—2008 年,将养老金待遇从之前的按瑞士指数化原则逐渐改为只依据物价变动情况进行调整。2006—2008 年,如果当年平均养老金低于平均净工资的 60%,则在年底对养老金待遇进行额外指数化调节。塞尔维亚还规定,老年养老金、残疾养老金和遗属养老金按照统一的指数化原则进行同步调整。

五是提高最低养老金待遇。将雇员和自雇者的最低养老金待遇提高到占平均总工资的 25%,同时将最低养老金待遇与其他养老金待遇一并进行调整。从 2006 年开始,塞尔维亚决定以国家财政为最低养老金提供担保。2008 年,最低养老金数额约为平均总工资的 24%。

六是取消特惠养老金,对各类养老保险计划进行并轨。受前南斯拉夫养老保险制度的遗留影响,塞尔维亚国内有不少特殊群体(主要是公务员、国家安全机构成员以及外交人员等)可以享受特惠养老金,如其退休年龄仅为 53 岁、养老金替代率更高(最高可以达到 85%)以及计发养老金待遇的工资基数为退休前 1 年的平均净收入等。这次修正案决定,从 2008 年开始逐渐取消特惠养老金,并对雇员、军人、自雇者和农民各自的养老保险进行并轨。到 2011 年,塞尔维亚已实行全国统一的养老保险制度。

七是在 2005 年推出了自愿的养老保险基金和养老金计划法案,就自愿性养老保险基金的组织与管理、托管银行的任务与职责、养老保险基金管理公司的设立、运营及相关业务做了具体规定,并明确由国家银行具体监管私有养老保险基金的日常运营。2006 年,塞尔维亚国家银行为 9 家保险公司颁发了养老保险基金运营许可证。

(3)改革的结果。

整体上,这次改革主要是针对第一支柱的参数改革。从实际情况来看,最值得肯定的结果就是,由于平均缴费期限和退休年龄的延长,老年人的养老金实际待遇得到一定提升。此外,塞尔维亚还采取其他措施逐年提高养老金待遇。2008年,养老金实际价值比 2007 年增长了 14%。

但改革的整体结果与预期目标还是存在较大出入,遗留的问题还不少。一是为了解决养老保险基金的财务问题,塞尔维亚决定提高养老保险制度的缴费率。但这一做法不但没有明显增加养老保险的供款,反而使得雇员众多的大型企业因养老保险缴费责任大增而纷纷逃避养老保险缴费,从而进一步恶化了养老保险制度的财务平衡。二是养老保险金的实际价值偏低。从改革的实施情况来看,雇员最低老年养老金的实际价值仅略高于相对贫困线或绝对贫困线,遗属养老金则一直处于绝对贫困线和相对贫困线之间,农民最低养老金待遇更是在绝对贫困线左右浮动。为此,塞尔维亚国民在 2008 年组织了大规模的示威游行,纷纷要求提高养老金待遇以缓解老年人的严重贫困问题。三是养老保险待遇的行业区别依旧存在。2005 年,农民的最低缴费(缴费基数为平均工资的 35%)与雇员和自雇者一样,但其最低养老金仅为平均工资的 20%,而雇员和自雇者的最低养老金则为平均工资的 25%。此外,大多数农民因参保期限更短,其本人领取的养老金待遇就更低(Mihail Arandarenko, Natalija Perišić, 2013:7)。

2005 年,塞尔维亚国内还曾就养老保险改革的私有化以及建立三支柱养老保险模式进行了反复讨论。由于改革成本过大、国内金融市场发育不全以及公共养老保险制度财务压力加大,塞尔维亚最后只针对第三支柱(自愿的、私有)养老保险出台了相关规定,而第二支柱养老保险的建立则被搁置起来。即便如此,由于国民实际购买力低下,塞尔维亚第三支柱养老保险还是一直发展缓慢,效果不尽如人意。尽管当局也出台了一些激励措施,但起效不大。

2. 养老保险制度的新一轮改革(2010—2013 年)

(1) 改革的背景及目标。

正如前文所述,2003—2005 年的改革效果并不令人满意。受益于经济增长较快,2003—2007 年,塞尔维亚养老保险制度尚可勉强运行,养老金待遇并没有出现明显不足。但从长期角度来看,很多专家学者还是认为塞尔维亚养老保险制度的可持续性将面临严峻挑战。2007 年,塞尔维亚 65 岁以上人口占总人口的比重超过 17.2%。即使放在整个欧洲来看,这一比例也是名列前茅。人口老龄化加重对养老保险制度提出了新的挑战。在 2008 年大选时,养老保险及残疾保险法案的新一轮修订又成为热门政治话题。有的党派提出要将养老金待遇提到平均净工资的 70%,有的则提出要恢复养老金待遇调整与工资变动情况之间的关联。

2008 年爆发的经济危机佐证了专家们的悲观预测,并成为此次改革的直接助推器。在经济危机的影响下,塞尔维亚经济社会发展受挫,失业率急剧下降,公共预算收入减少,公共开支增加,国家债务大涨。在此背景下,塞尔维亚社会保障(养老保险)制度的缺点和可持续性不足等问题得到放大。

根据塞尔维亚财政部的数据,2009 年,塞尔维亚 GDP 同比下降了 3%,失业率增长到 16.6%,但工资没有任何变动。同年,塞尔维亚私有养老保险基金的总资产出现下降,其中主要投资集中于股票的基金更是损失惨重,公共养老保险基金因投资策略相对保守反而受损不大。2010 年,塞尔维亚经济略有轻微复苏,但通货膨胀率却超过了 10%。同年,政府综合公共收入削减了 0.3%,而公共开支却增长了 0.7%,国家财政赤字达到了 GDP 的 4.4%。其中,有 29% 的公共开支用于支付养老金。根据塞尔维亚国家银行数据,2010 年塞尔维亚全部内债为 238 亿欧元,相当于 GDP 的 79.6%;公共债务为 122 亿欧元,约占 GDP 的 40.7%;失业率升至 20%,而实际平均工资仅增长了 1.2%(Drenka Vuković, Natalija Perišić, 2011:4)。为了应对全球经济危机带来的不利影响并减轻政府的财政压力,2009 年以后,塞尔维亚迅速冻结了对养老保险待遇的额外调整。这也导致塞尔维亚养老金待遇在 2010 年出现 21 世纪以来的第一次下降。

考虑到塞尔维亚尚未加入欧盟,这就很难评估欧洲社会政策对塞尔维亚养老保险制度改革的直接影响。2010 年,塞尔维亚提出了入盟申请并在 2011 年成为候选国。这就意味着塞尔维亚必须提前遵照欧盟的社会政策标准来调整自身的社会政策以尽快达到入盟的门槛条件,养老保险制度自然是社会政策的重要内容。可以肯定的是,国际劳工组织在塞尔维亚养老保险制度的第二次改革进程中发挥了重要作用。为了支持塞国推进养老保险制度改革,国际劳工组织为塞尔维亚政府、雇员和雇主等组织提供了广泛的技术支持。2009 年 7 月,国际劳工组织特地在塞尔维亚首都贝尔格莱德组织召开了养老保险预测模型培训课程,帮助塞尔维亚国内相关组织和技术人员学习和掌握社会保障支出预测模型,并指导参训人员通过使用国际劳工组织提供的预测模型来预测塞尔维亚养老保险制度的财务稳定性和可持续性。这次培训还覆盖了养老保险计划的核心议题,如公共养老保险计划与私有养老保险计划之间的关系、养老金待遇的组成结构、养老保险制度的财务可持续性和政府管理等。9 月,国际劳工组织又在塞尔维亚举办了养老保险制度的研讨会,邀请与会人员就国际和周边地区的养老保险制度改革的成功案例和失败教训进行深入探讨,并组织塞尔维亚国内相关利益方就养老保险制度改革进行多轮对话。整体看,国际劳工组织主要侧重于敦促塞尔维亚政府、雇主组织和工会(雇员)组织就养老保险制度的改革进行三方对话,并为此提供相应的技术和理论支持。

这次改革的目标主要有:一是提高养老保险待遇支付效率和充足性,确保养老金领取者能及时领取足额养老金以保证基本生活所需;二是提高养老保险制度的公平性;三是为养老保险制度参保者提供更多的养老选择。

(2) 改革的内容及举措。

在经济危机和国际劳工组织的综合推动下,经过与工会以及国际货币基金组织的多次协商,塞尔维亚在 2010 年底决定启动养老保险制度的第二次改革。其中针对第一支柱公共养老保险的做法主要有:

一是提高养老保险的缴费率。为了削减地方政府的养老财政负担,塞尔维亚修改了个人所得税法案和社会保障缴费法案,决定将养老保险缴费率从 22% 提高到 24%,其中雇主缴费比例不变,雇员的缴费比例从以往的 11% 增长到 13%。新缴费率没有增加雇主负担,也不会给就业市场带来负面影响。

二是严格养老金领取条件和提高最低退休年龄。老年养老金的领取年龄为男性满 65 岁,女性满 60 岁,且参保不少于 15 年。2013 年,塞尔维亚规定,如果男性年满 54 岁且缴费满 40 年,女性年满 53 岁零 4 个月且缴费满 35 年零 4 个月,可以申领老年养老金。2013—2023 年,塞尔维亚将逐渐严格提前领取养老金的条件。到 2023 年,男性必须年满 58 岁且缴费满 40 年,女性必须年满 58 岁且缴费满 38 年才可以提前领取养老金;男女性如果缴费满 45 年,则不受年龄条件限制。

三是取消计算缴费期限方面的优惠规定。2012 年,退休雇员的平均工作期限为男性 36 年和女性 30 年,退休自雇者的平均工作期限为男性 34 年和女性 29 年。同年,退休农民的平均工作期限则为男性 23 年和女性 19 年,这大大低于退休雇员和退休自雇者的平均工作期限。

四是收紧特惠阶层养老金的领取条件。2011—2016 年,将特惠阶层(包括内政部、情报部门、外交部门、税务部门和军队部门的就业人员)的最低退休年龄从 53 岁逐渐提高到 55 岁。如果上述这些人员已经达到法定缴费期限,还是可以选择在 50 岁退休。2012 年,塞尔维亚将军队人员养老保险计划并入统一的国民养老保险和残疾养老保险制度。

五是调整养老金尤其是最低养老金的指数化原则。2010 年,塞尔维亚决定依据现行的养老保险计算公式,将国民的养老保险待遇一次性提高 20%。2011 年,塞尔维亚规定,将在每年 4 月和 10 月根据前 6 个月消费者物价指数的变动情况对养老金进行两次指数化调节。如果上一年度的 GDP 增长率超过 4%,养老金待遇将进行一次额外调整以确保其实际待遇增长率不低于 4%。在这一规定下,2012 年和 2013 年,塞尔维亚共计对养老金待遇进行了 4 次调整。

六是提高最低养老金待遇。塞尔维亚规定,最低养老金数额不能低于前一年度平均净工资的 27%。2011 年,退休农民的最低养老金数额为每月 90 欧元。

七是调整相关税收政策,鼓励国民积极参保。2013 年 5 月,塞尔维亚对劳动税收规定进行了微调,对养老金待遇不再征税。同时还将个人所得税税率从 12% 下降到 10%,并相应扩大了个人所得税的免税税基。

八是为了减少雇主逃避缴费对雇员养老保险待遇的负面影响,塞尔维亚政府决定由国家财政为相关人员补缴其在 2004—2009 年期间的养老保险欠费。

与此同时,塞尔维亚也针对第三支柱养老保险出台了一些新举措,以提高第三支柱养老保险的保障水平并优化第三支柱养老保险基金管理公司的运营环境。主要举措有:

其一,提高第三支柱养老保险金的领取年龄。塞尔维亚决定,将第三支柱养老金的领取年龄从以往的 53 岁逐渐提高到 58 岁。

其二,限制一次性领取。这次改革后,如果参保人选择一次性领取第三支柱养老金,一次性领取额度不能超过第三支柱全部积累额度的 30％,已经参与其他私有养老保险计划的人员例外。

其三,放宽养老保险基金的投资限制。允许第三支柱养老金将更多资产存入银行或者投资于银行发行或由银行提供担保的短期债券或股票(Rakonjac-Antić, T., et al., 2013)。

(3) 改革的结果。

从改革的背景和进程来看,这次改革主要是基于塞尔维亚政府与国际金融机构之间的协议进行的,而相对忽视了国内工会及其他利益相关方的影响。这就导致改革的一些规定在塞尔维亚国内引起了诸多抗议,其中养老金的新指数化原则和提高退休年龄更是成为抗议的焦点。在国内各方的压力下,塞尔维亚政府被迫放弃了提高女性退休年龄的设想。

从结果来看,改革的效果也不尽如人意。表面上看起来,这次改革扩大了养老保险制度的覆盖面。2012 年,塞尔维亚养老保险缴费人数为 207.2 万人,领取人数为 170.3 万人,其中 58.4％为老年养老金领取者,养老保险制度抚养比为0.82：1。受益于政府为雇员补缴欠费的措施,到 2013 年,养老保险制度的缴费人数增加到 249.7 万人,明显高于 2012 年的数据,养老保险制度抚养比有所改善,但这一做法又加重了塞尔维亚政府的财政负担。2013 年,在塞尔维亚公共养老保险制度的供款来源中,国家财政补助超过了 50％,来自参保人的缴费收入仅占 48.7％。

与此同时,养老金待遇的充足性问题没有得到明显缓解。从替代率看,塞尔维亚平均养老金替代率略有下降,仅有全额养老金替代率继续走高。2012 年,塞尔维亚平均养老金替代率为 60.5％,低于 2009 年的 68.4％,其中自雇者的平均养老金替代率从 2009 年的 67.1％下降到 2012 年的 57.8％。值得肯定的是,2011年,65 岁以上老年人的贫困率指标低于总人口的贫困率,这与养老保险制度的保障作用是分不开的。不可忽视的是,因缴费数额过低,农民的平均养老金替代率从 2009 年的 25.6％跌至 2013 年的 23.4％,甚至低于最低养老金。同年,退休农民的贫困率为 12％,明显高于总人口的平均贫困率。按照测算,如果领取者达到全额养老金的领取条件,其全额养老金的替代率将维持在 80％左右,并很有可能高达 90％,部分人群的养老金替代率还甚至超过 100％(Stanić,Katarina,2010)。在收紧了全额养老金的领取条件之后,塞尔维亚国内 77％的养老金领取者难以达到全额养老金的门槛条件,这在一定程度上导致整体养老金替代率继续走低。此外,塞尔维亚遗属养老金的平均待遇也明显偏低,仅相当于平均老年养老金的 50％。这意味着预期寿命更长的女性将面临更为窘迫的老年生活困境。

令人难以琢磨的是,还有一些改革措施相互抵牾。比如这次改革原本是想提高养老金待遇的充足性,但养老金指数化方面的新措施却影响了老年人收入的充足性。比如根据生活成本和 GDP 变动情况对养老金待遇进行指数化调整,就意味着养老金实际价值反而有所下降。

最后,第三支柱养老保险发展不容乐观且市场集中化程度凸显。2013 年,塞尔维亚总共有 5 家养老保险基金管理公司(2009 年为 9 家)、3 家托管银行和 4 家中介银行,自愿私有养老保险基金的净资产仅为 180 亿第纳尔。同时,第三支柱养老保险基金的市场集中化程度不容小觑。排名靠前的 4 个养老基金的市场占有额高达 96％,其中最大的养老保险基金市场占有额为 41％。(Rakonjac-Antić,T.,et al.,2013)塞尔维亚也曾设想放宽对私有养老保险基金的投资限制,允许这些基金投资国外资产。考虑到塞尔维亚本国的经济情况,这一做法并不可取。2011 年,塞尔维亚国民失业率高达 20％,国民生活水平指数仅相当于欧盟平均水平的 35％,人均 GDP 也远远落后于欧盟平均水准。这就意味着塞尔维亚国内的私有养老保险基金很难筹措资金去投资境外市场。

13.3　塞尔维亚养老保险制度的现状及面临的挑战

13.3.1　养老保险制度的现状

与大多数中东欧国家情况不一样,塞尔维亚养老保险制度只包括两个支柱,即基于代际团结原则基础上的现收现付公共养老保险计划(第一支柱)和自愿的私有养老保险计划(第三支柱),并不存在任何强制性的私有养老保险计划(第二支柱）。

1. 第一支柱

缴费率：第一支柱的缴费率为 24％，其中雇主负担 11％，雇员负担 13％。

缴费管理：第一支柱的缴费由税务部门负责征缴，然后税务部门再将相关缴费收入转给养老保险基金。

养老金待遇：根据现行的积点制，养老金待遇取决于参保人本人的个人积点数及本人退休时的平均积点价值。具体计算公式为：养老金待遇＝个人积点×平均积点价值。其中，个人积点＝个人系数×个人参保期限。个人系数，指的是参保人每一自然年度的总收入与国民平均年总收入之间的比例。个人参保期限，除了包括参保人本人的工作期限，还包括一些特殊折算期限，如针对女性以及抚育 3 个以上孩子的母亲提供的优惠措施等。理论上，个人参保期限最大值为 45。但根据规定，每工作 1 年，参保期限数为 1；超过 40 年以上的话，每工作 1 年，参保期限数为 0.5％。这就意味着参保期限的实际最高值仅为 42.5。为缩小性别差异，塞尔维亚还规定，在计算女性的参保期限时，女性每工作 1 年，参保期限数为 1.15，但最高值不能超过 40。从 2019 年以后，女性每工作 1 年，参保期限数将调低为 1.06，最高值保持不变。

2. 第三支柱

第三支柱为自愿的私有养老保险，由雇主或雇员本人自主决定是否参加。

根据规定，第三支柱养老金的领取年龄为 58 岁。第三支柱养老金可以采取年金方式或一次性方式领取，但一次性领取的数额不得超过个人积累总额的 30％。

目前，塞尔维亚第三支柱养老保险发展相对缓慢，没有发挥出原先设想的作用。

13.3.2　养老保险制度面临的挑战

与大多数中东欧国家一样，塞尔维亚养老保险制度面临的首要挑战也是来自人口方面。从相关的预测来看，无论是中期预测还是长期预测的结果，都显示塞尔维亚人口发展趋势不容乐观。一是二战后"婴儿潮"时期出生的人群已经进入了养老金领取人口行列(Stojilković，Jelena，2011)，这导致塞尔维亚养老保险制度在未来 20—30 年之间将一直面临巨大的支出压力。预计到 2050 年，养老保险开支将占到塞尔维亚 GDP 的 30％以上。二是人口总量尤其是劳动年龄人口将继续削减。预计到 2020 年，塞尔维亚劳动年龄人口将逐年削减 3—4 万人，并且这一趋势将至少延续到 21 世纪中叶。如果排除移民因素，以居中预测方案为例，预计到 2041 年，塞尔维亚总人口将下降到 550 万，比 2012 年减少 23％(Kupiszewski，Marek，et al.，2012)。三是人均预期寿命进一步延长，人口老龄化程度继续加深。2011 年，塞尔维亚男性平均预期寿命为 71.6 岁，女性平均预期寿命为 76.8 岁(Mihail Arandarenko，Natalija Perišić，2013：9)。虽然还低于欧盟平均水准，但相比 20 世纪而言还是得到明显增长。根据塞尔维亚国家统计局的最新预测，预计到 2050 年，塞尔维亚 65 岁人口占总人口的比重将从 2010 年的 16.9％提升到 20％以上，甚至达到26.7％ (Mihail Arandarenko，Natalija Perišić，2013：11)。同期，塞尔维亚国内养老金领取人口将超过 180 万，接近总人口的 1/3。四是养老保险制度抚养比(缴费人口/领取人口)继续恶化，影响到养老保险制度的可持续性。2012 年，塞尔维亚整个养老保险制度抚养比为 1.3：1，其中雇员养老保险的制度抚养比仅为 1：1，并且这一数据还有继续恶化之趋势。

其次，是来自经济领域的挑战。一是经济增长乏力，导致就业率和养老保险制度的缴费人数难以攀升。二是国内资本市场有限，塞尔维亚养老保险基金的投资回报难以保障，其投资回报率甚至低于周边其他国家。

再次，塞尔维亚养老保险制度本身还存在不少问题。一是养老金替代率过低，养老金实际待遇充足性不够。在塞尔维亚国内，大约 50％的退休人员领取的是最低养老金或领取的养老金待遇仅略高于最低养老金标准，养老金领取人员的贫困风险不可轻视，并且还有不少人由于缴费期限过短而无法领取养老金。二是前面两次改革都属于参数改革，没有涉及第二支柱或者零支柱(即社会援助或社会福利支柱)。三是塞尔维亚养老保险制度管理效率低下，管理质量明显低于欧盟标准且管理透明度明显不够。四是养老保险制度财务不平衡问题突出，导致政府财政压力过大。2013 年，塞尔维亚养老保险制度赤字已经占到 GDP 的 6％—8％，而全国的公共债务则达到 GDP 的 60％—65％。养老保险制度的赤字已经影响到国家宏观经济的稳定与发展。

13.4 关于塞尔维亚养老保险制度下一步改革的设想

13.4.1 第一支柱方面

预计塞尔维亚将继续对第一支柱养老保险进行参数改革,可能采取的措施有:

一是继续提高法定退休年龄,同时力争在 2020 年左右统一男女性退休年龄。目前,统一男女退休年龄依然面临巨大的工会压力和社会其他各界的阻力,但这一做法应该是大势所趋。

二是一方面提高延迟退休的养老金待遇以鼓励参保人延长就业期限,另一方面削减提前退休养老金待遇以遏制提前退休现象,同时收紧残疾养老金的领取条件,以削减养老保险制度的开支。

三是扩大养老保险制度的覆盖面,提高养老保险制度的管理效率和管理透明度,降低养老保险制度的管理成本。

四是适时提高养老保险制度的缴费率,加强养老保险缴费尤其是加强非正式就业人员的缴费管理以增加养老保险制度的供款收入,减轻政府的财政转移支付压力。考虑到提高缴费率肯定会受到工会和雇主的巨大阻力,塞尔维亚需要做好前期的磋商和沟通并选择合适的时机。

五是大力促进经济发展,提升国民尤其是老年人的就业率,增加养老保险制度的缴费人口,缓解养老保险制度抚养比的恶化趋势。

六是很有可能成立养老保险储备基金。2008 年经济危机以来,是否要成立养老保险储备基金的议题在塞尔维亚境内受到高度关注。很多专家学者认为,成立养老保险储备基金是应对养老保险制度财务危机的最佳选择,并具有很强的可行性。考虑塞尔维亚政府管理效能低下、官僚主义盛行的现实,养老保险储备基金的具体效果如何委实不容乐观。欧盟已经多次警示塞尔维亚,要求其必须提高制政府管理的透明度和管理效率。从发达国家的经验来看,如果养老保险储备基金要切实发挥其"压舱石"的作用,该基金储备额度至少要占到 GDP 的 30％左右。从塞尔维亚的经济与人口发展前景出发,其养老保险储备基金占 GDP 的比重应该还要高于 30％。这可不是一朝一夕之功,至少需要一到两代人的努力。从2013—2015 年期间的财政报告来看,塞尔维亚政府似乎已经决定要不惜代价来推动养老保险储备基金。

七是扩大和加强金融市场建设,为养老保险基金投资提供更多渠道,提高养老保险基金的投资回报率。

八是改革农民的养老保险计划,削减政府的相应财政负担。预计塞尔维亚政府将增强农民养老保险缴费的灵活性,敦促农民向养老保险制度进行实质性缴费。同时出台相关的社会救助计划,以帮助那些无力参保的农民群体。

13.4.2 第二支柱方面

塞尔维亚养老保险制度中只有第一支柱和第三支柱,第二支柱一直缺位。这在中东欧国家和欧盟国家内都是极为罕见的。虽然关于建立强制性私有养老保险计划的争论一直受到广泛关注,笔者认为,塞尔维亚近期建立第二支柱养老保险计划的可能性并不大。主要原因有:

一是转轨成本太高。如果塞尔维亚决定部分私有化养老保险制度,转轨成本可能需要 40 年之久才能消化。按照相关专家的保守预测,假定第二支柱的缴费率仅为 5％,具体缴费数额由第一支柱进行划拨,每年的相关转轨成本大致约为GDP 的 0.9％(Stanić,K.,Altiparmakov,N. and Bajec,J.,2008),即相当于每年200 亿欧元。这可不是一个小数字,已经超过了塞尔维亚 2013 年的全年公共债务数额(190 亿欧元)(Nikola Altiparmakov,2013)。

二是社会阻力很大。如果塞尔维亚政府决定硬推第二支柱,当前的就业人口就必须做出巨大牺牲以弥补相应的转轨成本。从当前的形势看,就业人口极有可能反对引入第二支柱养老保险。

三是不少中东欧国家和拉美国家的第二支柱养老保险计划运行效果不佳,并没有实现引入前的预期目标,甚至还适得其反,加大了国家的财政赤字。为此,有些国家,如拉脱维亚、立陶宛、波兰和斯洛伐克采取缩减第二支柱计划缴费率的做法来缓解财政压力和减轻参保人缴费负担。匈牙利更是叫停了第二支柱,并几乎将第二支柱缴费全部转回第一支柱。这些国家的做法都让塞尔维亚引以为鉴。

因此,尽管在是否要引入第二支柱养老保险计划上面临诸多压力,考虑到实际国情,塞尔维亚当局在一定时期内还是不会启动这一计划。

13.4.3　第三支柱方面

如果不引入第二支柱,塞尔维亚政府就极有可能在第三支柱方面大做文章。

一是推出集体保险并给予税收优惠。通过工会等组织,鼓励广大雇主为雇员参加第三支柱提供集体保险计划。同时对集体保险计划的开支提供税收减免,以提高雇主的缴费积极性。

二是很有可能为第三支柱养老保险基金投资设定一定的回报率并提供相应的国家担保,以消除第三支柱参保人的投保疑虑,切实保障参保人的实际利益。

三是针对自愿参加第三支柱的个人减免其相关的个人所得税,以激励广大国民积极投保。

四是增强第三支柱养老保险金发放的灵活性,允许第三支柱养老金以年金、一次性支取和分期定额领取等多种形式进行发放。

五是降低第三支柱养老保险基金的运行管理费用及相关投资成本,切实提高基金管理的效率和透明度。

总之,塞尔维亚政府在近期内还是会坚持当前的双支柱养老保险模式,继续加强对第一支柱和第三支柱的参数改革。至于第二支柱的具体引入问题,目前还是处于探讨阶段。

13.5　科索沃地区养老保险制度的改革历程及发展趋势

13.5.1　科索沃简介

科索沃原为塞尔维亚西南部的一个自治省,面积为 10 887 平方公里,与马其顿、阿尔巴尼亚和黑山为邻,行政中心为普里什蒂纳,总人口约为 200 万,其中 90% 以上为阿尔巴尼亚族。

历史上,科索沃地区多次易主,并且该地区的阿尔巴尼亚人和塞尔维亚人之间的民族矛盾根深蒂固。1991 年,阿族单方面成立科索沃共和国,并试图以武力取得独立。1998 年,阿族武装分子与塞族警察发生流血冲突,科索沃危机正式爆发。1999 年,在未经联合国授权的情况下,北约对塞尔维亚地区进行空袭。同年,塞尔维亚被迫接受和平计划,国际维和部队入驻科索沃。2001 年,科索沃进行了首次大选。2005 年以来,科索沃地位谈判正式启动,但一直没有取得实质性进展。2008 年,科索沃单方面宣布正式脱离塞尔维亚,成立独立国家。2013 年,塞尔维亚与科索沃就关系正常化达成协议,但仍拒绝承认科索沃为独立国家。

13.5.2　科索沃养老保险制度的改革情况

1. 科索沃危机爆发以前的养老保险制度(1998 年以前)

在 1998 年危机爆发之前,科索沃养老保险制度一直实行的是现收现付的南斯拉夫模式。①这大致又可以分为两个阶段:一是 1989 年以前的自治阶段。1989 年以前,作为塞尔维亚共和国的一个自治省,科索沃在经济社会事务方面享有一定的自主权,其养老保险制度也在省内自行进行缴费与支付,无需经过联邦政府的批准。二是 1989—1998 年期间的失去自治权阶段。1989 年以后,前南联盟中央政府接管了科索沃的养老保险制度,科索沃以前单独运行的养老保险基金被叫停了。在此期间,很多科索沃就业人员被逐渐排除在养老保险制度之外,这也成为科索沃建立新养老保险制度的直接原因。

2. 建立三支柱养老保险模式的改革(2002—2004 年)

(1) 改革的背景及目标。

1998 年科索沃危机爆发以后,为了制裁科索沃,塞尔维亚当局决定不再为科索沃居民支付相应的养老保险金。1999 年,在科索沃危机结束后,联合国驻科索沃特派使团开始为科索沃地区老年人提供基于家计调查基础上的老年社会补助,但大多数在危机爆发前已经缴费多年的老年人还是无法享受其应有的养老金待

---

① 关于南斯拉夫模式的特点和不足,在此就不再赘述,可以参阅本章和其他相关章节的有关内容。

遇。庆幸的是,与周边国家不同,科索沃地区的人口结构还是比较年轻。65 岁以上人口占总人口的比重低于 6%,养老保险制度抚养比(缴费人口/领取人口)大致为 10∶1,老龄化趋势尚未显现,养老保险金问题还没有造成巨大的社会危机。不过长期看,由于生育率持续走低,科索沃的人口老龄化趋势还是难以避免。

为了解决诸多老年人无法享受养老金以及人口预期老龄化给社会带来的压力,联合国特派使团和科索沃政府决定另起炉灶,重建养老保险制度。在国际组织的指导和帮助下,特派使团和科索沃政府都认为:新的养老保险制度必须与塞尔维亚完全脱钩,并彻底摒弃以往的养老保险模式。为此,双方一致同意要建立覆盖全部人口的三支柱养老保险模式(包括强制性公共养老保险计划、强制性私有养老保险计划和自愿性私有养老保险计划),以满足所有老年人的养老需求。此外,双方还提出,新的养老保险制度要与经济社会的长期发展相协调,力争做到长期的财务平衡,以实现制度本身的可持续性和养老保险待遇的充足性。

(2)改革的内容及举措。

2001 年年底,经过与科索沃各个政党的多轮协商,联合国特派使团正式决定在科索沃境内推行三支柱养老保险模式。

第一支柱:2002 年,科索沃以立法的形式推出了覆盖全民、统一标准的基本养老金,即现收现付原则的公共养老金。2004,科索沃又设立残疾养老金,规定其待遇等同于基本养老金,同时还明确国民不能同时享受残疾养老金和基本养老金。根据法案,基本养老金的男女领取年龄统一为 65 岁。基本养老金与缴费互不关联,其数额由世界银行根据科索沃的经济形势、物价指数和公共预算等情况进行确定,大致待遇等同于最低食物保障,但不得低于最低贫困线标准。需要说明的是,基本养老金由特派使团负责管理,残疾养老金则由科索沃政府进行监管。2004 年以后,基本养老金也转由科索沃政府进行管辖,养老金待遇则由银行进行代发以降低相关管理成本。

第二支柱:科索沃明确,第二支柱为强制性的、缴费确定型的储蓄养老金计划。第二支柱养老保险缴费率为 10%,其中雇员缴纳本人总收入的 5%,雇主负责缴纳剩余的 5%。根据规定,年满 18 岁的居民必须强制性加入第二支柱,不得退出。第二支柱养老金的领取年龄与第一支柱一样,也是男女性统一为 65 岁。如果参保人出现残疾,则可以提前支取;如果参保人死亡,相关的积累额度可以继承。第二支柱养老金的发放原则上采取年金形式,如果积累额度有限,则可以一次性领取。第二支柱养老保险的缴费和记录事宜,由科索沃养老保险储蓄信托基金进行日常管理,具体管辖由特派使团负责。第二支柱的缴费、投资回报以及发放的养老金,都享受免税待遇。至于养老保险基金的投资方面,科索沃当局没有出台任何限制。目前,第二支柱养老保险基金全部投资于国外市场。

第三支柱:根据规定,第三支柱为自愿性的私有养老保险计划,缴费率最高不能超过参保人总收入的 20%(由雇员和雇主同比例分担)。第三支柱养老金可以享受一定的税收减免待遇。第三支柱也由特派使团进行管辖。第三支柱养老保险基金投资运营的规定等同于第二支柱。

(3) 改革的结果。

与周边国家不同,科索沃养老保险制度改革可谓是"白手起家"。2002 年以后,三支柱养老保险模式正式在科索沃境内运行。从运行情况看,第一支柱实行的是普惠制,无需缴费,这就有利于削减雇主和雇员的缴费压力,还有利于促进就业和经济发展。受益于人口结构较为年轻,第一支柱的支出压力还没有完全显现。长期看,这一压力将越来越大。

第二支柱实行强制性缴费,其养老保险基金全部用于投资境外市场。在特派使团的监管下,与周边国家尤其是与塞尔维亚相比,第二支柱养老保险基金管理透明度较高,管理成本相对较低。在 2008 年经济危机爆发以前,第二支柱养老保险基金的投资回报率较为喜人。经济危机以后,随着全球经济放缓,第二支柱的投资回报明显下降,至今仍未有明显起色。

第三支柱实行自愿性缴费。目前,第三支柱主要以职业年金计划运作。相比周边国家而言,科索沃第三支柱进展较好。由于设立较晚,第三支柱还没有进入支付阶段。第三支柱的养老保险基金投资情况与第二支柱类似。

13.5.3　科索沃养老保险制度的发展趋势

在国际组织的指导、监督和管理下,科索沃养老保险制度改革总体进展顺利,但也面临不少挑战,比如人口老龄化趋势难以避免、经济发展停滞和失业率居高不下等。为此,科索沃当局应未雨绸缪,提前采取相关措施,以确保养老保险制度的长期稳定运行。

笔者认为,科索沃养老保险制度下一步改革设想很有可能是将目前的第一支柱改为零支柱(即社会救助金或社会福利措施),同时增设现收现付、缴费确定型的第一支柱,并放宽对第三支柱的缴费限制。从具体性质来看,科索沃的第一支柱其实就类似于欧盟提出来的零支柱,只不过提法不一而已。长远看,科索沃必将申请加入欧盟,其养老保险制度也必须与欧盟标准接轨。

13.6　结语

本章主要介绍了塞尔维亚(及科索沃地区)的养老保险制度改革情况。虽然都深受前南斯拉夫养老保险模式影响,塞尔维亚和科索沃在养老保险制度改革方面却走上了完全不同的道路。从塞维尔亚和科索沃的养老保险制度改革进程来看,世界上没有放之四海而皆准的养老保险模式,也没有能完全应对人口老龄化的完美养老保险制度。每个国家或地区都应该根据自身的实际经济社会情况和历史文化传统来选择适合自己的制度建设和改革之路。

受制于国内资本市场有限、经济发展放缓、养老保险基金管理成本偏高、养老保险制度管理效率低下、人口趋势恶化以及国家治理能力不足,塞尔维亚养老保险制度前两次改革的效果都大打折扣或不尽如人意。塞尔维亚养老保险制度本身存在的供款稳定性不足、可持续性不强以及养老保险待遇充足性不够等问题一直没有得到明显缓解。至于设立养老保险储备基金和引入第二支柱的计划,还处于激烈争议之中。不过,前者很有可能在近期内得以施行,后者在短期内应该不会付诸实施。

相比而言,在国际组织的全力帮助下,科索沃地区的养老保险制度改革相对比较成功,并"一步到位"地建立了三支柱养老保险模式。不过细究起来,科索沃的第一支柱并非真正的第一支柱,而是更接近于欧盟的零支柱。长期看,科索沃养老保险制度也面临人口老龄化、经济停滞等多重挑战。只不过由于当前压力不大,养老保险制度的下一轮改革还没有成为科索沃当局的首要关切议题。

无疑的是,在入盟的动力下,塞尔维亚和科索沃都必将根据欧盟的标准对各自的养老保险模式进行新一轮改革以达到入盟的门槛条件。

第 14 章

斯洛伐克养老保险制度改革的回顾与展望

斯洛伐克属于维谢格拉德集团成员①,该集团的四个成员国——匈牙利、波兰、捷克和斯洛伐克都已经加入了欧盟,在中东欧国家当中也属于经济社会发展较好的地区。目前,斯洛伐克已经建立了所谓的三支柱或者多支柱(如果加上零支柱)养老保险模式。与世界银行推荐的三支柱养老保险模式相比,斯洛伐克半强制性(或半自愿性)的第二支柱养老保险计划以及附有特殊强制性的第三支柱养老保险计划都颇具本国特色,值得深入研究与探讨。

14.1 斯洛伐克国家概况

斯洛伐克地处中欧,周边与捷克、波兰、乌克兰、匈牙利和奥地利等国相邻。国土面积为 49 037 平方公里。

1993 年,斯洛伐克宣布宣布独立。2004 年,先后加入北约和欧盟。2006 年,进入发达国家行列。2007 年,成为申根公约会员国。2009 年,加入欧元区。2013 年,总人口约为 541.6 万,2014 年人均 GDP 约为 18 067 美元。

---

① 1991 年,捷克斯洛伐克、波兰和匈牙利三国举行联合会议,决定成立区域合作组织以加强彼此间的密切合作。因会议在匈牙利的维谢格拉德城堡召开,该合作组织后被称为维谢格拉德集团(Visegrad Group)。

14.2　斯洛伐克养老保险制度改革的发展历程回顾

14.2.1　2001 年以前的养老保险制度(1886—2001 年)

1. 前社会主义时期的养老保险情况(1886—1948 年)

斯洛伐克的养老保险制度最早可以追溯到哈布斯堡王朝时期,当时主要沿袭了奥匈帝国俾斯麦养老保险模式的主要特征。1888 年,斯洛伐克出台了有关医疗健康保险的法律规定,其中就涉及老年人的相关福利。1906—1933 年,斯洛伐克仿效俾斯麦模式为不同职业群体(主要是公务员、白领工人、矿工和蓝领工人)制定了不同的社会保险制度。根据规定,这四类人员均由雇主和雇员共同向社会保险制度缴费,他们的退休年龄统一规定为 65 岁。这一时期的养老金主要包括两部分:一是人人均等的基本养老金部分,一是与个人缴费相关联的额外养老金部分。

1929 年,斯洛伐克推出了结合家计调查的社会养老金(类似于今天的零支柱),以帮助贫困无助的老年人。从现代意义看,这里的社会养老金其实就是最低生活保障线。当社会成员无法享受最低养老金且日常生存受到严重威胁时,就可以申领社会养老金。

2. 社会主义时期的养老保险情况(1949—1989 年)

1948 年,斯洛伐克与捷克再次合并,进入了社会主义时期。此后,斯洛伐克的养老保险制度开始了国有化进程。1956 年,斯洛伐克规定,男性退休年龄为 60 岁,女性退休年龄为 55 岁。1964 年,斯洛伐克调整了女性退休年龄的规定,允许女性可以根据生育孩子数量在 53—57 岁之间选择弹性退休。与其他社会主义国家一样,斯洛伐克这一时期的养老保险制度也强调制度的公平性,以全民覆盖和全民就业为前提。[①]

① 关于斯洛伐克社会主义时期养老保险制度的情况,可以参见捷克一章的相关内容。

80 年代以后,由于国内经济停滞不前以及社会矛盾日益突出,斯洛伐克养老保险制度开始出现危机。为了实现全民保障,政府不得不以财政转移支付形式来维持所谓的"全民就业"。随着经济继续下滑和国家财政收入下降,这一做法就日益捉襟见肘,原有的国家养老保险制度也难以为继。

3. 独立前夕的养老保险情况(1990—1992 年)

1990—1992 年期间,斯洛伐克还是捷克斯洛伐克联邦共和国的成员之一。1990 年以后,捷克斯洛伐克决定加快实行经济市场化,并要求国民为其自身的社会保险(包括养老保险)权利承担更多的个人责任。受选举任期过短影响,捷克斯洛伐克议会没有通过任何有关社会保障的新法案,相关的改革可谓是雷声大、雨点小,甚至只打雷不下雨。

在与捷克"分道扬镳"前夕,斯洛伐克境内公民还是更为关注独立问题,经济社会发展问题被置于第二位。在这一阶段,捷克斯洛伐克的养老保险制度还是实行强制性的现收现付计划,强调再分配功能以促进社会公平。其主要规定有:男性退休年龄为 60 岁,女性为 53—57 岁之间(视生育孩子数量情况而定),艰苦或其他特殊行业就业人员可以申请提前退休;养老金待遇则取决于本人的工作期限和在职期间的收入情况等。

至于养老保险制度改革事宜,值得关注的举措不多,更多地还是沿袭以往惯例。略值得一提的有两件事情:一是斯洛伐克在 1991 年启动了养老金的指数化工作。根据规定,当国民收入增长超过 5%或物价增长超过 10%时则自动调整养老金待遇以保证养老金的充足性;二是在 1992 年底成立国家保险办公室,统一管理斯洛伐克境内的社会保险和医疗保险,养老保险也划归该办公室负责监管。

14.2.2　独立以来的养老保险制度改革(1993—2012 年)

1. 独立初期的公共保险制度参数改革(1993—1998 年)

(1) 改革背景及目标。

这次改革的最主要的背景及目标都很简单,那就是独立引起的制度重建。1993 年,斯洛伐克正式独立,这就意味着国家的经济社会制度以及管理体制都要重建或进行改革。养老保险制度也不例外。

（2）改革的内容及举措。

在独立初期,斯洛伐克的人口结构还是相对有利并且养老保险制度本身的财务状况也是比较好的。这在中东欧国家当中实属少见。为此,斯洛伐克就没有在第一时间就对原有养老保险制度进行结构性改革,而只是对其进行了参数改革。这次改革主要内容有:

一是加强养老保险的制度管理,提高管理效率。1993 年,斯洛伐克成立了国家保险局,并将社会福利制度与养老保险制度进行分治以建立多元化的养老保险制度。根据规定,国家保险局同时还管理医疗保险及其他社会保险项目。这在一定程度上影响了社会保险的整体管理效率。为解决这一问题,1995 年,斯洛伐克组建了数个独立于国家保险局之外的医疗保险机构。随后,斯洛伐克又正式设立了相对独立的社会保险局,专职管理养老保险和疾病保险。

二是改革养老保险制度的供款机制。独立前,斯洛伐克的养老保险制度由国家预算负担。独立后,斯洛伐克提出,养老保险制度的供款应主要来自雇员和雇主的共同缴费,剩余部分则来自国家缴费。

三是启动额外养老金计划。1996 年,斯洛伐克规定,如果雇主和雇员达成协议,雇员则可参加自愿的额外养老金计划(类似于第三支柱)。为了推动这一计划,斯洛伐克决定,如果雇主愿意为额外养老金计划缴费,其缴费数额可以税前列支,但最多不得超过雇员总工资的 3%;如果雇员自愿进行缴费,期缴费数额也可以在法定范围内享受一定的免税待遇。额外养老金计划的最低缴费期限为 5 年,参保人年满 50 岁以后可以领取该计划的养老金。额外养老金计划由国家劳工、社会事务与家庭部和国家财政部共同监管。

（3）改革的结果。

独立初期,斯洛伐克境内各个政治党派或利益团体争权夺利,对国家的政策改革取向莫衷一是并相互抵牾,整个国内形势可谓一团乱麻。在这一背景下,斯洛伐克在经济社会领域的不少改革议案或法案都朝令夕改,改革的结果也大打折扣。由于改革的力度、领域都相对有限,这次养老保险制度改革面临的社会压力并不大,进展还算比较顺利,但效果较为有限。以额外养老金计划为例,到 2002 年的激进改革以前,整个额外养老金计划的覆盖面还不到全部就业人口的 5%。

与此同时,自 1993 年启动自由经济改革和放宽对外资限制以来,斯洛伐克境内的失业率节节攀升。[①]到 90 年代末,斯洛伐克的国民失业率已经接近 20％,明显高于捷克。1997 年以后,因失业率走高以及逃避缴费现象增加,斯洛伐克现收现付养老保险制度出现赤字,养老金替代率持续走低。为此,社会各界呼吁当局对养老保险制度继续进行改革。

2. 建立三支柱养老保险制度的激进改革(2003—2006 年)

(1) 改革的背景及目标。

这次改革的最大背景就是斯洛伐克决定申请入盟。1998 年以后,随着亲民主主义力量上台执政,斯洛伐克政府决定"向西看",并正式启动入盟谈判。在入盟谈判中,斯洛伐克同意按照欧盟标准来全面改革自身的经济社会制度。从此,在斯洛伐克,改革就等于"入盟",养老保险制度也不例外。其次,就是养老保险制度出现赤字,难以为继。

这次改革的最大目标,就是引入第二支柱。2000 年,根据世界银行和欧盟的建议,新自由主义政府正式提出从 2003 年开始在斯洛伐克境内建立养老保险制度的第二支柱,即强制性的私有养老保险基金计划。斯洛伐克政府甚至还明确,第二支柱最初时期的缴费率为 3％,以后适时予以调高。至于未来第二支柱的相关管理事宜,自然也被纳入了改革议程。其次,就是激励国民承担更多自我养老保险责任以减少养老保险制度的赤字,增强养老保险制度的财务稳定性和可持续性以应对人口老龄化趋势。三是引入积分原则,提高养老保险制度缴费与收入之间的关联度以增强公共养老保险制度的激励性。四是鼓励国民增加长期储蓄,以更好地保障自身的老年生活水准。

(2) 改革的内容及举措。

2003 年和 2004 年,在国际组织和欧盟的指导下,斯洛伐克先后出台了社会保险法案(及修正案)、老年养老金法案(及修正案和补充条例)以及相关的税收优惠规定,正式启动了养老保险制度改革。因不少改革措施比较激进,可以称之为激进改革。这次改革的主要内容有:

① 第一支柱。

改革明确,第一支柱为强制性的、待遇确定型现收现付计划,由国家劳工、社

---

① 独立以前尤其是社会主义时期,斯洛伐克境内几乎不存在失业问题,也没有相关的失业率数据。

会事务与家庭部及社会保险局负责监管。

养老金种类:第一支柱提供老年养老金、残疾养老金和遗属养老金。

覆盖面:根据法律规定,所有劳动人口都必须参加第一支柱。

缴费率:如果同时参加第二支柱,缴费率为本人总工资的9%;如果只参加第一支柱,缴费率为18%。第一支柱养老保险计划的具体缴费及发放工作由国家社会保险局负责。

退休年龄:改革提出,到2006年将男的退休年龄从60岁提高到62岁,到2014年将女性的退休年龄从53—57岁逐渐提高到62岁。如果参保人第一支柱和第二支柱的总积累额度能确保本人养老金收入超过政府设定的最低生活保障标准的60%,参保人就可以申请提前退休,但最多只可以提前2年。如果依法申请提前退休,本人的养老金待遇每年削减6%。如果推迟退休和领取养老金,养老金待遇每年相应增加6%。

养老金计算公式:改革修订了老年养老金计算公式,具体公式为:养老金待遇=平均个人收入点数×个人参保期限×养老保险金现值。其中,平均个人收入点数=特定日历年度个人积点数(即参保人年均总工资/国民年均工资)/整个养老保险期限。依据法律规定,平均个人收入点数的上限为3。2004年,平均个人收入点数的最大值为仅为1.95。养老保险金现值为参保人退休前一年度的国民月平均工资的1.25%。

养老金指数化:改革前,养老金指数化调整原则由议会决定。改革后,每年1月根据上一年度消费者指数的年度增长情况(占50%)和国民平均工资的年度增长情况(占50%)对养老保险待遇进行综合指数化调节,具体增长比例由国家劳工、社会事务与家庭部根据国家统计局提供的相关数据进行确定。

最低养老金:这次改革没有直接规定最低养老金数额,但明确了养老金缴费的最低计缴基数不得低于最低工资的40%。斯洛伐克还规定,如果参保人按最低工资作为计缴基数向养老保险制度持续缴费满40年,其养老金待遇不得低于最低工资的50%。如果养老金领取者的收入低于最低生活保障(相当于最低工资的60%),还可以额外获得其他一些物质援助。

最高养老金:根据规定,最高养老金为平均养老金的3倍。

残疾养老金:这次改革明确,参保人出现残疾(失去40%以上的工作能力)且参保满 5 年,就可以申请残疾养老金,但不能同时申请残疾养老金和老年养老金(或提前退休养老金)。如果受抚养的儿童(必须拥有斯洛伐克永久居民身份)出现残疾,必须本人年满 18 岁以后才可申领残疾养老金;如果全日制研究生(必须拥有斯洛伐克永久居民身份)在年满 26 岁以前出现残疾,可直接申请残疾养老金。

遗属养老金:根据规定,遗属养老金的数额为老年养老金的 60%。如遗属为婴儿,其遗属养老金的数额为老年养老金的 40%。残疾养老金或提前退休养老金的领取人死亡时,其遗属可依法领取相应的残疾养老金或提前退休养老金。如果申领人同时符合领取遗属养老金和残疾养老金的条件,只能申请其中待遇更高的一种。

② 第二支柱。

改革明确,第二支柱为"半强制性"的私有养老保险计划。

养老金种类:第二支柱只提供老年养老金。

覆盖面:2004 年,斯洛伐克规定,国民可自主选择是否加入。2005 年,斯洛伐克又允许已经参保人员自主决定是继续留在国家养老保险计划(只有第一支柱)还是参加新的双支柱养老保险制度(第一支柱加第二支柱)。2006 年以后加入养老保险制度的新参保人,就自然进入双支柱养老保险制度。因此,笔者称之为"半强制性"。

缴费率:斯洛伐克第二支柱缴费率与第一支柱一样,同为 9%。这在中东欧国家中是比例最高的,也是最为激进的。

养老金计算公式:等同于第一支柱。

养老金的发放:第二支柱养老金待遇取决于个人账户的积累额度,以年金形式发放为主,具体数额不得低于最低生活保障收入的 60%。如果个人账户还有余额,参保人可以选择一次性或分期领取。

养老保险基金的管理:斯洛伐克设有 6 家私有养老保险基金管理公司(由欧洲大型养老保险公司或大银行完全控股或部分参股),这 6 家公司在央行、财政部、劳工、社会事务与家庭部的协同监管下负责运营第二支柱养老保险基金。2007 年,这 6 家公司的总运营额度累计达到斯洛伐克 GDP 的 2.5%。根据斯洛伐克法律,养老保险基金管理公司的资产与养老保险基金资产进行分账处理,互不干涉。这就意味着养老保险基金管理公司仅是第二支柱养老保险基金的代理机构。

养老保险基金的投资：依据法律，养老保险基金管理公司提供三类养老保险基金。根据投资策略及组合不同，这三类养老保险基金可以分为增长型、平衡型和保守型。其中，增长型养老基金主要用于投资股票，其投资于各类股票的比例最高可占基金净资产的80%，并且不能对冲外汇交易风险的资产不得超过基金净资产的80%；平衡型养老基金用于投资股票的比例不能超过基金净资产的50%，用于债券和金融投资的总额不得低于基金净资产的50%，并且不能对冲外汇交易风险的资产也不能超过基金净资产的50%；保守型养老基金则不能投资各类股票，只能投资于债券和相关的金融投资与交易，并且基金资产不得用于对冲外汇交易风险。

为了减少参保人尤其是临近退休的参保人的投资风险，斯洛伐克还依据参保人的年龄段出台了相关的投资限制。如果参保人年龄在47—54岁之间，还可以选择一家保守型或平衡型养老保险基金；如果参保人年满55岁，就只能选择一家保守型养老保险基金。根据斯洛伐克养老保险基金管理公司协会提供的数据，到2007年7月，总共有140万人加入了养老保险基金。其中68.8%投资了成长型基金，27%投资了平衡型基金，余下的4.2%则投资了保守型基金（Kenichi Hirose，2011：282）。

③ 第三支柱。

这次改革明确，第三支柱原则上为自愿性的补充私有养老保险。

养老金种类：第三支柱主要提供补充老年养老金、提前退休养老保险金和私有寿险。

覆盖面：第三支柱养老保险计划面向年满18岁以上的全部就业人口，由本人自愿决定是否参加。艰苦、危险或特殊行业（如舞蹈演员、水手等）的就业者必须强制性加入，故笔者称之为"半自愿性"。

缴费率：2004年，第三支柱养老保险计划的缴费率为参保人总收入的4%。2005年，为了降低雇主为雇员进行缴费的成本，斯洛伐克又规定，雇员缴费的上限为总工资的6%。

参保期限：最低为10年。

领取年龄:参保人年满 55 岁以后,可以申请第三支柱养老金。

税收优惠政策:如果参保人缴费满 10 年且在年满 55 岁以后申领第三支柱养老保险金,其向第三支柱的缴费额度(不得高于 12 000 斯洛伐克克朗)可依法免征所得税。如果雇主向第三支柱缴费,其在缴纳所得税时可扣除相关缴费。2005 年以后,银行的养老专用储蓄和人寿保险都可以享受相关的税收优惠。

养老保险基金的管理与投资:斯洛伐克规定,国家银行负责第三支柱养老保险的日常监管,第三支柱养老保险基金则由 5 家基金管理公司进行运营。

④ 零支柱。

在三支柱养老保险计划以外,斯洛伐克还推出了国家社会救助养老金(即无需缴费的零支柱),由劳工、社会事务与家庭部负责监管,主要提供死亡补助金和家庭津贴。

(3) 改革的结果。

总体而言,这次激进改革的涉及内容和范围较广,力度不小,收效比较明显。一是基本达成了改革的预期目标——建立了三支柱养老保险模式,其中第一支柱仍维持强制性的现收现付计划,第二支柱为半强制性的私有养老保险计划,第三支柱为自愿性的私有养老保险计划或人寿保险。二是提高了退休年龄并建立了新的养老金指数化调整机制,这既削减了养老保险制度的支付压力,又提高了养老金的实际待遇。三是第二支柱发展顺利。斯洛伐克的第二支柱缴费率与第一支柱持平,这在整个中东欧地区都是极其罕见的。2006 年,第二支柱的覆盖率已经超过 50%。

这次改革也留下一些后患。比如第二支柱表面上发展似乎尚可,细究起来,问题也不少。一是强制性不够,很多人还是选择继续留在第一支柱。为此,欧盟特地警示过斯洛伐克。二是虽然第二支柱覆盖率超过了 50%,但在 40 岁以上的劳动人口中,参加第二支柱的比例仅为 25%左右。这在一定程度上将影响本人最终的整体养老金待遇(Kenichi Hirose,2011:280)。

3. 养老保险制度的新参数改革(2008—2009 年)

(1) 改革的背景及目标。

在 2008 年经济危机发生之前,斯洛伐克整体国民经济发展良好,失业率下降到 7%左右,养老保险制度的供款问题得到明显缓解。2006 年,斯洛伐克正式进入发达国家行列。值得关注的是,非正式经济比重相对过大,这为养老保险制度的供款留下了隐患。据估计,到 2007 年以前,斯洛伐克非正式经济占 GDP 的比重大约为 18%。与其他中东欧国家相比,这一比例并不高,但还是不可轻视。

2008 年经济危机发生以后,经济形势急转直下,失业率开始逐月上升。根据规定,斯洛伐克第二支柱养老保险计划比例高达 9%(与第一支柱持平),这就意味着参保人的自我缴费责任更重。随着经济不景气以及失业率上升,参保人的缴费能力和意愿就出现明显下降。因此,在此次经济危机中,斯洛伐克养老保险制度受到的影响比其他国家来得更快。

为了确保养老保险制度的稳定性,在经济危机发生不久,斯洛伐克就在中东欧国家当中率先启动了养老保险制度的新参数改革。

(2) 改革的内容及举措。

这次改革的主要内容有:

一是将第二支柱养老保险从强制性改为自愿性,以减轻第二支柱养老保险计划带来的供款压力。2008 年,斯洛伐克修改了老年养老金储蓄法案,将第二支柱从以前的强制性参加改为自愿性选择。这在中东欧地区也是比较罕见的措施。根据新法案,2007 年 12 月 31 日以后入职的新人可以在入职后的 6 个月内决定是否加入第二支柱养老保险计划,但决定后则不许更改。此外,在 2008 年和 2009 年,斯洛伐克政府先后两次允许所有的参保人自主决定是继续留在第二支柱还是离开第二支柱。如果参保人决定退出第二支柱而只参加第一支柱,本人在第二支柱的总积累额将划入第一支柱,其养老金权益不受任何影响(即将第二支柱的缴费及缴费期全部视为第一支柱的缴费及缴费期)。

为了获得社会各界对此次养老保险制度改革的理解和支持,2008 年 4 月,斯洛伐克政府启动相关的宣传普及运动。在宣传运动中,政府将有关养老保险制度的信息单分发给所有的员工,让他们更好地了解新的养老保险制度以及他们可以做出重新选择的权利与期限,并澄清关于新制度的一些常见的误解。信息单还附有一张表格,对两个养老保险制度(只参加第一支柱和同时参加第一、第二支柱)的预期收益按年龄状况进行了对比,并建议年龄在 35 岁以上的参保人只参加第一支柱养老保险计划。信息单的发放引发了斯洛伐克境内社会各界以及广大媒体在第一支柱和第二支柱养老保险计划利弊方面的热烈争论。

二是调整了第一支柱养老保险的相关规定。2008 年,斯洛伐克将第一支柱养老保险计划的最低缴费期限从之前的 10 年延长到 15 年,以增加缴费收入。同年,斯洛伐克规定,如果参保人在警队、军队服役或准备役的时期内没有领取任何退休养老金、残疾退休养老金、残疾养老金或部分残疾养老金,上述期间就可以视为缴费期限;照顾 6 岁以下或 18 岁以下且需要长期医疗看护的儿童的时期,也可以视为缴费期限。如果参保人已经达到退休或者领取提前退休养老金的年龄,则不能再领取残疾养老金。

斯洛伐克还调整了养老保险基金的相关投资规定。2008 年年初,成长型养老保险基金投资于股票的比例为 15%—20%,平衡型养老保险基金投资于股票的比例为 10%—15%。2009 年年初,养老保险基金管理公司将投资于股票的比例相应削减了 50%。2009 年年中以后,养老保险基金投资于股票的比例几乎降至为零。

(3) 改革的结果。

这次改革主要是为了应对经济危机,措施比较少也相对比较集中。从改革的结果来看,效果很不明显。

一是提前退休现象没有得到明显遏制。经济危机以来,尽管当局收紧了养老金的申领条件,申请提前退休或申请残疾养老金的人数还是持续上涨,尤其是临近退休且已经失业的参保人更是纷纷申领提前退休养老金。此外,军警人员实行的是特殊养老金计划。根据该计划,军警人员服工作满 15 年以后,就可以申请退休养老金。军警人员在领取全额养老金的同时,还可以继续参加工作以获得额外报酬。

二是第二支柱养老保险计划明显后退,整个养老保险制度以及第二支柱的覆盖率均出现下降。根据斯洛伐克社会保险机构的统计数据,决定退出第二支柱的参保人明显多于决定参加的人数。2009 年,斯洛伐克养老保险制度的覆盖率为 82.8%,主要覆盖按月领薪的雇员和自雇者(本人年收入高于最低月工资的 12 倍)。2010 年,第二支柱的名义覆盖率为 65.8%,似乎下降幅度不到 20%,但实际缴费人数却因失业率上升而明显减少(Kenichi Hirose, 2011)。

三是政府的缴费责任增大。斯洛伐克规定,当雇员或自雇者在领取生育津贴时,由政府负责为其向养老保险制度进行缴费。同时,政府还必须为照顾 6 岁以下儿童的人员、照顾 6—18 岁且有健康问题的儿童的人员、因照顾婴儿而接受现金津贴的人员、照顾严重残障人士的人员(最多为其代为缴费 12 年)、未满法定退休年龄的残疾养老金或工伤养老金的领取人员向养老保险制度缴费,但前提是上述这些人员不得领取提前退休养老金、残疾养老金且没有达到法定退休年龄。相比而言,实行多支柱养老保险制度以来,斯洛伐克政府的供款压力不但没有得到缓解,反而继续加大。其中第一支柱养老保险计划的赤字问题,更是令政府财政难以承担。

四是第三支柱发展缓慢。斯洛伐克规定,任何年满 16 岁以上的人员都可以自主决定是否向第三支柱养老保险计划缴费。到 2009 年年底,第三支柱的覆盖面还不到整体养老保险制度参加人口的 1/3,第三支柱的养老保险基金的积累额仅相当于 GDP 的 1.6%。

此外,到 2009 年年底,还有 12.7% 的人员没有参加任何保险制度(Kenichi Hirose,2011:272),这些人员主要是自雇者、自主创业者、学生、家庭主妇及相关艺术工作者,其中年轻人的比例更大。

4. 调整第二支柱为主的恢复性改革(2011—2012 年)

(1)改革的背景及目标。

正如前文所述,2008—2009 年改革没有达到预期目标。2010 年,斯洛伐克国内再次响起改革养老保险制度的呼声。根据民意调查,有 90% 以上的参加者认为养老保险制度面临危机,急需进行新的改革,另外还有 50% 以上的参加者希望能边工作边领取养老金。同时,斯洛伐克国内的相关利益群体也纷纷抛出各自的改革方案或建议:新自主主义派提出要大幅提高退休年龄、调整养老金指数化原则和降低第一支柱养老金待遇等措施;工会则认为政府应加强养老保险制度的代际团结原则以应对经济及人口的动态变化趋势,保证最低养老金的实际价值和在人均预期寿命达到欧盟标准之前暂停提高退休年龄。从具体内容看,双方的建议可谓针锋相对。斯洛伐克政府则提议要采取有力措施,如降低第二支柱缴费率、取消第三支柱的税收优惠政策、减少退休和家庭福利待遇等,以削减在养老保险制度上的公共开支。由于受到的社会阻力太大,斯洛伐克政府很快就收回了这些提议。

从养老保险制度的本身情况来看,2010 年,斯洛伐克养老保险制度的最高缴费基数提高到平均总工资的 4 倍,最低缴费基数则降至 2008 年度平均总工资的

44.2％(Kenichi Hirose，2011：276)。这意味着养老保险待遇的差距越来越大。与此同时,提前退休问题一直没有得到很好解决。2011 年,斯洛伐克规定,正式合同就业人员一律不允许申请提前退休。不过随着非正式经济比重的上升,许多非正式就业人员还是愿意选择提前退休。

值得关注的是,欧盟还积极介入了斯洛伐克的养老保险制度改革进程,对其第二支柱养老保险计划开倒车的做法进行了严厉警告。2010 年,欧盟指出,虽然欧盟认可斯洛伐克降低第二支柱养老保险计划缴费率并将第二支柱改为自愿性以削减养老保险制度改革转轨成本的做法,并承认该做法具有法律有效性,但欧盟的会计制度以及欧盟本身并不支持这种做法。欧盟强调,养老保险制度改革既要考虑到养老保险制度本身的可持续性,也要考虑到养老保险制度对公共赤字、政府债务等方面的财政影响。在欧盟的影响和敦促下,2011 年,斯洛伐克劳工、社会事务与家庭部起草了新的养老保险制度改革方案。该方案提出,从2011 年起为新入职人员重新建立新的、强制性的第二支柱养老保险计划,并计划在第二支柱养老保险基金的收益、管理费用、收费、投资限制等方面出台一系列新规定。

这次改革的目标很清晰,就是按照欧盟的意见,重建强制性的第二支柱养老保险计划;控制政府用于养老保险制度的公共开支;增强第一支柱的代际团结原则并提高养老保险制度的供款稳定性和可持续性。

(2)改革的内容及举措。

2011 年,斯洛伐克启动了养老保险制度改革计划。这次改革的主要内容有:

第一支柱方面:一是提高退休年龄。根据人均预期寿命的延长情况,相应地提高国民的退休年龄。预计从 2017 年开始,每年将国民的退休年龄提高 50 天。二是调整养老金指数化原则。2018 年以后,养老金待遇将根据物价指数化(最低生活保障物品的综合物价指数)进行调整,而不再依据瑞士指数法。三是加大第一支柱养老保险待遇与缴费之间的关联度。四是设定最低养老金以减少养老金领取者的贫困率。五是调低最高养老金待遇,明确最高养老金待遇不得超过国民平均工资。六是通过削减管理费用、建立统一税制和统一征缴系统来改进第一支柱养老保险计划的财政状况。

第二支柱方面:一是试图恢复第二支柱的强制性,要求新参加工作人员必须加入第二支柱养老保险计划。①二是为了增加参保人的参保积极性，根据精算结果，将第二支柱养老保险缴费率从 2012 年的 9％逐渐降至 2017 年的 4％，然后又将缴费率提升至 2024 的 6％。②三是改进第二支柱养老基金的投资规定。在可接受风险率的基础上，提高养老保险基金的长期投资回报率；继续为保守型养老保险基金提供最低收益保障，要求养老保险基金公司必须负责养老保险基金的任何损失，并对明确界定风险的基金投资进行到期评估；在已有三种基金（即保守型、平衡型和增长型）的基础上，引入指数化基金，允许其按照全球股票市场指数进行浮动，同时降低养老保险基金公司的收费标准以增强指数化基金的竞争力；对不同的投资策略实行不同标准的基准管理，并根据投资绩效情况征收相关的管理费用。四是设立机制，允许参保人在退休前 10 年的期间内可以自动切换到保守型基金。斯洛伐克还规定，每家养老保险基金管理公司应至少提供 1 只保守型养老保险基金和 1 只其他类型的其他养老保险基金。五是将养老保险基金的管理费用从以前占养老保险基金总资产的 1％下降到 0.75％，其中保障型基金（即保守型）的管理费用维持基金净资产的 0.3％。

同时，斯洛伐克政府还决定改革军警人员的特惠养老保险制度，削减其优厚的养老金待遇和严格其养老金领取条件，并考虑将军警人员逐步纳入统一的国民养老保险制度。

（3）改革的结果。

关于第二支柱的去留在斯洛伐克境内引起诸多争议，但欧盟还是坚持认为第二支柱养老保险计划不可或缺。在欧盟的压力下，这次改革的最初目标是重建第二支柱，即恢复第二支柱的养老保险制度。或许是因国内阻力太大或因国家财政赤字没有超出预期目标（不超过 GDP 的 3％），斯洛伐克政府最后还是选择了妥协，允许新入职人员可以在 1 年之内自主决定是否继续留在第二支柱。从这个角度看，斯洛伐克的第二支柱养老保险计划还是属于自愿性的，并没有真正恢复强制性的特征。这在中东欧国家内是独一无二的。此外，虽然斯洛伐克放宽了第二支柱养老保险基金的投资规定并降低了养老保险基金的运营费用，但由于第二支

---

① 这次改革的规定很奇怪，虽然强调了第二支柱的强制性，但又允许新入职者在加入之后的 1 年内可以选择退出。

② 根据斯洛伐克规定，养老保险制度的总缴费率维持在 18％不变。这就意味着如果第二支柱缴费率为 4％，第一支柱缴费率则为 14％；如果第二支柱缴费率为 6％，第一支柱缴费则为 12％。

柱的养老保险缴费率明显下降,第二支柱的作用还是被明显削弱了。

与上一次改革一样,这次改革仍没有涉及第三支柱。因此,如果不计零支柱(即国家养老补助),斯洛伐克的三支柱养老保险制度在某种意义上已经接近于两支柱养老保险模式。

14.3　斯洛伐克养老保险制度的现状及面临的挑战

14.3.1　养老保险制度的现状

目前,斯洛伐克还是基本实行了三支柱或者多支柱的养老保险模式。其中,第一支柱为强制性的现收现付计划,第二支柱为半强制性的私有积累制计划(参保人在一定期限内可以选择加入或退出)。根据现行规定,第一支柱和第二支柱的总缴费率保持不变,仍为 18%。如果参保人退出第二支柱,则第一支柱的缴费率为 18%;如果参保人同时参加两个支柱,则将其缴费按比例分别划入第一支柱和第二支柱。斯洛伐克还规定,残疾养老金的缴费率为 6%,由雇主和雇员均摊缴费责任。此外,雇主还必须向养老保险储备基金进行额外缴费,缴费率为 4.75%。自雇者和自愿参保者需承担所有的缴费责任,总缴费率为 28.75%(18%,6%和4.75%)。第一支柱养老保险缴费由税务部门征缴,然后通过国库转移给国家社会保障机构。第二支柱养老保险缴费由社会保险机构转入参保人的个人账户,并以保险基金形式进行运营管理。第一支柱和第二支柱的养老保险计划的缴费都免于征税。

第三支柱(基本自愿的私有积累制计划)缴费则由参保人直接向相关的补充养老保险公司进行支付或者依据雇主与雇员之间的相关合同的具体规定进行。有趣的是,与半强制性的第二支柱相比,斯洛伐克的第三支柱还具有一定的强制性。根据规定,一些可以依法申请提前退休的特殊群体,比如职业舞蹈人员以及从事艰苦或危险工作岗位的人员必须强制性地加入第三支柱以获得额外的养老保险金。与第一支柱和第二支柱不同,第三支柱的缴费必须缴纳相应的税收。

与捷克不同,斯洛伐克还针对警察、情报工作人员、国家安全机构工作人员、监狱工作人员、司法卫队、铁路警察、海关官员、军队的专业服务人员以及其他武装部队的专业服务人员等特殊群体保留了特惠养老金。这些群体无需加入统一的国民养老保险制度,而是继续享受由相关管理部门推出的单独养老保险政策。虽然这些特殊群体也必须缴费,但他们的养老保险计划却得到国家预算的额外补助且补助数额不菲,并且其平均养老金待遇也明显高于国民养老金计划。比如部队人员的平均退休养老金数额就相当于国民平均养老金的两倍,警察的平均养老金也相当于国民平均养老金的 1.5 倍,法官和检察官还有权利享受数额不菲的特别退休补助。

14.3.2　养老保险制度面临的挑战

斯洛伐克养老保险制度面临的主要挑战有:

一是养老保险制度缴费率过高。斯洛伐克整个社会保险制度的缴费率高达48.6％,其中养老保险制度缴费率为 28.75％,雇主和雇员的缴费负担都不轻,雇主更是叫苦连天。

二是养老金的待遇不足。根据测算,斯洛伐克的养老金并不能保证老年人脱离贫困风险。斯洛伐克没有明确规定最低养老金数额,按照最低标准进行缴费的参保人(如自雇者)或缴费期限相对较短的参保人(如长期或经常失业的人员)的退休养老金待遇明显偏低,甚至低于最低生活保障。虽然没有收入的老年人可以享受一定的物质援助(即所谓零支柱),但这些援助还是不能保证老年人的基本生活。老年人的高贫困率风险不仅造成严重的社会问题,还加大了国家财政的支出压力。

三是养老保险基金的赤字问题。自从建立三支柱养老保险模式以来,斯洛伐克的养老保险基金就一直存在赤字。为了弥补养老保险制度的赤字,斯洛伐克每年都通过将国有资产私有化来进行转移支付。2010 年,斯洛伐克国有资产私有化进程基本结束,从而宣告这一做法基本告终。2011 年以后,斯洛伐克政府就只能从国家预算进行转移支付。经济危机以后,随着国家收入下降和失业率上升,养老保险制度的赤字越来越大,国家转移支付的压力也与日俱增,而国家转移支付的能力却日益捉襟见肘。预计到 2060 年,仅第一支柱养老保险基金的赤字就将超过 GDP 的 10％。

四是人口老龄化趋势加快。与绝大多数中东欧国家一样,斯洛伐克同样面临人口老龄化进一步加剧的挑战。人口老龄化的加剧,将导致养老保险制度的缴费人口继续下降和领取人口稳步增长。这一减一增,也将严重影响养老保险制度的财务稳定性和可持续性。

14.4　关于斯洛伐克养老保险制度下一步改革的设想

与多数中东欧国家不同,最近两年来,斯洛伐克关于养老保险制度改革的设想或提案并不多,养老保险制度改革似乎没有成为政府及社会各界关注的热点。笔者分析,其中的主要原因或许是 2012 年的改革措施还在继续进行,改革的效果正在逐渐得以显现,斯洛伐克国民对此很有耐心,也愿意等待。

考虑到人口老龄化趋势的进一步加剧和国民经济前景不容乐观,笔者认为,斯洛伐克的养老保险制度肯定还要继续进行改革,预计主要的改革措施有:

一是放宽对境外金融市场的投资限制。斯洛伐克对养老保险进行改革的初衷之一,就是希望通过养老保险制度改革来促进国内金融市场发展。从改革进程来看,这一设想基本落空,斯洛伐克境内金融市场发展仍较为有限。因此,斯洛伐克政府极有可能会放宽养老保险基金对外投资的限制以提高养老保险基金的投资回报率。这也是欧盟所希望看到和鼓励实施的新举措。

二是允许养老金领取者继续就业。预计数年之后,斯洛伐克将采取措施,鼓励养老金领取者继续就业。这样既可以提高老年人的退休收入以更好保证他们的晚年生活水平,又可以增加养老保险制度的缴费收入。据估计,约有 50% 以上的低龄老年人(60—70 岁)愿意继续参加工作以增加自身的养老保险收入,当然前提是可以同时领取养老金。

三是加快提高退休年龄的进度。2012 年的改革提出,从 2017 年以后逐渐提高退休年龄,并且每年只提高 50 天。笔者认为,这很有可能是缓兵之计。如果人均预期寿命进一步延长和养老保险制度赤字继续扩大,估计 2017 年以后,斯洛伐克政府很有可能会加快退休年龄的提高进度,同时也会尽快统一男女性退休年龄或者削减男女性退休年龄之间的差异。

四是继续削减特殊人群的特惠养老金待遇,并尽快将其纳入统一的国民养老金。邻国捷克已经完成了这一进程。这对于曾经属于同一国家的斯洛伐克而言,无疑具有较强的示范效应。

此外,预计斯洛伐克应会恢复对第三支柱缴费的相关税收优惠,以促进第三支柱养老保险计划的发展。

14.5　结语

独立以来,斯洛伐克先后经历了四次养老保险制度改革,可谓是"一大三小"。其中的"一大",指的就是 2003—2006 年期间的养老保险制度的结构性改革。通过此次改革,斯洛伐克一举建立了三支柱养老保险模式,且整个养老保险制度运行顺利。这在中东欧国家当中是比较突出的。

斯洛伐克养老保险制度改革颇具本国特色,其中有三点留下了深刻的印象:一是第二支柱养老保险计划比较突进且多次反复。在结构性改革中,斯洛伐克将养老保险制度缴费一分为二,第一支柱和第二支柱的缴费各占一半,这一力度在中东欧国家是首屈一指的。后因经济危机影响,第二支柱又从强制性改为自愿性或者半强制性。这一做法在中东欧国家当中也是比较罕见的。为此,斯洛伐克还受到欧盟的严重警告并于 2011 年又尝试增强第二支柱的强制性。二是第三支柱发展极为缓慢且带有一定的强制性。第三支柱养老保险发展缓慢,这在中东欧国家当中属于常见现象。斯洛伐克规定特殊行业(如舞蹈人员、艰苦或危险岗位的就业人员)必须强制性向第三支柱进行缴费,这对于自愿性的第三支柱来说可谓破天荒。三是改革过程中,政府或议会相对专断独行。与中东欧其他国家尤其是捷克和斯洛文尼亚相比,斯洛伐克的公民社会意识相对较弱,民主化程度相对更低一些。因此,斯洛伐克政府或议会在数次改革中较少采取社会协商模式,经常忽视或无视社会相关利益方的意见。改革的方案往往由政府一家制定,然后就直接提交议会。议会在制定或通过法案的过程中,也较少听取公众或舆论的意见。

第 15 章

斯洛文尼亚养老保险制度改革的回顾与展望

长期以来,斯洛文尼亚一直高度重视养老保险制度法律的制定与执行,注重保障国民的养老保障权利,其养老保险水平在中东欧国家中也首屈一指。与其他中东欧国家相比,斯洛文尼亚强调社会对话机制的新社团主义民主制度独具特色。在这一制度下,斯洛文尼亚养老保险改革深受工会等社会相关利益方的影响,并且工会等组织影响的力度之大、程度之深和范围之广是比较罕见的。在工会等组织的作用下,该国养老保险制度框架设计尤其是自愿性的第二支柱更是独树一帜。

15.1 斯洛文尼亚国家概况

斯洛文尼亚坐落于阿尔卑斯山脉南麓,西南临亚得里亚海,与意大利、奥地利、匈牙利和克罗地亚接壤,面积约为 2 万平方公里。

1991 年,斯洛文尼亚宣布独立。受益于国内政局稳定且没有发生大规模战乱,斯洛文尼亚的转轨期相对较短且转轨完成最为顺利,90 年代中期以后就基本完成了私有化进程,并进入了经济社会稳定发展阶段。2004 年,斯洛文尼亚成功加入北约和欧盟。2007 年,加入欧元区并成为申根区国家。2013 年,斯洛文尼亚总人口约为 206.29 万人,人均 GDP 超过 22 000 美元(在中东欧经济转轨国家中高居榜首),已经发展成为较为富裕的发达国家。

15.2 斯洛文尼亚养老保险制度改革的发展历程回顾

15.2.1 1991 年独立以前的养老保险制度(1886—1991 年)

1. 前社会主义时期的养老保险情况(19 世纪—二战)

斯洛文尼亚的养老保险制度最早可以追溯到哈布斯堡王朝时期,并具有奥匈帝国俾斯麦模式社会保障制度的特征。1906 年,斯洛文尼亚针对白领工人制定了第一部养老金法案。根据俾斯麦模式,斯洛文尼亚为不同的职业群体,如公务员、白领工人和矿工等制定了两个相对分立的养老保险制度。

1922 年,奥匈帝国在斯洛文尼亚地区实行了包括养老保险、医疗保险以及意外保险在内的第一部统一法案。1937 年以后,斯洛文尼亚推行了强制性的职工社会保险并一直执行到二战期间。

2. 社会主义时期的养老保险情况(1945—1991 年)

二战后,斯洛文尼亚成为前南斯拉夫的加盟共和国,从此进入社会主义时期。在这一时期,国家社会保险被法定为所有公民的普遍权利,所有的养老保险事务都由联邦政府进行统一管理,养老保险制度的开支则由联邦政府预算予以支持。整体看来,斯洛文尼亚社会主义时期的养老保险制度进程大致可以分为三个阶段:

一是到 20 世纪 50 年代中期以前的高度统一阶段。在这一阶段,包括养老保险在内的所有社会政策都由联邦中央政府统一制定。在此背景下,整个前南斯拉夫地区都实行了统一的、强制的国家社会保险,作为社会保险重要组成部分的养老保险也不例外。二是到 20 世纪 50 年代中期到 60 年代末期的相对自治阶段。在这一阶段,斯洛文尼亚共和国开始享有一定的自治权,并能在一定程度上自主制订和推行相关的社会保险(包括养老保险)政策。随着经济社会的日益现代化,斯洛文尼亚在不同社会政策领域(如养老保险、医疗保险、教育等)建立了现代化的公共机构以及相应的公共组织,并实行相对独立的收支体系。三是 20 世纪 70 年代到 80 年代的高度自治阶段。在这一阶段,斯洛文尼亚共和国能自主制订整体社会政策,并根据本地实际情况建立了相对完整的公共服务网络。与此同时,斯洛文尼亚通过立法的形式加强了家庭在社会保障领域的责任,并积极推动志愿者组织或协会的发展。1982 年,铁托逝世后,前南斯拉夫各共和国的养老保险制度开始与中央财政脱钩。在这些共和国当中,斯洛文尼亚走得最远。1983 年,斯洛文尼亚颁布法令,将农民和自雇者一起纳入了整体的国民养老保险制度。这在当时的前南斯拉夫地区是独一无二的。1984 年,斯洛文尼亚建立了高度统一的养老保险管理制度,由养老保险和残疾保险协会统一管理覆盖全部就业人口的公共养老保险制度。根据法律规定,养老保险和残疾保险协会负责老年养老金、残疾养老金、遗属养老金、补充养老保险待遇以及与残疾或身体缺陷相关的各种福利。

虽然名义上建立了高度统一的养老保险制度,但与其他加盟共和国不同,斯洛文尼亚还一直强调个人在养老事务中的自我责任,注重减轻企业的养老开支成本以增强企业乃至整个经济的活力。1989 年,斯洛文尼亚养老保险制度的缴费率为 22.55%,其中雇主缴费仅为 3.45%,雇员缴费为 19.10%(Jarosław Poteraj,2011)。雇主的缴费份额明显低于周边地区,雇员的缴费份额则明显高于周边地区。

回顾整个社会主义时期,斯洛文尼亚一直在探索适合自身国情的养老保险制度。到 20 世纪 80 年代,斯洛文尼亚已经建立了所谓的三方(公共部门、非正式部门以及半正式部门)养老保险制度,这在前南斯拉夫各共和国当中独具特色。斯洛文尼亚三方养老保险制度的主要特点有:一是斯洛文尼亚在养老保险等社会福利领域建立了相对发达且覆盖国内各个地区的公共组织及相关机构,为国民提供专业的养老保险(以及残疾保险、疾病保险、失业保险以及福利援助等)服务。此外,各个国有单位还为本单位的雇员提供了相关的内部福利待遇,如餐饮、休假、儿童保健、医疗保健、教育及培训等。二是在公共部门以外,斯洛文尼亚还注重发挥大量的非正式部门(如家庭、亲属、邻里、朋友圈等)在社会保障领域的积极作用以弥补公共部门的不足。三是介于公共部门与非正式部门之间的半正式部门在社会保障领域也发挥了自身独有的作用。不过,这些半正式部门往往处于所谓的灰色地带,他们提供的相关服务或良莠不齐或打法律的"擦边球"。因此,如何管理这些半正式部门就成为一大难题。考虑到这些半正式部门往往能填补公共部门的"政策空白"或"服务空白"并确有实效,斯洛文尼亚当局对其也是睁一只眼闭一只眼。

受益于整体经济尚可以及相关应急措施得力,斯洛文尼亚的养老保险制度在整个 80 年代并没有受到严重影响,整个国民的养老保险待遇仍维持在较高水准。80 年代末期以来,与前南斯拉夫其他加盟共和国一样,斯洛文尼亚的养老保险制度也进入了动荡期。斯洛文尼亚政府被迫采取一些应急措施以维持养老保险制度的正常开支。为此,斯洛文尼亚一方面规定平均养老金的替代率不得高于平均工资的 85%,另一方面又建立养老金指数化调节机制,将养老金水平与在职员工的收入情况关联起来以确保养老金的实际价值。

15.2.2 独立以来的养老保险制度改革(1992—2012 年)

1. 独立初期的公共保险制度参数改革(1992—1995 年)

(1) 改革背景及目标。

1991 年,斯洛文尼亚宣布独立并通过了新宪法。同时,斯洛文尼亚重新组建了养老保险与残疾保险协会,完全接管了包括军人养老在内的全部养老保险事务。独立后,由于养老金领取资格标准放宽、人口老龄化加剧以及失业率明显上升,斯洛文尼亚养老保险制度的可持续性面临严峻挑战。是年,斯洛文尼亚养老保险制度的缴费率已经从 1989 年的 22.55% 提高到 28.8%,其中雇员和雇主各负担一半(Jarosław Poteraj,2011)。退休年龄方面,男性退休年龄为 55 岁,女性为50 岁,均明显低于欧盟国家平均水准。

在这一形势下,斯洛文尼亚国会根据新宪法授权在 1992 年制定了新的养老保险和残疾保险法案,决定建立新的老年及残疾养老保险制度。形势变化出人意料,到新法案施行时,斯洛文尼亚境内大型企业纷纷进行重组并大量裁员。这导致失业率急剧攀升,并造成诸多临近退休年龄的人员纷纷选择提前退休以领取养老金来渡过难关。为了减缓企业改制对社会造成的影响及压力,斯洛文尼亚政府也默认或放纵这一做法。虽然 1992 年新法案提出要提高退休年龄以应对人口老龄化危机,但斯洛文尼亚政府没有叫停提前退休的优惠待遇政策。此外,斯洛文尼亚政府还允许国民以较低优惠价格购买以往年度的保险缴费以达到养老保险的最低缴费期限。

特别值得指出的是,斯洛文尼亚在公共领域具有社会对话的长期传统。在前南斯拉夫时期,斯洛文尼亚当局就推行所谓的"自治"社会主义改革,即在分散决策或去集中化决策的过程中增强工人代表的话语权和民主参与度。80 年代末到 90 年代初,斯洛文尼亚的政治、经济领域发生了急剧变化,但社会对话的这一传统并没有受到冲击。独立后,斯洛文尼亚工会等组织继续在本国政治、经济、社会改革的诸多领域中扮演了重要角色,发挥了不可忽视的重要影响。

至于改革的目标,从具体内容来看,这一新养老保险和残疾保险法案并没有对原有养老保险制度进行激进改革的设想,而只是希望能增强原有养老保险制度的稳定性。

(2) 改革的内容及举措。

这次改革只针对第一支柱,主要内容有:

覆盖面:新法案扩大了公共养老保险制度的覆盖面,新增了两类参保人,即自愿参保人和领取失业救济金的失业人员。新法案明确,国家就业办公室必须为领取失业救济金的失业人员进行养老保险缴费;养老保险与残疾保险协会应该为养老金领取者支付医疗保险缴费。

养老金缴费率:新法案规定,在 1996 年以前,为弥补养老保险制度开支的增长,当局可以提高养老保险制度缴费率,提高的部分由雇主和雇员进行平摊。1992 年,斯洛文尼亚养老保险制度的缴费率为 28.8%。1994 年,斯洛文尼亚将养老保险制度的缴费率进一步提高到 31%。为了降低雇主的缴费压力,1996 年,斯洛文尼亚政府决定将雇主的缴费率从 15.5% 削减到 12.85%(后来进一步降至 8.85%)以防止国内劳动密集型企业的倒闭并增强本国整体经济的竞争力。此外,根据不同法律规定,斯洛文尼亚政府还必须为特殊人群(如警察、军人以及国会成员等)缴纳养老保险费用。

退休年龄:男性必须满 55 岁且缴费满 35 年;女性必须满 50 岁且缴费满 30 年。如果参保人破产、残疾或长期失业,则可以申请提前退休。每提前退休 1 年,养老金待遇则削减 1%。如果参保人已经达到相关的年龄规定要求,则不再削减。

养老金的领取资格条件:新法案收紧了养老金(包括提前退休养老金)的领取资格条件,明确养老金领取者必须缴费满一定期限且已经达到退休年龄才能依法领取养老金。1992 年,男性领取全额养老金的资格条件为年满 55 岁且缴费满 40 年,女性则为年满 50 岁且缴费满 35 年。这次改革还明确,到 1998 年,男/女性必须分别年满 58/53 岁(缴费期限不变)才可以领取养老金。为了缓解社会压力,斯洛文尼亚当局又允许国民通过购买形式来补足养老保险缴费期限,但最多只能购买 5 年(包括接受高等教育或服兵役期间)。

养老金计算公式:$P = (\sum ar) \times 1/N \sum (Wt \times Vkt)$。其中,$P$ 指的是养老金数额,$\sum ar$ 指的是收益率的总和,N 指的是计算养老金基数的相关年数,Wt 指的是参保人在 t 年的工资,Vkt 指的是从 t 年到退休年份期间的物价稳定系数。在这一公式中,收益率的计算比较复杂,由当局确定计算依据。根据规定,男性缴费满 15 年(最低缴费期限),其收益率为 35%;此后每增加 1 年(最多则增加 25 年),收益率则相应增加 2%,但最高不得超过 85%(即缴费满 40 年)。女性的规定更为复杂,缴费期满 15 年,其收益率为 40%;此后从 16—20 年期间,每增加 1 年则收益率提高 3%;从 21—35 年期间,每增加 1 年则收益率提高 2 个百分点。假设女性缴费满 35 年,其收益率总和也可以达到 85%,与男性持平。另外,在计算养老金计缴基数(即最佳 10 年期间的平均净工资)时,将根据所谓的物价稳定系数(相当于工资名义增长率的 77%—79%)对参保人以往的工资情况进行重新估算。

最高养老金:不得超过国民平均净工资的 310%。

最低养老金:不得低于国民平均净工资的 64%。

养老金指数化:改革规定,养老金价值与在职员工的平均净工资挂钩。如果养老金实际价值超过平均工资的 85%(即男性或女性缴费期限分别满 40 年和 35 年),则不再进行指数化调整。在实际运作中,养老金价值与平均净工资往往增长不同步。为此,斯洛文尼亚当局采取发放额外的一次性附加费形式来补偿养老金领取者。

这次改革还推出了"被削减的养老金",该养老金只覆盖难以正常缴费或者按低标准进行缴费的人员。1995 年,斯洛文尼亚进一步降低了"被削减的养老金"待遇,并严格此类养老金待遇的领取资格以减少其领取人数。根据法律规定,这些人员不能享受国家养老保险与残疾保险制度提供的其他相关福利(如养老金的补充部分收入、残疾金的补助部分、最低养老金待遇以及居家援助等),也不能申请提前退休。

(3)改革的结果。

1992 年新法案揭开了这次改革的序幕。此后,斯洛文尼亚又根据国情对 1992 年法案进行了多次修正以不断推进改革。从改革的结果来看,这一次改革没有改变斯洛文尼亚国民养老保险的现收现付原则。由于国内企业重组导致失业率上升并造成诸多人员选择提前退休,到 1996 年,斯洛文尼亚养老保险制度的财务赤字问题愈演愈烈。为此,斯洛文尼亚政府不得不从国家预算中采取转移支付形式来弥补养老保险的赤字。在养老保险制度出现赤字的同时,养老金的实际价值也没有得到有力保证。从实际情况来看,养老金指数化调整力度还是赶不上名义工资的增长。加之制度设计不合理,还出现新退休人员的养老金待遇低于更早的老退休人员。这引起了社会各界的诸多不满和抗议。

值得一提的还有,斯洛文尼亚在 1992 年的新法案中尝试引入补充养老金计划(类似于第三支柱),并明确该计划由独立账户进行管理,但当局没有要求国民强制加入也没有提供任何税收激励政策。到 2000 年底,补充养老金计划覆盖面不足千人,几乎可以完全忽略不计。2001 年以后,这一计划退出了历史舞台。

总体看,这次改革效果难以令人满意。有趣的是,国际劳工组织和世界银行对斯洛文尼亚的此次养老保险制度改革给出的评价可谓大相径庭。国际劳工组织认为斯洛文尼亚养老保险制度的参数改革明显削减了养老保险制度的开支,有利于政府将养老保险制度的缴费收入用于其他社会保障项目。世界银行则认为,养老金替代率过高以及养老金实行与工资挂钩进行指数化的做法将会影响养老保险制度的可持续性。

2. 建立三支柱养老保险制度的激进改革(1999—2000 年)

(1)改革的背景及目标。

由于养老保险制度的第一次改革没有取得预期效果,斯洛文尼亚国内社会各界纷纷提议要加大养老保险制度改革的力度与深度。在这一背景下,世界银行、国际货币基金组织和欧盟积极介入了斯洛文尼亚的养老保险制度改革进程,并抛出了为期两阶段的三支柱养老保险制度改革计划,其中世界银行的改革报告更是直接影响了斯洛文尼亚所有后续的改革草案。应斯洛文尼亚政府所邀,国际货币基金组织和世界银行的专家任务小组在 1995 年和 1996 年先后两次对斯洛文尼亚的养老保险制度进行了调研。与此同时,斯洛文尼亚开始准备申请入盟。欧盟明确指出,斯洛文尼亚必须加快经济的现代化进程,改革以养老保险制度为主要内容的整个社会保障制度以尽快达到入盟标准。1996 年,在欧盟的影响下,斯洛文尼亚政府决定起草养老保险改革方案。

在这次改革中,斯洛文尼亚的社会对话机制发挥了重要作用。其中,由政府建立的经济与社会理事会为三方协商机制的运转提供了重要平台。任何有关劳动关系、劳动报酬以及社会保障事务的政策或立法建议,都必须在经济与社会理事会的框架内进行多方磋商。只有在多方磋商达成一致的前提下,国会才会讨论相关的立法建议。当然,政府有时也试图绕过经济与社会理事会。1998 年,斯洛文尼亚政府就不顾工会的强烈反对,强行提交了相关的立法草案。2010 年,最低工资法案和劳动力市场法案也在雇主协会和工会的激烈抗议中得以通过。但总体上,社会对话机制还是极其深远地影响了斯洛文尼亚各个领域的改革进程,养老保险制度改革也不例外。

1997 年,斯洛文尼亚政府抛出了养老保险制度改革白皮书并就养老保险制度改革专题开展了相关的宣传普及教育活动。白皮书的出台,引发了工会的巨大抗议活动。工会认为白皮书提出的改革方案是要瓦解现存的养老保险制度,三支柱养老保险模式更是要彻底抛弃代际团结原则。因此,工会强烈反对白皮书提出的建立强制性第二支柱、提高退休年龄、削减养老金待遇以及统一男女性退休年龄等诸多措施。在反对的同时,斯洛文尼亚自由工会协会提出了自身的改革建议,其主要措施有:保留代际团结原则并将这一原则作为整个养老保险制度不可动摇的基石;建立自愿性而不是强制性的第二支柱养老保险计划;养老金领取资格条件既要考虑参保人的退休年龄,也要考虑本人的实际缴费期限;放缓统一男女性退休年龄的进程等。为了给政府施压,1998 年,斯洛文尼亚各工会组织纷纷组织游行示威、签名反对等抗议活动。这些抗议活动得到了多数媒体和社会公众的广泛支持。各工会组织还针锋相对地开展了有关养老保险改革的宣传活动,大肆宣传政府养老保险制度改革方案的诸多弊端。

在这一背景下,斯洛文尼亚政府还是坚持向国会提交了有关养老保险制度改革的法律草案。不过,该草案取消了建立强制性第二养老保险制度的提法并明确提出要继续保持现收现付制度。1999 年,斯洛文尼亚开始启动入盟谈判进程。入盟谈判的启动在一定程度上转移了社会大众的注意力,也缓解了来自工会的压力。斯洛文尼亚政府决定抓住这一时机,借力推进养老保险制度改革。1999 年 4月,斯洛文尼亚劳动部与工会组织就养老保险制度改革进行了艰难对话并最终达成一致。随后,斯洛文尼亚国会就批准了新的养老保险法案。

这次改革的主要目标就是建立三支柱养老保险模式以达到入盟标准,同时改革第一支柱养老保险,削减养老保险制度的赤字和减轻政府财政转移支付压力。

(2) 改革的内容及举措。

相比第一次改革,这次改革的内容及举措更为丰富。

① 第一支柱。

改革明确,第一支柱仍为强制性的养老保险计划,继续坚持代际团结原则,由雇主和雇员进行共同缴费。第一支柱主要提供老年养老金、残疾养老金、遗属养老金和部分养老金,由自治的公共机构进行管理。

覆盖面:根据 1999 年的法案,第一支柱覆盖雇员、自雇者、农民、失业人员、学徒、囚犯、运动员和享受生育孩子津贴的父母等。其中,失业人员如果领取了社会救助,则不必强制性加入第一支柱;享受生育孩子津贴的父母,其生育孩子后的第一年缴费由政府负担。如果本人在休产假以前就已经就业,则按照雇员身份参保并可享受相关的产假待遇;农民如果本人收入低于最低工资,也不必强制性参保。

缴费基数:根据规定,最低缴费基数为平均工资的 30%,农民、失业人员和兼职工作者可以选择按照最低缴费基数自愿进行缴费。达不到最低缴费基数标准的人员,不用强制性加入第　支柱。最高缴费基数为最低缴费基数的 4 倍。

缴费率:1996 年以后,斯洛文尼亚开始削减养老保险制度的缴费率。1996 年2—6 月期间,总缴费率为 28.35%,其中雇员 15.5%,雇主 12.85%。1996 年 7 月到 2009 年期间,总缴费率为 24.35%,其中雇员仍为 15.5%,雇主则降至 8.85%。斯洛文尼亚还规定,当第一支柱出现供款不足时,由国家财政预算予以兜底。为增加国家财政预算,斯洛文尼亚政府又针对雇主推出了所谓的工资税。

养老金领取资格条件:男性满 58 岁且缴费满 40 年,女性满 58 岁且缴费满 38

年,就可以领取全额养老金。如果参保人申请提前退休,其养老金待遇每年削减 1.2%—3.6%不等。

退休年龄:从 2000 年以后,渐进提高男女性的养老金领取年龄和养老金缴费期限。到 2009 年,男性的退休年龄提高到了 63 岁;预计到 2023 年,女性的退休年龄将提高到 61 岁。为了鼓励生育,斯洛文尼亚规定,参保人(不限性别,但只允许男女双方一方申请)如果抚养 1 个孩子则退休年龄降低 8 个月,抚养 2 个孩子则退休年龄降低 20 个月,抚养 3 个孩子则退休年龄降低 36 个月,抚养 4 个及以上孩子则退休年龄降至 56 岁。

提前退休:斯洛文尼亚在这次改革中取消了提前退休的提法,并以完全退休年龄取代了正常退休年龄。如参保人提前退休,就按累进制原则削减养老金待遇,即退休越早,削减力度越大。如果参保人年满 58 岁且缴费满 40 年(男性)或 38 年(女性),本人的养老金待遇不受任何影响。从执行情况看,这一条规定主要是照顾蓝领工人。与此同时,这次改革还鼓励国民推迟退休。如果参保人推迟,就按递减制原则提高养老金待遇,即越接近完全退休年龄,提高力度越大。斯洛文尼亚还针对特殊群体(如艰苦行业从业人员、警察等)放宽了提前退休年龄的限制,允许这些特殊群体人员在缴费满 25 年(男性)或 23 年(女性)后就可以在第一支柱领取养老金。如果雇主为特殊群体中的其他人员或者新入职人员支付了额外养老保险缴费,该缴费额就不再保留在第一支柱,而是转入强制性的补充养老保险基金。

最低投保期限:男女性的最低投保期限统一为 15 年。雇主可以为雇员购买一定的投保期限,但最高不得超过 5 年。雇员接受高等教育和服兵役后,可以为自己购买接受高等教育期间和服兵役期间的投保期限,否则接受高等教育和服兵役的期间就不计入养老保险的投保期限。购买来的高等教育和服兵役期限,仅用于计算投保期限所用,不得用于计算养老金的收益率,即该期限仅与养老金领取资格条件挂钩,而与养老金的实际价值没有关联。

养老金的计算公式:计算公式大致保持不变,但将养老金计发基数设定为重新估值的最佳 18 年期间的净工资。同时将收益率调整为:男性最低缴费期限(15 年)的收益率总和为 35%,以后每增加 1 年,收益率增加 1.5 个百分点;女性最低缴费期限(15 年)的收益率总和为 38%,以后每增加 1 年,收益率增加 1.5 个百分点。

养老金指数化:尽管两者增长不同步,斯洛文尼亚还是坚持将养老金的实际价值继续与平均净工资增长情况挂钩。这次改革还废除了 1992 年以来通过发放额外的一次性附加费来补偿养老金领取者的做法。

最低养老金:为了防止参保人领取的养老金数额过低,斯洛文尼亚设定了最低养老金,并规定其数额相当于最低养老金缴费基数的 35%。参保人缴费满 15 年,就可以领取最低养老金。如果参保人没有资格领取最低养老金,还可以申领国家救济——国家养老金。

最高养老金:根据规定,最高养老金的缴费基数为最低养老金的 4 倍。

残疾养老金:根据规定,残疾养老金计算公式等同于老年养老金。如果参保人缴费期限不足 18 年,则按全部缴费年度计算其基数。如果是工伤或职业病引起的严重残疾,残疾养老金收益率则按照全额养老金计算,即养老金收益率总和为 85%。如果是工作场所以外发生的因伤或因病致残,残疾养老金收益率则按照实际参保期限加上假定期限(依据本人致残时的实际年龄确定)进行计算。男性最低残疾养老金的收益率总和为 45%,女性最低残疾养老金的收益率总和为 48%。

遗属养老金:这次改革明确,遗属养老金的待遇取决于死亡人的老年养老金或残疾养老金数值。遗属养老金数额相当于死者养老金的 70%,遗属养老金的最低领取年龄(男女统一)为 53 岁。斯洛文尼亚还规定,即使遗属养老金的领取者同时还领取本人的老年养老金,他们还可以继续领取一定比例的遗属养老金。至于遗孤,如果只有 1 个孤儿,可以领取死者养老金的 70%,如果有 2 个孤儿,则可以领取 80%;如果有 3 个孤儿,则可以领取 90%;如果有 4 个及以上的孤儿,就可以领取 100%。根据规定,孤儿在年满 15 岁以前可以一直领取养老金。如果 15 岁以后还继续接受正规学校教育,可以继续申领到 26 岁为止。

② 第二支柱。

这次改革正式引入了缴费确定型的第二支柱养老保险。与其他国家不同,因受到国内工会等组织的强烈反对,斯洛文尼亚的第二支柱不是完全强制性的。另外,斯洛文尼亚没有针对第二支柱进行单独立法,其第二支柱还是遵循统一的养老保险与残疾保险法案。第二支柱的具体情况如下:

覆盖面：根据规定，只有公共部门的雇员以及艰苦行业人员必须强制性加入第二支柱的封闭式养老保险基金。其中，艰苦行业人员的职业养老金计划完全纳入第二支柱，这一做法后来被保加利亚仿效。其他雇员则可以自愿选择是否加入第二支柱。1999年，第二支柱的覆盖面为66％（主要是公共部门雇员的强制性加入），即三分之二的雇员加入了第二支柱。不过，这一数据马上就下滑到50％。

缴费情况：斯洛文尼亚第二支柱不实行单独缴费。雇员可以把向第一支柱的部分缴费（不超过总缴费额度的24％）转移到第二支柱，这一部分的缴费及后期回报都免予征税。从具体实施情况来看，第二支柱主要是由雇主缴费的集体养老金计划，即缴费完全由雇主负担。雇主的缴费依法享受相关的税收优惠政策，但最高免税额度不得超过总缴费额度的24％。

养老金待遇及发放：第二支柱的待遇取决于缴费期限，具体发放形式为基于性别差异的终身年金。参保人达到正常退休年龄时，可以领取全额的职业养老金并无需缴纳相应的税收。参保人未达到正常退休年龄时但参保满10年以上，则相应削减其职业养老金待遇。如果参保人投保满10年以上，也允许其一次性领取。如果参保人采取一次性领取，则必须缴纳个人所得税。第二支柱的养老金发放不影响第一支柱养老金的计发。

养老保险基金的管理：第二支柱养老保险基金公司由证券市场机构进行监管。这次改革还规范了银行和保险公司运营的互助养老保险基金，并明确由保险监管机构来负责监管保险公司，由证券市场机构来负责监管银行。

养老保险基金的运营：根据规定，斯洛文尼亚第二支柱养老保险基金分为公共养老保险基金（开放基金）和私有公司养老保险基金（封闭基金）两种。其中封闭基金由银行或者寿险保险公司运作，参保人必须超过1 000人；开放基金则由私有保险公司运营，参保人不得少于15 000人。不过，斯洛文尼亚的养老保险基金公司大多具有政府背景，或由政府出资成立或由政府进行控股。

养老保险基金的投资：斯洛文尼亚要求养老保险基金投资必须提供最低投资回报承诺，最低回报率不得低于长期政府债券平均利率的40％。在2008年经济危机以前，大多数养老保险基金承诺的最低投资回报率都高于这一标准，一般都达到了长期政府债券平均利率的50％—60％，并且实际投资回报率也实现或超过了相关承诺。不过，第二支柱养老保险基金的人均资产很低，仅相当于3—6个月的平均净工资总和,只有银行运营的互助养老保险基金情况略好一些。

③ 第三支柱。

为了弥补第一支柱养老保险金待遇的不足,这次改革还引入了第三支柱,并规定第三支柱为缴费确定型的、自愿性的补充养老保险。第三支柱养老保险的主要情况如下:

缴费情况:根据规定,第三支柱由雇员自愿进行缴费,雇主不承担任何缴费责任。第三支柱的缴费可以享受免税待遇。

养老金待遇及发放:第三支柱养老保险计划为缴费确定型,具体发放形式为终身年金。

养老保险基金运营:第三支柱养老保险基金由公共和私有保险公司进行运营。

零支柱方面:在世界银行推介的三支柱养老保险模式以外,斯洛文尼亚还根据欧盟的要求为低收入群体设立了国民养老金,即无需任何缴费的零支柱。根据规定,年满 65 岁且于 15—65 岁期间在斯洛文尼亚境内居住满 30 年的老年人,如果没有其他可持续收入来源,就可以申领国民养老金。此外,如果参保人领取的第一支柱养老保险金待遇过低,其本人还可以获得一定数额的养老金补助收入。

养老保险制度的管理及相关税收规定:整体而言,斯洛文尼亚的社会保险机构没有发生重大变革,但相关的税收管理制度还是有了明显的变化。1996 年,税务部门将内部的缴款、控制与信息机构和公共收入机构进行了合并,全权负责养老保险乃至整个社会保障的缴费管理并为每个参保人开设专有账户。1999 年,斯洛文尼亚成立养老保险理事会和管理委员会。2000 年,斯洛文尼亚设立了保险监管机构,负责监管第二支柱和第三支柱养老保险基金。斯洛文尼亚还针对养老保险制度缴费推出了多重税收优惠。其中,第一支柱缴费免予征收企业所得税、社会保障税和个人所得税,第二支柱和第三支柱的个人缴费在最高限额之内免予征收个人所得税。此外,参保人领取的养老金也可享受相应的税收减免。在这一政策优惠下,绝大部分养老金领取者都无需纳税。

(3)改革的结果。

从改革的具体内容、措施及进程来看,这次改革的最大赢家是工会。在工会的坚持下,第一支柱养老保险计划坚持了代际团结原则,第二支柱则被妥协成为半强制性的养老保险计划。当然工会也在一些政策设计上做出了让步,比如推迟退休年龄、提高领取养老金的参保期限和延长养老金待遇计算基数的时期等。从这个角度来看,这次改革又可谓是政府与工会之间的双赢。通过改革,斯洛文尼亚基本建立了三支柱或多支柱养老保险模式,扩大了养老保险制度的覆盖面,为成功加入欧盟扫平了障碍。2001年,第一支柱覆盖人数为75.3万人,公共养老保险基金(即国民养老金)的覆盖人数为8.2万人。

这次改革还是遗留了不少问题。一是还有不少人(主要是合同就业人员、非固定就业人员、低收入农民以及没有领取失业保险福利的失业人员)没有参加养老保险制度。另外,2001年以后,第二支柱养老保险覆盖面开始出现下降。二是养老保险制度设计尤其是养老保险金计算公式过于复杂。经过几次修正后,斯洛文尼亚养老保险制度设计在养老金领取资格条件中的参保期限计算、参保期限的购买、视同缴费期限的认定、养老金计算公式尤其是养老金收益率的计算等方面都显得过于琐碎或繁杂。普通参保人很难正确或全面了解相关的制度安排。三是养老金替代率有所下降。1999年改革后,由于养老金指数化调整与工资调整不同步以及调低了养老金计算公式中的年度收益率(缴费满15年以后的年度收益率从以前的2%调低到1.5%),斯洛文尼亚的养老金实际替代率继续下滑。养老金替代率的下滑,造成养老金领取者的贫困率有所上升。四是养老保险制度尤其是第一支柱养老保险的财务问题没有得到明显缓解。2000年以后的数年内,养老保险的供款收入仅占其开支的70%左右。这就意味着国家预算必须负担剩余的30%。此外,第一支柱养老保险还要转移支付养老金领取者的医疗保险缴费,转移支付额度约占第一支柱总开支的9%。2002年,国家预算的转移支付额度占到了第一支柱养老保险制度总开支的31.6%。

3. 养老保险制度的参数改革(2005—2006年)

(1)改革的背景及目标。

1999年法案通过不久,斯洛文尼亚国内就要求宪法法院对该法案的部分条款进行违宪审查,其中主要涉及的条款有最高养老金的缴费基数、降低养老金的增长比例、针对新近退休人员的养老金计算公式以及养老金指数化原则等。2003年,宪法法院裁定1999年养老保险与残疾保险法案符合宪法原则。

2004年,新加入欧盟的斯洛文尼亚举行了国会大选。大选后,政府决定修改

1999 年法案,调整部分行业参保人的养老保险基数并提升国民的养老保险(社会保障)权利。新政府还设想对养老保险制度乃至整个经济社会制度进行所谓的宏大改革,其中最具争议的提议就是统一个人所得税的税率。由于受到工会的强烈反对,这一提议最后不了了之。2005 年,斯洛文尼亚国会通过了妥协后的新修正案,为养老保险制度的又一次改革奠定了法律基础。不过,政府与各社会利益团体在为已经加入集体养老保险计划的工人建立补充个人养老保险的问题上陷入了僵局。雇主代表认为这一设想没有考虑到参保人数量可能会进一步减少,其他社会利益团体则认为这一设想不具有可行性且实施意义不大。最后,各社会利益团体统一认为,政府只需按照欧盟的指令对相关法案进行必要的修改。

与此同时,斯洛文尼亚的人口老龄化趋势进一步加剧。2000—2005 年,养老金领取人口占总人口的比重每年增加了 1.5%。人口老龄化的加剧,将严重影响整个养老保险制度的财务稳定性和可持续性。

这次改革的目标主要有三点:一是根据欧盟的指令完善养老保险制度以进一步与欧盟接轨,推动经济发展,促进就业尤其是老年人的继续就业,鼓励劳动力在欧盟区域内自由流动;二是通过参数改革,提高个人在养老保险事务中的相关责任并减轻政府公共债务,增强养老保险制度的财务稳定性和可持续性以应对人口老龄化危机;三是扩大养老保险制度的覆盖面,增加补充养老保险计划的参保人数,为老年人提供更多的养老保险选择等。

(2)改革的内容及举措。

2005 年 11 月,斯洛文尼亚新政府推出了养老保险改革的框架性文件,提出要采取激励措施鼓励国民延迟退休而继续工作,将低收入群体纳入强制性养老保险制度,进一步区分集体养老保险与个人养老保险和增进强制性养老保险制度的财务平衡以应对挑战。这次改革的主要内容及举措有:

第一支柱方面:一是提高退休年龄。2005 年,男性退休年龄为 63 岁,女性为 61 岁。2006 年,男性退休年龄被进一步提至 65 岁。二是延长最低缴费期限。根据规定,最低缴费期限不得低于 20 年。全额养老金的领取条件为男性年满 58 岁且缴费满 40 年,女性年满 55 岁零 4 个月且缴费满 36 年零 3 个月。三是限制提前退休。参保人如果抚养孩子或者在艰苦岗位工作,可以酌情申请提前退休,但女性不得低于 55 岁,男性不得低于 58 岁。参保人申请提前退休,将酌情削减本人养老金待遇。四是调整养老金的计算基数。2006 年,养老金的计算基数为在职期间最佳 16 年的平均年薪。2008 年以后,又被延长至最佳 18 年。五是调整养老金指数化原则。斯洛文尼亚决定每年对养老金待遇进行两次指数化调整。其中 2 月进行的调整以上一年度的实际工资增长率为参照基准,11 月进行的调整则以政府宏观经济分析与发展部门估算的本年度工资增长率为参照基准。这就意味着养老金指数化调整原则从以前参照平均净工资增长改为参照平均总工资增长,这在一定程度上有利于提高养老金的实际价值。改革后,最低养老金相当于平均国民净工资的 64%,最高养老金为最低养老金的 4 倍。

第二支柱方面:这次改革对第二支柱养老保险基金的投资组合比例及投资原则进行了新的调整,明确投资于在证券交易所上市交易的股票和公司债券的比例不得超过基金总资产的 70%,投资于没有在证券交易所上市交易的股票和公司债券的比例不得超过基金总资产的 30%,投资于非欧元结算的资产比例不得超过基金总资产的 30%。改革还要求养老保险基金管理公司必须依法提供本公司的具体投资政策报告,并且这些投资政策报告必须得到保险监管机构或证券市场机构的批准。另外,改革还取消了第二支柱养老金的一次性领取。

养老保险制度的管理方面:根据政府提议,这次改革取消了养老保险制度管理董事会,同时将理事会成员人数从 30 人削减到 27 人。在削减人数的同时,还调整了理事会的成员结构并增强了政府的影响力。改革后,政府指派的成员人数从 7 人增加到 10 人,工会的代表人数从 8 人减至 6 人,雇主协会的代表人数从 8 人减至 4 人,养老金领取者代表为 5 人,残疾人组织代表为 1 人,国会代表为 1 人。这次改革还扩大了理事会的权限,将以往董事会的部分权力(如养老金指数化的决策和主要人事任免等等)也划给了理事会。

相关的税收规定:从 2007 年开始,第二支柱养老保险金将纳入个人所得税税基并依法缴税,第一支柱和第三支柱养老保险金则无需缴税。2008 年,斯洛文尼亚境内只有 5% 左右的养老金领取者需要缴纳相应的个人所得税,平均税率为 20%。

(3)改革的结果。

此次改革取得的效果较为有限,相对比较突出的一点就是扩大了养老保险制度的覆盖面。2009 年,整个养老保险制度的参保人数为 89.5 万人,并且农民、失业人员以及其他非正式就业人员都被纳入了养老保险制度。根据规定,农民、失业人员以及非正式就业人员可以按照较低缴费基数(相当于正式就业人员缴费基数的 30%—55%)进行缴费并申领较低数额的养老金(一般不得低于最低工资的40%)。其次,就是这次改革调整了养老保险管理理事会的组成结构,在一定程度上削减了雇员组织和雇主组织的话语权。在酝酿改革时,斯洛文尼亚政府曾设想建立一个由政府主导的管理理事会。在各界压力下,政府被迫放弃了这一设想。但政府也取得了一定成功,那就是将工会与雇主协会的代表人数占比从以前的 2/3降至 1/3,而政府代表的占比则从以往的不到 1/4 提高到超过了 1/3。这有利于政府加大自身的话语权,从而更有力地主导或推动养老保险制度的相关改革。

这次改革遗留的问题也不少。一是养老金充足率下降,养老金领取人口的贫困现象有所增加。2006 年,斯洛文尼亚国民的平均养老金数额相当于平均工资的70.3%,明显低于 1999 年的 75.8%。2005—2007 年期间,养老金领取者的贫困率比 1997—1999 年期间增长了 4.3 个百分点,其中单身尤其是单身老年女性养老金领取者的贫困率更是明显高于其他群体。二是老年人就业情况并不乐观。这次改革提出要采取措施来激励更多的老年人继续参加工作,但未见成效。2007 年,斯洛文尼亚老年人就业率为 33.5%,而欧盟 15 国老年人的平均就业率为 46.6%。三是补充养老保险发展缓慢,没有实现改革提出的预设目标。

总之,这次改革在不少方面还是没有达成预期目标。这就为后续改革,尤其是引入缴费与收益相关联的积分制埋下了伏笔。

4. 夭折的养老保险制度参数改革(2009—2011 年)

(1)改革的背景及目标。

2008 年的金融危机重创了斯洛文尼亚的金融行业,养老保险基金也难以幸免。2008 年以后,斯洛文尼亚所有养老保险基金的投资回报率都为负数,养老保险基金所控的股票数量也急剧下降。同期,劳动力市场的表现也十分暗淡,养老金领取者的贫困率继续攀升。更令人担忧的是,人口老龄化趋势明显加剧。2009年,斯洛文尼亚的老年人口制度抚养比(65 岁以上老年人口/20—64 岁人口)已经攀升到 25.7%,且还有继续加快上涨趋势。预计到 2050 年,老年人口制度抚养比将达到 61.5%。

2008 年 10 月,斯洛文尼亚进行了国会大选。获胜的新政府组建了工作小组,决定建立现代化的养老保险制度。2009 年 3 月，新政府就养老保险制度改革事宜举行了第一次工作小组会议。同年 9 月，劳工、家庭与社会事务部在工作小组建议的基础上，发布了建立现代化养老保险制度的官方文件，提出要进行为期两个阶段的新一轮养老保险制度改革，其中第一阶段为养老保险制度的现代化，第二阶段是在 2015 年以后建立名义缴费确定型的养老保险制度。从后期进展来看，这一官方文件并不具有任何效力，仅在养老保险制度改革方面为社会各方提供了相关的讨论与交流平台。

经过与工会等组织一系列断断续续的艰难协商，2010 年 4 月，斯洛文尼亚劳工、家庭与社会事务部非常草率地提交了养老保险与残疾保险法案的修正案草案。该草案的主要提议有：将养老保险计算基数从最佳 18 年的平均工资逐渐延至最佳 30 年，但允许剔除最差的 2 年；将男女性的全额养老金领取年龄分别提高到 65 岁和 63 岁，如果参保人抚养孩子或者服兵役，可以酌情调低；严格提前退休条件，其中男性必须满 60 岁且缴费满 40 年，女性必须满 60 岁且缴费满 38 年。如果提前退休，养老金待遇将每年削减 3.6 个百分点。如果推迟退休，不再提高养老金待遇；统一养老金收益率计算公式，根据规定，男/女性缴费分别满 40/30 年，其养老金收益相当于平均工资的 60%。如果男性缴费超过 40 年，每超过 1 年，养老金收益率提高 1.5 个百分点。如果女性缴费超过 38 年，每超过 1 年，养老金收益率则提高 1.58 个百分点；调整养老金指数化原则，将养老金的增长与名义工资增长（占 70%）和物价指数增长（占 30%）同时挂钩，这比瑞士指数化原则（工资与物价增长各占 50%）更有利于养老金领取者；将国家养老金和养老金补充收入纳入社会援助计划，从而与养老保险制度完全剥离；增强养老保险制度立法的透明性，取消追加的养老保险缴费期限等等。

不出意外，这个草案出台后，立即引起了诸多抗议和不满。值得关注的是，社会各界的抗议和不满都是针对第一支柱养老保险计划，而几乎无人关注第二支柱及第三支柱养老保险计划。当然，这与该草案涉及第二、第三支柱内容较少，所涉措施力度较小且多为激励措施不无关系。至于涉及第一支柱的不少提议，尤其是提高退休年龄、取消蓝领工人的退休优惠待遇等措施受到了工会的强烈抵制。在工会的抗议下，该草案被迫保留了对蓝领工人的优惠规定，即男性蓝领工人在年满 60 岁且缴费满 43 年或女性蓝领工人在年满 58 岁且缴费满 41 年后，本人可以申请提前退休且不再削减养老金待遇,但本人购买的缴费期限不得记入总缴费期限。不过,工会对此规定还是不满,甚至试图组织发起全民公决运动。雇主协会对该草案也颇有微词,他们认为应该降低雇主为年满 60 岁以上雇员的缴费率,同时还要调低自雇者的最低缴费基数(草案规定为平均工资的 60%)。此外,不少社会保障专家也纷纷质疑这一草案,尤其对削减提前退休待遇的比例持有保留态度。

为了减轻来自工会的压力,斯洛文尼亚政府决定采取小规模工作小组形式与工会进行多轮对话或谈判。然而在没有与工会达成一致的情况下,政府就径直将该草案提交给了国会。2010 年 11 月,斯洛文尼亚国会通过了新的养老保险与残疾保险法案,正式启动了新一轮的养老保险制度改革。2011 年 1 月,为了阻止工会发动全民公决,斯洛文尼亚国会请求宪法法院对此进行违宪审查。同年 4 月,宪法法院一致裁定全民公决符合宪法规定。6 月,斯洛文尼亚就新的养老保险与残疾保险法案进行全民公决。经过全民公决,新法案被叫停了,原有的 1999 年法案继续有效。

这次改革目标主要有:对第一支柱进行参数改革,以增强其财务稳定性;简化过于复杂的养老保险制度设计,以使国民更好地理解和支持养老保险制度。

(2)改革的内容及举措。

整体看,斯洛文尼亚这一次改革完全以失败告终。但在具体实施过程中,斯洛文尼亚还是实行了一些应急之举,主要有三条:

一是 2009 年 4 月,斯洛文尼亚政府在仓促之下抛出了 2009—2011 年期间的稳定计划,决定冻结政府雇员工资和养老金的增长,暂时取消相关的社会转移支付项目,以减轻政府的财政压力。

二是 2009 年 12 月,斯洛文尼亚通过了紧急状态法,决定 2010 年的养老金数额按照名义工资增长率的 50% 进行调整,2011 年则按照名义工资增长率的 25% 进行调整,2012 年则冻结养老金的指数化调整,以减少养老保险制度的支出压力。不过 2012 年冻结养老金指数化调整的决定最后被否决了。

三是 2009 年,斯洛文尼亚养老保险基金管理公司继续调低了相关的管理费用,下降幅度约为 30%。

另外,虽然新法案整体被叫停了,但部分措施如退休年龄、提前退休养老金等方面的规定还是在后期得到施行。

（3）改革的结果。

回头看，在这次改革中，斯洛文尼亚政府输得很惨，工会则完全占据了上风。在改革之初的 2009 年，斯洛文尼亚政府小心翼翼地将改革小组的任务定义为养老保险制度的现代化而不是养老保险制度的改革，以避免来自社会各界尤其是工会组织的反对或无端指责。事实证明，这徒劳无益。在经过与工会长达半年而收效甚微的马拉松谈判后，斯洛文尼亚政府还是按捺不住，单方面向国会提交了立法草案。此后，尽管国会通过了法案，但绝不屈服的工会通过组织罢工、示威甚至是全民公决来阻止并最终叫停了新法案。至于在 2009 年通过的一些应急对策，由于涉及范围、政策力度、执行时间都极为有限，影响甚微，与改革的最初设想相去甚远。从这个角度看，这次改革因先天不足而迅速夭折。

更要命的是，这次改革的失败进一步证明了工会力量的强大，这就意味着下一轮的改革将面临更大的阻力。

15.3　斯洛文尼亚养老保险制度的现状及面临的挑战

15.3.1　养老保险制度的现状

目前，斯洛文尼亚的养老保险制度大致还是维持了经济危机之前的基本框架，即三（多）支柱养老保险模式，其中第一支柱为强制性的公共养老保险计划，第二支柱为半强制性的补充养老保险计划，第三支柱为自愿性的个人储蓄型寿险计划。此外，警察及战争退伍老兵等特殊群体参加单独的养老保险计划。

1. 第一支柱养老保险计划

覆盖面：根据规定，第一支柱为现收现付的待遇确定型养老保险计划，所有的劳动年龄人口（特殊群体除外）都必须强制性加入第一支柱。

领取资格条件：男性必须年满 65 岁且最低缴费满 15 年，女性必须年满 63 岁且最低缴费满 15 年才可以依法申请养老金。男/女性年满 60 岁且缴费满 40/38

年,可申请提前退休养老金。

养老金的计算:养老保险金的计算基数为最佳 34 年的平均净工资,且还要进行重新估值;养老金收益率方面,男性前 15 年缴费的收益率总和为 35%,此后每增加缴费 1 年则收益率增加 1.5 个百分点,女性前 15 年的收益率总和为 38%,此后每增加缴费 1 年则收益率增加 1.5 个百分点。推迟退休,每推迟 1 年则养老金收益率增加 3.6 个百分点;提前退休,每提前 1 年则养老金收益率减少 3.6 个百分点。

养老金指数化原则:实行所谓的瑞士指数化,即在职人员的工资和物价的变动情况各占 50%。

最低养老金:名义上设置最低养老保险计算基数,由政府根据实际情况进行确定。

最高养老金:根据规定,最高养老金为最低养老金的 4 倍。

管理方面:第一支柱养老保险计划由国家养老保险与残疾保险机构进行统一管理。

2. 第二支柱养老保险计划

覆盖面:第二支柱养老保险计划由养老保险基金组成,分为开放基金和封闭基金两种。其中,开放基金面向所有普通公众,封闭基金仅面向单个企业的雇员。比较罕见的是,斯洛文尼亚的第二支柱为半强制性或半自愿性,即部分人员(依据工会与雇主的集体协议)必须强制性加入,部分人员(如自雇者、非正式就业者等)可以自主决定是否加入。

缴费率:第二支柱养老保险的缴费率为第一支柱缴费率的 24%。目前第一支柱缴费率为 24.35%,第二支柱缴费率则约为 5.84%(即 14.35%×24%)。第二支柱缴费完全由雇主负担,相关的缴费额在一定范围内可以享受免税待遇,但人均每月最高免税额度不得超过 199.17 欧元。

管理方面:封闭基金由银行或寿险公司进行管理,开放基金则由私营基金管理公司运营。

3. 第三支柱养老保险计划

覆盖面:第三支柱为自愿性养老保险计划,面向全体劳动人员。

缴费及税收方面:第三支柱缴费不设上限,但可以享受免税待遇的份额不得超过本人应税收入的 3%。第三支柱发放的养老金无需纳税。

管理方面:第三支柱养老保险计划由保险监管机构进行管理。

4. 零支柱(国家养老金)

国家养老金不属于养老保险,而属于社会救助或社会援助计划,主要覆盖 65 岁以上(于 15—64 岁之间曾在斯洛文尼亚居住满 30 年)且无法达到养老保险制度最低缴费标准的人员。国家养老金的待遇大致相当于最低养老保险金的 1/3。

15.3.2　养老保险制度面临的挑战

与其他中东欧国家一样,斯洛文尼亚养老保险制度面临的最大挑战还是人口老龄化趋势的日益加剧。由于人均寿命延长以及生育率持续走低,预计到 2050 年,斯洛文尼亚 65 岁以上人口占总人口的比重将超过 32%(Holzmann R.,MacKellar L.,Rutkowski M.,2003:43),这将给斯洛文尼亚养老保险制度尤其是第一支柱的长期发展蒙上了阴影。据人口专家测算,如果不采取更有利的改革措施,预计到 2050 年,公共养老保险制度开支占 GDP 的比重将达到 17%。

其次,就是养老保险制度带来的公共财政负担及制度本身的赤字问题。预计到 2020 年,斯洛文尼亚政府用于养老保险制度的财政转移支付将占到 GDP 的 2.4%;到 2050 年,这一占比将增长到 10%。另据斯洛文尼亚国内学者的估算,预计到 2040 年,斯洛文尼亚养老保险制度的赤字将达到 GDP 的 8%—12%(Miroslav Verbič,Boris Majcen,Renger van Nieuwkoop,2006:60—81,75—76)。欧盟和国际货币基金组织则测算出,斯洛文尼亚养老保险制度的跨期财政缺口将达到 GDP 的 10.2%。

再次,是第二支柱养老保险计划饱受质疑。斯洛文尼亚的第二支柱养老保险计划属于半强制性或半自愿性的,这一点饱受欧盟及世界银行、国际货币基金组织的关注与劝诫。此外,工会、雇员组织及其他社会利益群体对目前的第二支柱养老保险计划都存在不满。工会认为,第二支柱养老保险计划应该覆盖全部雇员,而不是仅覆盖签订了集体劳动合同的雇员。雇主则认为,第二支柱养老保险计划的强制性缴费责任不应该由雇主全额负担,雇员也应该分担相应的缴费责任。其他社会群体则认为,低收入人员也应该向第二养老保险计划缴费,当然其缴费比例可以设定得更低一些。

另外,斯洛文尼亚养老保险制度的改革还受到社会利益群体的掣肘。在中东欧国家当中,斯洛文尼亚实行的是比较少见的社会民主福利制度。独立以来,在经济社会的转轨过程中,斯洛文尼亚的社会民主福利制度在政策制订、出台与实施方面都具有典型的连续性、妥协性和包容性等特征。其中,来自历史传统的共识主义更是根深蒂固,但共识主义对斯洛文尼亚的养老保险制度而言可谓是双刃剑。一方面,共识主义有利于斯洛文尼亚在转轨过程中避免出现社会破坏性的衰退;另一方面,斯洛文尼亚政府在养老保险制度改革进程中又难以对抗或消除来自利益群体(如工会、雇员组织等)的反对与阻碍。

至于第三支柱养老保险计划发展缓慢,没有实现预期目标或效果,在此就不再赘述。

15.4　关于斯洛文尼亚养老保险制度下一步改革的设想

尽管面临严重的经济危机,斯洛文尼亚养老保险制度并没有受到严重冲击。2009 年以后,养老金的待遇还略有轻微上涨。这就造成斯洛文尼亚国内对养老保险制度进行改革还缺乏紧迫感。加之国内共识主义传统根深蒂固,导致最近一次的养老保险制度宣告失败。2012 年以来,关于养老保险制度改革的提议或呼声又逐渐高涨起来,但斯洛文尼亚当局还没有明确的改革方案或系统的改革提议。笔者认为,斯洛文尼亚下一步养老保险制度改革可能采取的做法主要包括以下三个方面。

15.4.1　第一支柱方面

一是继续提高退休年龄。从人口发展趋势以及欧盟的主要做法来看,斯洛文尼亚很有可能会坚持提高退休年龄。预计男女退休年龄将统一提高到 67 岁,或者女性为 65 岁,男性为 67 岁。当然这必将面临工会方面的巨大压力。

二是继续加强养老保险缴费与收益之间的关联度。据悉,斯洛文尼亚曾设想实行养老保险制度的积分制,但在上一次改革中因工会阻挠而被迫叫停。斯洛文尼亚政府想必不会就此罢休,只是在等待时机而已。

三是调整养老保险制度的指数化原则及做法。目前,斯洛文尼亚政府每年按照瑞士指数化原则对养老金进行一次调整。工会及其他社会利益群体似乎对此犹有不满,纷纷希望当局能恢复一年调整两次的做法,但对于调整原则还没有新的提议。考虑到工会等组织的巨大影响力,预计斯洛文尼亚当局将会增加调整次数并适时调整指数化原则以切实保障养老金的实际待遇。

四是简化养老保险制度设计,增强养老保险制度的透明度。相对大多数中东欧国家而言,斯洛文尼亚的养老保险制度设计比较复杂且琐碎,社会各界诟病不少。普通公众更是多次要求政府简化养老保险制度,并增强制度透明度。

五是建立新的人口储备基金。由于人口老龄化趋势日益加剧,斯洛文尼亚境内关于建立新的人口储备基金的提法也流传甚广。近两年来,斯洛文尼亚政府对此没有明确表态。但从长远来看,建立新人口储备基金可能性还是比较大的。

15.4.2　第二支柱方面

为了应对国内外各界对第二支柱养老保险计划的质疑与不满,笔者认为,斯洛文尼亚政府在第二支柱养老保险计划方面可能采取的做法有:

一是加大第二支柱养老保险计划的缴费比例。目前第二支柱的缴费率仅为第一支柱的24%,实际实行的是划拨形式,即不用额外缴费,而是将第一支柱的缴费直接划入第二支柱。今后,很有可能且也有空间将第二支柱的缴费率提高到占第一支柱的50%左右甚至更高。

二是扩大对第二支柱的税收优惠。比如提高第二支柱养老金的免税额度,扩大雇主缴费的免税基数等。

三是增强个人的缴费责任。自引入以来,斯洛文尼亚第二支柱的强制性缴费责任一直由雇主全额负担。预计今后将会逐渐加大雇员本人的缴费责任,最后实现雇主和雇员均摊,但这一做法势必要引起工会等组织的强烈反对。这就看今后改革的背景、时机以及与工会的谈判情况,不过增强个人的缴费责任是大势所趋。

四是逐渐扩大第二支柱的覆盖面,实行多档次缴费率,鼓励低收入群体按低档缴费率投保第二支柱。

五是最终实现第二支柱的强制性。这一做法预计会引发巨大的社会压力,但在欧盟的影响下,斯洛文尼亚政府很有可能还是会坚持这一做法。

15.4.3　第三支柱方面

从最近几年来看,斯洛文尼亚国内针对第三支柱的改革几乎没有声音,似乎已经遗忘了第三支柱的存在。其中缘由主要是第三支柱发展较为缓慢,收效微乎其微。长远看,斯洛文尼亚政府应该会加强扶持第三支柱,主要做法无外乎是加大税收减免政策以激励国民积极投保,同时敦促相关寿险公司降低管理费用,提升基金投资回报等。

15.5　结语

在中东欧国家当中,由于经济发展较好且结构性改革方案得到工会等社会利益群体的支持,斯洛文尼亚的三支柱养老保险制度改革及运转还是相对比较成功的,其中半自愿性的第二支柱养老保险计划更是显得与众不同。此外,斯洛文尼亚坚持将国有资产私有化的收入直接用于支持养老保险制度的做法也给人留下了深刻的印象。

印象更为深刻的却是斯洛文尼亚工会等社会利益群体在养老保险制度改革进程中发挥的重要影响与作用,其他中东欧国家都无法与其相提并论。之所以出现这种现象,与斯洛文尼亚根深蒂固的共识主义历史传统有直接关联。在共识主义的传统下,尽管斯洛文尼亚在政治上已经实现了向新自由主义的过渡,但社会对话和多方协商机制还是在国内大有市场,并且斯洛文尼亚国内都普遍认为这一机制是该国民主模式的基石。

关切到所有社会成员的养老保险制度改革一直是斯洛文尼亚工会的核心议

题,也顺理成章地成为其民主模式的试金石。从对话的进程来看,养老保险制度改革涉及的缴费率水平、退休年龄、养老金待遇以及养老基金的管理与投资等议题是工会关心的重中之重。鉴于工会等组织具有巨大的影响力,不管是出于自愿还是被迫,斯洛文尼亚政府在养老保险制度改革的相关议题上都必须与工会进行深入而频繁的对话以取得共识。在这一背景下,工会等社会组织就深刻而直接地影响了斯洛文尼亚养老保险制度改革的政策设计、实施进程乃至成败。改革的历史证明,相对比较成功的 1999 年改革就得到了工会的理解和有力支持,2009—2011 年的改革则因为工会的强烈抵制而最终宣告失败。值得深思是,与工会组织大相径庭,雇主组织的立场却与政府日益接近。在最近两次改革中,雇主组织都几乎没有发出自己的声音。

近两年来,斯洛文尼亚国内关于养老保险制度改革似乎缺乏急迫感,政府也没有立即进行新一轮养老保险制度改革的意愿与决心。可以肯定的是,斯洛文尼亚工会等社会组织在今后的养老保险制度改革进程中还将继续扮演重要角色。

第 16 章

匈牙利养老保险制度改革的回顾与展望

在世界银行等国际组织的推动下,匈牙利于 1991 年启动了养老保险制度改革,并相对成功地建立了多支柱养老保险模式。作为中东欧地区具有较大影响力的国家,匈牙利的养老保险制度改革受到了周边国家、欧盟乃至全世界的高度关注并对周边国家及地区发挥了重要影响。在匈牙利的示范作用下,波兰、克罗地亚等国也纷纷进行了相关改革。2010 年以后,匈牙利对第二支柱养老保险计划进行了所谓的"国有化"或"公有化"改革。这一"逆袭"举措又再一次引起了各国政府、专家学者的关切,其最终走向如何值得密切追踪。

16.1 匈牙利国家概况

匈牙利为东欧中部的内陆国家,四周与罗马尼亚、塞尔维亚、克罗地亚、斯洛文尼亚、奥地利、斯洛伐克、捷克及乌克兰等国家接壤,国土面积为 93 030 平方公里。

1989 年,匈牙利恢复了匈牙利共和国的国名。1991 年,剧变后的匈牙利、波兰、捷克和斯洛伐克四国组成了维谢格拉德集团以加强彼此之间的合作。1999年,匈牙利加入北约。2004 年,成功加入欧盟。2012 年,将国名又改为匈牙利。

2013 年,人均 GDP 约为 13 165 美元,已经进入发达国家行列。2014 年,全国总人口为 987.9 万人。

16.2 匈牙利养老保险制度改革的发展历程回顾

16.2.1 2001 年以前的养老保险制度(1929—1990 年)

1. 前社会主义时期的养老保险情况(1929—1946 年)

匈牙利最早的养老保险制度可以追溯到哈布斯堡王朝时期。在奥匈帝国的统治下,匈牙利早期的养老保险制度实行俾斯麦模式,即根据不同的行业或职业(如公务员、白领工人和矿工等)建立相对分立的养老保险制度。1913 年,匈牙利通过了关于公务员养老保险制度的立法。1929 年,匈牙利施行了关于普通养老保险制度的法律法规。根据法律规定,匈牙利的养老保险金属于待遇确定型,覆盖大约一半的成年人口,农民和自雇者除外;养老金的数额取决于退休前 5 年期间内最佳 3 年的收入情况;男女性退休年龄统一为 65 岁。

随着国内经济、政治、社会形势的变动,匈牙利的养老保险制度又经历了一系列变革。1936 年,匈牙利为农民建立了独立的养老保险制度。1937 年,匈牙利开始为国民支付养老金。1944 年,匈牙利决定实行现收现付原则,同时将男女性退休年龄统一调低为 60 岁。二战期间,由于受到战争以及通货膨胀的影响,匈牙利养老保险基金的资产受损十分严重,几乎所有的养老保险计划都破产了。

2. 社会主义时期的养老保险情况(1947—1989 年)

二战结束后不久,匈牙利就决定重建社会养老保险制度,并将养老保险制度覆盖包括自主者在内的所有就业人员。1947 年以后,匈牙利进入社会主义时期。1949 年,女性的退休年龄被单独降为 55 岁。1951 年以后,匈牙利实行了高度集中的计划经济,决定为工薪人员建立统一的现收现付的养老保险制度,并规定养老金待遇取决于社会平均工资及本人工龄。起初,这一养老保险制度仅覆盖了全国的一半人口。随着覆盖面的不断扩大,匈牙利提供的养老保险种类也逐渐增多。1961 年,匈牙利实行了农业合作社化并取消了农民的独立养老保险制度。

1968 年,匈牙利决定建立更为灵活的新经济机制,政府也允许通货膨胀的存在并依据通货膨胀率对养老金进行同步指数化调节以确保养老金的实际价值。根据规定,当物价上涨达到 2% 时,匈牙利政府就给养老金领取者增发相应的养老金数额以缓解最低养老金领取者的生活贫困。事实证明,关于这一规定的最初设想过于乐观。70 年代以后,匈牙利国内的通货膨胀率明显高于 2%。为了限制养老金总体开支的增长,匈牙利对养老金待遇设置了更为严格的上下限,并削减了新加入人员的养老金价值。

1975 年,匈牙利通过了统一养老保险制度法案并建立了覆盖所有社会就业人口的养老保险体系,为国民提供老年养老金、遗属养老金和残疾养老金。这一年法案的出台,标志着匈牙利的养老保险制度进入了成熟期。1975 年法案规定,匈牙利实行全民就业,男性退休年龄为 60 岁,女性退休年龄为 55 岁;养老保险缴费根据雇员的全部工资收入实行累进缴费制,即收入越高、缴费率越高,实际费率为 3%—15% 不等;雇主的缴费则依据所属行业性质而定,缴费基数为全部职工的工资,缴费率一般为 40%,部分行业可以低至 33%、29% 和 10%,甚至无需缴费;雇主必须代扣代缴雇员缴费,并将雇员缴费与自己的缴费金额一并报送社会保险管理机构;为了照顾一些工龄较短的群体,比如加入农业合作社的农民等,在计算养老金待遇时,对收益率进行递减计算,即最初数年的收益率为年均 3.3%,此后年份的收益率则相应下降到 2%—0.5%;中央社会保险管理局全权负责和管理养老保险制度。

1970—1989 年,匈牙利国民平均养老金的实际价值增长了一倍多,而同期的实际工资增长数额则要少很多。同期的养老金替代率(平均养老金/平均工资)也增长明显,从 1970 年的 37% 提升到 1990 年的 66%(András Simonovits, 2009:5)。在社会主义的黄金时期,匈牙利还为国民的基本商品、生活服务以及医疗服务提供了大量的财政补贴。因此在这一时期,老年人的生活还是得到较好的保障。随着覆盖面的扩大、在职职工工资的增长以及物价的走高,养老保险制度的总开支不断上涨,占 GDP 的比重也从 70 年代的 3.5% 提升到 1989 年的 9%。唯一"利好"因素就是,自 60 年代以来,匈牙利的国民平均预期寿命出现停滞不前。其中男性平均寿命一直徘徊在 65 岁,女性则维持在 74 岁,与发达国家的差别越来越大。这在一定程度上缓解了养老保险制度的支出负担,但无法逆转养老保险制度的财务危机。

在社会主义时期,匈牙利的养老保险制度比较注重制度的再分配功能,相对忽略了缴费与收益之间的关联度。这就导致养老保险制度的激励作用日渐趋微,越来越多的国民选择逃避或者故意就低缴费。

3. 转轨前夕的养老保险情况(1989—1990 年)

1989 年剧变以后,匈牙利整体经济出现萎缩,失业率急剧攀升,几乎所有临近退休人员都申请提前退休以通过领取养老金来渡过难关。受此影响,养老保险制度的缴费人口迅速下降而领取人口明显上升。1989 年,匈牙利养老保险制度开支占 GDP 的比重达到 9%,养老保险制度的财务危机进一步凸显。

为缓解养老保险制度的财务危机,1989 年,匈牙利决定将社会保障支出与国家预算剥离开来,恢复社会保险制度,实行雇员与用人单位共同负担养老保险缴费,同时还建立和完善失业保险制度。不过这些措施的效果极为有限,到 1990 年年底,匈牙利养老保险制度开支占 GDP 的比重没有出现下降,养老金的支出还是成为政府的一大难题。

16.2.2　转轨以来的养老保险制度改革(1991—2012 年)

1. 转轨初期的公共保险制度参数改革(1991—1995 年)

(1) 改革背景及目标。

剧变一年多来,匈牙利国内经济形势没有明显好转,经济总量下滑,失业率飙升。社会各界对政府各项经济社会措施的意见很大,申请提前退休或申请领取残疾养老金的人员数量猛增。为了缓解来自社会各界尤其是失业群体和临近退休年龄人员的压力,匈牙利政府默许甚至鼓励提前领取养老金或残疾养老金的做法。在这一做法的影响下,大约有 30% 的劳动人口离开正式就业,其中相当一部分人员选择了提前退休。大量提前退休人员的出现,进一步加剧了养老保险制度的财务危机。

在失业率和提前退休率上升的同时,通货膨胀率长期保持在两位数的高位运行。1991 年,匈牙利国内通货膨胀率高达 35%,以后开始出现平缓下滑,但到

2000 年还是高于 10%。通货膨胀率的高位运行,意味着养老保险金的实际价值相对缩减。这导致养老金尤其是最低养老金领取者的生活水平出现持续下降。

世界银行积极介入了匈牙利的养老保险制度改革。1990—1991 年,在对匈牙利的经济社会政策进行了全方面的深入考察之后,世界银行认为匈牙利整体国民经济难以支撑原有的过于慷慨的养老保险制度,并且养老金实际价值的下降趋势难以逆转。

为了缓解养老保险制度的财务危机并切实保障养老金领取者的老年生活水平,在世界银行的建议下,匈牙利决定启动养老保险制度改革。

(2) 改革的内容及举措。

1991 年,匈牙利国会通过决议,决定启动关于公共养老保险制度的改革。这次改革主要围绕第一支柱进行,其主要内容及举措有:

严格养老金领取资格条件:为了降低养老保险制度开支,将养老保险的最低缴费期限从以前的 10 年提高到 20 年。

缴费方面:根据规定,养老保险制度的缴费率为 30.5%,其中雇主负担 24.5%,雇员仅需负担 6%。为了提高养老保险制度的缴费收入,匈牙利还加大了对参保人员的核查,要求自雇者以及有其他收入来源而无需就业的人员都必须根据本人收入情况进行严格缴费。

提高退休年龄:根据相关法案规定,从 1995 年开始将女性的退休年龄从 55 岁逐渐提高到 60 岁。1996 年,国会又通过了新法案,决定从 1997 年开始将男女性退休年龄逐渐统一提高到 62 岁。不过,匈牙利同时又允许灵活退休以及提前退休,这就导致实际平均退休年龄的提高进度明显低于预期。

调整养老金计算公式:匈牙利养老金待遇主要取决于两个因素:一是作为养老保险计算基数的收入情况,一是个人的年度收益率,即养老金=平均薪酬情况×收益率(取决于本人的实际工作年限)。这次改革首先将计算平均薪酬的工作期间从以前退休前 5 年的最佳 3 年延长到 4 年,并进而延长到 16 年。这一做法在一定程度上降低了新退休人员的养老金数额,但有利于保障工资增长缓慢的蓝领工人的养老金待遇,还能防止雇主和雇员勾结起来虚报退休前几年的相关薪酬。第二,根据物价情况对参保人平均薪酬进行调整,其中退休前 3 年的平均薪酬不予调整。第三,设定最高缴费收入上限为平均总工资的 1.6 倍,超过上限部分的收入不进入养老保险金的计算基数。第四,年度收益率的计算上加强累退性,即投保期限内的 1—10 年,年均收益率为 3.3%;11—25 年期间,年均收益率为 2%;26—36 年期间,年均收益率为 1%(后来提高到 1.5%);37—40 年期间,年均收益率为 1.5%(后来提升到 2%)(András Simonovits, 2009:9)。匈牙利还规定,正常退休人员的最高收益率不得超过 100%。累退性收益率的规定,在一定程度上影响了老年人继续就业和继续缴费的积极性。第五,削减养老金计算公式中对低收入群体的再分配功能。为此,匈牙利在养老金计算公式中对参保人的平均可计算收入设定一个累进数额,即平均可计算收入越低,累进数额则越低,收入越高,累进数额则越高,但超过法定最高累进数额的部分则不予计算在内。

调整养老金指数化原则:匈牙利规定,从 1992 年起养老金根据前一年度净工资的增长情况进行调整,而不再依据物价变动情况。在通货膨胀率高位运行时期,这一做法明显有利于控制养老保险制度的开支增长。

增加养老制度的外部供款:匈牙利采取了出售国有资产、国家预算转移支付以及划拨私有化收入等多种措施来削减养老保险制度的财务赤字。

加强养老保险制度的管理:1992 年,匈牙利成立了独立的养老保险基金,并将其从政府预算中进行剥离。养老保险基金的管理、预算以及自治管理机构的选举直接向议会负责。1994 年,匈牙利设立了相对自治的全国养老保险总经理处,在社会福利部的监督下全权负责养老保险事务的日常管理。

残疾养老金和遗属养老金方面:一是严格残疾养老金的领取条件,以防止就业人口冒领残疾养老金。二是将残疾养老金和遗属养老金分为两个基金。残疾养老基金负责向低于退休年龄的残疾人员发放相关的残疾养老金,并在参保人死亡时向其遗属发放相关的残疾养老金待遇。如果残疾人员已满退休年龄,则由养老保险基金发放其相关的养老金待遇。雇主和雇员的社会保障缴费则按规定分别计入这两个新的基金。

除了前面所述的第一支柱改革措施以外,1993 年,匈牙利还推出了自愿的互助养老保险基金,即通常所说的第三支柱养老保险。根据规定,第三支柱养老保险缴费数额的 50% 可以享受税收优惠,但人均每年的税收优惠额度不得超过 20 万福林。1994 年,匈牙利又实行了可选择集体退休计划。从性质看,这一退休计划也属于自愿性的第三支柱养老保险。实施当年,匈牙利就出现了 270 余个退休基金。1995 年,匈牙利又明确,如果雇主为雇员向自愿性养老保险基金进行缴费的话,相关缴费数额可以税前列支形式享受相关的税收减免。

（3）改革的结果。

从改革的主要内容及举措来看,这次改革主要是围绕现收现付的第一支柱公共养老保险制度进行的。这与改革的最初设计存在不少出入。1991 年,在启动改革的前夕,匈牙利原本是想对原有的养老保险制度进行一次综合性的改革,并希望通过改革来建立三层次的养老保险制度,即两个强制性的公共养老保险和一个自愿性的私有养老保险。受制于连续多年的经济衰退、退休人员的迅猛增长、通货膨胀率的走高以及政府财政困难,这一设想并没有付诸实施。表面上,自愿的互助养老保险和集体退休计划得到了顺利推行,但具体的实施效果很是一般。由于政策信息不对称或对新政策缺乏信任感,绝大多数国民还是对此持观望或怀疑态度,这就严重制约了第三支柱养老保险的健康发展。

从结果来看,这次改革没有缓解养老保险制度的财务危机。一是养老保险制度占 GDP 的比重居高不下。1994 年,养老保险开支占 GDP 的比重为 10.4％,甚至还高于改革前的数据。二是养老保险的缴费收入不容乐观。之所以出现这一问题,既有国有企业拖欠缴费和自雇者低报缴费基数的因素,也有设定缴费上限的政策因素,还有因高失业率造成参保人人数下降的因素。三是养老金领取者人数出现明显增长,尤其是由于领取条件设定得比较宽松,残疾养老金领取人数暴增。

此外,养老金的替代率下滑明显,养老金的实际价值相对下降,其中新近退休人员的养老金更是下降明显。1996 年,国民实际平均工资比 1989 年低 20％,同期的养老金实际价值同比下降 25％（András Simonovits, 2009）。这就意味着最低养老金领取者的基本生活难以得到有力保障。

当然,这次改革也不是一无是处。从另外一个方面看,养老保险制度改革吸纳了更多临近退休的失业人员,这在一定程度上有利于维护社会稳定,缓解因失业率过高引发的社会压力。

2. 建立多支柱养老保险制度的激进改革（1998—2003 年）

（1）改革的背景及目标。

早在第一次改革的进程之中,匈牙利就决定继续深化养老保险制度改革。

1994年,世界银行明确提出了三支柱养老保险模式,并采取多种措施来激励或者督促相关国家推进养老保险制度改革。匈牙利自然是世界银行的首选目标之一。在世界银行的影响下,匈牙利当局就深化养老保险制度改革有了更为一致的看法,普遍认为要通过养老保险制度的部分私有化以及设立养老储备基金来解决养老保险制度的短期运行和长期发展中的相关问题。短期方面,随着实际工资增长,养老金的实际价值也进行同比指数化调整。尽管养老金替代率还维持在60%左右的高位,但大多数雇主、雇员以及政府当局还是认为养老保险制度的缴费率相对过高且造成地下经济盛行。匈牙利国内的诸多经济学家也纷纷指出,当前的公共养老保险制度缴费率明显偏高,应将公共养老保险制度的部分甚至大部分缴费转入私有养老保险计划以减轻缴费负担。在世界银行的推动下,大多数专家学者都提议要对养老保险制度进行重大改革,提高名义或实际退休年龄,鼓励延迟退休,惩罚提前退休,增强现行养老保险制度的透明度,引入德国的积分制或者瑞士的名义缴费确定制。在诸多改革建议中,第二支柱的引入尤其是第二支柱对长期储蓄以及资本市场的动态影响等议题在匈牙利国内引起了巨大关注。第二支柱的建立,意味着整整一代人将成为集体投资者,这将极大推动匈牙利国内股票和债券市场的发展。第二支柱积累的储蓄基金,也将进一步刺激匈牙利的投资与潜在产出增长。

1994年,匈牙利政府通过法律,设立财政改革委员会以深化养老保险制度的综合改革。1995年,财政改革委员会下属的社会福利小组委员会提议要对现收现付的公共养老保险计划进行彻底性的结构性改革。不出意外,这一提议得到了财政改革委员会的批准。此后不久,财政部就向政府提交了养老保险制度改革的框架性提案,提出要按照智利模式对现行的养老保险制度进行私有化改革。

与此同时,自20世纪90年代中期以来,匈牙利国民经济趋于稳定,整体经济开始复苏,向市场经济转型的进程基本结束并相对比较成功。受益于经济发展,匈牙利的养老保险制度已基本恢复到转型期的保障水平,但养老保险制度的赤字却在继续扩大。虽然公共养老金管理局的专家认为,只要对现行公共养老保险制度继续进行参数改革就可以应对制度运行中存在的短期和长期问题,但财政部以及大多数有影响力的政治家都坚持要对养老保险制度进行结构性改革。

这次改革的首要目标就是建立多支柱的养老保险模式,通过引入强制性的积累制养老保险计划来分散单一国家养老保险制度的系统性风险并促进国内资本市场发展。其次,就是采取有力措施减少国家养老保险计划的债务以促进第一支柱的财务平衡。再次,大力激励雇员主动向养老保险进行缴费以增加养老保险制度的供款收入,并通过提升国民储蓄来促进国民经济增长。

(2)改革的内容及举措。

1997年,匈牙利在社会保障与私有养老金的资格条件与缴费、社会保障养老金、私有养老金与私有养老保险基金等方面通过了一系列新法案。1998年1月1日,这些新法案正式施行,从而启动了转轨以来养老保险制度的第二轮改革。

① 第一支柱的改革。

第一支柱为公共养老保险计划或国家养老保险制度,其改革的主要内容及举措包括:

覆盖面:所有雇员都必须强制性参加。根据规定,2001年,雇员可以自愿选择从现收现付第一支柱转入多支柱养老保险,但国家不再为转入多支柱养老保险的雇员提供相应的收益保证。

养老金的领取资格条件:参保人必须达到退休年龄且最低缴费期限满15年,其中最低缴费期限包括实际缴费期限和视为缴费期限,如接受高等教育年限、服兵役年限和育儿假期等。全额养老金的最低缴费期限为38年,部分养老金的最低缴费期限为33年。女性如果生育抚养孩子,每生育抚养1个孩子则最低缴费期限可以缩短1年,但最多不得超过3年。2009年以后,如果参保人达到退休年龄后再申请养老金,还要另外提供具有法律效力的劳动终止合同。

提高退休年龄:到1999年,将男性的退休年龄从改革前的60岁提高到62岁;到2009年,将女性的退休年龄从改革前的55岁逐渐提高到62岁。

提前退休:这次改革原本想取消提前退休,由于阻力过大,最后还是允许参保人可以提前领取养老金,但最多只能提前3年且缴费必须满38年。如果缴费满40年,参保人可以申请提前退休且养老金待遇不受任何影响。2002年以后,匈牙利又规定缴费必须满42年,参保人才可以提前申请领取养老金,但最多只能提前3年且养老金待遇还将被削减。此外,如果参保人长期从事艰苦或重体力劳动,可以依法申请提前2年退休,但男性从事艰苦或重体力劳动必须满10年,女性则必须满8年;如果参保人从事危险工作满6年以上,也可以申请提前2年退休。满6

年以后还继续从事危险工作,每继续工作 3 年,退休年龄还可以再下降 1 年,但最多不得超过 5 年;如果参保人工作时间很长,养老金领取年龄可以略微降低,具体规定为男/女性工作超过 38 年以上,每超过 5/4 年则养老金领取年龄可以相应地降低 1 年。军警人员的退休年龄由专门的法案予以规定,相对而言,他们的提前退休条件更为宽松和优惠。

缴费方面:由雇主和雇员共同缴费。1998 年,第一支柱的缴费率为总工资的 25%,其中雇主的缴费率为 24%,雇员为 1%。此外,雇员还必须向第二支柱缴费,缴费率为 6%。1999 年,雇主的缴费率微降至 23%,2000 年进一步下调到 22%。同期,雇员的缴费率分别为 8% 和 9%(均含第二支柱缴费)(Róbert I.Gál, Géza Tarcali,2003:3)。1999 年开始,匈牙利政府指示社会保障管理局为参保人进行个人缴费登记。雇主的缴费基数没有设定上限,自雇者的缴费率等于雇主和雇员的总缴费率,其缴费基数也没有设定上限。

老年养老金计算公式:根据现行规定,老年养老金待遇直接取决于参考薪酬。参考薪酬是重新估算过的参保人退休以前的月平均收入,即名义净工资减去理论上的个人所得税税额。强制性私有养老保险基金成员的老年养老金相当于社会保障老年养老金的 75%。2008 年以后,在计算净收入时,将扣除雇员向社会保障进行缴费的相关额度。养老金收益率取决于参保年限:参保期限满 10 年,收益率总和为 33%;参保期限在 11—25 年期间,年度收益率为 2%;参保期限在 26—35 年期间,年度收益率为 1%;参保期限在 36—40 年期间,年度收益率为 1%;参保期限在 40 年以上的期间,年度收益率为 2%。如果参保人投保满 25 年,其收益率总和为 63%;投保满 35 年,其收益率总和为 73%;投保满 40 年,其收益率总和为 78%。如果投保满 40 年,养老金的替代率将达到雇员平均薪酬收入的 80%。

养老金指数化调整原则:1999 年,匈牙利政府决定削减养老金待遇的名义增长率,即实际降低了养老金的平均替代率。2001 年,将养老金指数化原则从之前的工资指数化调整为"工资—物价"综合指数化,其中工资变动情况与物价变动情况各占 50%。假设某年的物价增长为 5%,同年的平均净工资增长为 4%,那么该年的养老金增长率则为:(5%+4%)/2=4.5%。

最低养老金和部分养老金:将最低养老金和部分养老金调整为结合家计调查的养老金,并在 2009 年取消新近退休人员养老金收益率计算上的累退制做法。

根据规定,最低养老金的缴费必须满 20 年,其替代率相当于雇员平均薪酬收入的43％。参保人缴费满 37 年且已经达到退休年龄,可以申领部分养老金。如果缴费满 42 年,则可以提前(最多不得超过 3 年,以参保人出生时间而略有变动)申领部分养老金。

养老金的发放:根据规定,养老金收入必须依法纳税,但养老金领取者无需再向养老保险制度进行缴费。匈牙利管理部门为每个参保人都建立了个人第一支柱养老金账户,参保人可以在网上进行查询。与其他国家不同,除了常规的年金形式以外,匈牙利还允许参保人在 2012 年以前可以一次性领取第一支柱养老保险金,这是比较罕见的。

养老保险计划的管理:在国家社会与劳工事务部的监管下,国民养老保险金中央管理局负责第一支柱养老保险的日常管理。第一支柱养老保险基金由养老保险管理机构负责监管。养老保险基金支付理事会负责第一支柱养老保险金及其他非社会保障福利待遇的支付。当参保人死亡时,养老保险法定救济理事会负责核定遗属养老金的实际待遇。2007 年,第一支柱养老保险的缴费工作转由税务机构负责。

残疾养老金:根据规定,残疾养老金覆盖对象为残疾程度超过 50％及以上且收入低于致残前收入 70％或没有享受其他社会保障福利的参保人。残疾养老金的投保期限条件取决于本人出现残疾时的具体年龄。如果参保人年满 35 年后出现残疾,其缴费必须满 10 年才可以申领残疾养老金。2008 年以后,匈牙利以健康损害程度(取代了以往的丧失劳动能力程度)作为残疾养老金的发放依据。健康损害程度大致分为三类:第三类为受损程度在 50％—79％之间,如果不接受康复治疗则无法继续任何工作[①];第二类为受损程度超过 80％,但无需不间断生活照料;第一类为受损程度超过 80％,且需要不间断生活照料。如果投保期限低于 25 年,第三类残疾人员的残疾养老金待遇则相当于关联收入的 37.5％—63％,具体数额取决于本人的受损程度、年龄以及实际投保险期限。如果投保期限满 25 年

---

① 2008 年以后,匈牙利还推出了所谓康复养老金,以帮助接受康复治疗的第三类残疾人(因工致残或因职业病致残)顺利度过康复期并重返工作岗位。康复养老金的标准为第三类残疾人员养老金标准的 120％,但领取时长不得超过 3 年。如果本人在康复治疗期已经从事获酬工作且连续 3 个月的平均月收入超过最低工资 90％,康复养老金的待遇将削减 50％。原则上,康复养老金待遇无需纳税。如果接受康复治疗的参保人同时还其他收入来源,就必须将康复养老金待遇纳入税基并按相关规定予以缴税。

以上,第三类残疾人员的养老金待遇则按照老年养老金计算公式进行计发。根据规定,第二类和第一类残疾人员的养老金分别比第三类残疾人员的养老金高出5％和10％。如果参保人是因工致残,则不受投保期限的限制,且养老金待遇更为优厚。因事故致残人员的养老金待遇,取决于本人在事故之前的上一年度的应缴费收入,其中第三类、第二类和第一类人员的养老金待遇分别相当于本人致残前上一年度平均月收入的60％、65％和70％。

遗属养老金:根据规定,遗属养老金的领取人为已经死亡的参保人或残疾参保人的配偶(包括已离异的配偶)或家庭伴侣。一般情况下,在配偶死亡之后的1年内(孤儿延至18个月),相关权益人还可以领取临时遗属养老金。遗属养老金的待遇相当于已经死亡参保人养老金待遇的60％,如果遗属本人还领取了自己的老年或残疾养老金,其遗属养老金待遇将削减70％。此外,孤儿在年满16岁或者25岁(必须完成高等教育)之前还可以领取一定数额的孤儿津贴,其数额相当于已经死亡人员养老金待遇的30％。如果父母双亡,孤儿津贴的待遇将增加1倍。

“第十三个月养老金”:2003年,匈牙利政府推出了所谓的“第十三个月养老金”,并规定其数额相当于1/4的月度养老金。2004年,第十三个月养老金的数额增加到月度养老金的50％;2005年,提至月度养老金的75％;2006—2008年期间,则为全额的月度养老金。2009年,第十三月养老金的数额又减至月度养老金的50％,并且只有达到法定退休年龄的人员才可以享受。

② 第二支柱的改革。

第二支柱为强制性的积累制私有养老保险计划,其改革的主要内容及举措包括:

覆盖面:1998年1月,匈牙利提出对国家养老保险制度进行部分私有化并推行了强制性的第二支柱养老保险计划。根据规定,1998年6月30日以后参加工作的人员必须加入第二支柱,其他在职人员则必须在1999年8月31日以前决定是否加入第二支柱。2003年12月31日以前,参保人还可以选择回到第一支柱。2004年1月1日以后,就不再允许退出第二支柱(Róbert I. Gál, Géza Tarcali, 2003:5)。

缴费情况:1998年,第二支柱的缴费率为6％,完全由雇员负担,雇主无需缴费。2002年,缴费率提到7％,仍由雇员全部负担。

养老金的领取形式：参保人达到退休年龄后可以领取第二支柱提供的缴费确定型生命年金或向相关的保险公司购买年金，但本人第一支柱养老金待遇则被相应削减。第二支柱的参保人出现残疾时，可以选择回到第一支柱领取残疾养老金，其第二支柱的缴费额也将返还到第一支柱。如果参保人同时参加第一支柱和第二支柱，第一支柱的养老金待遇将降低25%。如果参保人向第二支柱缴费不足180个月，则可以选择一次性领取第二支柱的积累额。

养老保险基金的设立与运营：与其他国家不同，匈牙利第二支柱养老保险基金的产权结构较为特别，采取的是互助储蓄协会形式，即第二支柱参保人同时也是养老保险基金的共同所有人。养老保险基金机构的设立没有资本要求，一般由雇主、行业协会、工会和自愿性养老基金单独或联合设立。养老保险基金主要分为开放基金（面向所有参保人）和封闭基金（仅面向单个企业或行业的参保人）两种，这两种基金实行统一管理。按照规定，加入第二支柱的参保人必须购买任一私有养老保险基金，养老保险基金机构则为参保人设立单独的个人账户并为每个参保人提供其本人账户的年度信息。同时，养老保险机构还必须及时提供年报和季报。

养老保险基金的管理：匈牙利第二支柱养老保险基金由董事会进行管理，同时接受监事会监管。董事会和监事会由会员大会选举产生。匈牙利的养老保险基金机构为非营利的自治法人实体，匈牙利中央银行（托管机构）和国家金融监管局负责核发和取缔养老保险基金机构的营业许可证。国家金融监管局全权监管第二支柱养老保险基金缴费管理及待遇发放等日常运作事务，并每两年对养老保险基金进行一次审计。2007年以后，由国家税务机构负责养老保险的缴费工作。在第二支柱引入初期，养老保险基金的管理费用较高，曾经达到总资产的4%。此后，管理费用逐渐下降至总资产的1.5%（Kenichi Hirose，2011：184），但国民仍颇有微词。2004年，匈牙利规定，养老保险基金管理费的上限为总资产的0.8%。与欧盟国家相比，这一比例还是略显偏高。

养老保险基金的投资：匈牙利为第二支柱养老保险基金设定了最低法定投资标准，并规定其投资必须遵守国家金融监管局设定的会计准则。

养老金指数化调整：第二支柱养老金不再依据瑞士指数化原则进行调整，而是根据实际情况进行调整。

③ 第三支柱的改革。

第三支柱为自愿性的私有养老保险计划,其最初引入的时间为 1994 年,但当时的改革措施较少。这一次改革涉及第三支柱的主要内容及措施包括:

缴费率:最高缴费率为本人缴费基数的 10%。雇主和雇员都可以选择是否进行缴费。

税收优惠措施:为了鼓励国民积极参加第三支柱,匈牙利针对第三支柱缴费出台了极其优厚的税收减免规定。根据规定,第三支柱缴费额(上限为 26 万福林,相当于最低工资或平均养老金的数额)可以享受 50% 的税收减免。雇主缴费享受的税收减免力度更大,但这也造成更多雇主选择向第三支柱缴费而不是工资的形式来支付雇员薪酬。为了解决这一问题,匈牙利后来将第三支柱缴费的税收优惠比例调低到 30%,并规定年度减免额不得高于 10 万福林。

养老金的领取:根据规定,参保人缴费满 10 年后,就可以申领第三支柱养老金,并依法缴纳相关税收。如果缴费满 20 年才申领,则无需缴纳相关税收。

养老基金的运营与管理:第三支柱的养老保险基金管理等同于第二支柱,但其实际管理费用比例略低于第二支柱。不过与缴费额度相比,第三支柱的运营成本还是略高于第二支柱。

除了上述三个支柱以外,匈牙利还推出了其所谓的"第四支柱",即自愿的个人养老金银行账户。①根据规定,第四支柱个人账户可以投资于正式挂牌证券,最低年度投资回报率不得低于 1%。第四支柱养老金可以享受 30% 的个人所得税减免,但最高年度减免额度不得超过 10 万福林。此外,第四支柱的资产投资收益无需缴税。

与此同时,匈牙利还推出了结合家计调查的社会救助计划(由国家税收提供资金来源,主要覆盖没有资格领取养老保险金的人群,类似于零支柱),接受资助的职业计划及预先退休储蓄计划等。

(3) 改革的结果。

在中东欧国家当中,匈牙利是第一个引入第二支柱养老保险计划的国家。第二支柱的引入,也意味着匈牙利在养老保险制度改革方面一直是该地区的领跑

---

① 笔者认为,所谓的第四支柱其实还是属于第三支柱,只不过没有采取基金的形式。

者。此次改革后,匈牙利基本建成了三支柱养老保险模式。虽然匈牙利又推出了所谓的"第四支柱"——自愿的个人养老金银行账户,但这没有根本性改变三支柱养老保险模式的框架。与世界银行的最初提议略有不同,匈牙利还是坚持了第一支柱养老保险计划的主体地位,第二支柱在缴费率等方面的规定都比较谨慎甚至略显保守。虽然匈牙利规定参保人如果同时加入第二支柱,其第一支柱养老金的待遇将相应缩减 1/4 左右,但到 2007 年,还是有 200 多万在职员工加入了第二支柱,并且 85% 以上的老年人都享受了整个养老保险制度提供的多支柱养老保险金。

这次改革的具体方案存在不少弊端。一是在第一支柱养老保险金的待遇计发方面,存在计算公式设计得过于复杂、缴费基数的参考年限设定过短、缴费基数的上限过低、累进性的规定过于繁琐以及收益率计算比较随意等诸多问题。二是在退休年龄规定上,名义退休年龄过低且退休选择过于宽松或灵活,导致提前退休现象比较盛行。据估计,大约有 1/3 的临近退休的参保人选择了提前退休,并且几乎所有缴费满 38 年且年满 60/58 岁以上的男/女性,都选择了提前领取养老金。这在一定程度上加大了养老保险制度的开支,影响了养老保险制度的收支平衡。三是养老金指数化方面没有充分考虑通货膨胀因素而引发调整力度不足,导致养老金替代率下降。改革后,匈牙利老年人口的福利水平还相对低于改革前。此外,自雇者的平均养老金待遇明显低于正式就业人员,老年女性的平均养老金待遇则明显低于男性。2008 年,参保人的月平均老年养老金待遇仅为 85 100 福利(不到 300 欧元),42% 的退休人员领取的养老金低于最低工资水平,只有 6% 的人员领取的养老金待遇超过最低工资的两倍。

这次改革还遗留了不少问题。在改革前,匈牙利国内专家学者以及诸多国民都认为三支柱养老保险制度的改革有利于增强养老保险制度的长期可持续性,还将促进国内金融市场的发展。改革的结果证明,这一看法过于乐观。到 2008 年金融危机爆发以前,匈牙利第一支柱养老保险计划的财务状况没有得到明显好转,甚至还有所恶化。其中,非正式就业人员的缴费问题格外引人注目。据估计,在匈牙利国内,大约有 30% 的就业人口在非正式部门就业,而这些非正式就业人员往往选择按照最低收入进行养老保险制度缴费。这就导致非正式就业人员的正常缴费基数大约降低了 35%,进而拉低了整个养老保险制度的缴费收入。至于第二支柱养老保险基金的运营与投资,结果也不尽如人意。一是投资种类单一。到 2008 年,第二支柱养老保险基金 85％的净资产都用于投资本国的政府债券。(Kenichi Hirose,2011)二是投资收益不及预期。按照投资策略不同,匈牙利将养老基金分为低风险的传统投资组合和中高风险的成长投资组合,但大部分养老保险基金的投资收益率没有跑赢同期的通货膨胀率。此外,虽然匈牙利第三支柱养老保险计划引入早于第二支柱且政府推出了较为优厚的税收政策,但其发展明显滞后于预期,参保人数以及净资产都不及第二支柱的 1/3。

3. 对第二支柱进行国有化的养老保险制度改革(2010—2011 年)

(1)改革的背景及目标。

在全球经济危机爆发前夕,匈牙利政府就已经采取措施来稳定国家预算。与其他转轨国家一样,匈牙利政府的债务居高不下。到 2007 年,匈牙利政府的累积债务已经占到 GDP 的 66％。2008 年,经济危机席卷全球,匈牙利整体国民经济深受其害。为了维持国家的财政平衡,匈牙利接受了国际货币基金组织、欧盟和世界银行联合提供的高达 200 亿欧元的一揽子援助贷款。

尽管出现了严重的经济危机,匈牙利第一支柱养老保险计划的运行还算是比较平稳,这在中东欧国家中并不多见。从 2000—2009 年期间,匈牙利整个养老保险制度抚养比一直稳定在 51％—59％之间。到 2009 年年底,养老保险制度的总开支相当于 GDP 的 10％左右,其中第一支柱养老保险计划赤字超过了自身支出的 10％,但这一赤字主要是因向第二支柱进行缴费划拨引起的。不过,匈牙利老年人的提前退休现象一直没有得到有力遏制。据统计,在 2008—2009 年左右,大约 92％以上的新近退休人员都选择了提前退休(András Simonovits,2014:13)。第二支柱养老保险计划的情况则大为不同。成立以来,第二支柱的覆盖人数增长较快。到 2009 年年底,匈牙利第二支柱养老保险计划的参保人突破了 300 万,占整个养老保险制度参保人数的 70％。但第二支柱养老保险基金的投资一直不尽如人意(第一支柱也是如此)。2004 年以后,养老保险基金尤其是第二支柱养老保险基金投资受损严重,基金公司在投资策略上就更为慎重、保守和单一。这就导致越来越多的基金公司将投资集中于国内政府债券,但仍无济于事。2007 年,匈牙利建立了养老金与老年圆桌会议机制来集中商讨有关养老保险制度的重大议题,如公平性、透明度、财务稳定性、覆盖面、充足率以及可持续性等。但在 2008

年上半年,第二支柱养老保险基金的名义资产还是削减了 10%,同期的缴费收入也下降了 2/3。在全球经济危机的背景下,养老金与老年圆桌会议在 2009 年抛出了有关第一支柱和第二支柱养老保险计划的综合报告,就第一支柱和第二支柱的发展做出了相关预测。与此同时,匈牙利国内关于调整乃至取消第二支柱养老保险计划以增强第一支柱养老保险的呼声日益高涨。

这次改革的目标很清晰,就是通过削减养老保险制度赤字、提升养老保险制度的财务平衡来减轻政府债务压力,以促进国家财政的中长期稳定。

(2) 改革的内容及举措。

为了保证改革进展顺利,匈牙利国会于 2010 年通过了相关的改革法案,其中最引人注目的部分就是对第二支柱进行所谓的"国有化"改革,并允许参保人自主决定是否退出第二支柱。整体看,这次改革的内容及举措大致可以分为两部分:一是关于第一支柱养老保险计划的参数改革,二是关于第二支柱养老保险计划的国有化改革。

① 第一支柱。

第一支柱养老保险计划参数改革的主要内容及措施包括:

一是降低缴费率。2010 年,第一支柱的缴费为 25.5%,其中雇主负担 24%,雇员负担 1.5%。如果同时参加第二支柱,雇员还需向第二支柱进行缴费,缴费率为 8%。

二是提高退休年龄。将男女性退休年龄统一提高到 62 岁,并预计在 2022 年进一步提至 65 岁。据测算,在 2013—2023 年期间,提高退休年龄的做法将会提高 1.6% 的整体就业率。

三是严格限制提前退休和残疾养老金的领取条件。女性从事艰苦行业满 8 年,可以提前 2 年申请退休。实际缴费期限满 32 年以上或总缴费期限(含视同缴费期限,即生育、抚养孩子的法定折算年限)满 40 年以上且不再工作的女性也可以提前申领养老金。如果女性生育抚养 5 个以上的孩子,每增加 1 个孩子,视同缴费期限可以缩减 1 年,但最多不得超过 7 年。男性参保人则一律不准提前退休。据同一测算,预计在 2013—2023 年期间,限制提前退休的规定将会提高 1.7% 的男性就业率(András Simonovits, 2014)。至于特殊行业的军警人员、消防人员、海关人员、监狱管理人员以及国家安全人员等,如果本人工作满 25 年,就可以申请提前 5 年退休并领取养老金。如果特殊行业人员申请残疾养老金,则不受这一年龄限制。

四是修改第一支柱养老保险金的计算公式,逐步取消参保人收入与养老金待遇基数之间的累退性计算方法。同时,对养老金收益率实行线性计算规则,即全额缴费人员的年度收益率固定为 1.65%,不再根据缴费时长进行浮动。

五是取消第 13 个月养老金并冻结最低养老金数额(约为 102 欧元),以削减养老保险制度的财务压力。

六是将养老金指数化原则从以前的瑞士指数化改为与 GDP 增长情况挂钩。根据新规定,当 GDP 预期增长率低于 3% 时,养老金只与消费者指数的预期增长情况挂钩;当 GDP 预期增长率处于 3%—4% 之间时,养老金则按照物价增长率×80%+平均净工资增长率×20%进行调整;当 GDP 预期增长率处于 4%—5% 之间时,养老金则按照物价增长率×60%+平均净工资增长率×40%进行调整;当 GDP 预期增长率高于 5% 时,养老金则按照物价增长率×50%+平均净工资增长率×50%进行调整。

七是当受益人达到领取养老金的年龄或出现残疾或抚养 2 个及以上遗孤时,可将其领取的临时性遗属养老金转为永久年金。匈牙利还规定,如果遗属养老金的领取人同时还领取本人的老年养老金或残疾养老金,则削减其 70% 的遗属养老金待遇。

八是统一养老保险管理制度,在国家资源部的监督下,国家社会保险机构统一管理养老保险基金以及下设的 7 个地区性养老保险理事会、养老保险支付理事会和养老保险法律救济理事会。

② 第二支柱。

第二支柱养老保险计划国有化改革的主要内容及举措包括:

一是取消第二支柱养老保险计划的强制性,允许参保人自主选择是否退出第二支柱。根据规定,已经参加了第二支柱养老保险计划的参保人必须向养老保险管理机构明确提出本人是愿意继续留在第二支柱养老保险计划还是愿意返回第一支柱养老保险计划。逾期不表态者则默认为返回第一支柱,并将其本人第二支柱养老保险计划的积累权益拨至第一支柱。

二是缴费率。依据法案,愿意继续留在第二支柱养老保险计划的雇员只需向第二支柱进行缴费(改革后的缴费率为 10%)而不必向第一支柱继续缴费(之前的缴费率仅为 1.5%),且本人日后的工作年限也不再计入第一支柱养老保险金的计发公式,但其雇主还要继续依法向第一支柱养老保险计划进行缴费(缴费率为 24%)。匈牙利还规定,在 2010—2011 年的过渡期内,暂停向第二支柱养老保险计划的缴费。

三是管理费用。根据规定,第二支柱养老保险计划缴费额度的 95.5% 必须直接划入参保人的个人账户,0.8% 用于建立偶然性或流动性储备基金以未雨绸缪,剩下的 3.7% 则用于第二支柱养老保险基金的日常运营和管理费用。从实际运作情况来看,第二支柱养老保险计划的运营和管理费用一直高于 3.7%。

四是残疾养老金和遗属养老金的领取。根据规定,第二支柱参保人在达到退休年龄之前出现残疾时,本人可以在领取 75% 的第一支柱残疾养老金的同时,选择用第二支柱个人账户的积累额来购买年金;或者将第二支柱的积累额转入第一支柱以领取全额残疾养老金。从实际情况来看,第二种选择更为有利。相似的是,如果第二支柱参保人在达到退休年龄之前死亡,其遗属可以选择领取一次性领取死去参保人的第二支柱全部积累额并同时领取 75% 的第一支柱遗属养老金;或者将死亡参保人的第二支柱积累额转入第一支柱以领取全额遗属养老金。

在聚焦在第一支柱和第二支柱的同时,匈牙利政府还决定降低第三支柱缴费的相关税收减免额度,但这一举措进一步制约了第三支柱养老保险计划的发展。

(3)改革的结果。

与其他中东欧国家相比,匈牙利的这次改革可谓是"匠心独运"。其中最令人诧异的举措就是对第二支柱养老保险计划进行了"国有化"改革,这在某种程度上可以看作是开历史倒车。细究此次"开倒车"的原因,笔者认为主要是匈牙利政府及社会各界对三支柱养老保险模式的实施结果比较失望,尤其是对第二支柱养老保险基金的投资回报情况极不满意。据测算,如果第二支柱养老保险基金投资回报为零或为负数,只参加第一支柱参保人的养老金待遇就高于同时参加第一支柱和第二支柱的参保人。由于第二支柱养老保险基金投资回报率一直不尽如人意,匈牙利国民纷纷认为第二支柱的引入不但没有起到原先预期的效果,反而加大了养老保险制度的转轨成本,可谓得不偿失。为此,匈牙利政府针对第二支柱实行了退出政策。这一政策实行后不久,约有 97% 的第二支柱参保人都选择返回第一支柱,第二支柱剩下的参保人数量微乎其微,且主要为持观望态度的年轻人。

此次改革后,匈牙利的养老保险制度大有从以往的三支柱逐渐转为两支柱养老保险模式之势,即强制性的公共养老保险计划(第一支柱)和自愿性的私有养老保险制度(第三支柱)。由于第三支柱养老保险计划发展缓慢,匈牙利的第一支柱养老保险计划可谓是一枝独秀。稍可欣慰的是,这次改革在短期内削减了政府在养老保险制度的开支,降低了养老保险总开支占 GDP 的比例。

不过,第一支柱养老保险计划还是存在一些问题。一是覆盖人数为 450 万,覆盖率仅为 70%。这就意味着尚有 30% 的劳动人口没有参加养老保险制度。二是整体替代率下降趋势没有得到遏制,并且受制于缴费上限为平均总工资 3 倍的规定,高收入群体的养老金替代率还不到 40%,更是明显低于整体养老金的替代率水平。三是长期看,第一支柱独大的养老保险制度意味着匈牙利政府在养老保险事务上需要承担的责任更大。预计数年后,第一支柱的养老保险制度赤字将继续扩大,其长期的财务稳定性和可持续性也难以保证。

16.3 匈牙利养老保险制度的现状及面临的挑战

16.3.1 养老保险制度的现状

2012 年以来,虽然匈牙利的养老保险制度大有从三(多)支柱转为两支柱养老保险模式之势,但还是勉强维持了名义上的多支柱养老保险模式。其具体构成如下:

第一支柱为强制性的、现收现付的缴费确定型国家养老保险计划,缴费率为总收入的 18.5%(其中雇主负责 18%,雇员负责 0.5%),2013 年以后取消了最高缴费基数的相关限制;男女性的法定退休年龄统一规定为 62 岁;养老金指数化变动十分频繁,2013 年和 2014 年的养老金待遇都按照通货膨胀率的变动情况进行调整;2013 年开始,对工作年限的收益率实行均等化处理,并将养老金的计算公式简化为:如果参保人只参加第一支柱,其养老金待遇=平均应税总收入的 1.65%

×养老保险的缴费期限年数。如果参保人同时参加第一支柱和第二支柱,其第一支柱的养老金待遇=1.22%×养老保险的缴费期限年数。此外,特殊人员,如军警人员、矿工、艺术家等还可以享受额外优惠的养老保险政策。

第二支柱为"自愿性"的、积累制的缴费确定型私有养老保险计划。根据规定,新入职者必须强制加入,但国有化改革又允许参保人自主决定是继续留在还是退出第二支柱;第二支柱缴费率为第一支柱缴费的 1/3 左右,现为 8%,全部由雇员负担;第二支柱的缴费与收益都免于纳税,其养老金以生命年金形式发放。

第三支柱为自愿性的、积累制的缴费确定型补充养老保险计划。匈牙利为第三支柱的参保人都建立了个人账户,但取消或降低了相关的税收优惠。

所谓的"第四支柱"(其实还是第三支柱)为自愿性的职业年金,根据相应的工作合同设立,覆盖专门的行业就业人员。

养老保险制度管理:国家养老保险中央管理局在社会事务与劳动部的监督下,对养老保险事务进行统一管理。养老保险中央管理局下设了 7 个地区养老保险理事会和养老保险给付理事会,其中地区养老保险理事会负责审核该地区的养老保险申请与发放,养老保险给付理事会负责地区范围内的养老金支付事宜。财政监管局负责监管相关的私人养老保险基金和自愿养老保险基金,且每两年对养老保险基金进行一次审计。养老保险基金不必向监管机构提交季度和年度报告。

16.3.2　养老保险制度面临的挑战

虽然匈牙利第一支柱养老保险计划渡讨了经济危机,但与其他中东欧国家一样,其整个养老保险制度还是面临诸多挑战。

一是人口结构方面的影响。根据社会事务与劳动部的预测,到 2060 年,匈牙利的老年人口抚养比(即 65 岁以上人口/15—64 岁人口)将增至 57.6%(Kenichi Hirose,2011)。老年人口抚养比的恶化,意味着养老保险制度的缴费人口相对减少和领取人口日益增加,这一增一减将给整个养老保险制度以至匈牙利的国家预算带来更重的财政压力。

二是养老保险制度的财务危机有继续恶化趋势。匈牙利养老保险制度的缴费率现为 26％左右(包括第一支柱和第二支柱),加上医疗保险等项目,整个社会保险的缴费率就超过 34％,这个缴费标准在中东欧国家当中并不算低。即便如此,匈牙利的养老保险制度还是入不敷出。假设养老保险缴费率维持不变的话,预计到 2100 年,养老保险制度的缴费收入不及开支的 50％,国家预算用于弥补养老保险制度赤字的支出费用必将急剧攀升。

三是养老金待遇的充足性不够,老年贫困现象不容乐观。预计到 2040 年,将有 20％以上的养老金领取者领取的养老金实际收入低于最低生活保障收入线。

四是养老保险制度的覆盖面不足。预计到 2050 年,将有数十万甚至上百万的老年人无法享受任何养老金。

五是养老保险制度的缴费设计存在不足。在大多数国家,养老保险制度缴费比例由雇主和雇员均摊,或按照相近比例进行分摊。在匈牙利,养老保险制度尤其是第一支柱公共养老保险计划几乎完全来自雇主缴费,并且缴费基数没有设定上限。这就给雇主带来了沉重的缴费负担,影响了企业的积极性和竞争力。此外,特殊群体的优惠待遇以及养老金待遇的性别差异等问题,也一直是匈牙利国民的争议热点,但社会各界在这些争议方面没有达成一致意见。

六是第二支柱何去何从问题。是继续坚持国有化并最终取消第二支柱还是权宜性国有化并伺机恢复第二支柱,已经成为匈牙利国内社会各界和国际社会尤其是欧盟关注的焦点。

七是匈牙利政府在养老保险制度改革的方案设计与实施方面过于集权,并且养老保险制度改革的方案与理念缺乏一致性与连贯性。这在一定程度上降低了国民对养老保险制度的信任度和支持度,不利于养老保险制度的后续改革。

16.4　关于匈牙利养老保险制度下一步改革的设想

从较为有限的资料来看,匈牙利当局对养老保险的下一步改革仍持有观望态度,尚无具体的方案或设想。为了应对上述的相关挑战,笔者认为匈牙利政府下一步可能采取的改革措施主要包括:

一是加快提高退休年龄的进程。根据 2013 年的设想,匈牙利政府计划到 2022 年时将男女性退休年龄逐渐提高到 65 岁。考虑到人口老龄化加快,预计这一进程将很有可能被缩短。

二是逐渐削减或取消特殊群体的特惠养老金待遇和逐渐减少养老金待遇的性别差异将会被提上议事日程,以促进养老金待遇设计方面的公平性和可接受性。捷克和斯洛伐克在这方面已经走在前面。

三是逐步提高缴费率并合理确定雇主与雇员的分摊比例。长远看,为了保证养老保险制度尤其是第一支柱公共养老保险计划的财务稳定性和可持续性,匈牙利很有可能会进一步提高养老保险制度的总缴费率。同时,为了提高企业的竞争力,鼓励就业市场发展,匈牙利还大有可能调整雇主与雇员之间的分摊比例,即相应削减雇主缴费比例和相应扩大雇员缴费比例,以不断提高雇员自身的养老保险责任。

四是进一步严格控制提前退休养老金和残疾养老金的领取条件,以削减养老保险制度不必要的开支。

五是加强养老保险制度的监管,提高整个制度尤其是养老保险基金投资运营的透明度、公平性和效率。

六是恢复税收优惠并将所谓的第四支柱并入第三支柱,以促进第三支柱发展,更好地发挥其补充性养老功能。

七是继续恢复第二支柱。虽然目前没有定论,笔者认为在人口老龄化趋势和国际社会尤其是世界银行、欧盟等国际组织的影响下,匈牙利政府还是大有可能恢复第二支柱,而不是任其名存实亡。

16.5　结语

作为有影响力的地区大国,匈牙利的养老保险制度在中东欧国家具有一定的先锋与示范作用。从率先启动养老保险制度改革到成功建立三(多)支柱养老保险模式,再到对第二支柱养老保险计划进行国有制改革,匈牙利养老保险制度改革的一举一动一直深受周边国家乃至国际社会的高度关注。

不管是深化改革还是所谓的"开历史倒车",匈牙利的养老保险制度改革一直坚持立足于本国经济、社会以及文化传统的实际情况,且进展较为顺利。不可否认的是,匈牙利的养老保险制度面临着诸多重大挑战。虽然社会主义党在2013年执政后推迟了养老保险制度改革,但养老保险制度还是匈牙利国内政治进程和经济社会发展的"定时炸弹"。其养老保险制度尤其是第二支柱养老保险计划的下一步走向,更是成为匈牙利国内社会各界和国际社会关注的焦点。

参 考 文 献

Actuarial Report on the pension system in RM, October, 2012, http://www.piom.com.mk/informacii/statistika/40.html.

Agency for Statistics of Bosnia and Herzegovina, 2012, LFS.

Agency for Supervision of Fully-funded Pension System, Report on the Developments of the Fully-funded Pension System in 2012, published in April 2013.

Agnieszka, Chłoń-Dominczak, 2004, *The Collection of Pension Contributions in Poland*, *The Collection of Pension Contributions: Trends, Issues, and Problems in Central and Eastern Europe*, Budapest, International Labor Office.

Aida, Guxho and Stringa Areti, 2013, "The Need for a Pension Reform and Its Social Impact- the Albanian Case", *European Academic Research*, Vol.I, Issue 9, *December*.

Alexiu, Teodor Mircea, 2009, "Social Security Romania", *Journal of Gerontological Social Work*, 2.

Alfio, Cerami, 2006, "The Politics of Reforms in Bismarckian Welfare Systems: The Cases of Czech Republic, Hungary, Poland and Slovakia", presented at the conference "A long good bye to Bismarck? The politics of welfare reforms in Continental Europe", June 16—17.

András, Simonovits, "Hungarian Pension System and its Reform", IEHAS Discussion Papers, 0908.

Annual report of social Insurance Institute of Albania SII, 2013, www.issh.gov.al.

Annual reports of the ZPIZ for 2002 and 2009.

Annual Statistical Bulletin of the Pension Fund, Hungary, 2012.

Anton, Dobronogov and Murthi Mamta, 2005, "Administrative Fees and Costs of Mandatory Private Pensions in Transition Economies", *Journal of Pension Economics and Finance*, 1.

Areti, Stringa, Duka Raimonda and Stringa Kiti, 2011, "The Albanian Pension System: The Need for Reform", *Euro Economical*, 3(29).

A. Rubanovskis, 2013, "The Unresolved Issues of the Latvian Pension System", *International Journal of Advanced Studies*, 3(2):75.

Atis, Berzins and Peteris Zvidrins, 2011, "Depopulation in the Baltic States", *Lithuanian Journal of Statistics*, Vol.50, No.1.

Audrius, Bitinas, 2011, "Modern Pension System Reforms in Lithuania: Impact of Crisis and Ageing", *Jurisprudence*, 18(3).

Audrius, Bitinas, 2012, "Latest Pension System Reform in Eastern Asia(Japan, S.Korea) and Eastern Europe(Lithuania)", *Bridges*, 2.

Augusztinovics, M.(ed.), 2000, *The Post-Reform scene-Essays on the Hungarian Pension System*, Budapest: Közgazdasági Szemle Alapítvány.

Augusztinovics, M., et al., 2002, "The Hungarian Pension System before and after the 1998 Reform", in E.Fultz(ed.), Pension Reform in Central and Eastern Europe, Vol.1: Restructuring with Privatization: Case Studies of Hungary and Poland, Budapest, International Labor Organization, Geneva, pp.25—93.

BL, Fox and Palmer E, 1999, "The Latvian Pension Reform, Social Protection Discussion Paper(9922)", Washington, D.C.: World Bank.

Boguslavas, Gruževskis, Okunevičiūtė Neverauskienė Laima, and Moskvina Julija, 2013, "Changes in Lithuanian Labor Market during Period of Economic Recession, Recovery of the Baltic States after the Global Financial Crisis: Necessity and Strategies", Bremen.

Bornarova, S. and Gerovska-Mitev, M., 2009, "Social Exclusion, Ethnicity and Older People in Macedonia", Faculty of Philosophy, ERSTE Stiftung.

Bratislav Milosevic, 2012, "Global Financial Crisis-determination for Development of Life Insurance in the Republic of Macedonia", *Procedia-Social and Behavioral Sciences*, 44.

Bulletin of Public Finances, 2013, Ministry of Finance of Serbia, July.

Bunescu, L. M. and J. C. Verez, 2011, "The Allegation of Social Dumping, a Case Study of Romania", Centre International de formation Européenne, Institut Européen des Hautes Etudes Internationales, Research paper.

Caryn, Bredenkamp, Gragnolati Michele and Ramljak Vedad, 2008, "Enhancing Efficiency and Equity: Challenges and Reform Opportunities Facing Health And Pension Systems In The Western Balkans", World Bank Washington D.C., 09.

Central Administration of National Pension Insurance(ONYF), "Information on the Major Benefit Regulations and Organizational Structure of the Pension Insurance System in Hungary", 2010.

Changes in the Hungarian pension system in 2010—2011, Social Security Observer, No.14, Sep.2011, http://news.issa.int//layout/set/print/newsletter/newsletter_repository/observer/en/social_security_observer_14.

Chlon, A. Gora, and M. Rutkowski, M., 1999, "Shaping Pension Reform in Poland: Security through Diversity", Washington, DC: World Bank.

Chlon-Dominczak, A., 1999, "The Polish Pension Reform of 1999 Restructuring with Privatization: Case Studies of Hungary and Poland", *International Labor Office*, 1.

CSB, Demography, 2004.

CSB, Statistical Yearbook of Latvia, 2002.

CSB, Statistical Yearbook of Latvia, 2004.

Czech Statistical Office, Main Economic and Social Indicators, 2007.

Davorka, Vidović and Pauković Davor, 2011, *Welfare State in Transition: Political Transformations, The Case of Croatia, The Case of the Republic of Croatia, Welfare States in Transition, 20 Years after the Yugoslav Welfare Model*, Friedrich Ebert Foundation Office Bulgaria, Sofia, Bulgaria, p.101.

Donevska, M., and S. Trbojevik, 2009, "The Influence of Global Financial Institutions on the Development of Welfare in South Eastern Europe and their Impact on Social Work", In. Leskosek, V.(ed), *Theories and Methods of Social Work-Exploring Different Perspectives*, Faculty of Social Work, University of Ljubljana.

Drenka Vuković and Perišić Natalija, 2011, Annual National Report 2011, Pensions, Health Care and Long-term Care, Republic of Serbia, May.

Edlira, Luci and Dorina Kripa, 2010, "Does The Albanian Pension System Work? The Annuals of the 'Stefancel Mare'", *Fascicle of the Faculty of Economics and Public Administration*, Vol.10, No.1(11).

Edward, Palmer, 2007, *Pension Reform and the Development of Pension Systems: An Evaluation of World Bank Assistance Background Paper Bulgaria Country Study*, The World Bank Washington, D.C.

Elaine, Fultz, 2006, Pension Reform in the Baltic States, Budapest, International Labor Office.

European Commission, 2010, "Progress and key challenges in the delivery of adequate and sustainable pensions in Europe: Joint report on pensions (country profiles)", Occasional Papers European Commission, Publications Office of the European Union, 33(3), 5—85.

European Parliament, "European Parliament resolution of 23 May 2013 on the 2012 Progress Report on Bosnia and Herzegovina", 2012, 2865(RSP), http://www.europarl.europa.eu/sides/getDoc.do? type = TA&reference = P7-TA-2013-0225&language=EN.

Eurostat, 2011, "Population and Housing census", http://appsso.eurostat.ec.europa.eu/nui/show.do.

Eurostat, 2004, "Employment in Europe", http://europa.eu.int.

Eurostat, "Europe in figures-Yearbook 2009", Luxembourg: Office for Official Publications of the European Communities, 2009, https://core.ac.uk/download/files/337/11169067.pdf.

First Pension Fund and the Transformation of Investment Companies Act, OG 26/05, 2007, http://www.pensionfundsonline.co.uk/content/country-profiles/slovenia/86/.

FM, Nuta, 2011, "Public Environmental Spending and the Economic Growth in Romania", *Euroeconomica*, 29(3):109—113.

Foco, Salih, 2002, "The Political-economic and Social Status of Bosnia-Herzegovina", Papeles Del Este Transiciones Poscomunistas, 3:18.

Gal, R.I., I.Iwasaki, and Z.Szeman, 2008, Assessing Intergenerational Equity: An Interdisciplinary Study of Aging and Pension Reform in Hungary, Budapest, Hungary: Akadémiai Kiadó.

Government Office for Growth, "Framework of Economic and Social Reforms for Increasing Welfare in Slovenia", Ljubljana, August 2006, http://www.vlada.si/en/projects/previous_projects.

Igor, Guardiancich, 2004, "Welfare State Retrenchment in Central and Eastern Europe: the Case of Pension Reforms in Poland and Slovenia", *Managing Global Transitions*, 2(1).

Ilia, Telo, 2005, "Reform of the state pension system in Albania", *SEER*, 4:6.

ILO, 2009, "Report on the Pension Reform in Bosnia and Herzegovina: First assessment", Budapest.

Ināra, Bite, 2012, "Annual National Report 2012: Pensions, Health Care and Long-term Care", Latvia, March.

Inta, Vanovska, 2006, "Pension Reform in Latvia", Edited by Elaine Fultz, *Pension Reform in the Baltic States*, *Budapest*, International Labor Office

International Monetary Fund, "Republic of Slovenia: Selected Issues", IMF Country Report No.06/250, Washington/DC, May, 2007.

Iskra, Beleva, 2014, "Dependent Elderly and Gender Equality in Bulgaria", Mpra Paper, No.52664, January 2010.

Ivan, Lesay, 2007, "Czech Pension Reform: Will It Go Fundamental?" *Economy and Society Trust*, Discussion Paper 2, Brno/April.

Ivan, Neykov and Salchev Petko, 2012, "Annual National Report 2012: Pensions, Health Care and Long-term Care: Bulgaria", March, Source: National Social Security Institute, http://www.noi.bg.

Jan K., Grobovšek and Kozamernik Damjan, 2009, "Reforming the Slovenian Pension System: Some Guidelines and Intergenerational Distribution Issues", Holzmann, MacKellar and Repanšek (eds.), *Pension Reform in Southeastern Europe*, World Bank, Center of Excellence in Finance, 301—317.

Janusz, Jabłonowski and Christoph Müller, 2013, "3 Sides of 1 Coin-Long-term Fiscal Stability, Adequacy and Intergenerational Redistribution of the Reformed Old-age Pension System in Poland", *Ssrn Electronic Journal*, March.

Jarosław Poteraj, 2011, "Pension Systems in 27 EU Countries", Mpra Paper, p361, http://mpra.ub.uni-muenchen.de/35069.

Jarosław Poteraj, 2012, "Pension System in Albania", *IJRRAS*11 (1), April, http://www.arpapress.com/Volumes/Vol11Issue1/IJRRAS_11_1_09.pdf.

Jaroslav, Vostatek, 2012, "Czech Pension Reform: What Further?", *Jama the Journal of the American Medical Association*, 221(13):1515.

Jiří, Večerník, 2006, "Changing Social Status of Pensioners and Prospects of Pension Reform in the Czech Republic", *Prague Economic Papers*, February, 195—213.

European Commission, Directorate-General for Employment, Social Affairs and Equal Opportunities, "Joint report on Social Protection and Social Inclusion, Pensions, Healthcare and Long Term Care", 2007.

Foco, Salih, "The Political-economic and Social Status of Bosnia-Herzegovina", Papeles del Este, 3(2002):1—17.

Jože, Sambt and Čok Mitja, 2008, "Demographic Pressure on the Public Pension System", *Informatica*, 32(2), 103—109.

Kalev, Katus, Puur Allan and Poldma Asta, 2015, "Population-related Policies in Estonia in the 20th Century: Stages and Turning Points", *Yearbook of Population Research in Finland*, 40.

Katus, Kalev, Puur Allan, Põldma Asta and Sakkeus Luule, 2003, "Population

Ageing and Socio-Economic Status of Older Persons in Estonia", New York, United Nations.

Kenichi, Hirose, 2011, "Pension Reform in Central and Eastern Europe: in Times of Crisis, Austerity and Beyond", International Labor Organization, Decent Work Technical Support Team for Central and Eastern Europe, Budapest.

Statisticial Office of Kosova, "Kosovo Demographic and Health Survey 2003, Preliminary results, Draft chapters", April, 2004.

Kupiszewski, Marek, et al., 2012, "Impact of Demographic and Migration Flows on Serbia", International Organization for Migration International Organization for Migration-Mission to Serbia, the Project "Capacity Building of Institutions Involved in Migration Management and Reintegration of Returnees in the Republic of Serbia" (CBMM).

Lauri Leppik and Vork Andres, 2006, "Pension Reform in Estonia", Edited by Elaine Fultz, *Pension Reform in the Baltic States*, Chap. 1, Budapest, International Labour Office.

Act No. 264/2002 amending the Act No. 155/1995 on pension insurance, Czech Republic, Sbirka zakonu, 2002-06-28, Castka 98, pp.5780—5781, http://www.ilo. org/dyn/natlex/natlex4.detail?p_lang=en&p_isn=62164.

Act No.425/2003, Ministry of Labor and Social Affairs, Czech Republic.

Law on Contributions for Mandatory Social Insurance, Macedonia, published in the Official Gazette, No.142/2008, 64/2009, 156/2009.

Law on Contribution for Mandatory Social Insurance, Montenegro, Službeni list Crne Gore, No. 13/07, December, 2007, http://www.mipa.co.me/dcs/Law_on_Contributions_for_Compuslory_Social_Insurance.pdf.

Law on Voluntary Pension Funds, Montenegro, Službeni list Crne Gore, No.78/06, December 22, 2006 and No. 14/07, March 12, 2007, http://www.sc-mn.me/fajlovi/LawOnVoluntaryPensionFunds.pdf.

Leokadia, Oręziak, 2013, "Open pension funds in Poland: the effects of the pension privatization process", *International Journal of Management and Economics*

(Zeszyty Naukowe KGŚ), 2014, 38(1):102—122.

Lukic, T., et al., 2011, "Depopulation in The Western Balkan Countries", *European Journal of Geography*, 3(2)

Macedonian Pension and Disability Insurance Fund, Financial Report for the Management Board on year 2009, February 2010, http://www.piom.com.mk.

Maja, Baćović, 2006, "*Demografske promjene i ekonomski rast- analiza investicija u humani capital*", ISSP, Podgorica, http://www.ekonomija.ac.me/sites/ekonomija.bild-studio.me/files/multimedia/fajlovi/vijesti/2013/02/bacovic_maja_-_lipovina_milena_-_knowledge_accumulation_and_economic_growth.pdf.

Maja, Drakic-Grgur and Stesevic Ivana, 2012, "Demographic trends, pension reform and labor market in Montenegro", *Entrepreneurial Economy*, Podgorica, Volume XVIII, September.

Maršić, T., 2004, "Uloga Svjetske banke u tranziciji Hrvatske-ekonomska ili socijalna izvedba?", *Politička misao*, 41(4):72—91.

Martin, Šimák, 2010, "Czech System Of Pension Insurance And Its Current Problems", *Journal of Nursing*, *Social Studies and Public Health*, Vol. 1, No.1—2.

Mihail, Arandarenko and Natalija Perišić, 2013, *Country Document 2013*, *Pensions*, *health and long-term care*, *Serbia*, November, file:///C:/Users/Administrator/AppData/Local/Microsoft/Windows/INetCache/IE/4LBITX46/RS_asisp_CD14.pdf.

Mikk, Medijainen, 2011, "Incentives to Retire Imposed by Old-age Pension Policy in Estonia", file:///C:/Users/Administrator/AppData/Local/Microsoft/Windows/INetCache/IE/EM28OSQ4/419-970-1-SM.pdf.

Ministry for National Economy, "Hungary Structural Reform Programme 2011—2014, Based on the political thesis of the Széll Kálmán Plan", Budapest, March 2011, http://hu-lala.org/wp-content/uploads/2011/03/Hungarys-Structural-Reform.pdf.

Ministry for National Economy, "The Reform of the Hungarian Pension System: A Reformed Reform", 2010, http://www.kormany.hu/en/ministry-for-national-economy/news/the-reform-ofthe-Hungarian-pension-system.

Ministry of Economy, Slovenia, "National Action Plan for Employment", 2004, file:///C:/Users/Administrator/Desktop/nap04_05_en.pdf.

Ministry of Labour, Family and Social Affairs, Republic of Slovenia National Strategy Report on Adequate and Sustainable Pensions 2005, Ljubljana, July 2005.

Ministry of Welfare, Latvian, "National Action Plan to Reduce Poverty and Social Exclusion", 2004—2006, http://ec. europa. eu/employment_ social/social_ inclusion/docs/nap_incl_2004_lv_en_version.pdf.

Ministry of Welfare, Latvia, "The Single Programming Document", 2004—2006, http://www.esfondi.lv/upload/05-saistosie_dokumenti/spd_en_09112006.pdf.

Miroslav, Verbič, Boris Majcen and Renger van Nieuwkoop, 2006, "Sustainability of the Slovenian Pension System: An Analysis with an Overlapping Generations General Equilibrium Model", *Eastern European Economics*, 44(4).

Ministry of Labor and Social Policy, "On the Path towards the EU: The Contribution of the Civil Society in the Creation of Social Inclusion Policy in Macedonia", Austrian Development Cooperation, 2008(b).

Nada, Bodiroga-Vukobrat, 2013, "Country Document 2013, Pensions, Health and Long-term Care, Croatia", November, http://pensionreform. ru/files/67452/ 2013. %20ASISP. %20Country%20Document%202013%20-%20Croatia. pdf.

Ministry of Regional Development and Local Government of the Republic of Latvia, "National Report on Strategies for Social Protection and Social Inclusion 2006—2008", 2006, http://www. unece. org/fileadmin/DAM/pau/_docs/age/2007/AGE_ 2007_MiCA07_CntrRprtLVAAdd3_e. pdf.

National Statistical Institute, Bulgaria, "Census of population and housing", February, 2011, http://www.nsi.bg/en/content/11224/demographic-and-social-statistics.

Ministry of Labour and Social Policy, Bulgaria, "National Strategy for Demographic Development(2006—2020)", 2005, http://www. mlsp. government. bg/bg/ index. asp.

National Strategy Report on Adequate and Sustainable Pensions, Hungary, 2005, July, file:///C:/Users/Administrator/AppData/Local/Microsoft/Windows/INetCache/IE/4LBITX46/hu_en.pdf.

Nikola, Altiparmakov, 2013, "Is There an Alternative to the Pay-As-You-Go Pension System in Serbia?" *Economic Annals*, Volume LVIII, No.198, July-September.

Nina, Vujošević, "Demographic Dimensions of Regional Policy", *Entrepreneurial economy*, Volume XVII, Podgorica, 2011.

OECD, 2011, *Pension Markets in Focus*, Issue 8, July.

Olga, Rajevska, 2013, "Funded Pillars in the Pension Systems of Estonia, Latvia and Lithuania", *Economics and Business*, 23.

Penev, G.(Ed.), 2006, *Population and households according to the 2002*, Census(Stanovništvo I domaćinstva prema popisu 2002), Belgrade, Statistical Office of the Republic of Serbia, Institute of social sciences, Demographic Research Center, Association of Demographers of Serbia.

Pension and Disability Insurance Fund, Financial Report for the Management Board on Year 2009, February, 2010, http://www.piom.com.mk.

Petr, Háva, 2010, "Annual National Report 2010 Pensions, Health and Long-term Care: Czech Republic", Cologne, Gesellschaft für Versicherungswissenschaft und-gestaltung e.V, May, 2010.

G., Bajrami, 2014, "The Negative Effect of Pension Fund and the Steps to Resolve the Situation in Albania", *Academic Journal of Interdisciplinary Studies MCSER Publishing*, Rome-Italy, 3(3):452.

Jordan, Hristoskov, 2008, "Bulgaria old pension reform", *Moldova pension reform workshop*, Chisinau, June 10—11.

Põldma, Asta, 2000, "Development of Policies towards the Elderly in Estonia", *Acta Universitatis Carolinae: Geographica*, No.1, pp.93—105.

Porket, John, 1979, "Old-age Pension Schemes in the Soviet Union and Eastern Europe", *Social Policy and Administration*, 13(1).

Predrag, Bejaković, 2004, "The Collection of Pension Contributions in Croatia",

International Labor Office Sub regional Office for Central and Eastern Europe, Budapest.

Predrag, Bejaković, 2011, "The National Model of the Welfare State Tradition and Changes: 1991—2010, the Case of the Republic of Croatia", in *Welfare States in Transition: 20 Years after the Yugoslav Welfare Model*, Friedrich Ebert Foundation Office Bulgaria, Sofia, Bulgaria.

Predrag, Bejaković, Ejaković, Šućur Zoran and Zrinscak Sinisa, 2007, "The Social Dimension in Selected Candidate Countries in the Balkans: Country Report on Croatia", ENEPRI Research Reports, No.39, 14 Dec..

Priit, Kruus, et al., 2013, *Strategic Intelligence Monitor on Personal Health Systems, Phase2: Country Study Estonia*, Luxembourg, Publications Office of the European Union.

Prijatelj J., 2000, "Pokojninsko in invalidsko zavarovanje(Pension and invalidity insurance)", *Center Marketing Internationale*, Ljubljana, January.

Puur, Allan, 2000, "Change in Economic Status of Older Population: the Case of Estonia during the 1990s", *RU Series B*, No.42.

Raimonds, Lieksnis, 2010, "Evaluating the Financial Performance of Latvian and Estonian Second-Pillar Pension Funds", *LIEKSNIS*, REB Vol.2, No.2.

Rakonjac-Antić T., et al., 2013, "The Role of Pension Schemes in the Development of Pension Insurance Market in Serbia", *Management*, No.67.

Robert, Holzmann, 2009, "Regional Perspectives and Global Challenges for Central, Eastern, and Southern Europe", *Direction in Development*, World Bank Publications, 9(4):637—638.

Report on the Operations of PDIF for 2010, April 2011, http://www.piom.com.mk/informacii/statistika/40.html.

Report on the operations of PDIF for 2012, April 2013, http://www.piom.com.mk/informacii/statistika/240.html.

Robert, Holzmann (ed), 2009, "Aging Population, Pension Funds, and Financial Markets: Regional Perspectives and Global Challenges for Central, Eastern, and Southern Europe(English)", World Bank Publications, United States, 15 March.

Reima Ana Maglajlić, Ešref Kenan Rašidagić "Socio-Economic Transformation in Bosnia and Herzegovina, Welfare States in Transition 20 Years after the Yugoslav Welfare Mod", Friedrich Ebert Foundation Office Bulgaria, 2011, p.23.

Republic of Croatia Central Bureau of Statistics, *Statistical Information*, Zagreb, 2003, p.18.

Robert, I., Gál and Tarcali Géza, 2003, "Pension Reform and Intergenerational Redistribution in Hungary, Draft Version", The PIE International Workshop on "Pension Reform in Transition Economies" IER, Hitotsubashi University, February 22.

Roksandic, Metka, 2006, "Trade Union Role in the Slovenian Pension System, Social Security for All: Trade Union Policies", *Labor Education*, Vol.4, No.145.

Simonovits, A. 2011, "The Mandatory Private Pension Pillar in Hungary: An Obituary", Discussion Papers MT-DP, Budapest, Institute of Economics, Hungarian Academy of Sciences, December.

Social Security Programs throughout the World, Europe, 2006, http://www.readbag.com/socialsecurity-policy-docs-progdesc-ssptw-2006-2007-europe-hungary.

Stanić Katarina, 2010, "Pension System in Serbia: Design, System and Policy Recommendations", Belgrade: CLDS and VSAID.

Stanić, K., N.Altiparmakov and J.Bajec, 2008, "Transition Cost of Introducing Mandatory Private Pension Funds", *Quarterly Monitor*, Vol. 12, Foundation for Advancement of Economics, Serbia.

Stanislaw, Gomulka, 2000, "Pension Problems and Reforms in the Czech Republic, Hungary, Poland and Romania", Centre for Economic Performance, London School of Economics and Political Science.

Stanislaw, Gomlka and Marek Styczeń, 1999, *Estimating the Impact of the 1999 Pension Reform in Poland, 2000—2050*, published with the support of the Center for Publishing Development, Open Society Institute, Budapest.

State Statistical Office, *News Release*, No.4.1.11.18, 3 March 2011, http://www.stat.gov.mk/pdf/2011/4.1.11.18.pdf.

Statistical Yearbook of the Republic of Croatia, 2009, http://www.dzs.hr/Hrv_Eng/ljetopis/2009/PDF/00-sadrzaj.pdf.

Stojilkovic, Jelena, 2011, "Growing Number of Pensioners and Population Aging in Serbia", *Journal of the Geograhical institute Jovan Cvijic Sasa*, 2011, 61(2): 69—84.

Teodoras, Medaiskis and Gudaitis Tadas, 2013, "Assessing the Impact of Second Pillar Component on Old Age Pension in Lithuania", *Ekonomika*, Vol.92(4).

The Law on Old-Age and Disability Insurance, Official Gazette of RS no.52/96.

The Law on pension and disability insurance, article 18 and 228, published in the Official Gazette, No.53, 11 April 2013, http://www.mtsp.gov.mk/WBStorage/Files/novzakon_pio.pdf.

The World Bank, 2011, "Croatia: Policy Options for Further Pension System Reform", http://siteresources.worldbank.org/INTCROATIA/Resources/Croatia_Policy_Notes-Pension.pdf on 10 January, 2012.

UNDP, 2003, "Human Development Report", OUP USA, 3 July.

UNDP, "Human Development Report 2009", http://www.undp.org/content/dam/montenegro/docs/publications/NHDR/NHDR2009/NHDR%202009%20ENG.pdf.

UNDP, "Human Development Report for Europe and the CIS Transition", *Public Administration & Development*, 2001, 21(4):363—364.

United Nations, 2011, World Population Prospects(the 2010 Revision), Volume I: Comprehensive Tables, New York.

Valentina, Vasile, 2012, "Active Ageing and Reforming Pension System, Main Challenges", *Lex ET Scientia International Journal*(*LESIJ*), issue: XIX2, 271.

Velizar, Golubović, 2008, "The functioning of the pensions insurance system in the countries of former Yugoslavia", *South-East Europe Review for Labor and Social Affairs*, issue:04.

Verbic, M., B. Majcen and R. van Nieuwkoop, 2005, "*Sustainability of the Slovenian Pension System*", Working Paper No.29, Institute for Economic research, July.

Violeta, Klyviene, 2004, "The Public Debt and the Problem of Population Ageing In Lithuania", *Ssrn Electronic Journal*, April, http://www.doc88.com/p-842684596743.html.

Vojin, Golubović, 2011, "The Impact of Age Structure of Population on the Pension System in Montenegro", *Entrepreneurial economy*, Volume XVII, Podgorica, September, http://www.doc88.com/p-6951964206748.html.

Vucev, Z., 2009, "Inequalities in the Coverage and Pension System Rights in the Republic of Macedonia", *Social Policy Journal*, Vol.2, No.3.

World Bank, 1991, "World Development Report", Statistical Annex, Tables 1 and 2, Water stones, July.

Zachar Dusan, 2005, "Reforms in Slovakia 2004—2005: Evaluation of Economic and Social Measures", https://core.ac.uk/download/files/415/11872343.pdf.

ZPIZ, Letno porocilo, PDII, *Annual Report 2005*, http://www.zpiz.si.

ZPIZ, Mesecni statisticni pregled, junij 2006, PDII, *Monthly Statistics Overview*, June.

Zukowski, M. and Spolecznew Polsce Zabezpieczenie, 2005, "Social Insurance in Poland", Social Report, Poland.

高歌:《中东欧国家在欧盟中的地位和作为》,《俄罗斯东欧中亚研究》2014 年第 3 期。

韩丽:《波兰养老保险制度改革及对中国的启示》,《科技创业月刊》2011 年第 14 期。

孔田平:《东欧经济改革之路——经济转轨与制度变迁》,广东人民出版社 2003 年版。

林义:《东欧国家养老保险基金管理的启示》,《社会保险问题研究》1999 年第 3 期。

刘晓丽、李敏:《国外的旅游名景》,中国社会出版社 2006 年版。

刘艳红、贾瑞霞:《90 年代前期国内中东欧问题研究现状综述》,《东欧中亚研究》1999 年第 2 期。

罗伯特·霍尔茨曼、爱德华·帕尔默著,郑秉文等译:《养老金改革——名义账户制的问题与前景》,中国劳动社会保障出版社 2006 年版,第 445—461 页。

莫西洛斯等著,张晓、曹乾译:《医疗保障筹资——欧洲的选择》,中国劳动社会保险出版社 2009 年版。

宋斌文:《波兰养老保险制度改革及启示》,《郑州经济管理干部学院学报》2004 年第 19 卷第 4 期。

雅诺什·科尔奈、翁笙和著:《转轨中的福利、选择和一致性——东欧国家卫生部门改革》,中信出版社 2003 年版。

于小庆:《东欧及前苏联国家养老保险体制改革》,《环球博览》2000 年第 2 期。

郑秉文、郭倩:《拉脱维亚"名义账户制"运行十年的政策评估——兼评三支柱体系的架构设计》,《俄罗斯中亚东欧研究》2006 年第 5 期。

中国驻匈牙利大使馆经济商务参赞处:《对外投资合作国别(地区)指南——匈牙利》,商务部出版社 2014 年版。

后　记

　　放眼当今世界,以养老保险制度和医疗保险保险改革为主要内容的社会保障制度改革已经成为大多数国家经济社会政策改革的重要组成部分,并且一直方兴未艾。其中,转轨后的中东欧国家更是掀起了养老保险制度改革的多次浪潮,并受到国际组织和国外学者的高度关注。但剧变以来,有关中东欧国家的研究在我国似乎已经边缘化,对中东欧国家养老保险制度的系统研究也不多见。

　　机缘凑巧,六年前,笔者很偶然地被外派斯洛文尼亚工作。在斯洛文尼亚工作的两年多内,笔者走访了部分中东欧国家,领略了这些国家独特的人文风情和社会面貌,并逐渐被中东欧国家独特的转轨进程所吸引。回国以后,笔者又加入了上海对外经贸大学的中东欧研究中心,从此决定持续关注中东欧国家的养老保险制度乃至整个社会保险改革进程。

　　近两年来,在学校领导、同事和斯洛文尼亚友人的关心和帮助下,笔者尽可能地收集了中东欧国家养老保险制度方面的相关资料,并进行认真解读和仔细分析。在研究的过程中,笔者发现中东欧16国的政治、经济、社会、宗教、文化以及历史传统千差万别,要对这16个国家的养老保险制度进行系统而深入的研究并非易事,而笔者本人只能尽可能地客观反映中东欧国家养老保险制度改革进程并进行一定阐释。在此,希望此书的出版能为国内学术界及有兴趣的读者增进对中东欧国家尤其是其养老保险制度转轨的了解与认识略尽微薄之力。

　　经过近两年的写作,本书得以付梓,为此再次感谢学校领导、同事以及国外友人鼎力支持。因相关资料和研究能力有限,本书难免有偏颇乃至谬误之处,特此恳请各位专家学者及读者予以指正。笔者将以各方指导意见来激励自我,不惧艰辛,继续深入开展后续的相关研究。

张水辉

2016 年 7 月于上海

图书在版编目(CIP)数据

　　中东欧国家养老保险制度改革的回顾与展望/张水
辉著.—上海:格致出版社:上海人民出版社,
2016.8
　　(中东欧研究系列)
　　ISBN 978 - 7 - 5432 - 2631 - 9

　　Ⅰ.①中…　Ⅱ.①张…　Ⅲ.①养老保险制度-保险改
革-研究-欧洲　Ⅳ.①F845.067

　　中国版本图书馆 CIP 数据核字(2016)第 145989 号

责任编辑　彭　琳
装帧设计　路　静

中东欧研究系列

中东欧国家养老保险制度改革的回顾与展望

张水辉　著

出　版	世纪出版股份有限公司　格致山版社 世纪出版集团　上海人民出版社 (200001　上海福建中路 193 号　www.ewen.co)	印　刷	苏州望电印刷有限公司
		开　本	720×1000　1/16
		印　张	24.25
		插　页	2
		字　数	381,000
		版　次	2016 年 8 月第 1 版
		印　次	2016 年 8 月第 1 次印刷

编辑部热线　021-63914988
市场部热线　021-63914081
www.hibooks.cn

发　行　上海世纪出版股份有限公司发行中心

ISBN 978 - 7 - 5432 - 2631 - 9/F · 933　　　　　　　　　　定价:65.00 元